KB043941

백선엽을 말한다

2011년 5월 25일 초판 1쇄
2020년 6월 8일 개정 1쇄
2020년 7월 15일 개정 2쇄
2020년 12월 11일 개정 3쇄

글	유광종
펴낸곳	책밭
펴낸이	전미정
편집	최효준
디자인	윤종욱, 정윤혜
출판등록	2011년 5월 17일 제300-2011-91호
주소	서울 종로구 새문안로3길 36, 936호
전화	070-7090-1177
팩스	02-2275-5327
이메일	go5326@naver.com
홈페이지	http://www.npplus.co.kr
ISBN	979-11-85720-38-8 03990

값	16,000원

ⓒ 유광종, 2020

백선엽을 말한다

삶과 죽음 속의 리더십

유광종 저

책밭

백선엽 평전을 적는 이유

60여 년 전 이 땅에는 큰 싸움꾼이 있었다. 그는 싸움의 요체를 극기克己로 봤다. 자신을 이기지 못하는 사람은 상대를 두고 벌이는 싸움에서도 승리하지 못한다고 생각했다. 그는 향후 벌어지는 모든 싸움에서 이 점을 자신의 근간으로 삼았다.

일찍 찾아온 가난과 궁핍, 그 속에서 벌여야 했던 처절한 자신과의 싸움, 그리고 끊임없이 자신을 갈고 닦는 학습과 훈련의 과정을 거쳐 그는 마침내 60년 전 벌어진 이 땅 위의 전쟁에서 가장 우수한 장수將帥로 등장했다.

6.25전쟁의 영웅 백선엽 예비역 대장의 이야기다. 그는 먼저 자신을 감싸고 있는 때를 잘 읽었다. 지금 내가 나아갈 때인가 아니면 물러날 때인가를 주의 깊게 살폈다. 1920년생인 그는 식민지 조선에서 민족이 나아갈 길을 이상理想보다는 현실의 차가운 눈으로 그렸다.

아울러 그는 주변의 흐름에 주목한 사람이다. 이른바 형세形勢다. 누가 어떤 힘을 가졌는가, 그리고 그 힘을 어떻게 행사해 나에게 영향을 미치는가를 잘 알았다. 따라서 당장 자신을 누르는 존재에 대한 저항보다는, 그 힘을 받아 자신의 것으로 만드는 데 능했다.

그가 가꿨던 극기의 역량은 적 앞에서 흔들리지 않는 부동심不動心, 나아가 끊임없는 배움과 익힘으로 펼쳐져 싸움판에서의 실력으로 이어졌다. 늘 주위의 큰 흐름을 살폈던 지혜의 심안心眼은 하찮은 싸움을 버리고, 큰 싸움으로 나서는 능력으로 나타났다.

그는 60년 전 벌어진 한반도의 격렬한 전장에서 자신에게 다가온 모든 적을 물리치고 수많은 승리를 이뤄낸다. 그는 그 시대의 가장 위대한 싸움꾼, 명장名將이었다.

나는 2010년 1월 4일부터 올해 2월 28일까지 중앙일보에 이 큰 싸움꾼의 이야기를 정리했다. 백선엽 예비역 대장의 '남기고 싶은 이야기-내가 겪은 6.25와 대한민국'이다.

1년 6개월 이어진 인터뷰를 통해 나는 백선엽 장군이 지닌 큰 싸움꾼으로서의 면모를 자세히 들여다봤다. 그는 상대와의 싸움에 앞서 자신의 욕망과 게으름 등을 이겼고, 식민지로 조선을 강점한 일본과 태평양 건너에서 꿈틀거리던 미국의 움직임에 일찍이 주목했다.

한반도에 어떤 힘이 올라와 어떻게 작용하는가에 대한 주의력은 매우 민감했다. 그는 그런 일본과 미국, 나아가 세계의 동향에 주목하면서 자신이 나아갈 길을 조심스럽게 따져보던 사람이었다.

시대는 영웅을 만든다고 했다. 자신을 이기며, 고된 학습과 단련의 세월을 보내던 그에게 영웅으로 비약하는 시대가 찾아왔다. 김일성의 군대가 남침을 벌임으로써 전개된 한반도의 최대 비극, 6.25전쟁이다.

그의 인생 축선에는 이상하리만치 굵은 인연의 밧줄이 스쳐 지나간다. 대한민국 건국과 발전의 과정에서 결코 빼놓을 수 없는 이승만과 박정희 전 대통령, 그리고 동족상잔의 피비린내를 한반도에 몰고 왔던 김일성의 그림자가 그것이다.

그는 이승만 전 대통령을 도와 6.25전쟁으로 이 땅에 올라선 '미국'의 힘을 대한민국에 옮기는 데 성공했다. 남로당으로 몰려 처형대의 이슬로 사라질 뻔 했던 박정희 전 대통령은 그로 인해 구사일생으로 살아났다.

한반도를 동족상잔의 피바람으로 몰아넣었던 김일성과는 전선의 숙적宿敵으로 만나, 마침내 그의 예봉을 꺾었다. 김일성의 이어지는 적화야욕은 백선엽이 발 빠르게 펼친 국군의 전력 증강 사업으로 길이 막혔다.

60년 전 벌어진 이 땅 위의 전쟁에서 백선엽의 이름은 늘 크게 떠오른다. 전쟁의 중요한 흐름, 국면局面이 바뀌는 전투에서 그는 항상 중심에 우뚝 서서 승리를 일궈냈기 때문이다. 철저했던 극기의 노력으로 배움과 익힘의 능력을 갖추면서 때와 흐름을 제대로 읽은 덕분이다.

전쟁으로 한반도에 올라선 미군은 미국이라는 나라가 지닌 문명의 요소를 이 땅에 펼치는 힘의 주재자였다. 그런 미군이 유일하게 신뢰하며 지원했던 한국군 지휘관이 백선엽이다. 그는 미군의 신뢰를 바탕으로 그들의 힘을 끌어들여 활용했던 가장 뛰어난 교섭자交涉者이기도 했다.

전쟁터에서 탁월한 능력을 펼치고, 대한민국의 큰 초석을 닦았던 그는 유형과 무형의 모든 싸움에 능했던 큰 승부사다. 그러나 유감스럽게도, 백선엽 장군이 쌓은 이런 업적과 큰 싸움꾼으로서의 풍모는 제대로 이 사회에 알려지지 않았다. 많은 것을 이뤘음에도 그의 업적과 능력은 크게 가려져 있다.

이 평전을 적는 이유다. 60년 전 이 땅의 전쟁 중에 나타난 가장 탁월한 리더십을 추적해 본다. 이 작업을 통해 이 사회에 가장 필요한 리더십이 무엇이며, 그를 갖추기 위해 우리가 생각해야 하는 덕목이 무엇인지를 묻는다.

2011. 5. 23
저자 유광종

개정판 서문

이제 곧 6.25전쟁 발발 70주년이다. 3년 1개월 동안 벌어진 이 전쟁에서 우리 국군 지휘관 중에서 가장 두드러진 전과를 기록한 이가 백선엽 장군이다. 1920년 11월생이니 이제 꼭 100세다. 그에게 '친일'의 족쇄를 채워 욕하는 사람들이 적잖다.

그의 전과戰果보다는 일제 치하의 만주군 경력을 트집 잡아 폄하하고 욕보이려는 흐름이다. 이는 오해誤解라기보다 차라리 곡해曲解다. 있는 그대로의 사실과 회고는 아예 무시하고 제 정치적 견해에 맞춰 사실과 증언을 비틀어 고의로 잘못 읽고자 하는 의도다.

아버지 세대가 나라를 빼앗긴 상황에서 태어나 일본의 교육을 받고, 1943년 일본이 만주에 세운 만주국 군대에 들어가 해방 전까지 활동을 한 사실은 맞다. 그러나 당시 식민지 상황은 칼로 무 자르듯이 명쾌하게 모든 것을 선과 악의 이분법적 잣대로 가를 수 없다.

많은 이가 일본의 치하에서 묵묵히 생활하며 가정을 꾸리고 자식을 낳아 한반도 사람으로서의 명맥을 이었다. 그들 대부분은 나라 잃은 설움을 참아내며 배울 것은 배우고, 익힐 것은 익혀 제 힘으로 쌓는 길고 힘든 과정을 이겨냈다. 독립을 꿈꾸며 국외에서 활동한 사람들 못지않게 일본 식민 치하의 한반도 대다수 사람들은 제 위치에서 착실하게 힘을 길렀다.

그 가운데 대표적인 사람이 바로 이 책에서 소개하는 백선엽 장군이다. 그의 전과는 아주 화려하다. 그의 전쟁 수행 방식은 독특했다. 그러면서 늘 승리를 이뤘다. 이는 전쟁을 함께 수행한 미군이 모두 인정하는 내용이다. '가장 뛰어난 야전군 지휘관'이라는 명예를 안긴 쪽도 미군이다.

또한 그는 전쟁 뒤에서 박정희 대통령 시절 한국 석유화학 산업을 일으켰다. 1960년대에는 대만, 프랑스를 비롯한 유럽과 아프리카 등 16개 국가 겸임대사를 지냈다. 서울시 지하철 1호선을 만드는 데 결정적인 기여를 했고, 2~4호선의 토대를 만들기도 했다.

그런 그가 요즘 서울대 병원 병실에 누워 있다. 의식의 혼란에서 빚어지는 노인들의 '섬망 증세'가 나타나고 있다. 병실이 떠나갈 듯 가끔 소리를 친다. 잘 들어보면 전쟁터에서의 호통이다. 그는 90대 연령에 들어서도 악몽을 자주 꿨다. 주로 적에게 밀리는 꿈이라고 했다. 그런 의식이 병상의 그에게 또 '섬망 증세'로 이어지는 듯싶다.

그의 영혼은 늘 전쟁터를 떠나지 않았다. 해외 대사 시절에도 버릇처럼 늘 큰 전쟁터를 찾아다녔다. 그리고 말년까지 생생한 회고를 필자에게 전하면서도 항상 전쟁을 생각하며 곱씹는 모습을 보였다. 매우 특출하고 특출했던 이 위대한 야전 지휘관 백선엽 장군의 풍모를 어떻게 잘

전할 수 있을까.

　우리 시대의 많은 이는 그를 잘못 읽고 있다. 감성적 역사관에 입각해 그를 단죄하고 욕보이는 데 성급하다. 생사와 존망의 급절한 위기에 끝까지 남아 적을 끝까지 주시하며 대응하는 진정한 군인으로서 그가 지닌 가치에 너무 어둡다.

　그 때문에 지금 세대에서 그에 대한 진정한 평가는 어려울 듯하다. 그럼에도 그의 많은 면모를 제대로 적어 후세에 전달하려는 마음만은 급해진다. 병상의 백 장군을 지켜보며 그의 소년시절부터 6.25전쟁 활동까지의 기록을 다시 매만져 올린다.

2020. 6. 2
저자 유광종

克 나를 이기다

어머니는 "함께 강물에 빠져 죽자"고 했다. 궁핍함 속에서 키운 인내와 극기의 출발점, 어린 선엽은 침묵과 사색을 즐겼던 '애늙은이'로 자랐다.

知 알아야 이긴다

전성시대 맞은 제국 일본의 힘을 만주와 도쿄에서 목격하다. 일본의 힘을 체감하고 따라 배워 내 안에 쌓기 위해 들어선 만주군, 어느덧 조국의 해방이 다가오다.

백선엽을 말한다

삶 과 죽 음 속 의 리 더 십

時 때를 읽다

쫓기듯 서두른 귀향길 속 미군의 트럭이 새 시대를 알리다. 평양에서 우연히 마주친 미래의 적수 김일성, 조용히 자신을 응시하던 백선엽의 눈길을 의식했을까.

勢 형세를 보다

대한민국 군대의 창설 멤버로 시작한 부산 5연대장 시절, 그는 미군의 모든 전법을 읽고 또 읽었다. 미군은 정직한 '창고지기' 백선엽에 주목했다. 그리고 그를 서울로 끌어 올렸다.

習 배우고 익히다

좌익과의 대결은 운명처럼 다가왔다. 군대 속 좌익 척결의 칼자루를 손에 쥐다. 살릴 사람은 살려야 한다는 그의 신념, 어느 날 찾아온 수갑 찬 박정희를 구명하다.

定 틀을 이루다

"기초부터 다시 쌓자." 일선지휘관 백선엽 식 스타일은 미군의 성화에도 흔들리지 않았다. 그는 결코 단기적인 성과 쌓기에 나서지 않았다. 멀리 내다보며 움직였다.

亂 내가 싸움에 질 때

임진강에서 나흘 간 버티다. 그러나 김일성 군대에 밀려 한없이 밀려 내려가다. 유랑하는 듯했던 사단, 처참했던 지연전, 그러나 참전한 '미군의 지도'에 주목하다.

鬪 적과 격돌하다

최정예 김일성 군대를 맞아 낙동강 교두보를 지키다. 첫 반격의 혈로를 뚫고 평양으로 진격하다. 끈기와 불굴의 투지, 지략과 담략이 어울려 백선엽 시대의 서막을 열다.

爭 적에게 내줄 수 없다

중공군과의 싸움이 시작되다. 강릉의 1군단장으로 승진해 대관령을 넘던 중공군에게 일격을 가하다. 하찮은 싸움은 벌이지 않는다. 그러나 큰 싸움은 양보하지 않는다.

勝 상승의 장군, 저 멀리 내달리다

빨치산은 백선엽의 칼끝에 무너져 내렸다. 피의 보복보다는 법과 제도의 틀을 선택했다. 이승만을 위해 해결사로 나서다. 그는 미군과의 신뢰가 돋보인 최고의 플레이어였다.

將 어떤 이를 명장이라 부르는가

한미 상호방위조약의 첫 언급을 아이젠하워 대통령으로부터 이끌어 내다. 휴전 앞두고 터진 중공군의 대규모 공세를 강력한 지휘력으로 꺾다. 그리고 휴전을 맞다.

백선엽을 말한다

나를 이기다

어머니는 "함께 강물에 빠져 죽자"고 했다.
궁핍함 속에서 키운 인내와 극기의 출발점,
어린 선엽은 침묵과 사색을 즐겼던 '애늙은이'로 자랐다.

가난과 죽음, 그리고 시작

그의 집은 가난했다. 평양 인근 마을에서 근근이 농사로 생계를 이어가
던 부친 백윤상은 그가 일곱 살 때 집을 나갔다. 따라서 그의 기억 속에
부친은 존재하지 않는다. 어렴풋한 모습도 남아 있지 않다. 그는 가장을
사실상 잃은 어머니 방효열과 자신보다 다섯 살 많은 누이 효엽, 세 살
적은 동생 인엽과 함께 어린 시절을 보낸다.

그가 태어난 곳은 평안남도 강서군 강서면 덕흥리다. 그의 유년을 이
야기할 때 결코 빼놓을 수 없는 인물이 어머니와 외할아버지다. 어머니
는 중국으로부터 전해진 기독교의 영향을 비교적 일찍 받은 편이다. 독
실한 감리교 신자로, 남편이 세상을 떠났을 때 이미 기독교에 입문한 상

태였다.

그의 부친은 조금 더 부연할 필요가 있는 인물이다. 어린아이 셋을 두고 집을 나갔다는 점은 가장으로서는 '불합격'이다. 당시 한반도 사람들의 발길이 곧잘 몰렸던 만주로 갔다는 이야기가 정설이다. 백선엽의 딸, 그러니까 백윤상의 손녀인 백남희의 증언에 따르면 그렇다.

"할아버지가 집을 나가 만주로 갔다고 들었어요. 그때 유행이었던 독립운동에 가담했다는 얘기도 집안 어른으로부터 들은 적이 있어요. 그러나 할아버지는 그 뒤 한 번도 집에 오질 않았다고 하네요. 어린 나이였던 아버지는 그런 할아버지에게 깊은 원망을 품었던 듯해요. 아버지가 살아오시면서 한 번도 할아버지 이야기를 꺼낸 적이 없어요."

아무튼 아버지의 '가출'로 가정은 심하게 흔들렸다. 이미 일제가 이 땅을 강제로 합병해 다스린 지 17년이 지난 시점이었다. 배움이 적고 쌓은 재물이 충분치 않았던 조선 땅의 일반 가정처럼 그의 집도 무척 가난했다.

아버지가 집을 나간 뒤 그들도 곧 고향을 떠났다. 고구려 고분古墳이 많았던 그의 고향은 가장 없는 삶을 유지하는 데 그나마 괜찮았다. 그러나 모친은 자식들을 교육시켜야 한다는 생각이 강했다. 평남과 평북은 중국으로부터 서구 문물이 비교적 일찍이 전해진 지역이다. 따라서 아이들을 교육시키려는 열망이 그곳에 살던 부모들에게는 컸다.

모친도 그런 영향을 적잖게 받았다. 따라서 남편이 집을 떠나자 선엽의 모친은 아이들을 데리고 교육환경이 좋았던 당시 인구 15만의 평양으로 터전을 옮기고자 했던 것이다. 그때의 평양은 명실상부한 대처大處였다.

그런 대처로 삶의 터전을 옮기기는 했으나 든든한 가장을 잃은 선엽의 집안은 사정이 나날이 나빠질 뿐이었다. 돈벌이가 문제였다. 고향 강서에서 작은 전답田畓을 팔아 마련한 얼마 되지 않는 돈은 금세 떨어지고 말았다. 가세는 나날이 기울어 평양 살이 1년 정도 됐을 때에는 단칸방에서 끼니를 때우기 어려울 정도로 상황이 나빠졌다.

사람이 먹을 것이 없어 궁기窮氣가 극에 달했을 때, 그곳으로부터 한 걸음 더 나아가 남에게 손 벌릴 데도 사라졌을 때, 넓고 넓은 세상에 제 가족을 먹이고 잠재우는 데 필요한 도움을 청할 곳마저 없을 때 사람들의 생각은 극단을 향하게 마련이다. 당시 나이 어린 삼남매를 데리고 대처인 평양에서 힘겹게 살아가던 선엽의 모친이 그랬다.

평양에 올라와 살기 시작해 거의 일 년이 지나가던 어느 날이었다고 했다. 늦봄에서 초여름으로 넘어가는 무렵으로 백 장군은 기억하고 있다. 선엽의 어머니는 어린 삼남매를 데리고 대동강 다리에 올라섰다. 강 북안에서 남안으로 철제 교각을 서너 개 지났을 때, 모친은 삼남매를 그 자리에 세웠다. 모친은 남편이 남기고 간 삼남매와 살아가는 게 너무 힘 겨웠고, 급기야 어린 삼남매와 함께 대동강 푸른 물에 뛰어들어 힘겨운 삶을 마감하려고 했던 것이다.

백선엽 장군은 당시 일곱 살에 불과했지만, 그때의 장면을 자세히 기억하고 있다. 그에 따르면 어머니는 삼남매의 손을 붙잡고 "이제 여기서 뛰어내려 죽어야 한다"라며 일가족의 '마지막'을 선언했다. 일곱 살 선엽, 그보다 세 살 적은 인엽은 아무런 말이 없었다. 어머니가 하자는 대로 하는 게 일곱 살짜리와 네 살짜리의 일반적인 행동이었을 테니까 말이다.

울었는지, 아니면 마지막으로 향하자는 어머니의 말이 싫어 대들었는지는 기억이 없다. 네 살짜리 인엽의 기억은 더욱 그랬을 것이다. 그러나 열두 살짜리 누이는 달랐다. 그녀는 울면서 어머니에게 매달리고 있었다. 선엽과 다섯 살 터울이기는 하지만, 속내는 아주 알차게 여문 누이였다.

누이가 어머니를 설득하고 있었다. "어머니, 나무도 땅에 뿌리를 내리려면 3년의 시간이 필요하대요. 평양에서 일 년도 살아보지 않았는데, 지금 죽을 수는 없잖아요. 조금만 더 살아봐요, 어머니!"

누이는 큰 소리로 울면서 어머니에게 마음을 돌리자고 간곡하게 호소했다고 한다. 그런 누이의 정성이 먹혔던 모양이다. 어머니는 어느덧 딸과 두 아들의 얼굴을 다시 살피고 있었다. '죽을 결심이라면 뭔들 못할까.' 이런 생각이 들었는지도 모른다. 선엽의 어머니는 아이들을 품에 안고 하염없이 울었다고 했다. 효엽과 선엽, 인엽 또한 어머니 품에 안겨 울고 또 울었다고 했다.

그리고 네 식구는 발길을 돌렸다. 푸른 물이 발밑에서 하염없이 흐르는 대동강 다리를 지나 그들은 다시 집으로 돌아왔다. 가장을 여의고 대처에서 열심히 살아보려 했으나 가위 눌린 꿈처럼 좀체 벗어나기 힘들었던 삶, 자식 셋을 먹여 살리기 힘들어서 이승과 작별하려고 향했던 대동강을 뒤로 하고 선엽의 어머니는 마음과 육신의 발길을 죽음으로부터 되돌렸다.

삶과 죽음. 이승과 저승이 갈라지는 것을 두고 사람들은 늘 생각을 키우게 마련이다. 제가 살더라도 육친肉親이나 살가운 관계의 벗 등이 세상을 등졌을 때 누구나 한 번쯤은 삶이란 무엇이며, 죽음이란 어떤 의미인가를 되새긴다. 나중의 백선엽은 이 땅 위의 수많은 전쟁을 겪었다.

그 전쟁터에서 스러져가는 수많은 생명을 보면서 지녔을 삶과 죽음에 대한 날카로운 회고回顧와 무거운 사념思念은 그렇게 일찍 찾아왔던 셈이다. 소년 백선엽의 정신세계는 그런 영향 때문인지 결코 밝지만은 않았다. 또래 친구들과 다르게 선엽은 늘 무거웠다.

행동뿐만 아니라 생각도 결코 가볍지 않았다. 침묵이 이 소년의 특징을 크게 장식했다. 말이 적었고, 남과의 다툼도 적었다. 행동은 나이에 비해 늘 굼떠 보였으나, 그 머릿속을 채우는 생각은 남보다 깊이가 있어 보였다.

군인의 길은 숙명이었다

이 세상의 딸은 대개가 아버지를 많이 그리워한다. 어머니의 그림자도 늘 그런 그리움의 대상이지만 딸에게 아버지라는 존재는 어머니를 향한 것과는 조금 다른 그리움으로 다가온다. 백선엽 장군의 모친도 마찬가지였다.

모친은 어린 선엽에게 늘 그녀의 아버지, 선엽에게는 외할아버지의 존재를 자주 이야기했다. 세상을 떠난 아버지에 대한 그리움이 분명히 담겨 있을 터이지만, 그와 함께 자랑도 섞여 있었다. 선엽의 외조부 이름은 방흥주. 구한말의 군인으로서, 참령이라는 계급까지 올라선 인물이었다.

참령은 말하자면 평안남도 주둔 사령부의 부사령관쯤 되는 계급이다. 도道의 군사 책임자 중에서 둘째로 높은 계급까지 이르렀으니 관직官職이 높다면 높다고 할 수 있는 사람이었다. 꼿꼿한 성품에 군인으로서 강직剛直한 성격이었으며, 행동거지가 진중鎭重해 주변 사람들로부터 존경을 받았다고 그의 어머니는 유년의 선엽에게 자주 이야기했다는 것이다.

대동강 변에 청류벽이라는 곳이 있다. 강 가까이에 붙은 절벽으로 그 아래 샛길이 나 있는 곳이다. 경치가 좋아 시인묵객詩人墨客들이 쉬어가며 절벽 바위에 시구詩句나 자신의 이름을 새기던 장소이기도 했다. 그 청류벽에는 선엽의 외조부 이름도 새겨져 있었다. 지금은 남아 있을지 모르겠으나, 어린 시절 대동강 얕은 곳에서 물놀이를 즐기던 소년 백선엽에게도 외조부의 이름이 바위의 암각처럼 마음에 새겨졌다.

어머니는 왠지 모르겠으나, 선엽의 외조부 초상을 만들었다. 전신상全身像이었다. 사람 실물 크기로, 구한말에 군인들이 입었던 복장 그대로의 모습이었다. 어머니는 자신이 기억하는 부친의 얼굴을 떠올려 작가에게 초상화를 그리도록 했다고 한다.

선엽의 어머니는 그렇게 그려진 초상화를 집에 들고 와 안방에다 걸어 놓았다. "이분이 너희들 외할아버지다"라며 선엽 외조부 방흥주의 인품과 살아생전의 일화, 남들에게 얼마나 존경을 받은 분이었는지를 자랑삼아 늘어놓곤 했다.

속이 깊었던 아이 선엽은 그런 모친의 외조부 이야기를 귀담아 들었다. 나중에 군문軍門에 들어선 백 장군의 인생행로에서 대동강 청류벽에 새겨진 외조부의 이름, 어머니가 어느 날 문득 그려 들고 와 집 안방에 걸어 놓았던 외조부의 초상화는 매우 중요한 작용을 한다.

그는 아주 막연하게나마, 힘겹게 끼니를 이어가던 어린 시절부터 외조부를 동경하고 있었다. 군인이라는 존재는 무엇이며, 어떤 일을 하는 사람인가, 나아가 군인이었던 외조부는 왜 어머니로부터 그토록 극진한 존경을 받는 사람이었는가를 생각하기 시작했던 셈이다.

백 장군의 어린 시절에 가장 뚜렷하게 새겨진 그림들은 이런 것들이다. 평양에서의 삶이 무척 고달팠을 무렵 어머니는 삼남매를 이끌고 대동강교에 올라서서 생을 마감하려 했었고, 그 고비를 넘기고 난 어느 날 모친은 자신의 아버지이자 선엽의 외조부인 방흥주의 군복 입은 초상화를 들고 와 집 안방에 걸어 놓은 것이다.

어린 선엽은 자신의 손을 붙잡고 죽음의 문턱까지 가야 했던 사랑하는 어머니의 힘겨운 삶, 그리고 그 안에 담긴 가난함과 고난苦難을 어렴풋하게나마 체득했다. 그 다음으로 안방 문을 열면 자신에게 늘 다가서던 싸울아비 외조부의 그림자를 점차 강렬하게 의식했던 것이다.

신문사설 즐겨 읽던 초등학생

평양은 당시 부府였다. 최고 지방 행정기관의 명칭으로 고려부터 사용하다가 조선 말과 구한말, 나아가 일제 강점기까지 이 행정 명칭을 썼다. 따라서 평양의 공립公立 도서관 중에 가장 큰 도서관은 '평양부립도서관'이었다.

당시 선엽은 나이로 따지면 분명 어린이였다. 그러나 조숙早熟했고, 나아가 원숙圓熟하기까지 한 면모도 보이고 있었다. 그는 처음 만수보통학교에 입학했다. 집에서 그리 멀리 떨어지지 않은 평범한 초등학교(또는 보통학교)였다. 그에게 그때의 기억은 별로 없다. 반에서 늘 1~2등의 상위권 성적을 유지하며, 말이 없었으며, 또래의 친구들과도 별로 어울리지 않는 스타일의 조용한 학생이었다.

대동강 강북에서 강남으로 그의 집은 이사를 했다. 보통학교 4학년 때인가 그랬다. 남쪽에서 평양으로 진입하다 보면 선교리라는 곳이 있다. 아이러니한 장면이기는 하지만, 백 장군은 1950년 북한군의 남침으로 낙동강 교두보까지 밀렸다가 북진을 거듭하면서 결국 국군과 유엔군을 통틀어 제1착으로 선두부대를 이끌고 평양을 점령했다. 그때 그가 들어선 곳도 선교리였다.

아무튼 그는 선교리로 이사하면서 만수보통학교에서 약송보통학교로 전학을 했다. 새 학교에서도 그는 친구가 별로 없었다. 괴이怪異하다 싶을 정도로 말이 없었던 초등학생인 선엽에게 또래 친구들이 풋풋한 우정을 느낄 엄두를 내지 못했던 모양이다. 그렇게 새로 전학을 간 학교에서도 선엽은 외톨이였다. 혼자 다녔고, 혼자 공부했으며, 혼자 생각에 잠겨 늘 무엇인가를 마음속으로 새기는 분위기였다.

그런 선엽이 단골로 찾아가는 곳이 하나 있었다. 평양부립도서관이었다. 큰 정문에 들어서면 오른쪽으로 열람실이 키 높은 서가에 가려져 있었다. 약송보통학교 5년생인 선엽은 이 도서관의 단골손님이었다. 그는 열람실에 들어선 뒤 조용히 무엇인가를 읽기에 바빴다. 우선 그가 세상 돌아가는 물정物情을 알기 위해서 읽었던 것은 신문이었다.

그가 기억하고 있는 신문은 여러 종류였다. 한글로 된 신문도 있었고, 일본어를 배운 까닭에 일본 신문도 읽었다. 〈조선일보〉와 〈동아일보〉, 일본 신문으로는 〈아사히신문朝日新聞〉과 〈마이니치신문每日新聞〉 등이 탐독의 대상이었다.

신문을 통해 그는 일제 강점 식민지 시대의 여러 가지 사정을 익혔다. 일본이 조선을 강제 합병해 통치하는 시절의 구조가 어떻게 만들어지고 있었으며, 만주와 동남아로 뻗어가는 일본의 세력이 어떤 힘을 지니고 있으며, 세계는 이런 일본을 어떻게 보고 있는지 등을 알아차릴 수 있었다.

그 일본의 강점 아래에 놓인 식민지 조선이 어떤 모습으로 힘겨운 상태를 유지하고 있으며, 앞으로 조선은 어떻게 해야 일본의 강압적 통치에서 벗어날 수 있는가를 따져보기도 했다. 말하자면, 신문은 소년 백선엽이 식민지 조선의 형편을 제대로 가늠할 수 있도록 이끌어 주는 창

窓이기도 했으며 아울러 일본이 어떤 힘을 지닌 실체인가, 나아가 이들은 어떤 미래를 맞을 것인가를 생각해볼 수 있는 디딤돌이기도 했다. 또 세계가 돌아가는 형세形勢, 식민지 조선은 어떤 좌표座標에 놓여 어떤 흐름을 맞을 것인가를 따져 보는 풍향계風向計이기도 했다.

평양부립도서관 열람실은 정기권을 끊어 사용했다. 한때 모친은 남의 집 식모살이로 일가족 네 명의 생계를 책임졌고, 누이는 직물공장에서 누에고치로부터 실을 뽑는 일을 했다. 결코 윤택한 삶은 아니었으나 첫째 아들 선엽이 도서관 정기권을 구입한다고 하면 모친은 선뜻 돈을 내줬다. 선엽은 말없이 건네주는 어머니의 돈을 받아 꼬박꼬박 도서관 정기권을 사서 꾸준히 도서관을 오갔다.

그런 도서관 안에 선엽의 또래라고 볼 수 있는 보통학교 학생들은 없었다. 선엽의 위라고 해봐야 이미 얼굴에 수염이 거뭇거뭇 돋기 시작한 청년들이었다. 대부분의 열람석을 차지하고 있던 사람들은 의과전문학교에 입학하기 위해 시험을 준비하는 나이 든 수험생들이었다.

당시 평양에는 의학강습소라는 곳이 있었다. 나중에 평양의학전문학교로 발전하는 곳으로서, 당시 한국 땅에서 예비 의료인을 키우기 위해 의학강습소를 운영하고 있던 곳은 평양 외에 대구뿐이었다. 수험생들이 열람석을 애용했던 이유는 시험을 치르기 위해 봐야 했던 의학 서적이 너무 비쌌기 때문이었다. 도서관은 비싼 의학 서적이 즐비하게 꽂혀 있는 곳이었다.

그들 수험생들은 "야, 드디어 시험에 합격했어", "필기시험에는 합격했는데 다음 실습 시험이 걱정이야"라면서 이야기를 주고받았다고 한다. 선엽은 열람석에서 예비 대학생들이 그런 이야기를 주고받는 모습들을 조용히 지켜봤다. 그러다가 선엽은 이내 자신의 독서 세계에 빠져들곤 했다.

그가 읽는 책은 다양했다. 신문은 그저 지금 돌아가고 있는 세상을 구경할 수 있는 창에 지나지 않았다. 지금의 세상을 형성하는 토대, 과거의 오랜 축적蓄積이 머물고 있는 역사와 문학의 바다도 그가 독서로 이해하는 또 하나의 세상이었다. 예비 의료인들이 비싸서 읽기 힘든 의학 서적을 평양부립도서관에 와서 읽었듯이, 어린 선엽 또한 그 나이에 감당하기 힘든 경제적 부담을 도서관 열람실을 찾는 것으로 해소하고 있었다.

집에 돌아오는 길. 그의 머리에는 늘 달빛이 얹혔고, 어깨에는 별빛이 내려앉았다. 시내에 있던 도서관에서 강 건너의 선교리 집으로 돌아오는 길은 그리 짧지 않았다. 위로 전선을 이어 땅에 깔린 궤도 위를 운행하는 전차電車가 있었으나, 가정형편이 그리 윤택하지 않았던 선엽은 그 길을 걸어다녀야 했다.

전차 삯은 당시 돈으로 5전. 그때 평양 시내에서 사 먹을 수 있는 냉면이 10전으로, 고기를 조금 더 얹으면 15전을 받았으니 그에게는 전차 삯이 결코 싸다고 할 수는 없는 일이었다.

집으로 돌아가는 길에 그의 발밑으로는 대동강이 흐르고 있었다. 세살 터울의 동생 인엽과 햇볕이 따가운 여름이면 몸을 적시며 놀던 그의 유년幼年의 강江. 대동강은 그렇게 도서관으로부터 별빛을 받으며 집으로 돌아오는 소년 백선엽의 발밑에서 말없이 흘렀다.

물의 유량流量이 풍부해 큰 폭을 만드는 강은 사람과 사람 사이의 싸움이 늘 치열하게 벌어졌던 전장戰場이자 전선戰線이다. 선엽 역시 나중에 군에 몸을 담은 전선 지휘관으로 6.25라는 미증유의 동족상잔을 겪으면서 숱하게 많은 강을 넘나들었다. 어린 선엽의 발밑으로 말없이 흐르던 유년의 대동강은 그에게 무슨 말을 건넸을까. 20년 뒤 한반도에서 피어오르는 전화戰火는 그 무렵의 대동강에 어떤 조짐으로 나타났던 것일까.

평양사범 청년의 꿈

조선을 식민지로 강점한 일본의 기세는 거칠 게 없어 보였다. 1931년 벌어진 만주사변, 나아가 그 이듬해 세운 만주국은 일본의 거칠 것 없던 기세의 서막에 지나지 않았다. 따라서 동아시아 무대에서 일본이라는 제국帝國의 완력腕力이 유감없이 펼쳐질 조짐이었다. 선엽의 나이 17세 때인 1937년에 일본은 만주 일대를 점령한 기세를 더 확충해 드디어 중국 대륙을 넘보고 있었다.

제국의 야욕은 커다란 심지를 만들어 그곳에 이미 불을 댕겼고, 땅에서 솟기 시작한 전쟁의 모든 징조는 하늘에 닿아 시커먼 전운戰雲으로 변했다. 그런 구름은 한반도와 만주, 중국 대륙에 이미 짙은 그림자를 드리우고 있었다.

선엽은 사춘기의 좁고 깊은 터널을 별 탈 없이 지나왔다. 남들이 앓는 그런 사춘기적 증세는 별로 없었다. 그는 늘 독서에 파묻혔고, 주변의 동학同學들과 나누는 대화도 적었다. 약송보통학교를 졸업할 때였다. 그는 나름대로 진로進路를 고민했다. 어디로 갈 것인가. 무엇을 할 것인가. 일본 식민지의 3등 국민으로 태어나 할 수 있는 일은 무엇일까.

그에게는 가난이라는 짐이 있었다. 어머니는 두 아들의 뒷바라지를 위해 계속 남의 집에서 가정부 일을 하고 있었다. 다섯 살 연상의 누이 효엽 역시 이 땅 위의 가난한 가정에서 살아야 했던 다른 많은 누이처럼 동생들을 위해 묵묵히 돈을 벌어야 했다.

약송보통학교를 졸업할 즈음 소년 선엽의 성적은 항상 1~2위의 선두 권이었다. 이른바 모범생이었다. 그는 "늘 공부가 재미있었다"라고 얘기했다.

선엽은 공부 자체를 즐기는 측면이 있었다. 초등학생으로서 그저 철없이 뛰어놀아도 누구 하나 뭐라고 하지 않을 그런 나이에 도서관 열람실에 파묻혀 묵묵히 자신의 세계에만 몰두하던 소년으로서는 공부가 싫증이 날 대상은 아니었을 것이다.

선엽은 뛰어난 성적으로 약송보통학교를 졸업할 수 있었다. 보통학교 5~6학년 때 담임을 맡았던 사람은 김갑린 선생님이었다. 그는 어린 선엽을 줄곧 지켜봐 왔던 모양이다. 어느 날 진로를 상의하러 간 선엽에게 선생 김갑린은 "네 가정 형편이 그리 넉넉지 않으니 돈이 들지 않는 사범학교를 가보는 게 어떻겠느냐"라는 말을 했다.

지금의 초등학교 과정인 보통학교를 마친 다음에 성적이 우수한 학생들이 갈 수 있는 길은 여러 가지가 있었지만, 가정 형편을 고려하면 선택의 여지는 그렇게 많지 않았다. 담임선생이었던 김갑린의 말처럼 우선 고려할 수 있었던 진로는 사범학교에 진학해 졸업 뒤 초등학교 선생을 하는 길이었다.

당시 사범학교는 지금의 서울인 경성과 평양, 대구 등 모두 세 곳에만 있었다. 나중에 전주와 함흥에 사범이 생기면서 '5대 사범'으로 일컫기도 했지만, 식민지 중기의 사범은 위의 세 군데에 불과했다. 일본이 1등 국민 행세를 하면서 식민지 조선을 멸시하던 시절, 이 땅에서 태어나고 자란 머리 좋은 엘리트들이 갈 수 있는 길은 매우 제한적이었다.

고급 공무원 시험에 합격해 식민지 관료 생활을 하는 길, 군인으로 나서는 길 등이 있었다. 그중에서 비교적 선호했던 게 중학교나 초등학교 선생을 직업으로 삼는 길이었다. 더구나 초등학교 교사를 양성하는 사범학교는 정부에서 학비를 대주고 있어서 가난한 가정의 엘리트들은 이를 선망했다.

선엽은 평양사범을 지원했다. 또 공부 잘하는 학생들이 몰렸던 평양 도립상업학교에도 입학원서를 냈다. 사범학교나 도립상업학교 모두 공부를 뛰어나게 잘하는 학생들이 몰리는 곳이었다. 따라서 경쟁률이 아주 높았다. 그러나 선엽은 두 군데 다 합격했다.

혼신의 힘을 다해 장남인 선엽을 후원했던 모친은 매우 기뻐했다. 그도 그럴 것이 선엽의 나이 일곱에 남편을 떠나보낸 뒤 자식들을 훌륭히 키우겠다는 일념 하에 모진 고생을 마다하지 않았던 어머니 아닌가. 뒤에 다시 언급하겠지만, 어린 선엽과 그 이후 성장하는 인간 백선엽의 뇌리에서 결코 지울 수 없는 그림자가 바로 그의 어머니다.

그는 김일성 군대의 남침에 밀려 낙동강 교두보의 다부동에 마지막 저지선을 형성한 뒤 격전의 와중에서 아군이 밀리자 자신의 권총을 뽑아 들고 "내가 물러서면 나를 쏴라"라고 하면서 사단장이 선두에 서서 나아가는 '사단장 돌격'을 감행한다. 그 최후의 일전을 앞두고 두 눈을 감은 채 백선엽 사단장이 떠올린 사람이 바로 어머니다.

전체적으로 백선엽 장군의 학창 시절을 들여다보면 특별히 기술할 게 없다. 그는 독서를 꾸준히 했고, 공부를 즐겼으며, 늘 외톨이였다. 선엽은 결국 사범학교를 택해 진학을 했지만, 그가 보여줬던 어린 시절부터의 그런 성향性向에는 전혀 변화가 없었다. 평양고무공장이라는 곳에 다니기 시작한 어머니와 누이의 수입 덕에 그의 사범학교 시절 생활이 보통학교 때보다 다소 나아졌다는 게 변화라면 변화였다.

그러나 소년의 가슴은 청년의 가슴으로 자라면서 변화를 맞이하게 마련이다. 그 가슴을 지닌 자가 무엇을 보고, 무엇을 생각하며, 무엇을 배울 것인가를 고민하느냐에 따라 그 가슴의 크기는 달라질 것이다. 청년기의 뜨거운 가슴에 무엇을 채울 것인가는 그래서 중요하다.

국가를 볼 것이냐, 민족을 볼 것이냐, 아니면 그를 바탕으로 세계를 볼 것이냐. 그런 거창함만이 있을 것은 아니다. 내가 무엇을 하며 먹고 살 것인가를 살피는 게 먼저일 테다. 그러나 그 다음은 역시 무엇을 생각하고 보느냐가 관건이다. 청년의 나이로 접어들고 있던 백선엽에게는 달리 보이는 게 있었다. 그는 제국의 질서를 알면서도 그 힘이 도대체 어떤 크기로 뻗고 있는지가 궁금했다. 청년기 길목에 접어든 백선엽에게는 새롭고 큰 화두話頭가 생겨나고 있었던 것이다.

그것은 한반도를 둘러싸고 있던 제국의 힘을 제대로 알아가는 과정이기도 했다. 백선엽에게 식민지 종주국이었던 일본은 그저 '대상'일 수밖에 없었다. 자신의 속으로 거둬들여 내면화하기에는 어딘가 낯선 존재였으며, 한편으로는 자신의 머리와 몸체를 누르고 있는 '억압'이기도 했다.

그런 대상은 늘 '밖'에 있는 존재였다. 그들의 언어와 문자를 배우고 그들의 생활을 익히면서 식민지 종주국의 체제에 빨려 들어간 상태였지만, 역시 일본은 아무래도 내 담 안에 들어와서 함께 영원히 살 수 있는 육친肉親과 같은 존재는 아니었다.

아버지, 지워지지 않는 그림자

앞서 소년 선엽에게 가장 큰 영향을 미친 사람은 어머니와 외할아버지라고 적었다. 좋은 방향으로서의 영향 관계다. 입에 올리지는 않았으나 선엽이 평생 지우지 못한 다른 하나의 그림자는 아무래도 아버지라는 존재였으리라 보인다. 별로 좋지 않은 면에서의 영향이다.

아버지 백윤상은 활달한 기운을 지녔던 인물이었다. 선엽의 부모가 서로 부부의 연을 맺었던 스토리는 지켜볼 만한 대목이다. 그 혼사를 이 끈 사람은 선엽의 외할아버지 방흥주였다. 그는 앞서 적었듯이, 당시 참령이라는 계급으로 평안도의 군사軍事를 이끌던 신분이었다.

그가 어느 날 평양을 벗어나 선엽의 고향인 강서로 행차를 한 적이 있다. 동네 청소년들 사이에서 전쟁놀이가 한창이었다고 한다. 방흥주의 시선에 유독 드는 아이 하나가 있었다고 했다. 선엽의 부친 백윤상이었다.

동네 아이들이 벌이는 전쟁놀이였으나 백윤상은 한 팀의 리더로서 뛰어난 자질을 보였던 모양이다. 내심으로 '저 놈~ 참!'이라며 방흥주는 감탄을 금치 못했다고 한다. 한참을 지켜보다 전쟁놀이가 끝나자 방흥주는 동네 아이 백윤상을 불러 들였다고 한다.

방흥주는 백윤상을 불러 "네 이름이 뭐냐?"고 말을 걸어본 뒤 "집이 어딘지 앞장을 서 보거라"고 했다. 아이들 눈에는 분명히 지체가 높은 어른이었을 터. 백윤상은 방흥주를 곧장 집으로 안내했다고 한다. 백선엽 장군이 직접 회고한 내용이다.

이어 혼사가 오갔다고 한다. 방흥주는 자신의 딸 효열의 배필로 전쟁놀이에 매우 능하고 활달한 기운이 넘쳐 보였던 백윤상을 점찍었다는 얘기다. 그로써 백윤상과 방효열은 부부의 인연을 맺었다고 한다. 백윤상의 집안 부모가 그 혼사를 마다하지 않았던 것이다.

백윤상의 인물 됨됨이를 옳게 회고하는 사람은 없었다. 백선엽 장군의 유년기에 사라진 부친이었고, 부부로서 인연을 맺었던 방효열의 회고를 필자가 직접 들을 수 없었기 때문이다. 그러나 외조부 방흥주가 아이들 놀이를 지켜보다 자신의 사윗감으로 백윤상을 간택한 장면이 퍽

흥미롭다.

우선 백윤상이 지닌 무인武人으로서의 기질을 떠올리지 않을 수 없다. 비록 놀이 수준이었으나 동네 사이 전쟁놀이의 리더로서 백윤상이 훌륭한 리더십을 발휘했고, 이는 적어도 당시 높은 지위의 군인 신분이었던 방흥주의 눈에 금세 띌 정도였으니 말이다.

'피 내림'이라는 것은 요즘 말로 치면 유전형질, 즉 DNA다. 나중에 이 땅의 눈부신 군인으로 성장하는 백선엽은 말이 없고, 혹은 어눌해 '침묵의 장군'이라는 호칭도 얻지만 전쟁터에서는 집요하게 승부를 다퉈 결국 6.25전쟁사에서 가장 크고 빛나는 승리를 이끌어낸 인물이다.

그 피의 부름이 어디서 온 것인지는 정확히 알아낼 재간은 없으나 적어도 그의 부친 백윤상과 모친 방효열의 혼담이 오가는 장면에서 그 일단을 짐작할 수 있을 듯하다. 아울러 조선말에 군인으로서 높은 신분에 오른 외할아버지의 무인 기질 또한 군인으로서의 백선엽이라는 인물에 영향을 미쳤을 것이다.

그러나 백선엽에게 자신의 부친은 자랑스러웠던 인물일까. 답은 그 반대다. 이후 백선엽 장군은 결코 아버지를 입에 올리지 않았다. 애써 잊고자 한 흔적이 역력하다. 아니면, 아버지에 대한 일종의 원망怨望을 품었을지도 모른다. 맏딸 백남희는 "자연스럽게 할아버지 이야기가 나올 분위기에서도 아버지는 꼭 입을 닫고 계셨지요. 일부러 피하는 듯 보였어요. 할아버지 얘기는 그래서 우리 자식들이 거의 듣지 못하고 자랐어요."

전쟁놀이에 탁월한 기질을 보였던 부친 백윤상을 왜 그는 입에 올리지 않았던 것일까. 부친이 남긴 상처는 컸을 듯하다. 생계가 어려워 어린 세 남매를 데리고 선교리 철교에 올라 "이제 여기서 대동강 물에 빠져 함께 죽자"고 했던 모친의 절규, 그에 앞서 가정을 외면하고 홀로 만주를 향해 떠났던 부친의 행보는 어린 시절과 청소년기의 선엽, 그리고 그 뒤의 군인 백선엽에게 어떤 축적蓄積과 침전沈澱을 남겼을까.

6.26전쟁에서 장군 백선엽은 기록적인 승리를 쌓은 인물이다. 그는 자신이 보고 듣지 않은 사실은 함부로 믿지 않는 스타일이다. 보고 듣는 견문見聞의 범위를 넘어선 대상이라도 헤아리고 또 헤아려 실제의 상황과 맞지 않는 구석이 조금이라도 있으면 그는 판단을 선뜻 유보하는 타입이다. 허虛보다는 실實을 좇아 생각을 다듬고 걸음을 옮기는 인물이다.

젊은 아내와 어린 남매 셋을 뒤에 두고 바람처럼 집을 나가 사라진 부친을 향한 원망과 유감遺憾이 그런 백선엽의 성정을 일찌감치 키웠던 것은 아닐까라는 생각이 든다. 그의 이후 행보는 뒤에 적겠지만 '지금의 나는 지금 무엇을 해야 옳을까'라는 생각이 지배한다. 거창한 명분에 휘둘리지 않고 자신이 당장 무엇을 해서 스스로의 역량을 키워야 좋은가에 충실하려는 과정의 연속이다.

그의 눈앞에는 아버지 세대가 잃은 나라, 조선의 현실이 마음 아플 정도로 생생하게 펼쳐진다. 그를 식민지로 지배하는 일본의 무게도 잔인할 정도로 고스란히 눈에 들어찬다. 고독과 과묵함에 싸여 독서와 사색에 몰두하는 '애늙은이' 선엽은 조용하면서도 내밀하게 '실'을 채우고 '허'를 밀어내는 청소년기를 보낸다.

알아야 이긴다

전성시대 맞은 제국 일본의 힘을 만주와 도쿄에서 목격하다.
일본의 힘을 체감하고 따라 배워 내 안에 쌓기 위해 들어선 만주군,
어느덧 조국의 해방이 다가오다.

知

만주에서 일본의 힘을 읽다

일본은 '전승全勝의 시대'를 맞고 있었다. 만주사변과 만주국 건립에 이어
이제 드넓은 중국 대륙까지도 점點에 이어 선線으로, 다시 선에서 면面으
로 밀고 들어가면서 광활한 식민 제국의 꿈을 한껏 현실화하고 있었다.

당시 일본은 아시아에서 최강이었다. 어떤 점에서 보면 아시아를 넘
어 세계 1위까지 넘보는 상태였다고 볼 수도 있었다. 이미 중국 대륙을
치고 들어가면서 그곳에 80~90만의 병력을 주둔시키고 있었으며, 만주
에는 70만, 조선에는 10만의 병력을 둔 상태였다.

1931년에 만주를 점령했고, 1937년에는 중국에 진격했다. 1941년
에는 대만을 거점으로 필리핀과 인도네시아, 홍콩과 남태평양의 뉴기니

등을 점령했다. 동남쪽으로는 영국과 미국에 대항하기 위한 병력이 포진했고, 그들이 자랑스러워하는 야마토급 전함에는 당시 세계 최강이랄 수 있는 18인치 함포도 장착했다. 항공모함 보유 대수는 6척에 달했다.

그런 즈음에 사범학교에 입학한 백선엽은 자연스레 일본이 지닌 힘의 실체를 심각하게 생각해보기 시작했다. 당시 일본은 한반도를 중국에 진출하기 위한 교두보 또는 전진前進 기지로 삼았다. 따라서 식민지 조선의 청장년들에게 자신들의 대륙 침략 내지는 일선 역할에 가담케 한 뒤그 대가로 일본인 대우를 해주겠다는 이른바 '내선일체內鮮一體' 정책을 실시하고 있었다.

이런 분위기 때문에 중등학교 이상에 입학한 한국인 학생 또한 군사동원 체제에 휘말려 들어야 했다. 우선은 군사훈련이었다. 군사적 목적의 교련 교육을 위해 일본군 현역 육군 중좌, 예비역 육군 중위와 준위등 세 명의 교관이 학교에 상주했다. 무기 다루는 법도 배웠다. 소총은물론 기관총까지 있었고, 교련은 1주일에 두 시간 정도 있었다. 4학년때는 아예 1주간, 5학년 때는 2주 동안 평양에 주둔해 있던 일본군 부대에 입영해 실탄사격 훈련도 받았다.

사범학교 학생 백선엽은 심상과尋常科였다. 소학교 또는 보통학교 교사를 양성하는 과정으로 한국 학생은 90명, 일본인 학생은 10명이었다. 약송보통학교를 졸업할 때 백선엽의 성적은 1~2위를 다투는 수준이었다. 그러나 주변 지역의 수재秀才들이 많이 모여드는 사범학교에서의 성적은 그렇게 뛰어나지는 못했다. 중상中上을 웃도는 수준이었다.

점차 청년기에 접어드는 사범학교 시절의 선엽에게 영어를 배울 기회가 찾아왔다. 사범학교에서 매주 두 시간씩 영어 교육을 실시했기 때문이었다. 백선엽 장군은 일본이 잠재적인 적敵이랄 수 있었던 미국과 영국의 언어인 영어를 자신들이 통제하는 교육기관에서 배우도록 했다는 점에 놀랐다고 했다.

일본의 자신감으로도 보였고, 적을 알아야 대응을 제대로 할 수 있다는 일본의 현실감으로도 보였다고 했다. 백선엽 학생은 그때 나름대로 꾸준하게 영어를 공부했다. 당시 영어를 배우는 학생들을 위해 펴냈던 문법책 등을 대부분 섭렵했다.

평양부립도서관에 파묻혀 열 살을 갓 넘긴 꼬마가 들여다봤던 것은 일본이라는 제국 질서의 실재하는 역량, 그리고 그 힘이 짓누르는 한반도의 상황, 일본과 맞싸움을 벌일 가능성이 있던 미국과 영국의 존재감이었다.

사범학교에 들어간 청년 백선엽은 그 모든 것에 다가가기 위한 준비 작업에 착수한 상황이었다. 그는 이런 몇 가지가 늘 궁금했다. 어느 날 갑자기 나타나 조선을 합병한 일본이라는 실체와 그가 지닌 진짜 역량, 태평양 건너에서 점차 세계의 강국으로 떠오르고 있던 미국이라는 존재였다. 세계를 틀어쥔 채 움직이는 일본과 미국의 거대한 힘은 도대체 어떤 모습일까. 그러나 일본은 가까웠고, 미국은 아직 멀었다. 미국은 결론적으로 1950년 벌어진 이 땅 위의 전쟁을 통해 거센 소나기처럼 한반도에 내렸다. 1930년대 '전승의 시대'에 돌입한 일본의 광기狂氣를 고스란히 맞닥뜨려야 했던 한반도의 나이 어린 청년 백선엽에게 미국은 아직 멀었다. 거리도 멀었고, 실감實感할 수 있는 구체具體도 아니었다. 미국이라는 낯선 나라는 너무 멀리 있었으며, 굳이 말하자면 그저 추상抽象에 불과한 상태였다.

생각이 점차 야물어지고 현실에서 살아가는 방도를 궁리하면서도 그와 함께 꿈이라고 할 수 있는 이상理想을 버무릴 수 있는 능력. 사춘기를 지나 이제 생활인으로 다가서는 나이의 청년에게는 그런 게 먼저 필요했다.

결코 수줍어하는 성격은 아니었으나 대신 말수가 무척 적었고, 홀로 걸으며 책상에 파묻히는 외톨이였으나 자신의 주변을 꼼꼼히 관찰했던 청년 백선엽에게는 달리 살펴볼 게 아직 많은 상태였다. 보통학교 시절 신문에서만 봐오던 식민 종주국 일본의 실재하는 힘, 그들이 자신의 역량을 마구 펼쳐가는 현장이 매우 궁금해졌던 것이다.

그런 기회는 자연스레 그에게 다가왔다. 사범학교 4학년 때 그는 동급생들과 함께 만주 여행을 떠난다. 일종의 수학여행이었다. 조상이 일궈온 터전, 조선이라는 경계를 처음 벗어나는 일이었다. 그는 그 전해에 이미 경주를 다녀왔다. 역시 수학여행의 일환이었다.

천년 고도古都 경주에서 받은 감회도 남달랐다. 조상의 숨결을 느낀 것은 여느 일반 사범학교 동급생들과 마찬가지였다. 만주도 그랬을까. 고구려의 거센 기상氣像을 봤을까. 대륙을 넘보면서 커다란 꿈을 간직했던 고구려의 웅혼雄渾함이 그의 머리를 가득 채웠을까. 이어 그는 고구려의 소멸消滅을 생각했고, 나아가 그런 단상斷想들을 1930년대의 상황으로 되돌려 일본 식민 지배 아래의 조선을 생각하며 울분을 삼켰을까.

청년 백선엽은 그런 유형의 인물은 아니었다. 그의 눈에 우선 들어왔던 것은 거대한 철로鐵路 체계의 복잡한 엇갈림이었다. 안동安東, 지금의 단동을 거쳐 봉천奉天, 지금의 선양-대련大連, 다렌-여순旅順, 뤼순-장춘長春, 창춘을 여행하는 코스였다.

그는 남만주南滿洲의 길고 복잡한 철도 위에서 '중심'을 잃었다. 현기증 비슷한 것이 날 정도로 청년 백선엽은 그 거미줄과 같은 철로를 오가면서 충격을 받았다. 봉천에서 북으로는 장춘, 동으로는 대련, 동북으로는 안동으로 이어지는 철도였다.

'일본인에게 지지 않기 위해서는'

식민지의 생각 많았던 이 젊은 청년은 그 복잡하면서도 정밀한 철로를 달리며 일종의 어지럼증에 시달렸던 모양이다. 그가 빠르게 달리는 남만주 철도의 기차 위에서 봤던 만주는 새로운 세계로 탈바꿈하고 있었다. 전혀 상상할 수도 없는 것들이 불쑥 튀어 나와 상대를 깜짝 놀라게 하는 그런 광경이었다.

지금 창춘長春이라고 불리는 곳은 과거 신경新京이었다. 일제가 만주를 점령한 뒤 만주국을 세우면서 그곳을 '새로운 수도'라는 뜻의 신경으로 불렀던 것이다. 신경은 완전히 새롭고 낯선 도시로 변하고 있었다. 거대한 계획에 따라 방사형으로 대규모의 도시가 만들어지는 상태였다. 치밀한 구획에 따라 웅장한 건물이 들어서고, 잘 닦인 거리의 도로 위로는 자동차들이 물결처럼 흘러다니는 그런 모습이었다.

조선을 식민지화한 일본은 합병 이후인 1910년 당시 벌거숭이 민둥산 천지였던 조선에 조림造林을 시작했다. '새로 만든 길'이라는 뜻의 신작로新作路가 좁고 구불구불하던 조선의 옛길을 대체했고, 철로 위로는 기차가 한반도의 중심축을 누르며 빠른 속도로 오가기 시작했다.

영남과 호남의 넓은 들판에는 일본이 최신 관개灌漑 수로를 만들어 현대적 수리水利 시스템을 선보였으며, 행정단위인 면面에 반드시 학교 하나씩을 세워 교육을 펼친다는 취지의 '일면일교一面一校' 정책도 벌이고 있었다. 아울러 일본은 조선의 각 면 소재지에 일본인 순사巡査 1인, 중요 지역에는 헌병을 주둔시키는 정책도 병행했다.

흥남에 비료 공장을 지었고, 남쪽에는 목화 위주의 농촌 진흥책을 펼쳤다. 조선 농촌을 개발한다는 초기의 구상을 현실로 이어가는 모습도 보였다. 일제 치하 30년 가량의 조선은 일본의 힘에 눌려 신음하면서도 어쩔 수 없이 그런 개발의 붐을 타면서 변하고 있었다.

그러나 청년 선엽의 눈에는 만주가 더 큰 변화를 맞이하고 있는 것으로 보였다. 일본은 이곳을 점령한 지 10년도 채 지나지 않은 시점에 거대한 계획도시 신경을 새로 세우고 있었으며 만주 무순撫順의 탄광, 안산鞍山의 철강, 백두산 일대의 목재 등 천연자원을 대규모로 개발하며 중국 대륙을 석권할 꿈에 젖어 있었다.

하얼빈을 거쳐 다시 거꾸로 고향에 돌아오는 길 위에서 청년 백선엽은 일본이 보이는 힘의 깊이를 가늠해 보고 있었다. 이들은 과연 언제까지 무력으로 점령한 조선과 만주, 나아가 중국에서 힘을 지속적으로 행사할 수 있을까. 제국의 힘은 영원한 것일까. 그렇다면 나는 어떻게 이들의 힘에 대응할 것인가. 머릿속으로는 수많은 생각이 흘러갔지만 갈피를 잡을 수 없었다.

이듬해였다. 만주를 돌아보면서 느꼈던 충격은 평양사범학교에 돌아와 학업을 계속 하면서도 잘 지워지지 않았다. 그러다가 단체로 수학여행을 다시 떠날 기회가 찾아왔다. 이번에는 식민 제국의 본거지인 일본을 직접 여행해보는 기회였다. 일정은 약 2주일이었다.

부산을 떠난 배는 시모노세키에 먼저 들렀다. 이어 히로시마와 오사카, 교토와 나라를 거쳐 닿은 곳은 제국의 심장부 도쿄東京였다. 앞에서 자주 언급했지만, 일본은 당시 '전승의 시대'를 구가하고 있었다. 조선에 이어 만주를 점령하고, 나아가 중국 대륙으로 기세를 뻗치고 있었다. 동남아에서도 일본 제국의 힘은 저들의 표현대로 해가 떠오를 때의 '욱일승천旭日昇天' 기세로 거침없이 뻗어나가고 있었다.

일본은 말하자면 이제 더 오를 것이 없는 '극상極上'의 자리에 오르려 하고 있었다. 그런 일본의 국가 분위기는 평양사범학교 졸업반 5학년 학생 백선엽의 눈을 또 어지럽히고 있었다. 사람들은 분주하게 거리를 오갔고, 건물은 서울과는 비교할 수 없을 정도로 휘황찬란했다. 모든 사회간접시설이 잘 갖춰진 채 빈틈없이 돌아가고 있었다.

일본이 서구적인 근대화에 불을 댕긴 지 약 100년이 흐른 시점이었다. 그 짧다면 짧은 시간 동안 일본인들은 '하루도 놀지 않는다'는 마음가짐으로 절치부심切齒腐心하면서 결국 근대화에 성공했던 것이다.

마침 그가 도쿄에 들어섰을 때는 아주 거대한 행사가 벌어지고 있었다. 일본인들이 자신들의 역사를 억지로 소급해 계산한 것이겠지만, 건국 2600주년을 기념하는 대형 이벤트였다. 장소는 도쿄 시내에서 조금 떨어진 일본 육군 요요기代代木 연병장이었다. 일본은 이 행사를 통해 힘차게 밖을 향해 뻗어가고 있던 일본 제국의 힘을 대내외에 과시하고자 했다.

청년 백선엽은 일본 육군의 커다란 요요기 연병장 한구석에 자리를 잡았다. 행사가 시작되고 있었다. 먼저 일본 왕이 들어섰다. 미국을 상대로 태평양전쟁을 벌였다가 결국 패전한 미치노미야 히로히토迪宮裕仁였다. 백마를 타고 요요기 연병장 입구로 들어서던 그는 천천히 손을 들어 열광적으로 환호하는 관중들에 답례했다.

그 뒤를 이어 제2차 세계대전의 전범으로 몰려 사형대에 올랐던 도조 히데키東條英機가 들어섰다. 도조는 당시 검은색 말을 타고 있었던 것으로 백 장군은 기억하고 있다. 셋째로 입장한 사람은 히로히토의 동생 다카마츠노미야 노부히토高松宮宣仁였다. 그는 해군복을 입고 갈색 말에 올라 탄 상태였다.

그리고 일본이 자랑하는 모든 현대식 무기가 뒤를 이어 입장했다. 말하자면 일종의 관병식觀兵式이었다. 자신들이 보유한 무기와 병력, 그리고 시스템 등을 총망라해 힘을 과시하고자 하는 제국의 대형 이벤트였던 셈이다. 거대한 야포가 등장했고, 전차도 굉음을 내며 굴러 들어왔다. 듣지도 보지도 못했던 일본의 무기들이 청년 백선엽의 시야에 가득 들어오고 있었다. 세계 최첨단의 기계화 부대, 항공기 등이 줄을 이었다.

일본은 정말이지 이제 더 올라갈 곳이 없는 세계 최강의 자리를 향해 가고 있다는 생각이 선엽의 뇌리를 스쳤다. 그리고 그런 생각은 돌아와 한참을 머물렀다. 그런 과정이 계속 반복되고 있었다. 착잡하기 그지없었다. 일본의 힘을 실제 제 눈으로 보기 위해 나선 수학여행 길이었다. 그러나 정작 눈앞에서 벌어지고 있는 요요기 연병장의 광경을 지켜보면서 청년 백선엽은 놀라움을 금치 못하고 있었다.

군인의 길을 택하다

졸업이 눈앞에 닥쳤다. 5년제 평양사범학교를 마친 다음에는 보통학교에 가서 학생들을 가르치는 일이 남았다. 당시 관비 장학생으로 일제로부터 돈을 받고 다녔던 사범학교 학생들에게는 '의무 복무'라는 게 있었다. 정해진 기간만큼 선생으로서 학생들을 가르쳐야 했다.

본인이 교사 직업을 원치 않아 다른 직종職種을 택할 경우에는 일정한 액수를 정부에 환납해야 했다. 청년 선엽은 진로를 고민하고 있었다. 가정 형편이 어려워 택한 사범학교 생활이었지만 그는 그 길이 자신에게는 어딘가 어울리지 않는다는 생각을 막연하게나마 품기 시작했다.

당시에는 경제적인 상황도 좋아졌다. 어머니와 누이는 '평양고무공장'이라는 곳에 다니고 있었다. 어려운 과정을 나름대로 잘 헤쳐 오면서 쌓인 경륜도 작용했음인지, 어머니와 누이가 공장을 다니며 악착같이 돈을 벌어들이면서 가정 형편은 점차 나아지고 있었다.

그는 우연한 기회에 후일 유명 비행사로 이름을 날렸던 박승환과 이상렬 등 만주군관학교 학생들을 알게 된다. 신문에서 박승환의 활약상이 실린 기사를 본 뒤 본인이 먼저 편지를 적어 보냈다고 백 장군은 기억한다. 그 편지는 "만주군관학교가 어떤 곳이며, 그곳에 입학하면 군대를 제대로 배울 수 있겠느냐"는 내용이었다.

박승환으로부터 친절한 답장이 왔다. 만주군관학교를 제법 자세히 소개한 내용이 들어 있었고, "우리의 사정에서 군인의 길을 가는 것도 좋은 선택"이라는 격려성 충고도 적혀 있었다. 청년 백선엽은 그와 몇 차례에 걸쳐 서신을 주고받은 뒤 마침내 군인의 길에 들어설 결심을 하게 된다.

어렸을 적 소년 선엽은 〈노라쿠로 하사 のらくろ伍長〉라는 만화를 즐겨 읽었다. 개 한 마리가 주인공이었다. 병영에서 생활하던 강아지 노라쿠로가 병사들의 귀여움을 받기 시작해 결국은 전투 현장에도 투입된다는 줄거리다. 노라쿠로는 결국 일반 장병들과 마찬가지로 계급장을 받고 활동한다.

소년 선엽은 개를 군인으로 의인화해 펼쳐지는 그 만화에 상당한 재미를 느꼈다. 개가 사람처럼 행동하는 것도 재미를 끌었겠으나, 아무래도 소년 선엽의 마음을 사로잡던 것은 그 배경이 군대와 전장戰場이었다는 점이었을 것이다.

그가 어렸을 적 동생 인엽과 함께 뛰놀던 대동강 변의 청류벽에는 조선 말 군인으로 활동했던 외조부 방흥주의 이름이 새겨져 있었다. 앞서 소개한 대로다. 그는 그 점을 자랑스레 여기면서 자랐고, 마침 그런 외할아버지를 존경해 마지않던 모친이 결국 그의 군복 입은 초상화를 그래서 안방에 걸어둬 그를 바라보면서 생활하기도 했다.

이러한 성장成長 배경 때문인지 모르지만 청년 선엽이 종국에 택했던 것은 군문軍門이었다. 군인의 길을 걷기로 한 것이다. 그러나 이 점은 다른 각도에서 바라볼 필요가 있다. 그가 군이라는 곳을 동경했던 것은 맞다. 조선 말 군인으로 활동했던 외조부라는 존재가 군문에 들어설 결심을 굳히게 만들었다는 점은 본인도 인정한다.

그러나 그게 다는 아닐 것이다. 청년 백선엽이 군문에 들어선 데에는 뭔가 다른 곡절도 있었을 것으로 보는 게 타당하다. 그는 어렸을 때부터 남과 다른 행동을 보인 사람이었다. 성적이 뛰어나고, 몸가짐이 바르다는 식의 얘기가 아니다. 그는 또래와 다르게 보통학교를 다닐 때부터 도서관에서 독서에 파묻혔고, 친구들과는 전혀 어울릴 줄 모르는 침묵의 사색형思索型 인간이었다. 그런 점에서 그는 남들과 매우 달랐다.

오래 생각하고, 치밀하게 주변을 관찰하며, 결코 자신의 속내를 잘 드러내지 않는 그가 군인의 길을 택한 데에는 늘 키워왔던 오랜 사고思考의 습성이 숨어 있을 것이다. 필자가 그 까닭을 물을 때면 그는 늘 이런 식으로 대답했다. "언젠가 필요할지 모르는 힘을 키워야 하는 것 아니냐."

그 역시 조선을 지배했던 일등 국민 일본인 밑에서 내내 눌리며 살았다. 그에게도 '민족'은 결코 풀어버리기 쉽지 않았던 '무게'였다. 이 땅에서 태어나 삶을 마칠 때까지 그의 머릿속에서, 그의 마음속에서 민족이라는 단어는 결코 쉽게 지워지지 않는 화두일 것이다.

그러나 당시의 그는 조국이 식민지로부터 해방되는 날을 더 먼 미래로 생각하고 있었다. 일본이 곧 미국과의 태평양 전쟁에 나서고, 결국 미국에 의해 처절하게 무너졌던 1945년 8월 15일을 눈앞에 곧 닥칠 현실로 볼 수 없었다. 그보다 훨씬 먼 훗날에 일본은 무너질 것이고, 조국의 독립은 그때야 찾아 올 것이라 생각했다.

당시 만주군관학교에 들어가기 직전인 평양사범학교 5학년 때 졸업을 앞두고 막바지 수학여행에 나서 일본의 힘을 체감했던 때라 청년 선엽은 더욱 그런 생각에 몰두했다. 그렇지만 그는 늘 그 '힘'에 대해 복합적인 생각을 키워가고 있었다.

힘을 갖춘 일본은 조선을 합병했고, 나아가 만주와 중국 대륙을 석권할 기세였다. 제국이 지배하는 질서 속에서 힘은 거의 모든 것을 말해준다. 힘이 있어야 남을 지배하고, 힘을 갖춰야 남의 것을 빼앗을 수 있는 질서 속에서는 반드시 그랬다.

그러나 그 역설逆說도 성립이 가능하다. 힘이 있어야 남의 침입侵入을 막을 수 있고, 힘을 길러야 상대의 강탈에 맞설 수 있는 것이다. 그러나 식민지 청년에게 힘은 어떻게 길러질 것인가. 스스로 무장하고 조직을 갖춰, 우리를 침탈한 상대에 맞서 싸워야 하는 것인가. 그런 방법은 현실적인가.

아마 가능할 것이다. 이 세상에 불가능한 것은 없다고 주장하면 그런 논리는 더욱 설득력을 지닐 수 있다. 그러나 '조건'이라는 것을 따져 보지 않을 수 없다. 청년 선엽의 눈에는 현실이 더 깊이 들어왔다. 당시의 현실적인 여건 아래에서는 직접적인 무장 항쟁이 불가능해 보였고, 그를 가능케 할 조직마저 갖추기 힘든 것으로 보였다.

그는 언제부터 그랬는지는 모르지만, 차돌멩이 같은 현실주의자다. 이해와 타산을 앞세우는 그런 통속적인 현실주의자가 아니라, 차고 굳은 현실로부터 길을 찾고 방법을 모색하는 현실주의자다.

시대적 상황과 환경은 조선 청년을 한데 묶을 조건을 제시하지 못하고 있었다. 그 조건을 능동적으로 찾아 나서기 위해서는 이미 일본이 점령한 만주를 벗어나 중국 대륙의 깊은 내지內地에서 힘겹게 명맥을 이어 가고 있던 임시정부나 각 지역에 산개散開한 독립 항쟁 세력을 찾아 나서야 했다. 그러나 그를 찾아 나선다고 해도 독립을 보장받을 수 있는 상황은 더욱 아니었다.

일본의 힘은 극상極上을 향해 가고 있었으며, 태평양 건너 낯선 미국의 힘도 꿈틀거리고 있었다. 그런 현실 속에서 민족과 나라를 생각하며 가야 할 길은 무엇일까. 선엽은 어린 시절부터 청년 무렵까지 늘 보였던 태도를 유지키로 했다. 그것은 '학습'의 길이었다. 남이 지닌 힘의 실체를 알아 익히고, 그 장점을 적극적인 배움의 능력으로 받아들여 자신 안에 쌓는 길이었다.

그것이 조국과 민족의 독립을 반드시 보장하는 것은 아니었지만, 그는 자신의 눈앞에 먼저 보이는 현실적인 길을 가기로 작정했다. 제국의 힘을 알고, 그를 따라 배우는 게 시급하다면 먼저 호랑이 굴로 찾아 들어가는 것도 방법이다. 그 안에 담긴 힘의 실체를 배우기 위해서는 더욱 그렇다. 그는 만주군관학교라는 문을 마침내 두드렸다. 그리고 가장 긴박했던 한국의 현대사 속에서 그가 짧고 굵게, 그리고 찬란하게 선보일 군인으로서의 길은 그렇게 펼쳐지기 시작했다.

싸움의 기초를 배우다

만주는 중국 동북3성 대부분을 아우르는 곳이다. 청년 백선엽이 문을 두드렸던 만주군관학교는 당시 봉천奉天이라는 곳에 있었다. 그곳은 지금의 랴오닝遼寧성의 성도省都인 선양瀋陽이다.

만주족이 백두산 기슭에서 발흥해 세력을 떨쳐 일어나 마침내 중국 대륙을 석권한 뒤 청淸나라를 경영할 수 있었던 본거지이기도 하다. 중국의 봉건 왕조를 무너뜨린 신해辛亥혁명이 있은 뒤 대륙은 여러 군벌軍閥의 세력 경쟁에 의해 심하게 갈라졌다.

당시 봉천에는 이른바 '동북왕東北王'으로 불렸던 장작림張作霖 계통의 군벌이 세력을 형성하고 있었다. 일본이 만주를 점령하기 직전까지 무기를 만드는 병기창兵器廠까지 세우고 36만의 대병력을 동대영東大營과 북대영北大營으로 나눠 운영하며 만주 일대에서 가장 강력한 힘을 자랑하던 군벌이었다. 이들은 중국의 군벌 시대를 마지막까지 이어갔으나 대담한 전략을 구사한 일본군에 의해 허망하게 무너지고 만다. 그 과정이 제법 눈길을 끈다. 그 내용을 요약하자면 이렇다.

일본은 만주를 점령하기 위해 선수를 쳤다. 먼저 유조구柳條溝라는 곳에 아편을 상습적으로 복용하다가 숨진 사람의 사체를 늘어 놓고 철로를 폭파한 뒤 이를 중국 측의 소행으로 몰았다. 일본군은 순식간에 만주 군벌의 주력이 주둔하고 있던 북대영을 공격했다.

당시 북대영에 주둔하고 있던 병력은 1만 5,000여 명. 이들을 공격한 일본 철도수비대는 불과 800명이었다. 그러나 일본군은 상대의 의표를 찌르고 들어가는 전격적인 기습 작전을 벌여 완승했다. 압도적인 병력에도 불구하고 만주 군벌의 병력은 힘 한 번 제대로 쓰지를 못하고 소수 병력의 일본에게 일거에 무너지고 말았다.

그 이유는 무기에 있었다. 당시 군벌은 비록 힘이 강하다고는 하지만 역시 군벌에 불과했다. 지역과 사회를 수호하겠다는 강력한 사명감으로 무장한 군대가 아니었다. 그저 권력을 탐하는 군벌 지도자의 휘하에 몰려들어 재물에만 욕심을 내는 사람이 많았던 것이다.

만주 군벌 병력의 문제점은 오래 전에 드러나고 말았다. 자신에게 쥐어진 무기를 팔아먹는 경우도 있었고, 심하면 군대 병기고에 보관된 무기나 탄약을 내다 파는 경우도 있었다. 따라서 군벌 지도부는 외출을 나가는 장병들이 무기를 시중에 팔아먹지 못하도록 주말에는 부대 내의 모든 무기를 수거해 병기고에 보관한 뒤 이중 삼중의 잠금 장치를 했다.

만주 군벌에게 조언을 해주던 일본 고문관은 이 사실을 일본 군대에 알렸고, 만주 점령을 노렸던 군 지도부는 이를 아주 적절하게 활용해 자신보다 훨씬 많은 수의 만주 군벌 병력을 기습해 성공을 거뒀던 것이다.

이와 같은 만주사변이 벌어진 곳에서 청년 백선엽은 군관학교 생활을 시작했다. 1만 5,000명의 병력이 800명에 불과한 일본군에게 기습을 당해 무너졌던 만주 군벌 부대, 북대영으로부터 동쪽으로 떨어져 있던 동대영 자리가 당시의 봉천군관학교였다. 일본 육군사관학교 본과本科 과정을 2년 안에 마치는 코스였다.

그의 생활은 어렸을 때부터 본인 스스로 익혀온 습관 그대로 이어졌다. 우선 열심히 배웠다. 일본의 육군 전술 전략과 무기 다루는 법을 비롯해 일본이 이룩한 모든 군사 기초를 습득하는 과정이었다. 다른 것에는 한눈을 팔지 않았다. 일본의 힘이 어느 정도일까를 일찍 가늠하기 시작했던 그에게 군관학교는 많은 지식을 전해주었다.

그는 매주 일요일마다 외출을 나갔다. 아침 8시에 군관학교 정문을 나가 오후 5시 전까지 돌아오는 외출은 그에게 다른 세계를 맛보도록 해주는 별도의 '지식 여행'이었다. 그 여행의 코스는 단조로웠지만 아주 일정했다. 그는 일요일 아침 군관학교 정문을 나가 기차역으로 갔다. 기차를 타고 봉천역에서 내려 먼저 찾은 곳은 지금의 선양시 서탑西塔이었다. 그곳에는 동포들이 운영하는 음식점이 많았다.

일본어로 교육을 받고, 일본이 장악한 만주군 군관학교의 복장을 입고, 일본의 군사 지식을 습득하는 몸이었으나 속내는 어쩔 수 없는 조선인이었다. 그가 동포 음식점에 들러 먹었던 것은 비빔밥과 냉면, 국수 등 우리 음식이었다. 그리고 그가 찾았던 곳은 봉천역 인근 일본 만주철도 滿鐵 소유 부속 지역에 있던 일본 서점이었다.

그는 그 서점에서 거의 온종일을 보냈다. 평양의 어머니가 보내준 돈, 그리고 외출비용으로 군관학교에서 지급했던 중국 돈 9원으로 그는 살 수 있는 모든 책을 샀다. 주로 병서兵書였다. 전 세계에서 벌어졌던 모든 유명 전투를 망라한 책부터, 천재적인 전략가로 불렸던 군인들의 전기, 전문 군사 지식을 다룬 서적 등이 그의 눈에 들어왔던 책들이다.

선엽의 겉모습은 늘 단조로운 편이었다. 변함이 없이 일관된 무엇인가를 지니고 꾸준히 자신의 길만을 가는 그런 유형의 인물이다. 가정 형편이 아주 어려워 모친이 자살을 결심했던 그 어린 시절부터, 평양부립도서관 열람실에 파묻혀 시간이 닿는 한 끝까지 책상에 머리를 파묻던 약송보통학교 시절, 수재들만 들어간다는 평양사범학교 재학 때까지 늘 그랬던 것처럼 그는 항상 자신의 길에 매진하고 있었다.

그러나 그 내면은 결코 간단하지 않았다. 그의 머릿속으로는 일본군의 장점과 약점, 일본 군사 지식이 지닌 특징, 세계 전쟁사 등을 읽으며 느낀 군인의 길, 그리고 중국인 교관들로부터 전해 들은 중국의 역사와 문화 등이 차곡차곡 쌓여가고 있었던 것이다.

휴가 시즌을 맞거나 외박이 허용될 때 다른 동급생 대부분은 술집과 여자를 찾아 다녔다. 그러나 청년 백선엽은 무미건조하다 싶을 정도의 생활을 계속 이어갔다. 동포가 경영하는 음식점에서 간단하게 냉면 등으로 끼니를 때우고 바로 서점을 찾았다. 그곳에서 서가에 꽂힌 책의 세계를 열심히 탐색하고 다녔다. 그렇게 2년이 흘렀다.

뜨는 미국, 지는 일본

군관학교를 졸업한 청년 백선엽은 1942년 말 중국 대륙 동북단에 있는 흑룡강성 가목사佳木斯, 중국식 발음은 자무쓰라는 곳에 배치를 받았다. 본격적인 '군인의 길'에 들어선 것이다. 만주군은 다국적多國籍 군대였다. 조선인과 중국인, 몽골인 등이 모두 그 부대 안에 들어와 있었다.

청년 백선엽이 처음 만주 군관 자격으로 배치를 받았던 가목사의 부대는 중국인들로 이뤄져 있었다. 견습 사관 자격이었다. 곧 소위로 승진한 뒤 그는 가목사 북쪽 '몽고리'라는 만주군 병영에서 신병 교육을 담당하는 소대장을 맡았다.

그곳에서 1년을 보낸 뒤 그는 다시 간도 지역에 있던 특설 부대에 부임했다. 연길延吉에서 백두산으로 가는 길에 있는 명월구明月溝가 부대의 주둔지였다. 조선인만으로 이뤄진 부대였다. 모두 3개 중대의 1개 대대 병력이었다. 그는 3중대 소대장을 맡았다.

간도특설대는 대대장 중교中校, 중령, 1중대장과 3중대장이 일본인이었고 나머지는 모두 조선인이었다. 이 부대는 만주군 중에서 총검술과 검도, 사격이 가장 우수하다는 평을 듣고 있었다.

1중대와 2중대는 모두 소총 부대였으나, 백선엽이 소대장으로 있던 중대는 '기박중대'로 약칭했던 기관총과 박격포 부대였다. 그는 간도특설대에서 2년 정도를 보냈다. 당시 간도와 만주 일대의 상황은 일본 관동군이 만주사변을 일으킨 뒤 본격적으로 이 지역을 점령해 통치하면서 이전 같은 무장항쟁은 거의 자취를 감춘 상태였다.

길림성을 비롯한 만주 일대에서 독립운동을 벌였던 한반도의 무장 세력은 그즈음 거의 찾아볼 수 없었다. 임시정부는 국민당 정부가 내지로 밀려감에 따라 저 멀리 중국 서남부의 중경重慶에 내려가 있었고, 커다란 세력을 형성하기 힘들었던 각종 독립 무장단체도 중국의 각 지역에 산개散開해 본격적인 항쟁을 벌이지 못하던 시절이었다.

따라서 백선엽이 속해 있던 만주군 간도특설대는 실제 전투를 경험하지 못하고 있었다. 그저 마오쩌둥毛澤東 산하의 중국 팔로군을 대상으로 경계와 정보 수집 활동을 벌이는 게 고작이었다. 명월구에 주둔하던 시절이 끝날 무렵 간도특설대는 한 달 동안 백두산 일대를 행군했다.

그렇게 군인으로서는 아주 무미건조한 시간이 흘러 지나갔다. 2년여 명월구에 주둔했던 간도특설대는 본격적인 활동에 들어간 마오쩌둥 휘하의 팔로군을 쫓기 시작한다. 1943년 초에 특설대는 무대를 베이징北京 인근으로 옮긴다. 만리장성을 넘어 그 일대에서 광범위하게 근거지를 형성해 활동하고 있던 팔로군을 토벌하기 위해서였다.

그러나 그때도 제법 모양새를 갖춘 전투는 벌어지지 않았다. 국민당 군대와 내전을 벌이면서 세력을 급격하게 넓혀가던 공산당의 영향으로 중국 대륙 북부는 이미 붉은 바다, 홍해紅海로 변한 상태였다. 그 붉은 바다는 팔로군의 출몰을 감쪽같이 위장해 주기에 충분했다.

특설대는 당시에 있었던 행정구, 열하熱河를 넘어 베이징 인근이었던 회유懷柔, 밀운密雲까지 접근해 팔로군 토벌에 나서지만, 그들은 더 넓은 지역으로 신속하게 후퇴하고 숨었다. 특설대는 그들의 뒤를 쫓아가면서도 번번이 허탕을 쳤다. 그나마 만주군과 일본군의 선무宣撫 작업이 펼쳐지면서 주민들의 협조가 눈에 띄게 증가해 오히려 팔로군에게 공격을 당하지 않았던 게 다행이라면 다행이었다. 그래서 당시의 특설대 병력에게는 전투다운 전투를 수행할 기회가 좀처럼 찾아오지 않았다.

그리고 백선엽의 부대는 다시 길림성 명월구로 이동했다. 그 중간 시점인 1944년 8월 백선엽은 몸이 아파서 봉천의 군 의료시설에 입원했다. 8월쯤이었다. 나중에 육군본부 군의감을 지냈던 신학진 군의관을 그때 만났다. 그렇게 요양을 하던 어느 날이었다.

하늘 저 멀리로 말로만 듣던 미군의 B-29 폭격기가 나타났다. 태평양 전쟁의 막바지였다. 백선엽은 일본군이 미군에 밀린다는 이야기를 소문으로 듣고 있었다. 한때 파죽지세破竹之勢로 동남아와 중국 대륙, 나아가 태평양 건너 미국으로 전진하던 일본군의 기세는 점차 꺾이고 있다는 이야기가 들렸다.

하지만 일본이 미국과의 전쟁에서 패색을 띠어간다는 소식은 공식적으로는 전해지지 않았다. 전시戰時라는 핑계로 각종 언론 보도를 일본 당국이 통제하고 나섰기 때문이었다. 그러나 발 없는 소문은 그 통제를 쉽게 넘나들고 있었다. 일본의 패배가 곧 닥칠 것이라는 기대감이 여기저기로 번져가고 있었다.

그런 와중에 미군은 만주를 점령하고 있던 일본을 폭격하기 위해 중국 상공으로 B-29를 날려 보내고 있었던 것이다. 백선엽은 군 병원 뜰에서 하늘 저 멀리 작은 점으로 떠다니는 미군 비행기를 쳐다보고 있었다. 일본군은 지상에서 88식 75mm 고사포로 비행기에 사격을 퍼붓고 있었다.

그러나 일본의 고사포 포탄은 B-29의 고도高度까지 닿지 못했다. 일본군 요격기도 출동해 하늘로 치고 올라갔지만, B-29가 날고 있는 고도에는 도달하지 못했다. 그런 일본의 전투기들이 공격을 중단하고 맥없이 되돌아오는 모습이 선엽의 눈에 들어왔다.

가물가물하게 저 멀리서 날던 B-29는 봉천 하늘 위를 그대로 지나가고 있었다. 아무런 제재도 받지 않고, 아무 것도 거칠 게 없다는 식의 비행이었다. 일본의 고사포와 전투기는 미군 비행기를 떨어뜨리기 위해 안간힘을 쓰고 있었지만 B-29는 유유자적하게, 아무런 느낌도 없다는 듯이 하늘을 날고 있었다.

　그 광경을 지켜보던 백선엽은 미국과의 전쟁에 나선 일본이 지금 어떤 상황에 처했는가를 절실히 깨달았다. 일본의 시대가 가고 있다는 생각도 확연하게 다가왔다. '이제 곧 일본이 패망한다. 조국의 독립도 눈앞으로 닥치고 있다'는 생각이 들었다. 몇 년 전까지만 해도 일본의 패전을 상상하기 힘들었다. 그들은 늘 강해 보였고, 조선과 만주, 나아가 중국 대륙을 석권한 뒤 조만간 세계적인 제국으로 군림할 것으로 생각했다.

　일본이라는 제국의 힘도 결국 흥기興起와 패망敗亡이 늘 갈마드는 주기周期, 영고성쇠榮枯盛衰의 냉정한 운율韻律에서 벗어날 수 없었던 것이다. 그러나 그때가 언제 다가올지에 대해서는 늘 궁금했다. 백선엽의 눈에 들어온 봉천 상공의 미군 B-29, 그것을 떨어뜨리기 위해 안간힘을 써봤으나 결국 맥없이 물러난 일본군의 고사포와 전투기는 묘한 대조를 이루고 있었다. 그것은 일본이라는 제국의 퇴장을 암시하는 강력한 상징으로 청년 백선엽의 눈에 비쳤을 것이다.

때를 읽다

쫓기듯 서두른 귀향길 속 미군의 트럭이 새 시대를 알리다.
평양에서 우연히 마주친 미래의 적수 김일성,
조용히 자신을 응시하던 백선엽의 눈길을 의식했을까.

어느 날 갑자기 다가온 해방

일본의 퇴장을 암시하는 장면은 계속 닥치고 있었다. 1945년 만리장성
이남의 여러 곳을 돌면서 중국 팔로군을 상대로 추격전을 벌였던 만주
군 간도특설대는 다시 원래의 위치였던 길림성으로 복귀했다. 일본군과
만주군의 싸움 대상은 이제 소련군으로 바뀌었다. 일본군은 당시 자신
들이 점령하고 있던 만주 등 중국 북부 지역을 소련군에게 빼앗기지 않
기 위해 저항을 벌이고 있었다.

그러나 일본의 군대는 한때 세계를 상대로 뻗어 나가던 몇 년 전의
기세가 아니었다. 일본군은 태평양 전쟁에 뛰어들면서 지속적인 무기 현
대화 작업에서 실패한 게 분명했다. 일본의 무기는 만주와 중국 북부를

파고들어 오는 소련군의 무기를 상대하기 힘에 겨워 보였다.

더구나 그곳에서 주력을 형성했던 일본 관동군은 상당수가 새로 확대된 전선, 즉 동남아로 이동한 상태였다. 중국 북부 지역에서 활동하던 일본의 북지나군 또한 남쪽의 새 전선으로 상당수가 옮겨가면서 힘의 공백은 점차 커져가고 있었다. 그 틈에 소련군은 줄기차게 공격을 퍼부으면서 달려들고 있었다.

1945년 8월 9일경이었다. 조국의 해방이 곧 닥칠 것이라는 기대는 소련군의 비행기와 함께 왔다. 백선엽이 주둔하고 있던 길림성 명월구 쪽으로 소련군 전폭기들이 들이닥쳤다. 소련 비행기들은 맹렬하게 폭격을 퍼붓고 다녔다. 일본군은 힘도 제대로 써볼 수 없을 정도로 일방적으로 밀리고 있었다.

백선엽은 그 소련 비행기들로부터 일본의 패망이 현실화할 것이라는 점을 깨달았다. 그날 소련군은 간도 지역에 들어와 현지에 주둔 중이던 일본과 만주 군대를 모두 무장해제시켜 버렸다. 그로부터 엿새 뒤인 8월 15일, 만주군 중위였던 백선엽은 연길에서 라디오를 듣고 있었다. 일본 왕 히로히토가 "유엔군에 무조건 항복한다"라고 말하는 내용의 방송이었다.

'전승의 시대''극상의 자리'를 구가하던 일본이 드디어 무너진 것이다. 한반도에 드리워진 일본이라는 검은 구름이 걷히면서 조국의 산야山野에는 새로운 햇살이 비칠 것이다. 이제 무엇을 어떻게 해야 하는가. 만주 군관 중위 백선엽은 가빠지는 숨결을 억누를 수 없었다.

'이제 살아서 고향으로 돌아가야 한다'는 생각이 앞섰다. 그는 명월구에서 진주進駐해 오는 소련군 부대 행렬을 마주쳤다. 그 소련군 대열에 자신과 비슷한 생김새의 사람이 눈에 띄었다. 백선엽은 소련군이 어떤 군대인지 잘 알 수 없었다. 이들은 전후戰後 처리를 어떻게 할까. 일본 소속의 군대를 어떻게 대할까. 그런 점이 궁금했다. 대열에 섞여 있던 자신과 비슷한 생김새의 사내에게 말을 건넸다.

"당신, 혹시 조선인 아니시오?"

'어떻게 알았느냐'는 표정을 짓는 그는 조선 사람이 분명했다. 자신을 "소련군 통역 때문에 따라 다닌다"고 소개했다. 백선엽은 "소련군이 우리를 어떻게 대할 것으로 보느냐"고 물었다. 그는 즉시 "빨리 고향으로 돌아가라. 소련군은 잡은 사람들을 모두 시베리아로 보낼 것"이라고 귀띔했다.

만주군 간도특설대는 이미 해체된 상태였다. 그렇다면 그의 말대로 빨리 고향으로 돌아가는 방도밖에 없다고 백선엽은 결심했다. 그는 그 자리에서 군복을 벗어버렸다. 그리고 마련해 뒀던 양복 한 벌로 갈아입었다. 그리고 그는 두만강을 건넜다. 수심이 얕은 쪽을 택해 저 건너편의 고향 땅으로 향했다. 집으로 돌아가는 이 젊은 청년의 옷자락에는 금세 물기가 차올랐다. 백선엽은 자신을 키웠던 유년의 강, 대동강을 그리며 두만강을 건넜다. 한반도 북녘의 경계를 흐르는 두만강은 고향으로 향하는 탕자蕩子의 가슴을 말없이 적시고 있었다.

평양 귀향길에서 본 '미국'

내가 몸을 담고 있는 틀이 일거에 무너졌을 때, 딛고 서 있는 토대가 무너졌을 때, 새로운 변화의 기운이 그 자리를 대신 차지했을 때, 아울러 그런 기운의 정체가 무엇인지 도저히 감이 잡히지 않을 때는 나의 안전, 나아가 내 생사生死를 점치기 어렵다. 그래서 불안해진다.

만주에서 5년 동안 지냈던 백선엽이 기댔던 틀은 식민 제국 일본이었다. 당시 한반도에서 삶의 터전을 일궜던 조선인 모두 비슷한 처지였다. 일거에 그 틀이 무너지고, 한반도 북쪽에는 소련군이 물밀 듯이 들어오고 있던 상황이었다. 그는 고향으로 가기 위해 두만강을 건넜고, 자칫 목숨이 위험해질지도 모르는 상황을 헤치면서 평양으로 발걸음을 재촉했다. 아주 위급한 노정路程이었지만, 청년 백선엽의 눈은 무엇인가를 관찰하기에 바빴다.

그의 회고를 들어보면 그 다급하고 외로우며, 때로는 심한 고립감에 좌절할지도 모르는 상황에서 백선엽의 눈에 가장 강렬하게 들어와 박힌 것은 GMC 트럭이었다. 미국 제너럴모터스 회사에서 만든 군용 트럭. 그 트럭을 백선엽은 불안하면서도 위험스러운 귀향길에서 목격했으며 이어 이 청년의 사념思念을 단단히 붙잡았다.

그가 두만강을 건너 평양으로 향하는 철로를 따라 함경북도 백암 입구에 다다랐을 때였다. 그의 눈앞에는 T-34 전차, 거대한 중포重砲와 각종 야포를 거느리고 남쪽으로 향하던 소련군의 모습이 보였다. 그는 발걸음을 멈추고 그 행렬을 자세히 보고 있었다.

날카로운 시선, 깊이 생각하기 좋아하는 성향, 그리고 여러 가지를 두루 살핀 다음에 품는 신중한 마음. 어린 시절부터 남다른 행동을 보이며 심사숙고深思熟考형의 사람으로 자라난 청년 백선엽이 눈여겨 본 것은 소련군의 무장武裝 상태, 그들의 군기軍紀 등이 아니었다. 그의 눈에 아주 날카롭게 날아와 박힌 것은 그들이 타고 있던 차량이었다.

그것은 뒤편에 바퀴 두 개씩 네 묶음의 8개, 그리고 앞에 바퀴 2개의 타이어 10개가 굴러가는 미국제 GMC 트럭이었다. 그는 그 육중한 트럭을 그곳에서 처음 목격했다. 미군이 유엔군 자격으로 참전한 소련을 후원하기 위해 준 트럭이었다.

그가 그전까지 봤던 일제 차량은 바퀴가 모두 6개짜리였다. 좁은 길을 가는 데는 별로 지장이 없었지만, 진창을 건널 때나 평탄치 않은 길에서 속도를 낼 때에는 아무래도 문제가 있었다. 그런 문제를 극복할 수 있는 것이 미군의 GMC 트럭이었다.

차체車體도 컸을 뿐만 아니라, 타이어 자체도 일본의 트럭과는 비교할 수 없을 정도로 크고 튼튼했다. 그는 전 해에 중국 봉천의 상공에서 봤던 미군의 B-29 폭격기를 떠올렸다. 일본군의 고사포 포탄이 아예 접근조차 할 수 없었고, 일본군의 전투기마저 닿을 수 없는 고도를 유유히 떠다니며 폭격을 하던 그 비행기의 잔영殘影이 GMC 트럭에 겹쳐지고 있었다.

백선엽은 소련군 대열에서 오히려 '미국'을 보고 있었던 것이다. 그는 자신의 주변에 형성되는 전체적인 흐름인 세勢를 매우 잘 읽는 유형의 사람이다. 1950년 벌어지는 한반도의 전쟁을 맞닥뜨리기 전 혼란스러웠던 남한의 정국, 김일성이 서서히 권력을 쥐어가던 해방 직후의 평양에서도 그의 '세 읽기'는 주변의 어떤 동료에 비해서도 뛰어났다.

3년 동안의 길고 모진 동족상잔의 전쟁이 벌어졌던 한반도에서 그는 조국을 감싸고 흐르는 대세大勢를 명징하게 읽었고, 그에 따른 날카로운 현실인식 속에서 자신의 좌표座標를 설정하면서 올바르게, 때로는 단호하게 움직였다.

다른 측면에서 말하자면 그런 세를 읽어간다는 것은 그 자신의 성향이 매우 현실적이라는 이야기다. 그렇지만 세를 잘 읽어도 그 다음으로 나타나는 행동이 종국에는 무엇을 위한 것인가를 따질 때 사람에 대한 평가는 달라질 수 있다. 제 자신의 돈 주머니와 욕심 보따리만을 채웠다면 그는 탐욕에 젖은 범부凡夫라는 평가를 받을 것이다. 제 권력의 향낭香囊을 채운다면 그는 세 읽기에 뛰어난 정상배政商輩에 불과할 것이다. 또한 제 가족만을 위한 것이라면 그는 평범하면서도 실속 있는 가장家長에 지나지 않는다.

청년 백선엽의 세 읽기에 관한 숙련성이 얼마나 뛰어났는지는 다음에 전개할 내용에서도 누누이 풀어갈 것이다. 그리고 세 읽기의 종국적인 향배向背가 어디를 겨냥하고 있었는지에 대해서도 자세히 서술할 기회가 있을 것이다. 어쨌든 이 날카로운 심안心眼의 소유자, 청년 백선엽은 서둘러 고향에 돌아가야 하는 위험한 순간에도 소련군 대열에 섞인 '미국'을 하염없이 바라보고 있었던 것이다.

그러나 그는 길을 재촉할 수밖에 없는 처지였다. 밤을 낮 삼아 걷고 또 걸었다. 고향으로 가는 길은 아주 멀고 험했다. 마천령 산맥의 험준하며 가파른 산줄기를 넘었고, 깊은 계곡 곳곳에 드리운 녹음을 굶주림에 지친 상태로 걷고 또 걸었다. 곳곳에는 이미 소련군이 진주해 있는 모습이 눈에 띄었다.

해안선을 따라 걷기도 했다. 함경선 철도를 따라 성진과 단천, 신포를 거쳐 고원에 이르렀다. 해안선 철도를 따라 걷는 것은 그래도 편했다. 고향으로 가기 위해서는 오른쪽으로 길을 틀어 산간 내륙지역을 다시 지나야 했다.

평남 양덕에 사는 삼촌 집에도 찾아갔다. 태어나서 처음 만나는 삼촌이었으나, 먼 길을 헤매면서 고향으로 돌아가는 조카를 삼촌은 따뜻한 손길로 맞이했다. 하룻밤을 그 집에서 묵었다. 몸이 한결 가벼워졌다. 더는 지체할 여유가 없었다. 다시 평양을 향해 길을 재촉했다.

도중에 있는 신성천이라는 곳에서 가까스로 기차를 얻어 탈 수 있었으나, 평양까지는 갈 수 없다고 했다. 기차에서 내려 다시 걸었다. 발은 물론이고 몸 전체가 욱신거렸다. 그래도 곧 고향에 도착한다는 마음으로 바람을 마시며, 한데서 잠을 자야하는 풍찬노숙風餐露宿의 역정을 이겨낼 수 있었다.

성찬과 강동을 거쳐 드디어 평양에 도착했다. 1945년 9월 중순이었다. 평양사범학교를 졸업한 뒤 모친이 만들어 준 여비를 지닌 채 집을 떠난 지 5년의 세월이 흘렀다. 두만강을 건너 고국에 발을 디딘 지 약 한 달이 되는 시점이기도 했다. 눈앞에 대동강이 흘렀다. 그 커다란 강은 말없이 흐르고 있었다. 그때의 대동강은 어떤 기억들을 품에 안고 흘러가던 것이었을까. 선엽의 눈에는 유난히 푸르러 보이던 고향의 강이었다.

일주일 동안의 서울 구경

일제가 강점한 지 36년 뒤, 조국에 해방의 감격은 닥쳤지만 오랫동안의 억눌림 끝에 온 자유의 기류는 달콤한 것만은 아니었다. 해방 정국의 분위기는 아주 험악해지고 있었다. 북에 진주한 소련, 남에 들어온 미군은 양쪽의 질서를 잡는 데 신경을 곤두세우고 있었다.

그리고 이념 대립은 심각한 갈등을 낳고 있었다. 자유와 민주를 축으로 하는 미국의 질서가 남쪽에 뿌리를 내릴 것으로 보였고, 북에는 소련의 공산주의식 틀이 김일성이라는 낯선 인물을 통해 서서히 자리를 잡아가고 있었다.

이념이라는 생경한 세계를 접하지 못했던 수많은 국민은 그에 무감했지만, 정치적 틀을 만들려는 사람들의 눈에 그런 이념은 결코 상대에게 양보할 수 없는 성역聖域으로 비치고 있었다. 이념은 다시 싸움을 낳고, 그 싸움은 다시 메울 수 없는 커다란 간격間隔을 만들어내고 있었다.

이념이 뿜어내는 거센 바람은 결코 크다고 할 수 없는 한반도 지형地形

에 일파만파—波萬波의 격랑激浪을 일으키고 있었다. 특히 소련과는 다르게 자유와 민주의 가치를 숭상하며 방임적인 태도를 취했던 미군 군정軍政 하의 남한에서는 어지러운 정국, 나아가 서로 피로써 피를 부르는 잔인한 다툼이 번지고 있었다.

고향에 갓 돌아온 청년 백선엽은 이런 정국을 어떻게 봤을까. 눈에 잘 드러나지는 않지만 무엇인가 거세게 휘몰아쳐 올 듯한 남과 북의 하늘, 땅을 어떻게 지켜보고 있었을까. 그는 우선 움직였다. 백선엽 장군이 대한민국 군문軍門에 들어서 전쟁을 겪는 과정까지 모두 살필 때 눈에 띄는 그의 특징 하나가 '현장성'이다. 그는 늘 전선의 구석구석을 살폈으며, 사단장과 군단장으로 있을 때에도 대대와 중대까지 찾아다니며 적정敵情을 직접 듣고 본 뒤 이를 최종적인 판단의 재료로 삼은 사람이다.

그는 저 앞에 닥칠 위험이 어떤 형태인가를 정확하게 알아보기 위해 부지런히 현장을 누볐던 전선 지휘관답게 스물다섯의 나이에 해방을 맞아 막 고향에 돌아온 뒤에도 몸을 먼저 움직였다. 그가 우선 찾아갔던 곳은 서울이었다. 평양사범학교 수학여행 때 이미 들른 적이 있던 서울에 다시 가보기로 한 것이다.

1945년 9월이었다. 그때까지는 남북 간의 통행이 크게 제한을 받지 않았던 상태였다. 그는 일주일을 서울에 머물렀다. 인터뷰 때 "왜 서울에 갔었느냐"는 필자의 물음에, 백 장군은 "무슨 일이 벌어지고 있는가를 직접 봐야 하는 것 아니냐"라고 대답했다. 그 특유의 현장성이 발동했던 것이다.

그 당시 청년 백선엽의 생각은 해방 뒤 삶의 터전을 어디에 마련해야 하느냐에 몰려 있었다. 북에서는 소련, 남에서는 미군이 진주해 사회의 틀을 만들어가고 있던 시점에 자신이 살아야 할 곳이 어딘지를 판단해야 했기 때문이었다.

그는 기차 편으로 서울역에 도착했다. 역 앞에는 지게꾼도 많았고, 거리를 배회하는 실업자 차림의 사람도 눈에 많이 띄었다. 그는 서울역에서 종각을 거쳐 파고다 공원지금의 탑골 공원에 도착했다.

서울역에서 종로 3가까지 걸어오는 동안 그의 눈에 비친 서울은 '혼란'이란 단어 그 자체였다. 그는 좌익과 우익이 편을 나눠 행진하면서 싸움을 벌이는 장면을 많이 목격했다. 특히 그가 파고다 공원 앞에 도착했을 때에는 좌익과 우익의 대열이 엇갈려 지나가면서 심한 다툼을 벌이고 있었다.

그 뒤로 지프차가 다가왔다. 시위대 행렬을 헤치며 지나가는 지프차에는 미군들이 타고 있었다. 언뜻 보기에도 질 좋아 보이는 옷감의 군복, 입을 크게 벌리며 씹고 있는 껌, 보란 듯이 손가락 사이에 끼워 피워대는 담배 '럭키스트라이크'가 그의 눈에 들어왔다.

그가 처음 대하는 미군이었다. 생기가 있어 보였으며, 발랄하다는 인상을 받았다. 그러나 자유분방함이 넘쳐 어느 정도는 경박하다는 느낌도 있었다. 소련군과는 어딘가 크게 달라 보였다. 낯선 느낌이기는 했지만, 그들은 평양 시내에 진주해 있으면서 민간인들에게 시계를 빼앗아 여러 개를 팔뚝에 걸고 자랑하는 소련군과는 달라도 뭔가 한참 달라 보였다.

소련군의 인상은 전체적으로 음울했다. 얼굴이 어두워 보였고, 질이 별로 좋아 보이지 않는 옷감으로 만든 군복을 입은 채 군기마저 빠져 있다는 느낌을 주었다. 일부 소련군은 벌써 북쪽에 머물면서 민가까지 들어가 도둑질을 한다는 이야기도 들렸다.

그러나 청년 백선엽이 서울에 일주일 동안 머물면서 지켜본 미군은 자신들이 필요로 하는 것을 모두 직접 가져다가 해결하는 군대였다. 언뜻 방만함이 보였으나, 전투가 벌어지는 현장에서는 다를 것으로 봤다. 일본을 이긴 세계 최강의 군대, 미군을 그동안 적잖은 자료로 지켜본 바도 그랬다.

그는 서울에서의 일주일을 나름대로 알차게 보냈다. 살필 것은 부지런히 살폈고, 귀담아들을 것은 부지런히 담아 들었다. 그리고 그는 다시 평양으로 돌아갔다. 평양을 비롯한 북한의 모든 지역에는 소련군이 상주하고 있었다. 북한은 일본을 대체해 들어온 또 다른 군대, 소련군에 의해 소련 식의 분위기로 변해가고 있었다.

소련군은 민간인의 시계를 빼앗아 자신의 팔뚝에 차던 이전의 면모를 그대로 드러냈다. 백선엽은 서울에서 평양으로 돌아와 "소련군이 압록강 수풍댐의 발전기를 뜯어갔다"는 소문을 들었다. 일본이 강점기에 지어 놓은 공장의 주요 기계를 소련군이 가져갔다는 얘기도 들리고 있었다. 그가 나중에 확인한 내용이지만, 이런 소문들은 모두 사실이었다.

북한에서 소련의 군정은 북한 지역 점령군 사령관으로 온 소련 25군 사령관 치스차코프 대장이 평양에 도착한 1945년 8월 26일 펼쳐지기 시작했다. 25군 지휘부는 평양에 군정사령부를 두고 각 도와 시, 군 등에 위수사령부를 설치했다. 소련군 점령하의 평양은 비교적 차분해 보였다. 그러나 밤마다 통행금지를 실시했음에도 시내에서 총소리가 들리기도 했다.

평양에서는 나름대로 바빴다. 친구들과도 만나고 친지들을 찾아 인사도 했다. 그러던 어느 날 백선엽은 이종사촌 형인 송호경을 만났다. 그는 민족운동가였던 고당古堂 조만식曹晩植 선생의 비서실장을 지내고 있었다. 본인 스스로 고당 선생의 열렬한 추앙자이기도 했다. 송호경은 백선엽에게 "지금 사람이 부족하니 함께 일하자"라고 제안했다.

고당 선생은 일제 말기 탄압을 피해 대성산에 은거 중이었다가, 해방을 맞아 송호경 등의 추대로 다시 나와 민족 진영과 기독교 계통의 통합을 통한 민주국가 건설 사업을 추진 중이었다. 백선엽은 송호경의 그런 제안을 기꺼이 받아들였다.

조만식 비서실에서 본 김일성

고당 조만식 선생은 일찍이 일본 메이지明治대학을 졸업한 뒤 〈조선일보〉 사장을 지냈던 일제 강점기의 대표적 지식인이었다. 그는 조선물산장려회朝鮮物産奬勵會를 중심으로 반일 운동을 펼쳤으며 〈동아일보〉 송진우 사장, 〈중앙일보〉 여운형 선생 등과 함께 지속적인 민족운동을 벌여온 인물이기도 했다.

송진우와 여운형은 이념적인 이유로 자주 의견 충돌을 빚었다. 둘의 화해를 주선하면서 흐름을 잘 이끌었던 사람이 고당 선생이었다. 광복 후 고당은 고향인 평양에 와 머물고 있었다. 사무실은 평안남도 인민정치위원회 건물 안에 있었다. 백선엽은 고당 선생의 비서로서 해방 정국에 첫 발을 디뎠다.

해방 정국에서 국가와 사회에 보탬이 되는 일을 하기 위해서는 고당 선생을 모시는 것도 좋겠다는 판단 때문이었다. 비서실에는 백선엽 외에 2~3명이 더 있었다. 그는 평안남도 인민위원회 건물 안에 있던 고당 선생의 사무실로 출근하기 시작했다. 선엽의 동생 인엽은 고당 선생의 안전을 책임지는 경호대장을 맡고 있었다.

평양의 전체적인 흐름은 왼쪽으로 향하고 있었다. 광복 직후 북쪽에 있던 많은 수의 좌우익 단체들은 대거 서울로 자리를 옮겨 전국적인 규모의 정치 조직을 만들기에 바빴다. 따라서 북한에서는 진주해 온 소련 군의 영향 때문인지 마르크스주의나 사회주의 운동을 벌이던 좌익계가 주도권을 쥐어가는 분위기였다.

선엽과 비서실 직원들은 이런 점을 감안해 고당 선생에게 "서울에 가서 일을 하는 게 좋겠다"라고 여러 차례에 걸쳐 권유하기도 했다. 그러나 고당은 그럴 때마다 "38선 이북의 북쪽 동포들을 버리고 나만 갈 수는 없지 않은가. 나는 여기 계속 있어야 한다"라며 거절했다.

고당은 강대국들이 당시에 구상하고 있던 한반도 신탁통치를 염두에 두고 있었던 것이다. 민족 자치 정부를 구성해 명실상부한 독립을 실현하기 위해서는 자신이라도 북쪽에 남아 혼신의 힘을 기울여야 한다는 뜻이었다.

지금 백선엽 장군의 기억에 두세 차례 정도로 남아 있는 장면이 있다. 그가 일하고 있던 고당 선생의 사무실로 낯선 젊은이가 찾아온 적이 있다. 소련군이 북한을 통치할 새 인물로 점찍었던 김일성이었다.

김일성이 평양 시민들 앞에 처음 모습을 드러낸 시점은 1945년 10월 14일, 장소는 평양공설운동장이었다. 김일성은 그에 앞서 9월 18일 소련 극동 지역의 최대 군항인 블라디보스토크에서 소련 군함을 타고 원산항을 통해 조국 땅에 발을 디딘 것으로 알려졌다.

그는 나중에 신화처럼 자신의 항일 독립 운동을 부풀려 선전했지만, 당시 평양 사람들은 그를 전혀 알지 못했다. 일제 말기에 그가 항일 무장조직을 이끌었다고는 하지만, 백선엽 장군이 만주 간도특설대에 있는 동안 그는 하바로프스크 지역으로 빠져나가 있던 상태였다.

그는 소련을 등에 업는 데 성공했다. 소련은 정치적인 판단이 뛰어나고 성격이 활발해 보이는 젊은 김일성을 신임했다. 북쪽의 모든 정치

조직은 소련을 등에 업고 활동하는 젊은 김일성에 의해 점차 통합될 분위기였다.

선엽에게도 그런 김일성이 어떤 인물인지 궁금했다. 소련 군정청이 김일성을 위해 평양공설운동장에서 '시민 환영 대회'를 열었을 때, 선엽은 그 현장에 가 있었다. 무대에 서 있던 소련 장군 한 사람이 "여기 있는 사람이 그 유명한 김일성 장군이다. 장차 이 나라의 지도자가 될 것"이라고 소개했다. 그러나 운동장에 모여 있던 평양 시민들은 오히려 수군거리기에 바빴다. 어떤 이들은 "원래 유명한 김일성 장군의 이름을 사칭하는 게 분명할 것"이라는 말도 했다.

그런 김일성이 고당 조만식 선생 사무실에 몇 번 모습을 드러냈다. 당시의 정국에서 대중의 여망興望을 받고 있던 민족운동의 지도자 조만식 선생을 자신의 정치 세력 안으로 끌어들이기 위한 발걸음이었을 것이다. 1912년 출생한 김일성은 당시 33세였다. 1920년 태어난 백선엽은 당시 25세, 둘 사이의 연령 차이는 8세였다.

한 사람은 소련군의 전폭적인 지원을 받아 북한 정국을 곧 집어삼킬 인물이었고, 만주군관을 갓 지내고 해방을 맞아 고향에 돌아온 백선엽은 그저 유명한 정치 지도자 고당 선생의 평범한 젊은 비서에 불과했다.

낯설면서 어딘가 모르게 수상한 분위기를 풍기는 김일성이라는 젊은이에게 정국의 주도권이 점차 몰려가던 어느 날이었다. 평상시와 다름없이 고당 선생의 사무실에 출근해 일하고 있던 백선엽은 소란스러운 소리와 함께 사무실 문이 활짝 열리는 것을 지켜보고 있었다. 평양공설운동장에서 봤던 김일성이 일행과 함께 고당 선생 비서실로 들어섰던 것이다.

그는 젊고 활달해 보였다. 함께 들어선 일행을 압도하는 제스처와 말

소리 등이 돋보이는 인물이었다. 김일성의 주변은 시끌벅적한 분위기였다. 백선엽 장군의 기억에는 당시 김일성이 무슨 말을 했는지가 남아 있지 않다. 그저 소란스럽게, 활달하게 웃으며 이야기를 나누고 있는 김일성의 모습만이 남아 있을 뿐이다.

고당 선생의 젊은 비서관 백선엽은 그런 김일성을 조용히 응시하고 있었다. 어딘가 부화浮華해 보였다. 제스처가 상당히 컸고, 목소리에는 힘이 있어 보였다. 정치적으로 상당한 힘을 갖출 것 같은 인상이기도 했다. 번지르르한 외모에 정치적 실력까지 갖춘 30대 초반의 김일성은 뭔가 이상한 예감으로 백선엽의 뇌리에 박혔다.

김일성은 그 후에도 두어 차례 고당 조만식 선생을 만나기 위해 사무실로 찾아 왔다. 그때마다 김일성을 눈여겨보고 있던 사람은 젊은 백선엽이었다. 매번 그의 분위기는 같았다. 늘 활달해 보였고, 말도 잘 했다. 전체적으로는 사람이 유들유들하다는 인상을 풍겼다.

김일성 vs 백선엽, 피할 수 없는 숙명

후일 한반도라는 역사의 무대에서 펼쳐지는 두 사람의 조우遭遇는 일반인들에게 잘 알려져 있지는 않으나 아주 눈여겨봐야 할 대목이다. 직접적인 대면對面은 아니었다. 그러나 두 사람은 운명적으로 부딪힌다. 그로부터 5년 뒤, 김일성은 한민족의 역사에 잔인한 상처를 남겼다. 6.25전쟁이라는 전대미문前代未聞의 처절한 동족상잔을 일으켜 남한을 공격했기 때문이다.

소련과 중국의 후원을 받아 치밀한 준비를 거듭한 끝에 남한을 기습 남침한 김일성의 군대는 그에 대비하지 못했던 남한의 군대를 일거에 낙동강 전선까지 몰아붙였다. 김일성 부대가 펼치는 공격의 가장 중요한 지향점指向點은 서울과 부산을 잇는 경부京釜 축에 있었다.

그 경부 축의 최전선을 맡고 있던 국군 수비 병력은 당시 국군 1사단 장 자리에 있던 백선엽의 부대였다. 초반의 북한군 공세는 아주 거칠 게 없었다. 가을바람에 덧없이 휘날리는 낙엽처럼 국군은 계속 밀려 내려 갔다. 그런 일방적인 공세가 펼쳐짐에 따라 1950년 8월에는 낙동강 교 두보를 사이에 두고 대한민국과 김일성의 북한은 건곤일척乾坤一擲의 최 대 승부수를 던져야 했다.

그곳에는 국군 1사단장 백선엽 준장이 버티고 있었고, 김일성은 최 정예 3개 북한군 사단을 투입해 국군 1사단의 방어선을 넘은 뒤 대구와 부산을 함락한다는 계획 아래 발 빠르게 움직였다. 김일성으로 볼 때 낙 동강 교두보 돌파는 남한을 제 수중에 넣느냐 못 넣느냐를 가르는 운명 의 일전一戰이었다.

결론적으로 말하자면, 전쟁 초반에 순조롭게 남한을 적화赤化할 것으 로 보였던 김일성의 남침 계획이 그 발걸음을 결정적으로 멈추는 장소 가 낙동강 교두보였다. 그중에서도 가장 중요한 싸움이 백선엽의 국군 1사단과 김일성 최정예 3개 사단이 맞붙었던 '다부동 전투'다.

김일성은 그 운명적인 전투에서 백선엽을 넘지 못했다. 백선엽은 처 절한 공방전 끝에 김일성의 최정예 3개 사단과 맞붙어 낙동강 교두보를 사수했다. 아울러 국군 1사단은 그 직후 북한이 힘겹게 버티고 있던 낙 동강 북방의 전선을 처음 돌파해 북진을 시작했던 부대였다.

김일성에게 백선엽은 어떤 인물일까. 그가 고당 조만식 선생을 자신 의 세력 안으로 끌어들이기 위해 평안남도 인민위원회 건물 안의 고당 사무실을 찾았을 때 자신을 사무실 한쪽에서 유심히 관찰하고 있던 젊은 백선엽을 눈여겨보기나 했을까.

김일성의 전쟁 뒤 행적은 여기서 더는 서술할 필요가 없을 정도로 잘 알려져 있다. 그는 전쟁을 거친 뒤 자신의 권력 다지기에 성공했다. 남로당 계열의 박헌영을 비롯해 그에게 협력했던 정치적 동반자들은 그의 치밀하고 잔인한 정치적 숙청 작업에 걸려 한두 명씩 역사의 어둠 뒤로 사라진다. 그는 마침내 자신의 전제주의 봉건 왕조인 북한의 질서를 확립했고, 1994년 사망할 때까지 권력의 최정점에 서 있었다.

그가 세웠던 북한의 왕조적인 질서는 아들 김정일에 의해 세습됐고, 이제는 손자인 김정은의 후계 구도까지 세워진 상태다. 그는 공산주의라는 이름 아래 역사의 퇴행退行적인 유물이라고 볼 수밖에 없는 왕조를 복원해 스스로 이씨李氏가 다스렸던 조선朝鮮의 뒤를 이은 인물이다.

대한민국의 입장에서 볼 때 그의 한자漢字적인 자리매김은 '사邪'다. 그는 민족을 외쳤지만 정작 그 민족이 수많은 희생을 치러야 했던 동족 상잔의 비극을 불렀고, 만인평등萬人平等의 공산주의적 구호 아래 새 질서를 내세웠지만 종내는 자신과 아들 및 손자가 이어가는 왕조의 봉건적 잔재를 다시 이 땅 위에 끌어들였다.

그런 점에서 그는 사술邪術에 능하고, 기만欺瞞에 강한 인물이다. 이 모든 것을 눈 한 번 깜짝하지 않고 집행할 수 있는 점은 과단果斷, 작은 희생에 결코 좌지우지되지 않는 속성은 배짱으로 표현할 수 있다. 그러나 사람의 덕목德目을 따지자면, 그는 어디까지나 제 자신의 권력을 위해 사술과 기만을 동원했던 냉혹한 정치적 수완가에 불과하다.

백선엽은 그에 비하자면 '정正'에 서 있던 사람이다. 나를 위해 함부로 거짓을 부리거나, 내 이익을 위해 남의 희생을 끌어들이는 타입이 아니었다. 일제 강점기 만주 군관을 지냈다고 그를 폄하하는 사람들도 있으나, 그것은 제국의 식민 지배 아래에서 살아남기 위한 선택으로 봐야 한다. 그 이후로 그가 걸었던 길은 김일성과 달랐다.

국군의 사단장으로, 군단장으로, 육군참모총장으로서 자신에게 주어진 일을 성실하게 수행하는 데 온 힘을 기울인 인물이다. 그가 김일성에 맞서 싸운 유일한 인물은 아니다. 이승만 대통령은 백선엽에 비해 더 큰 틀에서 대한민국을 이끌었다. 이 대통령 외에도 대한민국의 생존과 번영을 위해 힘을 쏟은 사람도 많다.

그러나 김일성의 칼끝이 대한민국의 존망을 건드릴 때 그와 예봉銳鋒을 겨뤘던 주인공은 백선엽이다. 아울러 다부동 전투 후 국군의 북진, 평양 첫 입성, 국군 증강과 현대화 등을 이끌면서 김일성의 적화赤化 야욕을 억누른 사람도 백선엽이다. 그런 점에서 둘의 비교는 충분히 가능하다.

인물로 따져볼 때 김일성 또한 큰 승부사다. 한반도 북쪽을 틀어쥐고 앉아 아무도 대적할 수 없을 정도의 강고한 통치체제를 구축했다는 점에서 그렇다. 백선엽 또한 강력한 승부사다. 한반도에서 벌어진 3년 동안의 전쟁에서 백선엽의 발자취를 지울 수는 없다. 전쟁의 큰 국면을 가르는 전투에 그의 이름이 반드시 등장하기 때문이다.

대부분의 전투에서 승리해 그에게 따랐던 별칭도 '상승常勝의 장군'이었다. 설령 그가 적에게 밀렸다고 해도, 다른 장수와는 크게 달랐다. 그는 후퇴를 제대로 할 줄 아는 장군이었다. 적에 맞설 때 늘 준비를 했고, 눈앞에 위험이 닥칠 때 그에 대비할 줄 알았던 인물이기 때문이었다. 전장에서 그는 침착함이 어느 누구보다 돋보였고, 준비성 또한 눈에 띄는 장군이었다. 다른 누구보다 현장을 열심히 뛰어다니며 보고 듣는 지휘관이었으며, 참모들의 의견에 귀를 여는 장군이었다. 평양약송보통학교 시절 이후 키워온 오랜 독서와 사색의 습관으로 전쟁의 큰 흐름을 읽는 지혜의 창을 열었고, 철저한 극기克己의 노력은 요동치는 전선에서 가벼운 마음에 따라 판단을 흐리지 않는 부동심不動心으로 이어졌다.

그런 점에서 볼 때 조만식 선생 사무실에서 김일성과 백선엽이 만나는 장면은 여러 가지 역사적 상상을 자극하는 대목이다. 두 승부사는 그렇게 만났고, 곧 헤어졌다. 그리고 5년 뒤 다시 만나 서로 지닌 총포銃砲를 겨눈다. 남북한의 역사적 운명을 결정하는 전국戰局에서 다시 처절하게 맞선 것이다.

백선엽은 그러나 김일성의 그림자가 더 짙게 드리워지고 있던 1945년 12월 월남越南을 결행한다. 제 뜻과 맞지 않는 김일성이었다. 그가 소련 군정의 지원에 힘입어 제 권력에 부쩍 살을 붙여갈 무렵에 백선엽이 모시고 있던 조만식 선생은 김일성에 의해 감금된다. 정치적으로 김일성이 마각馬脚을 드러내고 있었던 것이다.

삿된 기운, 사기邪氣가 승하면 바른 기운인 정기正氣가 자리를 비키는 것이 옳다. 삿되든 옳든 어느 한쪽이 압도적인 세를 구축하면 다른 한쪽은 살 방법을 찾아야 한다. 김일성과 백선엽은 어느 한쪽이 다른 한쪽을 포용할 수 있는, 서로 간의 화학적 결합이라는 것이 절대 불가능해 보이는 사이였다.

김일성의 세력은 점차 불어났고, 흐름을 읽는 데 누구보다 신중하고 예민했던 백선엽은 자신의 생존을 먼저 생각해야 했다. 그러던 중 국내 공산주의 조직을 선두로 이끌던 현준혁이 내부 불평분자에 의해 암살됐다. 김일성의 강력한 적수敵手가 사라진 것이다. 그 다음 표적은 민족운동가로 명망이 높던 조만식 선생이었다.

소련 군정 고위 간부였던 로마넨코 소장은 고당 선생이 신탁통치안에 끝까지 반대하자 그를 체포해 구금했다. 김일성의 칼끝이 이제 조만식 선생을 본격적으로 겨냥하기 시작했던 것이다. 북한에 진주한 소련군의 횡포도 나날이 심해지고 있었다. 공산주의에 대한 혐오감이 북한 내부에서 부쩍 늘어나고 있었다. 백선엽은 서울행에 나섰다.

서울에서 국방경비대에 입문하다

당시 평양에서 백선엽이 자주 어울리던 사람들은 나중에 그와 함께 대한민국의 군문軍門에 들어선 정일권 장군과 김백일 장군 등이었다. 김일성이 자신의 항일 무장투쟁을 자랑스럽게 내세운다는 사실, 아울러 북한 정권이 안정기에 접어들면서 친일親日 인사들을 무자비하게 숙청한 사실 때문에 김일성을 오해하는 측면도 없지 않다.

그러나 그는 노회한 정략가政略家였다. 정일권과 김백일 모두 백선엽과 같은 일제 강점기의 만주 군관 출신이었다. 김일성의 눈에는 이들이 친일파로 비쳤을 게 틀림없었다. 그러나 김일성은 그렇게 간단한 인물이 아니었다. 그는 정일권과 김백일에게 "함께 모여서 국가 건설에 나서자"라는 제안을 했다. 백선엽이 고당 조만식 선생 비서실에서 일하던 무렵이었다.

김일성의 제안을 받은 정일권과 김백일은 백선엽에게 이 문제를 어떻게 하면 좋겠느냐면서 상의를 해온 적이 있다. 둘은 모두 백선엽의 만주군관학교 4년 선배였다. 나이는 정일권과 김백일이 1917년생으로, 백선엽보다 세 살 위였다.

백선엽은 그들보다 나이는 적었으나, 머리가 훨씬 여물어 있던 사람이다. 평양약송보통학교 시절 도서관에만 파묻혀 정신세계를 살찌울 지혜의 양식糧食만을 찾아 다녔던 소년 백선엽은 그렇게 자라 있었다. 누구보다 오래 생각하고, 오래 인내하며, 가운데에 똑바로 서서 전체를 관망하는 눈을 갖추기 시작한 것이다. 그래서 세 살 위의 정일권과 김백일

등은 중요한 일이 생길 경우 자신들보다 나이가 어린 백선엽을 찾아 상의를 했다.

백선엽의 생각은 간단했다. 그는 정일권에게 "김일성은 당장 여러 세력을 끌어 모아야 하기 때문에 우리를 받아들일 것처럼 말하지만 결국에는 그렇게 하지 않을 것"이라고 말했다. 마침 정국에도 변화가 생겼다.

김일성은 1945년 12월 17일 조선공산당 북조선분국의 책임비서에 올랐다. 소련 군정 당국이 그를 당 대표로 올린 뒤 본격적인 공산 정권 수립을 추진하기 시작한 것이다. 공산당이 이제 모든 것을 좌지우지하고 있었다.

그런 상황이 닥치지 않기를 기대했던 사람들의 실망도 컸다. 그들은 김일성의 자리가 확고해지는 것을 보자 서둘러 남행길에 올랐다. 그러나 38선은 이미 막혀버린 상태였다. 그때 백선엽은 위험을 무릅쓰고서라도 서울로 가야 한다는 판단을 했다.

그와 상의를 했던 정일권은 선엽의 동생 인엽과 먼저 남행길에 올라 서울에 도착한 상태였다. 백선엽은 12월 28일 길을 떠났다. 만주군관학교 선배인 김백일과 최남근이 동행했다.

평양에서 기차를 탔다. 그러나 계속 남쪽으로 내려갈 수 없었다. 황해도 해주에도 못 미쳐 학현이라는 시골 역에서 기차에 탄 사람들은 모두 내려야 했다. 그곳은 38선에 가까운 곳이었고, 남쪽으로 내려가는 사람들을 막기 위해 소련군들이 경비를 서고 있었다. 백선엽 일행은 38선 이남인 청단역을 목표로 걷고 또 걸었다. 공산당의 횡포를 피해 남으로 향하는 수많은 사람들과 함께였다.

소련군이 남으로 향하는 사람들을 향해 사격을 가해 왔다. 선엽 일행은 총탄을 피해 산으로 뛰어 올라갔고, 정신없이 산길을 헤매고 다니다

날이 저물었다. 방향을 잃고 말았으나, 지도도 나침반도 없었다. 밤하늘에 떠있는 북두칠성을 보면서 남쪽으로 방향을 잡은 뒤 이들은 마냥 걸어야 했다.

다행이었다. 아침에 산을 내려가다 마주친 사람들이 38선 이남을 경계하고 있던 미 경비병이었다. 미군들은 한눈에 선엽 일행이 북의 공산당 정권을 피해 내려온 사람들임을 알아봤다. 그들은 일행을 한 줄로 세운 뒤 한 사람씩 옷 안으로 강력한 살충제인 DDT를 뿌렸다. 그리고 일행은 남한에 발을 디뎠다.

청단역에 가서 개성으로 가는 기차에 먼저 올랐다. 개성에서 다시 서울로 가는 기차를 갈아타야 했다. 마침내 일행이 올라탄 기차는 땅거미가 내려앉기 시작한 12월 29일 저녁 무렵에야 서울에 도착했다.

서울과 평양. 지금이야 하늘과 땅만큼의 차이가 있을 정도로 전혀 다른 도시이기는 하지만, 백선엽이 탈출하던 무렵의 두 곳은 모두 한반도를 대표하는 양대 도시였다. 그러나 김일성이 서서히 정권을 잡아갈 무렵의 평양은 이상한 분위기에 휩싸이고 있었다. 활력보다는 침체, 경쾌함보다는 정체불명의 중압감이 자리를 잡고 있었다.

그에 비해 백선엽 일행이 도착한 서울은 활발한 분위기였다. 사람들은 여전히 바쁜 걸음걸이로 거리를 오갔고, 행인들의 표정도 어둡지 않았다. 그 수도 평양에 비해 훨씬 많아 보였다.

그러나 몇 개월 전 백선엽이 일주일 머물고 갔던 서울의 정치적인 분위기는 그때 그대로였다. 이념을 중간에 둔 사람들의 싸움이 여전했던 것이다. 데모 군중의 모습도 전과 같았다. 사람과 단체들이 서로 주도권과 실익을 차지하기 위해 암투를 벌이며 서로 이합집산離合集散을 거듭하고 있었다. 물가도 치솟고 있었으며, 실업자도 많아 보였다.

어디엔가 소속돼 있지 않으면 정체를 알 수 없는 불안감이 엄습해 오던 차가운 겨울이었다. 일제 치하 36년의 억압이 걷히면서 새로 생겨나는 질서는 그에 적응하면서 살아가려는 사람들을 새로운 시험에 빠져들게 하고 있었다. 아울러 새로 생겨나는 나라에서 무엇을 할 것인가를 생각해봐야 했다.

선엽 일행은 군 경력자였다. 따라서 남쪽에서 새로 생길 나라의 군대에 들어가는 길을 알아보는 게 당연했다. 그러나 해방 정국은 군 분야에서도 시끄러운 마찰음이 이어지는 등 어지러웠다. 광복군이나 일본군, 만주군 등 출신별로 서로 단체를 만들어 주도권 싸움을 벌이고 있었기 때문이었다.

당시 군사 경력자들이 자체적으로 조직해 활동을 벌이고 있던 단체는 30개가 넘었다. 어디에 어떻게 접근해야 할지 백선엽은 잘 알 수 없었다. 본격적인 서울 생활은 처음이었다. 평양을 떠날 때 쥐고 온 돈은 500원이 전부였다. 국밥 한 그릇이 50전 하던 시절이어서 지닌 돈으로는 하숙집을 찾아 들어가는 것도 커다란 부담이었다.

그러나 미 군정청이 군사영어학교를 만들어 운영 중이라는 소식이 선엽의 귀에 들어왔다. 앞으로 필요할 군사 분야의 인재들을 육성하기 위한 교육기관이었다. 그와 아울러 경찰을 보조하기 위해 국방경비대가 만들어졌다는 소식도 있었다.

다행이었다. 아무런 연고가 없는 서울에서 생활하려면 번듯한 직업이라도 있어야 했다. 선엽은 함께 월남해 서울에 온 김백일, 최남근과 상의했다. 결론은 '망설이지 말고 빨리 군사영어학교에 들어가자'는 것이었다.

조건은 이랬다. 일제 강점기 때 준사관准士官 이상의 군사 경력자, 중학교 이상의 학력 소지자가 선발 기준이었다. 미 군정으로서는 하루라도 빨리 군사 인력을 양성하는 게 시급했고, 이에 따라 군사 경력자가 대부분인 학생들에게 군사훈련 과정은 생략했다.

형세를 보다

대한민국 군대의 창설 멤버로 시작한 부산 5연대장 시절,
그는 미군의 모든 전법을 읽고 또 읽었다.
미군은 정직한 '창고지기' 백선엽에 주목했다. 그리고 그를 서울로 끌어 올렸다.

勢

부산에서 중대장으로 출발하다

선엽은 군사영어학교를 갓 졸업한 뒤 바로 부산에 배치받았다. 군사영어학교의 교육과정은 별다른 게 없었다. 선엽은 함께 월남했던 김백일, 최남근과 함께 1946년 2월 초 군사영어학교를 지원해 입교했고, 같은 달 27일 발령을 받았다.

교육 기간은 잘해야 20일 남짓이었고, 간단한 군사 영어를 배우는 과정이 전부였다. 당시 군사영어학교는 서대문구 냉천동에 있었다. 그러나 이 학교를 여는 과정에서 적지 않은 잡음이 생겨났다.

새로 세워질 나라의 국방을 누가 이끌 것이냐고 하는, 어떻게 보면 주도권을 사이에 둔 신경전의 일종이었다. 독립 운동에 참여했던 광복

군 계통의 사람들은 미 군정이 국방 분야에서 일본군 출신들을 받아 주는 것에 불만을 표출했다. 좌익계는 아예 미 군정이 시행하는 교육에 참여하지 않겠다는 의사를 표시했다.

미군은 당초 광복군과 일본군, 만주군에서 활동했던 군 경력자들을 각 20명씩 뽑을 예정이었으나 이런 잡음 때문에 원래의 계획에 차질이 빚어지는 것을 바라만 보고 있었다. 그래서 일본 육사 출신인 이응준과 원용덕육군 중장 예편, 헌병총사령관 역임의 추천으로 60명을 선발해 군사영어학교에 입교시키기로 한 뒤 작업을 진행했다.

미군은 당시 선서宣誓를 중시했다. 정해진 교육과정을 마친 사람들에게 '미 군정 당국 및 새로 출범하는 정부에 충성을 다하겠다'는 서약을 받은 뒤 이들을 임지로 내보냈다.

나중에 군 내부에서 좌익 반란 사건이 빈발했던 이유도 이 때문이었다. 당시 경찰에 쫓기던 좌익들은 그저 형식적인 선서만을 한 뒤 새로 출범하는 군 내부로 숨어 들을 수 있었다. 좌익계 사람들은 신神 앞에서의 맹세를 중시하는 미국 전통을 교묘히 이용해 조직 속으로 파고 들어갈 수 있었던 셈이다.

어쨌든 이런 과정을 거쳐 임관任官할 수 있었던 백선엽의 군번은 54번이었다. 60명 정원의 군사영어학교 출신자들 중에서는 거의 끝 부분에 해당하는 막차를 탔던 셈이었다. 함께 월남한 뒤 영어학교에 같이 들어갔던 최남근은 53번, 김백일은 55번이었다. 군사영어학교를 마친 사람들은 보통 위관尉官 계급장을 달았다.

군사영어학교는 그 뒤 46년 4월까지 문을 열어 모두 200명을 교육해 이 가운데 110명을 장교로 배출했다. 이들이 대한민국 군대의 창설 멤버였던 셈이다. 영어학교는 그 해 5월 1일 경비사관학교육군사관학교 전신에

편입됐고, 그 이후의 군 지원자는 경비사관학교를 통해 길러졌다.

당시 새로 출범할 대한민국 군대를 위해 마련한 미 군정의 계획은 이랬다. 이름은 '뱀부 계획Bamboo Plan'. 도별로 1개 중대씩 군대를 창설한 뒤 상황에 맞춰 이를 대대나 연대 규모로 늘려나간다는 내용이었다. 전체적으로는 2만 5,000여 명의 병력으로 초기 국군의 틀을 갖춰간다는 구상이었다.

그에 따라 서울에는 1연대, 충남 대전에 2연대, 전북 이리현재 익산에 3연대, 전남 광주에 4연대, 부산에 5연대, 대구에 6연대, 충북 청주에 7연대, 강원 춘천에 8연대가 만들어졌다. 1946년 7월에는 제주도가 도로 승격함에 따라 그 해 11월 모슬포에 9연대가 들어서면서 초기 국군은 모두 9개 연대의 편제로 출범했다. 각 연대에는 미 24군 소속의 장교와 하사관들이 주둔하면서 신생 국군이 자리 잡는 것을 돕고 있었다.

지금은 헐린 중앙청의 203호가 군사영어학교 출신자들을 행정적으로 관리하는 사무실이었다. 백선엽은 그곳에 가서 창군을 이끌고 있던 이응준을 만났다. 그는 백선엽 등에게 "지금 각 지역에서 연대 창설 작업이 한창이다. 학병學兵 출신의 젊은이들을 내려보냈더니 여러 가지 문제가 많이 생긴다. 그들보다 군 경험이 많은 자네들이 내려가서 차분하게 이끌어야 한다"고 당부했다.

군대를 이끌 장교가 매우 절실한 상황이었던 것이다. 미군은 계획에 따라 신속하게 군대를 만들어 각 지역을 관리하고 있었으나, 군 장교의 절대 부족으로 실질적인 지휘체계를 세우지 못하고 있었다.

백선엽이 맡은 곳은 부산 5연대였다. 그러나 연대는 아직 만들어지지 않은 상태였다. 연대의 대오隊伍를 갖추기에는 아직 많은 것이 부족한 상황이었다. 1946년 2월 27일 백선엽 중위는 부산에 도착해 A중대장을 맡았다. 미 40사단에서 나온 우즈 소위와 사이먼스 소위, 중사 1명, 일본계 2세인 하사 1명 등 4명의 미군이 부대 창설을 위한 실무자로 현장에 나와 있었다.

병사는 약 200명을 먼저 모은 상태였다. 그 밑에서 함께 일하러 모여든 장교로는 박병권국방부 장관 역임 소위, 이치업육군 준장 예편 소위, 오덕준육군 소장 예편 소위, 박진경제주 4.3 사건 때 순직 등이 있었다. 그 뒤로 다시 신상철공군 소장 예편, 체신부 장관 역임, 김익렬육군 중장 예편, 백남권육군 소장 예편, 송요찬육군 중장 예편, 이후락육군 소장 예편, 중앙정보부장 역임 소위 등이 합류했다.

군대라고 모였지만, 어떤 점에서 보면 군대라고 할 수 없었다. 복장부터가 특색이 있었다. 지금의 대한민국 군대처럼 전투복이나 녹색의 군복을 입었던 것도 아니었다. 일본군이 입었던 군복을 그대로 입고 있는 사병, 거의 민간인 복장에 가까운 옷을 걸친 사람 등이 한데 어울려 있었다.

무기는 더 형편없었다. 미군의 M1 소총은 그야말로 언감생심이었다. 일본군이 쓰던 99식, 38식 소총이 주류였다. 그나마 그런 무기 또한 충분한 상태가 아니었다. 연병장에 이들이 모두 나와 집합을 하면 우선 보기가 민망할 정도였다. 일본군 복장에, 미군이 지급한 군복을 입은 사람이 섞여 있어서 군대라는 것은 이름뿐이지, 제대로 갖춰진 군대는 결코 아니었다.

백선엽에게는 이런 군대를 다듬고 가꿔서 어엿한 병력으로 키워내야 하는 임무가 주어졌던 것이다. 부대는 부산 감천리 천마산 중턱에 있었다. 현재의 사하구 감천동에 있는 화력발전소 앞이었다. 지금은 집이 빽빽이 들어차 있으나 당시에는 허허벌판에 지나지 않았다.

일제 때 강제로 징용당한 사람들이 배를 타고 해외로 나가기 전에 머물던 대기소가 그곳에 있었다. 임시 건물 50여 동이 있었고 수용 인원이 1,000명 정도여서 5연대 병력을 재우기에는 안성맞춤이었다. 구령도 엉망이었다. 훈련을 받을 때 미군 고문관들의 지시로 영어 구령을 사용해 이를 잘 알아듣지 못하는 병사들이 많았다. 때로는 일본식 구령까지 동원되기도 했다. 나중에 우리말로 고친 군사용어집이 나와 영어와 일어 구령이 비로소 사라졌다.

군사軍事는 매우 복잡하다. 따라서 군대의 실력은 하루아침에 쌓이지 않는다. 오랜 시간 동안 같은 내용을 반복하면서 장병의 실력은 점차 늘어나는 것이고, 그에 맞춰 전술적인 변화까지 체득하는 데에는 더 오랜 시간의 땀과 노력이 따라야 한다. 백선엽 중위가 맡은 부산 병력은 그 첫걸음을 막 떼고 있었다. 다른 지역의 국군 또한 부산 5연대의 상황과 전혀 다를 바 없었다.

대대장, 그리고 연대장으로

먼저 모집한 200명의 병력에 신규 병력을 추가로 모으면서 부대의 규모는 점차 커져가고 있었다. 진주에서 장정들을 모집해 2중대를 만들었고, 울산에서 모은 병력으로는 3중대를 만들었다. 3개 중대, 즉 1개 대대의 규모를 갖춘 것이다. 1946년 9월, 백선엽은 이들을 모아 통합 1대대를 창설한 뒤 대대장이 됐다.

이어 경남 지역의 주요 도시에서도 대대 창설이 이어졌다. 진해의 현재 해병대 기지 자리에 제2대대를 만들었고, 통영에서는 일본이 떠나가면서 빈 공간으로 버려져 있던 수산학교를 확보해 3대대를 만들었다. 3개 대대, 즉 1개 연대 병력으로 자라난 것이다.

이 모든 과정은 순조로웠다. 한국군의 규모가 어엿한 연대 형태로 자리를 잡자 미 고문관도 바뀌었다. 당초 위관급 장교에서 영관급 장교로 교체된 것이다. 맨스필드 중령이 새로 부임해 왔다.

연대 병력을 갖춘 뒤 1947년 1월 1일 백선엽은 중령으로 진급하면서 정식으로 5연대장에 올라 부대를 지휘했다. 부연대장은 신상철 소령, 1대대장은 이치업 소령, 2대대장은 김익렬 소령, 3대대장은 오덕준 소령이었다.

백선엽은 부산으로 내려와 중대장을 거쳐, 대대장, 연대장까지 차례로 오른 셈이다. 각 계급별 직책을 수행한 기간은 짧았지만, 기초 단위의 부대부터 단독으로 큰 전투를 수행할 수 있는 연대 규모까지 골고루 맡으면서 군사적 경험을 알차게 쌓았던 것이다. 그때 5연대의 임무는 매우 다양했다.

대한민국이 아직 정식으로 출범하지 못했던 시기였고, 해방 정국 뒤에 벌어지고 있던 좌익과 우익의 다툼은 그 때문에 점차 더 격렬해지면서 사회의 치안을 위협하기도 했다. 따라서 5연대의 임무 가운데 하나는 훈련 시간 중에도 경남 지역에서 좌익의 폭동 등 소요 사태가 발생하면 출동해 질서를 잡는 것이었다.

그러나 경찰이 주主였고, 군대는 종從이었다. 미 군정은 사회 치안을 유지하는 근간으로 경찰을 더 신뢰하고 있었으며, 아직 충분한 실력을 갖추지 못한 군대를 그 보조 역할자로 간주하고 있었다. 그러나 좌익의 폭동이 과격해져 경찰 병력만으로 막을 수 없을 경우에는 군대의 힘이 필요했다.

백선엽의 부대는 노조가 왕성하게 활동하고 있던 부산 부두 노동자들의 파업, 3.1절 기념행사를 핑계로 벌인 폭동, 통영 쌀 폭동과 대구 10월 폭동 등에 고루 지원을 나갔다.

'호열자虎列刺'라고 불렸던 콜레라 환자도 문제였다. 당시 부산은 해방을 맞아 귀국하는 해외 거주 한국인의 행렬이 계속 밀려드는 곳이었다. 그들은 동남아 등 각 지역에서 콜레라를 몰고 오는 경우가 많았다. 이들이 퍼뜨린 콜레라가 창궐할 때 부대는 그 지역에 나가 봉쇄 및 차단 업무를 하기도 했다.

부산 시절의 백선엽 중령에게는 또 다른 중요 임무 하나가 있었다. 창고를 지키는 일이었다. 부산은 천혜의 항만으로 대량의 물자가 도착해 내려지는 곳이다. 한국에 주둔하는 미군 물자의 대부분은 부산항에 도착해 내려졌다. 이 창고가 문제였다. 백선엽 중령이 5연대를 맡기 전 미군 물자가 내려져 보관되는 창고는 경비가 허술하기 짝이 없었다. 그래서 몰래 창고에 기어들어와 물자를 훔쳐다가 시장에 팔아먹는 사람들이 많았다. 백선엽의 부대는 부산 1~3부두를 모두 맡았다. 그전까지 산처럼 쌓이는 미군 물자는 끊임없이 기승을 부리는 '얌생이'들로 인해 분실률이 절반에 육박하고 있었다.

그러나 백선엽 부대가 이곳 경비를 맡으면서 그 분실률은 2~3%까지 줄었다. 당시 미군 물자는 시장에서 최고의 대우를 받았다. 시장에 내다 팔 경우 고가高價에 언제든지 팔려나가는 물건들이었다. 따라서 미군은 자신들이 사용해야 할 물자가 한국의 시장에서 버젓이 팔리는 것을 지켜보면서도 달리 어찌할 방도가 없었다.

그러나 백선엽의 부대가 경비를 맡으면서 미군의 그런 고민은 크게 줄어들었다. 곧 출범하는 나라에 모든 것을 맡기고 떠나야 하는 처지였지만, 미 군정 수뇌부의 눈에 백선엽이라는 인물이 들어오기 시작한 것은 아마도 이때였을 것이다. 최소한 미군이 '군인 백선엽'을 인식하는 계기는 그의 군대가 부산의 미군 물자 창고를 지키면서 마련됐다고 보는 게 타당하다.

사실, 미군 수뇌부가 각 도에 창설한 9개 연대의 연대장 가운데 백선엽을 주목할 이유는 딱히 없었다. 정치의 중심지인 서울에서 한참 떨어져 있는 데다가 새로 출범한 한국 군대 내부에 백선엽을 미군에게 추천하거나 치켜세워줄 인맥人脈 또한 없었기 때문이었다.

백선엽이 지닌 특장特長이란 것은 사실 겉으로 볼 때는 별 게 없어 보인다. 그는 남에게 좋은 말을 할 줄 모른다. 사교성도 그리 뛰어나지 않다. 거짓으로 남에게 칭찬도 잘하지 못한다. 그저 자신이 믿거나 생각해서 옳은 것을 얘기할 뿐이고, 그마저도 남이 먼저 묻지 않으면 말을 꺼내지 않는 성품의 소유자다.

부산 시절을 일감해 보면, 백선엽은 자신에게 다가오지 않은 운때를 먼저 나서서 잡으려고 하지 않았다. 높은 사람을 찾아가 보직을 옮겨 달라는 청탁도 하지 않았고, 내게 도움을 줄 사람이 어디 있는지를 알아볼 마음도 내지 않았다.

당시 대부분의 군사영어학교 출신 고위급 지휘관들이 초창기에 보직을 여러 번 옮겨 다녔던 것에 비해, 백선엽은 부산이라는 한 자리에 2년 2개월 동안 아파트 붙박이 가구처럼 그대로 머물러 있었다. 이 점이 당시 군복을 입었던 백선엽의 특징이라면 특징이다.

그는 때를 기다리는 사람이다. 아직 때가 아니라면, 굳이 먼저 나서서 찾아다니지 않는다. 그 운때에 대해서도 매우 담담하다. 때가 오면 그에 맞춰 내가 할 일이 무엇이며, 하지 않아야 할 일이 어떤 것이냐를 분명히 따진다. 그렇다고 때를 간절히 기다리며 운 또한 그에 맞춰 펼쳐지기를 바라는 것도 아니다.

어렵게 말할 필요는 없다. 백선엽은 그저 자신이 맡은 일, 소임所任에 충직한 사람이다. 자기가 해야 하는 일에 최선을 다한다면 기대하지 못한 의외의 성과도 나올 것이라는 믿음을 안고 사는 스타일이다. 그래서 그는 부산에서 자신이 맡은 일과 해서는 안 되는 일의 경계境界를 분명히 인식했고, '지금 내게 가장 필요한 일'을 찾아 매진했다.

이제 막 26세를 넘긴 이 청년은 자신이 가장 열심히 매달려야 할 일을 무엇으로 상정했을까. 그때의 백선엽은 지금의 사정으로 따져보면 대학을 막 졸업하거나, 군 복무를 마친 뒤 대학 막바지 생활을 즐기고 있을 나이다. 때론 연애에 빠져보기도 하고, 취업 걱정 때문에 도서관에서 영어와 상식 또는 이른바 '스펙' 쌓기에 열중할 때였다.

미군의 전법을 연구하다

자라면서 늘 말수가 적었던 '애늙은이' 소년 백선엽은 어느덧 군복을 입은 연대의 지휘관에 올랐다. 그는 한국 최대의 항만 도시 부산에서 2년 2개월 동안 묵묵히 맡은 바에 충실했다. 그는 그곳에서 '바다'를 보고 있었다.

부산 1~3부두와 항만 시설에서 바라보는 바다가 아니었다. 그의 눈에 아주 깊숙이 들어왔던 것은 그 넓은 바다를 건너와 광복 뒤 한국의 모든 상황을 관리하고 있었던 미군이라는 '바다'였다.

당시 미군은 남한 지역에 2개 사단의 군대를 파견해 주둔하고 있었다. 대전을 중심으로 38선까지의 이북은 미 7사단, 그 이남 지역은 미 6사단이 관할했다. 당초에는 호남 지역에 미 40사단이 들어와 있었으나 짧게 주둔한 뒤 철수한 상태였다.

그러나 같은 사단이기는 하지만 7사단과 6사단의 주둔 형태는 큰 차이를 보였다. 7사단은 말하자면, 38선을 관리하는 게 핵심 근무인 부대였다. 따라서 7사단은 서쪽의 옹진부터 개성과 서울, 동쪽으로는 동해안까지 분산해서 주둔하는 형태였다. 여러 곳에 흩어진 상태로 북한과의 당시 경계선인 38선을 경비하고 있어서 전체가 한군데에 모여 일사불란한 지휘 체계에 따라 움직이는 부대는 아니었던 것이다.

그에 비해 6사단은 사령부가 있는 대구에 모여 있었다. 사단 예하의 각 연대와 대대 등이 사령부의 명령에 따라 함께 움직이는 형태여서, 미군의 정규 사단이 체계적으로 편제를 갖추고 작전을 수행하는 모습을 지켜볼 수 있었다.

이 점은 5연대장을 맡고 있던 백선엽에게는 매우 다행이었다. 게다가 아주 훌륭한 '학습 자료'이기도 했다. 바다를 건너온 세계 최강의 군대가 실제 어떻게 움직이며, 어떤 조직으로 이뤄져 있으며, 실제 부대 운용에서 드러나는 장점과 단점이 무엇인가를 모두 보여주고 있었기 때문이었다.

백선엽의 5연대는 실제 6사단의 지휘를 받고 있었다. 다시 미 6사단장은 올랜도 우즈 소장이었다. 1913년 미 육군사관학교인 웨스트포인트를 졸업한 군인으로, 나중에 6.25 개전 초기 낙동강 교두보에서 백선엽의 국군 1사단을 지휘하면서 북진과 평양 입성을 성공시켰던 프랭크 밀번의 동기생이었다.

나중에 펼칠 이야기지만, 프랭크 밀번 군단장은 사실상 백선엽의 '군사적인 스승'이다. 본인 스스로도 밀번을 그렇게 부르지만, 밀번은 청년 장군 백선엽이 6.25전쟁 초반에 혁혁한 전공을 세워 국군에서 가장 뛰어난 지휘관으로 발돋움할 수 있게 도와준 인물이다. 어쨌든 밀번의 동기생이자 당시 미 6사단을 이끌고 대구에 주둔하던 올랜도 우즈 소장은 부산 5연대의 백선엽이라는 인물을 자세히 지켜보고 있었다.

올랜도 우즈 소장은 제2차 세계대전의 전장에서 활약이 눈부셨던 군인이기도 했다. 동기생 가운데 항상 선두를 달렸다고 한다. 그러나 '사막의 여우'라고 불리며 전장을 휩쓸었던 독일의 명장 에르빈 롬멜에게 '캐서린 패스 전투'에서 패한 게 결정적인 문제가 됐다. 그는 결국 패전의 후유증으로 좌천돼 일선 지휘관에서 후방 부대 훈련을 감독하는 지휘관으로 전락했다.

그러나 그 점이 막 걸음을 뗀 국군 5연대의 백선엽에게는 매우 중요했다. 우즈는 제2차 세계대전에서의 숱한 일선 전투 경험과 오랜 기간의 부대 훈련 노하우 등을 축적한 인물이기 때문이었다. 우즈 소장은 당시 미군 내에서 부대 훈련의 권위자로 인정을 받고 있었다. 그런 그로부터 백선엽은 미군의 정규 사단이 어떻게 훈련을 진행하며, 쌓인 교육 내용을 실제 어떻게 운용하는지 등을 자세히 배울 수 있었던 것이다.

백선엽은 실제 우즈 소장에게 5연대의 훈련을 도와 달라고 부탁하기도 했다. 그의 제안을 흔쾌히 받아들였던 우즈 소장은 부산 5연대에 최신 장비와 일류 교관들을 보내 미군의 최신 무기와 작동법, 그것을 사용해 펼치는 전술 등을 가르쳐주기도 했다. 당시 부산 5연대는 물론이고, 국군의 모든 부대에는 아직 미군의 무기가 지급되기 전이었다. 기껏해야 일본군이 남기고 간 99식 또는 38식 소총 등을 사용해 군대 흉내만 내고 있던 상황이었다.

부산 5연대는 미 6사단장 우즈 소장의 전폭적인 지원 덕분에 당시 국군에게는 지급되지 않았던 미군의 일반 무기와 최신 무기를 직접 조작하면서 미리 훈련할 기회를 얻은 셈이다.

부산 5연대에 와 있던 미 군사 고문들도 연대 내의 한국 장교들을 교육했다. 미군의 전투 교범 등을 교재로 사용하면서 미군의 일반적인 전투 방법, 전술과 전략 등을 가르쳤다. 그러나 백선엽은 그런 평범하면서 단선單線적인 교육에 만족할 수 없었다. 그는 미 고문관 맨스필드 중령에게 부탁해 미군이 제2차 세계대전의 숱한 전투에서 어떻게 싸웠는가를 정리한 전사戰史 등을 입수해 열심히 탐독했다. 미군이라는 그림의 평면平面에 입체立體를 더하기 위한 노력이었다.

평양부립도서관에서 도서관 문이 닫히는 시간까지 끊임없이 무엇인가를 찾아내 읽고 또 읽었던 소년 백선엽의 기질이 다시 발휘되고 있었다. 그는 미군 고문관들과 한 막사에서 함께 생활하면서 그들과 끊임없이 영어로 대화를 나눴고, 한편으로는 바쁜 시간을 쪼개 과거에 미군이 어떤 전투를 치렀는가를 지독하다 싶을 정도로 탐구했다.

그는 바다를 건너온 해양의 군대, 미군의 이모저모를 정확히 알기 위해 노력했던 것이다. 어렸을 때부터 쌓아 온, 외톨이처럼 말없이 도서관에 파묻혀 늘 무엇인가를 읽던 사색思索 및 탐구探究 기질은 역시 이 대목에서 크게 빛을 발하고 있었다. 사색과 탐구는 끈기를 요구했고, 그런 끈기는 평양의 대동강 주변을 서성거리던 어린 백선엽에게 일찍이 갖춰져 있던 덕목이었다.

백선엽은 그런 끈기를 바탕으로 미군을 주의 깊게 연구했다. 신생 국군 지휘관으로서 그들의 실력과 장점을 어떻게 수렴할 것인가에 대한 고민도 그 안에는 모두 담겨 있었다. 중대장부터 연대장까지 각 직급을 거치는 동안 그는 각급 부대에서 미군과 어떤 식의 협조를 이룰 수 있는가에 대해서도 연구했다. 6.25전쟁 발발 이후 이 땅에 쏟아져 들어온 미군의 최고 파트너로서 그의 역량은 이때부터 본격적으로 갖춰지고 있었다.

미군의 고급 지휘관으로서 백선엽을 칭찬하고, 그를 아껴 가능한 모든 것을 동원해 그를 돕거나, 전장에서 동고동락同苦同樂하면서 한국군 지휘관 백선엽과 평생의 지기知己를 이룬 사람들은 많다. 프랭크 밀번, 제임스 밴 플리트, 매튜 리지웨이, 맥스웰 테일러 등 군단장과 역대 미 8군 사령관 등이 모두 그렇다.

그러나 백선엽이 초기 국군 창설 멤버로서 군문에 발을 들여 놓은 뒤 그가 지닌 군인으로서의 뛰어난 자질에 최초로 주목한 사람은 아마 올랜도 우즈 소장일 것이다. 그는 백선엽을 매우 칭찬하고 아꼈던 인물이다.

역사상 최초 한미 합동 군사훈련

백선엽의 5연대는 신속하게 자리를 잡아갔다. 대구에 주둔하고 있던 미 6사단은 백선엽 부대가 꾸준하게 실력을 키우는 데 있어서 길잡이 역할을 했던 셈이다. 그런 대목에서 가장 눈에 띄는 것은 백선엽이 미군을 이해하고 그들의 시스템에 점차 적응하는 과정이다.

불과 3년 뒤에 닥치는 동족상잔의 6.25전쟁은 신생 대한민국의 운명을 가르는 결정적인 싸움이었다. 그 전쟁에서 가장 큰 비중을 차지했던 군대는 미군이다. 미군은 전쟁을 통해 이 땅에 본격적으로 상륙했고, 한반도의 앞날을 가르는 공산군과의 싸움에서 결정적인 방패 역할을 했다.

미군은 군대였지만, 사실상 미국이었다. 그들을 통해 미국의 모든 문명적인 요소가 이 땅 위에서 제대로 뿌리내리기 시작했다. 그들의 전술과 전략에 녹아 있는 미국과 미국인들의 문명적인 사고思考, 막대한 물자를 통해 전달되는 물리적인 힘과 경제력, 미군의 개별적인 행동들로 전해지던 자유와 민주의 가치 등이 모두 이 땅에 본격적으로 이식되기 시작했던 것이다.

전쟁이 펼쳐지고, 휴전 뒤에 벌어지는 모든 과정에서 그런 미군과 가장 큰 접점接點을 형성했던 한국인을 꼽는다고 하면 백선엽은 거의 이승만 대통령과 같은 수준의 인물일 것이다. 그는 국군 1사단장이라는 전선 지휘관에서 시작해, 1군단장, 2군단장, 지리산 빨치산 토벌을 총지휘했던 야전전투사령부 사령관, 육군참모총장 등을 전쟁 동안 맡으면서 미군과 함께 호흡했던 사람이다.

미군은 가장 신뢰할 수 있는 한국 지휘관으로 백선엽을 꼽는 데 전혀 주저하지 않았다. 다른 한국군 지휘관과는 다르게, 백선엽이 요구하는 모든 것에 귀를 기울이면서 지원을 아끼지 않았다. 나중에 드러난 미군의 한국 요인要人들에 대한 평가에서도 백선엽은 단연코 '최고의 파트너'로 꼽히고 있었다.

그 이유는 이 책에서 줄곧 펼쳐갈 대목이다. 어쨌든 미군이 보는 백선엽, 그리고 그에 대한 매우 우호적인 평가는 그가 부산 5연대를 이끄는 과정에서 드러나기 시작했다. 그가 부산 5연대에 와있던 미 고문관 맨스필드 중령에게 제2차 세계대전 중의 미군 전투 기록과 전개 과정의 전사戰史를 얻어 달라고 요구해 읽으면서 미군을 연구했던 것은 그를 위한 준비 과정이었던 셈이다.

백선엽은 미군, 나아가 그들이 지니고 있는 미국의 모든 문명적 요소에 주목하기 시작했다. 그들이 펼쳤던 모든 전투에 담겨 있는 미국인의 사고와 행위, 행동의 양태 등을 찬찬히 훑으면서 그는 미군과 미국을 이해하기 시작했다. 그는 미군의 전투 교리를 습득했고, 그런 교리가 나온 배경을 연구했다.

초창기 국군 지휘관 중에 영어를 구사할 줄 알았던 고위급 장교는 결코 적지 않았다. 군사영어학교 출신 멤버 중에서도 미군과 기본적인 소통을 넘어서 활발하게 교제를 할 수 있는 수준의 영어 구사자들은 꽤 있었다. 그러나 미군의 밑바닥부터 정점頂點까지를 형성하는 역사적 배경, 전술과 전략 구사의 철학적 배경 등을 깊이 있게 탐구한 관찰자는 적었다. 아니, 어쩌면 한국군 고급 지휘관 중에 백선엽은 그런 점에 착안하고 이를 실행에 옮긴 유일한 인물이었을지 모른다.

백선엽이 읽었던 책은 그전까지 미군 사단 이하의 연대 및 대대 전투가 모두 들어 있는 아주 두꺼운 책자였다. 미군의 공격과 방어가 어떻게 이뤄지며, 이를 위해 어떤 시스템이 작동하는 것인지, 그 모든 과정을 총괄하는 전략과 전술의 구성 방법 등이 모두 적혀 있는 책자였다. 백선엽은 이를 통해 미군을 아주 깊숙이 이해하고 있었다.

미 6사단장 올랜도 우즈 소장은 그런 백선엽을 무척 상찬賞讚했다. 우즈 소장은 5연대가 초창기 중대 규모에서 출발해 연대로 확대되는 과정을 줄곧 옆에서 지켜봤던 인물이다. 게다가 부산항에 도착해서 내려지는 모든 미군 물자가 처음에는 '얌생이'들의 도둑질로 절반가량이 없어지다가, 5연대로 부임한 지휘관 백선엽에 의해 거의 대부분이 그대로 지켜지는 것을 눈으로 직접 봤던 사람이기도 하다.

당시 국방부 전신이었던 국방경비대의 정책과 인사 결정권을 쥐고 있던 사람은 국방경비대 고문관으로 있던 테릴 프라이스 대령이었다. 그는 두어 차례 미 6사단과 부산 5연대를 방문한 적이 있다. 그때마다 우즈 소장은 프라이스에게 "여기釜山는 전혀 걱정할 것 없다. 백 중령이 잘하고 있으니 아무런 문제가 없다"는 식의 극찬을 했다.

백선엽의 5연대와 우즈 소장의 미 6사단은 그런 점에서 매우 화합이 잘 되는 사이였다. 1947년 가을에는 아주 인상 깊은 장면이 부산 인근에서 펼쳐진다. 사흘 예정으로 부산 5연대가 대대끼리 벌이는 대항전對抗戰 훈련을 실시했던 것이다. 그러나 한국군만 동원됐던 것은 아니다.

백선엽은 이 자리에 미 6사단이 정규 부대를 파견해 합동 훈련을 하자고 우즈 소장에게 제안했다. 우즈 소장은 한국군 5연대에 수색 중대를 파견했다. 완전 무장한 상태의 미군 정규 병력이 김해평야에 나타났다. 5연대는 2개 대대를 동원해 서로 피아彼我를 나눠 대항전을 펼치고 있었다.

이 전투는 한국인으로 구성된 정규 병력이 미군과 처음 합동으로 군사훈련을 펼쳤던 장면으로 기록할 수 있다. 미군은 20여 대의 장갑차까지 동원해 부산 5연대와 합동 훈련을 성공적으로 치렀다. 훈련에 이어 5연대는 새로 만든 군악대까지 동원해 부산 시가지를 행진했다.

미군, 백선엽을 발탁하다

각 도에 1개 연대씩 병력을 만들어가려던 미군의 계획은 순조롭게 진행됐다. 1947년 12월에 접어들어서는 이미 편성한 각 연대를 지역별로 3개씩 묶어 1개 여단으로 개편하는 작업이 벌어졌다.

서울에는 1, 7, 8연대를 묶어 1여단을 만들었다. 대전에는 2, 3, 4연대를 통합해 2여단이 만들어졌다. 부산 5연대는 6, 9연대와 함께 3여단에 편입됐다. 1여단장은 광복군 출신인 송호성 대령, 2여단장은 만주군 출신인 원용덕 대령, 3여단장은 일본 육군사관학교 출신인 이응준 대령이 맡았다.

1948년 4월에 이르러서는 서울에 4여단여단장 채병덕 대령, 여순반란사건 이후 6여단으로 개칭, 광주에 5여단여단장 김상겸 대령: 폴란드군 대령 출신, 여순반란사건 때 파면을 창설해 여단이 모두 5개로 늘었다. 이후 다시 7여단이 창설됐다가 1949년 5월 12일 이들을 모두 6개 사단으로 증편하는 작업이 벌어졌다.

이어 다시 1949년 6월에 강릉 8사단사단장 이형근 준장과 서울에 수도경비사령부사령관 이종찬 대령가 만들어져 6.25전쟁이 벌어지기 전 국군은 모두 8개 사단 23개 연대의 병력을 갖췄다.

백선엽은 3여단이 만들어지면서 여단 참모장으로 자리를 옮겼다. 여단으로 옮기기 전까지 22개월 동안 그는 5연대에서 근무한 셈이다. 3여단장은 이응준 대령이었다가, 2개월 뒤에는 채원개 대령으로 바뀌었다. 당시 여단에는 부산 5연대를 비롯해 대구 6연대와 제주 9연대가 속해 있었다.

백선엽은 여단 참모장으로 4개월여 근무한 뒤 제주 4.3반란 사건을 맞았다. 그가 여단 참모장 자격으로 1948년 4월 3일 제주를 방문했을 때였다. 부산에서 김포에 도착한 뒤 다시 비행기 편으로 제주에 도착하는 코스였다. 백선엽 참모장은 2일 제주도 모슬포의 연대 본부를 방문한 뒤 그날 저녁 제주읍의 한 여관에서 묵고 있었다. 3일 새벽에 그는 9연대장 김익렬 소령으로부터 다급한 전화를 받았다. "제주도 내 15개 경찰지서 중 14개 지서가 습격을 받았다"는 내용의 전화였다.

제주 4.3사건의 시작이었다. 이 사건은 이후 여순반란사건으로 이어져 커다란 풍파風波로 번진다. 그러나 3여단 참모장 백선엽이 제주도에서 달리 할 일은 없었다. 그는 이미 국방부 전신인 서울 통위부統衛部의 작전교육국장으로 발령이 난 상태였다.

백선엽은 제주를 떠나 김포로 올라온 뒤 다시 부산으로 내려갔다. 그는 통위부의 작전교육국장으로 부임하기 위해 곧 서울로 올라갔다. 그가 수도 서울로 자리를 옮기게 된 이유는 분명치 않다. 본인 또한 이 대목에 대한 정확한 기록이 없기 때문에 스스로 왜 3여단 참모장에서 중앙의 국장으로 인사 발령이 난 것인지를 잘 모른다.

국군의 전신인 국방경비대에 몸을 담았으면서도 그는 '정치적인 외톨이'였다. 만주군관 출신의 선후배들이 다소 있었다고는 하지만, 그들은 나름대로 자리를 잡아가기 위해 열심이었다. 백선엽을 중앙 부처 국장으로 끌어올리기에는 힘이 부족한 사람들이었다. 그들에게 힘이 있었다고 할지라도, 본인들의 인사에만 관심을 기울이고 있었던 상황이라 그다지 사교적이라고 할 수 없는 백선엽을 중앙 부처에 천거할 일은 없었다.

2년 2개월 동안 부산의 5연대와 3여단에서 묵묵히 제 할 일에 몰두한 백선엽에게 서울은 그저 먼 곳에 지나지 않았다. 서울의 통위부에 특별히 자신의 사정을 설명하면서 보직 이동을 부탁할 사람도 없었고, 있었다 치더라도 그런 청탁 자체에 관심을 두지 않는 스타일이었다. 미군 고문관 또한 백선엽이 미군의 시스템과 병력 운용을 이해하는 데 도움을 줄 사람이었을 뿐 제 자리를 부탁할 만한 대상은 아니었다.

백선엽이라고 하는 인물 자체가 그런 데에 미련을 두는 사람이 아니었다. 따라서 그는 자리 이동에 관심을 두지 않았을 뿐 아니라, 자신이 당장 해야 할 일을 먼저 하는 데에만 열중했다. 군사영어학교를 함께 졸업한 창군創軍 멤버들은 대개 백선엽이 부산에서 26개월을 묵묵히 지내는 동안 보직 이동이 잦은 편이었다. 대부분은 2~3번에 걸쳐 자리를 옮기는 게 평균적인 현상이었다. 백선엽처럼 한 자리에서 2년 넘는 세월을 묵묵히 차지하고 앉아 제 할 일에만 전념하는 경우는 거의 없었다.

그런 백선엽이 서울로 올라가게 된 데에는 아무래도 미군의 힘이 작용했다고 보는 게 타당할 것이다. 통위부 고문관으로서 실제 정책 결정에 깊이 간여하고 있던 프라이스, 그리고 대구 주둔 6사단장으로서 백선엽을 주의 깊게 관찰해 온 우즈 소장의 역할이 작용했던 것으로 보인다.

이렇게 추정하는 데에는 근거가 없지 않다. 백선엽은 나중에 6.25전쟁을 겪으면서 대한민국 군대의 가장 높은 위치에, 누구보다 먼저 도달한 인물이다. 군사영어학교를 함께 졸업한 동기들과 그보다 훨씬 위의 선배들을 모두 제치고 한국군 최초의 4성 장군이 됐기 때문이다. 전쟁 중에는 가장 뛰어난 전적戰績을 기록함으로써 대한민국 군대를 대표하는 지휘관으로 우뚝 선 인물이다.

그런 그에게 따랐던 미군의 평가는 여럿이다. 모두 백선엽에게는 '최고의 지휘관'이라는 평가를 매겼다. 그가 부산의 5연 대장과 3여단 참모장으로 있었을 때 매겨진 평가 또한 마찬가지였다. 부산 5연대에 와 있던 미 고문관은 앞서 소개했듯이 맨스필드 중령이었다. 그가 기록한 평가 보고서는 나중에 비밀 해제 문건으로 분류가 되면서 한국군에게도 공개됐다. 맨스필드 중령이 백선엽을 평가하면서 기록했던 내용은 "가장 걸출한 야전 지휘관most outstanding field officer"이었다.

백선엽이 1945년 12월 29일 38선을 넘어 월남해 서울에 도착했을 때 그의 손에 쥐어져 있던 돈은 단돈 500원. 서울에 도착해서도 역시 그를 반겨줄 곳은 없었다. 백선엽이라는 사람 또한 말수가 워낙 적었고, 사교적이지 않은 성품 때문에 그와 함께 월남한 김백일과 최남근, 앞서 월남했던 정일권 정도 말고는 달리 친하게 지내는 사람도 없었다.

군사영어학교를 마친 뒤에 받은 보직 또한 서울에서 멀리 떨어진 부산의 5연대였다. 그를 곁으로 데리고 와 함께 일하자는 군대 내의 높은 직위를 지닌 지인知人도 없었고, 백선엽 본인이 먼저 나서서 자신의 보직을 부탁할 사람 또한 아무 데도 없었다. 따라서 맨스필드 고문관의 평가 보고서를 통해 짐작해 볼 때, 부산에 있던 그를 서울로 끌어 올린 주체는 미군으로 보는 게 가장 설득력이 있다.

맨스필드 평가 보고서를 근간으로 하고, 백선엽을 옆에서 유심히 지켜보던 미 6사단의 올랜도 우즈 소장의 견해, 부산에 내려와 우즈 소장으로부터 "백선엽이 있다면 이곳은 아무런 걱정을 하지 않아도 좋다"는 찬사를 귀담아 들었던 통위부 프라이스 고문관의 판단이 아무래도 백선엽을 서울로 이끌었던 결정적인 요인이었을 것이다. 그들은 이런 평가를 바탕으로 백선엽을 서울로 끌어 올렸다.

어쨌든 평양 출신의 말수 적고, 제 할 일에만 몰두하는 성격의 외톨이형이자 탐구형인 백선엽은 군인으로서 서울 생활에 적응해야 했다. 그러나 백선엽이 정작 서울에 갔을 때에는 인사 발령 사항이 변경돼 있었다. 원래의 작전교육국장은 장창국 중령이 맡았고, 중령 백선엽은 정보국장으로 바뀌어 있었다.

배우고 익히다

좌익과의 대결은 운명처럼 다가왔다.
군대 속 좌익 척결의 칼자루를 손에 쥐다.
살릴 사람은 살려야 한다는 그의 신념, 어느 날 찾아온 수갑 찬 박정희를 구명하다.

習

군에 침투한 좌익들의 반란

백선엽이 정보국장 자리에 오르는 대목은 어쩌면 숙명宿命일지도 모른
다. 그는 그 자리에서 많은 '일'을 내고 만다. 불과 2년 뒤 이 땅에서 벌어
지는 김일성 군대의 남침과 그로 인해 펼쳐지는 동족상잔의 비극, 그러
나 결국 김일성 군대의 남침을 막아내고 대한민국이 우뚝 설 수 있었던
기반에는 백선엽의 정보국이 벌이는 대대적인 숙군肅軍작업이 버티고
있기 때문이다.

아울러 백선엽은 그 과정에서 대한민국의 운명을 요동치게 만드는
한 인물과 역사적으로 조우遭遇한다. 그 인물은 다름 아닌 박정희 전 대통
령이다. 박정희는 백선엽이 벌이는 숙군 작업에서 남로당 군사책이라는

혐의를 받아 결국 단심單審의 군사재판 법정에 선 뒤 마침내 사형을 선고받는다. 경기도 수색에 있던 처형대에 올라 생을 마감하기 10여 일 전, 박정희는 마지막 희망의 끈을 붙잡아 백선엽 정보국장과의 면담에 걸었고, 백선엽은 초라한 군복에 수갑을 찬 박정희를 결국 살려준다.

백선엽 장군은 지금 이 글을 작성하는 2020년 현재 만으로 99세다. 원래 말을 지독히도 아끼는 그의 성품, 그리고 이제 100세를 눈 앞에 둔 망백望百의 노인, 그리고 실제적인 일에만 몰두하면서 공리공담空理空談을 피하는 성격 때문인지 자신이 걸어온 역정歷程에서 "의미 있었던 일을 추려보시라"는 권유에는 매우 무감無感한 편이다.

그러나 그가 지나쳐 온 몇 가지 역사의 장면들을 헤집다 보면 이상하리만치 크게 걸리는 대목이 몇 있다. 우선 앞에서도 소개한 것처럼 그는 아직 20대 중반이었던 1945년 평양의 조만식 선생 비서를 지내면서 조만식 선생을 찾아온 김일성과 마주친다. 소련 군정軍政을 등에 업고 곧 북한의 실력자로 등장할 김일성과 사무실 한쪽에 비켜서서 조용히 지켜보던 백선엽의 만남은 매우 인상적이다.

그리고 그 둘은 한반도의 가장 격렬했던 전장戰場에서 다시 해후邂逅했다. 1950년 8월, 대구 북방 20㎞ 지점의 다부동이라는 곳이었다. 김일성 군대는 이곳을 뚫으면 대한민국을 마침내 손에 넣을 수 있었다. 그는 북한군 최정예 3개 사단을 다부동 북방에 밀어 넣고 광복절인 8월 15일까지 대구를 함락하라는 명령을 내렸다.

그러나 그 김일성의 공세를 막아선 사람이 백선엽이다. 이어 미군의 절대적인 지원을 이끌어내 대한민국 국방의 초석礎石을 다짐으로써 김일성 군대의 지속적인 남침 야욕을 꺾은 사람도 백선엽이다. 그런 점에서 백선엽과 김일성은 특별한 인연이다. 평양에서의 만남도 사극史劇을 연상시키는 장면이고, 다부동에서의 혈투도 마찬가지다.

역사적인 맥락에서 보면, 그런 백선엽 장군에게 박정희라는 그림자 또한 크게 걸린 채 지나가고 있다. 박정희는 국방부 정보국장인 백선엽에 의해 겨우 살아난다. 당시 박정희는 누구도 주목하지 않았다. 계급은 소령에 불과했다. 그가 미래의 대통령이 될 것이라고는 꿈에서라도 생각하기 힘들었다. 그러나 그는 마지막 희망을 백선엽 정보국장의 선의 善意에 걸었고, 마침내 처형 10여 일 전에 백선엽에 의해 극적으로 살아났다.

그 장면은 조금 뒤에 펼쳐갈 대목이다. 백선엽은 그 성품 그대로, 정보국장에 오른 뒤에도 여전히 제 할 일을 찾아 열심히 움직였다. 초창기의 국군은 모든 것이 갖춰지지 않은 상태였다. 정보국도 그 점에서는 마찬가지였다. 미군 소령과 대위, 상사 1명 등 3명의 정보 전문가가 고문관으로 와 있었고, 한국군도 4~5명의 영관 및 위관 장교와 하사관들이 있을 뿐이었다.

백선엽은 한국 주둔군인 미 24군단의 호튼 화이트 대령을 찾아갔다. 도움을 청하기 위해서였다. 그는 우선 화이트 대령에게 미군이 사용하는 정보 업무 매뉴얼을 여러 권 받아왔다. 화이트 대령은 "정보 업무 가운데 가장 중요한 것은 신문訊問입니다. 정보 요원들에게 신문 방법부터 숙지시켜야 정확한 정보를 얻을 수 있습니다"라고 충고했다.

화이트 대령의 충고에 따라 백선엽은 먼저 정보학교부터 세웠다. 아울러 정보국 내의 요원들을 모아서 미군으로부터 신문 방법에 관한 교육을 받았다. 지금의 서울 신라호텔 자리에 있던 박문사博文寺 터를 확보해 정보 교육을 실시했다. 박문사라는 절은 안중근 의사가 사살한 이토 히로부미伊藤博文를 추모하기 위해 지은 일제 강점기의 일본 사찰이었다.

백선엽은 정보학교를 세우면서 동시에 38선 주변 지역에서 활발한 정보 수집 활동을 벌였다. 황해도 옹진과 청단, 연안 등 3개 지점에 정보 팀을 배치한 데 이어 경기도 개성과 고랑포 등 5개 지역, 강원도에는 자은리와 주문진 등 2개 지역에 모두 정보망을 깔고 활동에 들어갔다.

이때 만들어진 방첩대, 그리고 첩보대는 나중에 모두 보안사령부현재는 기무사령부와 정보사령부로 발전했다. 정보학교와 더불어 보안 및 정보사령부의 기초가 백선엽에 의해 만들어졌던 것이다. 군사영어학교를 마친 창군 멤버들이 일반적으로 그랬듯이, 백선엽 또한 모든 기구와 시스템이 처음 자리를 잡기 시작하는 초창기의 어수선함에 휩싸일 수 있었다.

그러나 그는 자신에게 주어진 일을 열심히 수행하는 사람이었다. 그는 정보국에서도 부산 5연대와 3여단 시절처럼 열심히 임무를 수행했다. 정보국의 시스템이 빠른 시일 안에 자리를 잡아가면서 38선 이북에서 전해지는 각종 북한 관련 첩보도 대량으로 밀려들고 있었다.

북한은 소련 군정을 등에 업은 김일성의 활약으로 신속하게 국가의 틀을 갖춰가고 있었으며, 남한에 대한 도발 가능성을 예시하는 움직임도 보였다. 정보국은 그런 북한의 동향을 가장 먼저 알아차릴 수 있는 곳이었다.

그러나 백선엽에게는 또 다른 일이 찾아들고 있었다. 막 출범한 국군의 근간을 무너뜨릴지도 모르는 사건이었고, 나아가 대한민국의 안위마저 근본에서 흔들 수 있는 사건이기도 했다. 좌익 세력에 의해 무장 반란이 일어난 제주도 4.3사건에 이어 여수와 순천에서 국군 14연대가 다시 반란 사건을 일으킨 것이다.

제주도 반란 사건 진압을 위해 여수에서 제주도로 출발할 예정이었던 14연대 내부의 좌익 세력들이 1948년 10월 19일 저녁 움직이기 시작했다. 그들의 주장에 따르지 않는 장교들과 사병들을 즉석에서 사살한 뒤 부대 병력을 이끌고 여수 시내에 나와 일반 공무원과 경찰 및 그 가족 등 우익계 사람들을 마구잡이로 죽이고 다녔다. 그들은 이어 순천까지 진출해 역시 경찰 가족 등을 상대로 참혹한 살상극을 벌였다.

당시는 미군이 한국 땅에 주둔하고 있던 병력을 철수하던 때였다. 미군은 1946년 국군 병력을 모집하기 시작하면서 사상 검증 없이 선서만을 받은 뒤 좌익계까지 모두 받아들였다. 그것이 화근禍根이었다. 당시 남한 내부에서 급속하게 세력을 펼쳐가고 있던 남로당南勞黨 계열의 좌익들이 대거 군 내부에 숨어들었고, 급기야 여수의 14연대에서 반란의 첫 횃불을 올렸던 것이다.

백선엽 정보국장은 사건이 발생한 10월 19일의 상황을 파악하지 못하고 있었다. 반란 주체들이 모든 통신선을 끊었기 때문이었다. 그는 이튿날 아침 출근 뒤 철도경비대의 전화선을 타고 올라온 보고를 접하고서야 상황을 알아차릴 수 있었다.

여순반란사건에서 드러난 싸움꾼 기질

반란을 일으킨 좌익계 장병들의 기세는 거셌다. 여수와 순천의 관공서가 모두 그들의 수중에 들어갔고, 이미 뿌리를 내리고 있던 남로당의 지역 세력들과 결탁해 우익 인사들을 대상으로 아주 참혹한 살상을 벌이고 있었다.

이범석 국방부 장관의 주재로 긴급 회의가 열렸다. 그러나 제한적인 현지 상황 보고 때문에 전체적인 그림을 살피면서 대응책을 마련할 수가 없었다. 백선엽은 이어 채병덕 국방부 참모총장을 수행해 제임스 하우스만 등 미 고문관과 함께 김포에서 대기 중인 C-47 수송기에 몸을 싣고 광주로 직행했다.

채병덕 참모총장은 사태의 심각성을 확인한 뒤 서울로 곧장 돌아갔고, 백선엽은 현지에 남아 상황을 더 점검하면서 진압 방법을 모색했다. 22일에는 육군 총사령관 송호성 준장이 토벌사령관으로 임명돼 사령부 참모들을 대동하고 현지에 내려왔다. 그 안에는 박정희 소령이 섞여 있었다.

나중에 대통령에 올라 대한민국의 산업화를 추진하는 박정희와 백선엽이 처음 만난 것이 바로 이때다. 박정희는 송호성 사령관을 수행해 서울에서 내려왔고, 이어 여순반란사건을 진압하는 각종 작전회의에도 참가했다. 일종의 작전 참모 역할을 맡았던 것이다. 따라서 현지에서 전반적인 상황을 체크하고 있던 백선엽과 박정희는 수시로 얼굴을 맞댈 수 있었다.

그러나 백선엽 장군이 기억하는 박정희의 당시 인상은 뚜렷하지 않다. 백 장군은 "작전회의가 벌어질 때 전투 경험이 한국군에 비해 훨씬 풍부한 미군 고문관들이 회의를 이끌었다. 따라서 작전회의의 대부분은 영어로 진행됐다. 박정희 소령은 가무잡잡한 얼굴에 늘 말이 없었다. 특히 영어를 잘 못해서 그랬는지 미군과 중요한 작전 토의를 할 때에는 테이블 한구석에 앉아서 입을 열지 않았다"고 기억한다. 어떻게 보면 화가 난 표정으로 보이기도 했다는 것이다.

미리 덧붙이자면, 박정희는 여순반란사건에 대응하기 위해 광주로 내려왔을 당시 남로당 군사책의 신분을 감추고 있던 상황이었다. 이는 여순반란사건이 진압된 뒤 바로 펼쳐지는 백선엽 주도의 숙군肅軍 작업 과정에서 군사재판정이 내린 판단이었다. 박정희는 그 군사재판에서 사형을 선고받았다. 비록 활동한 내용이 적었지만, 그가 짊어진 신분의 무게가 너무 무거웠기 때문이었다.

실제로는 남로당 군사책의 신분이면서도, 같은 계열의 남로당 조직이 일으킨 반란 사건을 진압한다는 명목으로 서울에서 급히 광주로 내려와 작전을 벌이고 있던 박정희의 마음이 편할 리는 없었을 것이다. 아니면, 박정희는 어쨌든 자신이 몸담은 남로당이라는 조직이 결국 군대 내부에서 반란을 일으켜 종내는 어떤 결과를 만들어낼지 사려 깊게 지켜보고 있었을지도 모른다.

그런 점에서 박정희의 얼굴 표정은 어두웠을 것이다. 스스로 몸을 담고 있던 남로당이라는 조직이 군대 내부에서 반란을 일으켰고, 자신은 그런 신분임에도 불구하고 그들을 진압하는 작전에 참여하게 됐으니 말이다. 어쨌든 백선엽은 작전회의실 테이블 한구석을 차지하고 말없이 앉아 있던 박정희에게서 '표정이 어둡고 말수가 매우 적은 사람'이라는 인상을 받았다.

송호성 사령관은 국방부 명령에 의거해 대전의 2연대, 군산의 12연대, 마산의 15연대 등 인근 지역에 주둔 중이던 국군 부대를 모두 진압 작전에 불러들였다. 그럴 수밖에 없던 것이, 1948년 8월 15일 출범한 신생 대한민국이 만약 군대 내부의 반란조차 수습하지 못한다면 국가의 운명이라는 것은 불을 보듯 뻔했기 때문이었다.

그때까지 백선엽이 쌓은 전투 경험은 사실 별로 없었다. 만주군관학교를 나와 간도특설대라는 곳에 배치를 받았다고는 하지만, 팔로군을 상대로 첩보 활동이나 주민 선무宣撫 공작, 기껏해야 게릴라식으로 움직이는 팔로군과 소규모 접전만을 벌인 게 전부였다.

부산 5연대에서도 전투는 더욱 없었다. 그저 다가올 미래에 대비해 조직을 갖추고, 장병들을 교육하며, 미군의 시스템과 전술 전략을 연구하는 데 그쳤다. 따라서 큰 규모로 전투가 벌어지는 현장에 나와 그를 지켜보며 작전을 구상하고 이를 실천에 옮긴 것은 여순반란사건 진압 작전이 처음이라고 해야 옳다.

그는 앞에서도 자주 이야기했듯이 일을 찾아 나서는 스타일이다. 자신이 해야 할 것을 부지런히 찾아서 그 안에 몸을 담고 있어야 직성이 풀리는 타입이다. 그 당시 그의 직책은 정보국장이었다. 비록 송호성 토벌사령관을 보좌해 작전회의에 참여하고 함께 작전을 논의했으나, 그가 직접 일선에 나아가 지휘를 벌일 처지는 아니었다.

그러나 그는 타고난 군인이었다. 대한민국의 근간을 무너뜨릴지 모를 좌익 반란군의 발호로 여수가 불에 타고, 순천이 피범벅의 참혹한 현장으로 빠져드는 상황을 그저 팔짱을 끼고 바라볼 수만은 없었던 모양이다. 그는 작전회의실에 앉아서 전투 상황을 그대로 기다리고만 있지 않았다. '현지 사정을 더 자세히 파악하기 위해서'라는 명분으로 그는 임시 토벌사령부 옆의 광주비행장으로 달려갔다.

그리고 그는 육군항공대 장성환공군 중장 예편, 공군 참모총장 역임 중위가 조종하는 경비행기 L-4에 올랐다. 반란군이 점령하고 있던 순천 상공으로 직접 날아가 보기 위해서였다. 그의 눈에는 이상한 모습이 들어왔다. 반란군도 순천에서 별다른 움직임을 보이지 않고 있었다. 그러나 더 이상했던 것은 그런 반란군을 앞에 두고 순천 북방 외곽에서 대기 중이던 토벌대가 진격할 움직임조차 보이지 않고 있었다는 점이다.

그는 마음속으로 '지금이 공격의 적기適期인데 놓쳐서는 안 된다'는 생각을 했다고 한다. 그래서 그가 벌인 행동이 지금 생각하면 조금 우습다. 당시로서는 상공의 경비행기에서 육상으로 교신交信할 수 없었던 상황이었기 때문인지는 모르지만, 백선엽은 자신이 매고 있던 국방색 넥타이를 풀어 그 위에다가 만년필로 '지금 공격을 개시하라'고 쓴 뒤 비행기 창문을 열고 이를 지상으로 내던졌다.

한참 지상을 내려다 봤으나 지상의 진압군은 반응이 없었다. 이미 곡식이 누렇게 색을 바꾼 가을이라는 계절 때문이었다. 그가 풀어 던진 넥타이는 싯누렇게 변한 논바닥에 떨어져 아군이 미처 발견하지 못했던 것이다. 그는 다급한 마음에 와이셔츠를 벗었다. 색은 넥타이와 같았지만, 크기 때문에 아군이 발견할 수도 있다는 기대감에서였다.

그는 종이를 하나 꺼내 '지금 공격을 펼쳐라'는 내용을 적어 와이셔츠 앞주머니에 넣은 뒤 다시 창밖으로 던졌다. 와이셔츠는 공중에서 펄럭거리며 한참을 선회하다가 역시 논바닥에 떨어졌다. 지상에서 뭔가 움직이는 게 보였다. 누군가 와이셔츠를 집어 드는 기색이었다.

나중에 안 일이지만, 백선엽이 날고 있던 상공의 아래에는 그의 친동생 백인엽 소령이 12연대를 이끌고 작전 중이었다. 그 부대에서 백선엽의 와이셔츠를 주운 것이다. 12연대는 와이셔츠를 줍자마자 공격을 개시했다.

반란군은 역시 반란을 일으킨 지엽枝葉적인 부대였다. 반면 국군은 초창기이기는 했으나 그래도 정규적인 병력을 차츰 갖춰가고 있었다. 더구나 미군이 철수를 시작하면서 그들의 무기를 국군에게 넘기던 시점이었다.

12연대와 다른 진압군 부대에는 이미 미군의 M1 소총과 그들이 사용하던 박격포 등이 갖춰져 있었다. 그러나 반란군에게는 그런 체계적인 무기 시스템이 없었다. 따라서 12연대에 이어 인근의 진압군 부대들이 일거에 순천으로 진입해 공격을 펼치자 반란군은 그저 도망치기에 바쁜 모습이었다.

반란군은 순천 남쪽에 있는 여수까지 그대로 밀렸다. 그 중간에 있던 구례와 광양, 보성 등도 모두 진압군이 접수했다. 여수로 진입하는 길목에서 산발적인 저항을 받았으나 진압군은 마침내 여수까지 모두 평정했다.

앞에서 백선엽의 성격을 침착함과 끈기로 묘사한 적이 있다. 어린 시절 평양부립도서관에서 늘 무엇인가를 읽으며, 앞으로 다가올지 모를 무엇인가에 대비하던 소년 백선엽과 부산 5연대 시절 미군의 모든 면모를 꼼꼼히 살피던 백선엽이 모두 그런 성격의 소유자다. 그러나 정작 본인의 성격에 대해서 물으면 백 장군은 "나, 아주 성미가 급해요"라는 대답을 한다.

그런 말을 실감할 수 있는 대목이 스스로가 정보국장 신분으로 현장의 작전에 직접 뛰어들 필요가 없었음에도 불구하고, 순천 북방 상공에 비행기를 타고 날아가 넥타이와 와이셔츠를 벗어 던지던 광경이다. 그는 사실 본인의 설명대로 성격이 급할지도 모른다. 그러나 타고난 성미를 누르려는 극기克己의 힘도 매우 강하다. 그래서 그의 전체적인 성격을 끈기와 인내, 기다림으로 설명할 수 있는 것인지 모른다.

현장에 나가 일선 지휘 체계를 잠시 잊은 채 직접 작전에 뛰어들어 비행기에 올라타 작전을 지휘하는 모습에서 백선엽이 지닌 다혈질多血質의 성격이 잡힌다. 그는 그 뒤에 벌어지는 모든 전쟁에서 일관되게 늘 현장을 찾아다니는 모습을 보여준다. 가만히 앉아서 고담준론高談峻論을 펼치는 성격이 절대 아니다.

그런 점에서 그는 본인이 말한 대로 '급한 성격의 소유자'가 분명하다. 그러나 그 성격대로라면 '상승常勝의 지휘관'이라는 타이틀은 절대 손에 거머쥘 수 없었을 것이다. 그 타고난 성미 위에 무엇인가가 얹혀져 있어 결국 그는 적의 움직임 앞에서 현장을 부지런히 좇아다니면서도 마음속으로는 결코 평정심平靜心을 잃지 않았다.

그것은 바로 극기의 힘이다. 싸움의 철학적 의미를 이야기할 때 그가 늘 하는 설명이 있다. 숱한 전쟁터를 전전하면서 수많은 적과의 싸움에 직면하는 전선 지휘관이 가장 맞서기 어려운 대상은 누굴까. 그는 항상 "가장 큰 싸움 상대는 바로 나 자신"이라고 말한다. 그는 어렸을 때부터 '나'와 싸워 이기는 법을 체득한 사람이다. 타고난 급한 성격에, 모친으로부터 받은 극기 훈련이 보태지면서 '장군 백선엽'은 만들어지고 있었던 것이다.

여수와 순천에서 벌어진 남로당 계열의 국군 내부 반란 사건은 그런 과정을 거치면서 진압됐다. 백선엽은 바로 서울로 돌아와 다시 정보국장의 일상적 업무에 매달렸다. 그러나 다시 큰 풍파가 다가오고 있었다. 여순반란사건으로 인해 '군대 내부에서조차 좌익의 발호가 이어질 수 있다'는 경계감이 부쩍 높아졌고, 결국 이는 다음 행보로 이어질 가능성이 있었다. 그 가능성은 곧 현실로 나타났다. 군대 내부에 아직 숨어 있는 좌익들을 솎아내는 대규모 숙군肅軍 작업이었다. 그 큰 칼자루를 쥔 사람이 백선엽이었다.

숙군의 칼자루를 쥐다

가을은 수렴收斂의 계절이다. 생명이 대지의 기운을 타고 움을 틔워, 뜨거운 태양 아래 결실을 맺은 뒤 숙성熟成을 거쳐 종내 차가움 속으로 사라지기 전의 단계다. 벌어졌던 모든 것을 안으로 끌어들여 내실을 꾀하는 가을의 기운에 맞춰 대한민국 군대가 진행했던 것은 숙군肅軍이었다.

차가운 기운이 나무와 풀 등을 비롯한 모든 식생植生의 기운을 말리는 게 숙살肅殺이다. 군 내부에 도사리고 있는 좌익의 기운을 몰아내고 새로운 조직으로 거듭나기 위해 반드시 거쳐야 했던 숙살과 같은 작업이 이를테면 숙군이었다.

1948년의 가을은 그런 점에서 적절하게 찾아왔다. 이응준 육군 총참모장의 집으로 백선엽과 신상철 헌병 사령관이 찾아간 때는 늦은 밤이었다. 밤중에 "내 집으로 오라"는 이 총참모장의 느닷없는 전화를 받은 백선엽 정보국장과 신상철 사령관은 이미 컴컴해진 서울의 거리를 지나 안암동의 이 총참모장 집에 도착했다. 그러나 백 국장은 그때까지도 이 총참모장이 왜 자신을 부르는지 짐작조차 할 수 없었다.

당시는 여순반란사건의 여파로 좌익에 대한 경계감이 부쩍 높아져 있던 상황이었다. 정보 업무를 담당하던 백선엽 국장 눈에도 그런 점은 확연하게 다가오고 있었다. 대한민국 군대 내에 상상보다 훨씬 많은 수의 좌익이 숨어들어 있다는 심증心證이 점차 굳어져 가고 있었던 것이다.

이응준 총참모장은 응접실에 앉아 있었다. 별로 유쾌해 보이지 않는 표정이었다. 백 국장과 신상철 사령관이 응접실에 들어서자 그는 다짜고짜 탁자 위에 놓여 있던 큰 서류 보따리 하나를 손가락으로 가리켰다. 그는 그날 있었던 이야기부터 꺼냈다.

"오늘 국회의원들과 개성을 시찰했는데, 다녀와서 로버트군사고문단장를 만났어. 그 사람이 이 큰 보따리를 하나 줍디다. 김태선 치안국장이 이승만 대통령에게 보고한 서류 보따리래. 군대 안에 숨어 있는 남로당 조직원의 명단이 이 안에 들어 있답니다. 이 대통령은 로버트 단장에게 호통을 쳤대요. '당신네들이 군정 시절에 국방경비대 모집을 잘못해 군대를 이 지경으로 만들어 놨으니 당신들이 책임을 져라'고 했대요. 그러면서 이 보따리를 로버트 단장에게 맡겼답니다."

이 총참모장은 이어 "당신 두 사람이 중심이 돼서 비밀리에 군대 좌익들을 가려내라"고 지시했다. 신상철 헌병 사령관이 함께 갔지만, 그 일을 제대로 책임지고 담당해야 할 사람은 백선엽 정보국장이었다. 보따리는 따라서 백 국장이 직접 들고 왔다. 그는 집에 돌아와 그 보따리를 펼치는 순간 깜짝 놀랐다. 도저히 상상할 수 없을 만큼 많은 사람이 좌익으로 분류돼 있었다. 더구나 제주도까지 포함해 9개 도에 흩어져 주둔하고 있는 각 부대에 좌익들은 이미 깊숙이 침투해 거미줄처럼 연결망을 형성한 상태에 있었다.

아무래도 좌익에 관한 정보는 군대보다 경찰이 더 치밀하게 파악하고 있었다. 대한민국이 출범한 뒤에도 경찰 간부의 상당수 인원은 일제 때 이미 경찰을 맡았던 사람들이었다. 그들은 일제 강점기부터 좌익을 단속해 오던 경험이 있었다. 줄기차게 좌익을 감시하고 단속하던 사람들이라서 해방 뒤, 그리고 대한민국이 출범하는 1948년 8월까지 좌익의 동태를 가장 세밀하게 파악하고 있었다.

따라서 그 정보들은 매우 신빙성이 높았다. 오히려 군 지휘부는 여순반란사건을 겪었음에도 근본적으로 군대 내부의 좌익들을 어떻게 처리해야 할지 잘 모르는 상태였다. 어쨌든 군대 내부의 좌익에 관한 경찰 정보가 이 정도로 쌓인 만큼 어떻게 해서든지 손을 대는 것은 불가피한 상황이었다. 백선엽 국장은 바로 움직였다.

그는 경찰이 조사해 축적한 명단을 중심으로 좌익 혐의자들을 조사키로 했다. 우선 방첩대CIC에 서류 보따리를 보내 명단에 오른 연루자들을 불러 조사토록 지시했다. 명단에서 추려낸 사람을 헌병대가 잡아와 조사를 진행하는 방식이었다. 당시 백선엽 국장의 정보국은 서울 명동 옛 증권거래소 사무실에 있었다. 정보국이 3층을 사용하고, 2층은 헌병 사령부가 썼다. 지하 1층에는 혐의자를 가두는 시설이었다.

그러나 잡혀오는 혐의자들은 한둘이 아니었다. 지하 1층의 시설은 금세 가득 차고 말았다. 정보국은 영등포에 있던 창고중대를 개조해 유치장으로 만들었다. 그 다음에는 조사 요원이 문제였다. 당시 정보국장 밑으로는 김안일육군 준장 예편 방첩과장이 작업을 주도했다. 또 태릉에 있던 1연대 정보주임 김창룡 대위도 업무에 참여했다. 조사 요원이 몇 명 더 있었으나 혐의에 따라 불려오는 사람들이 너무 많았다.

백선엽은 경찰의 도움을 받기로 했다. 경찰에서 제법 잔뼈가 굵은 베테랑 수사요원들을 군문軍門으로 전직轉職케 한 뒤 이들을 조사요원으로 기용했다. 이들의 효율은 매우 높았다. 오랜 수사 경험자답게 노련한 솜씨로 혐의자들을 정확하게 가려내기 시작했다.

부산 5연대에서 묵묵하게 제 할 일에만 신경을 쏟던 백선엽은 이때에 본격적으로 주목을 받기 시작한다. 국군의 좌익 척결 문제가 당시의 최고 화제로 떠올라 백 국장이 근무하는 명동의 옛 증권거래소에는 세간世間의 관심이 모두 모아졌다.

이 숙군 작업은 매우 중대한 의미를 지녔다. 만약 이 시점에 대한민국 군대가 내부에 숨어 들어온 좌익을 걸러내지 못했다면 1년 7개월 뒤의 전쟁, 즉 김일성 군대의 6.25 남침을 결코 견뎌내지 못했을 것이기 때문이다.

남로당을 이끌었던 박헌영이 김일성에게 여러 차례에 걸쳐 공언한 게 있다. 남침 전쟁을 벌이기 전이었다. 박은 김에게 "우리 군대가 남침을 시작하자마자 남한 내부에서는 수많은 봉기가 일어나 우리를 맞이할 것"이라는 내용이었다. 그 가운데 핵심을 차지하던 것이 대한민국 군대 내부에 숨은 좌익의 발호跋扈였다.

따라서 군대 내부의 좌익을 솎아내는 숙군 작업은 어떻게 보면 대한민국의 명운命運이 걸린 아주 중대한 조치에 해당하는 셈이었다. 그 작업을 평양에서 내려온 백선엽이 맡았다. 그는 모든 동원 가능한 인력을 투입해 이 작업에 매달렸다.

숙군은 이듬해 초반까지 이어졌다. 걸려든 사람은 모두 4,749명이었다. 당시 국군 병력의 5%에 해당하는 인원이었다. 게다가 일반 사병이 아닌 장교들이 주로 연루됐다는 점을 감안하면, 이들을 그대로 놔뒀을 경우 대한민국 군대가 김일성 군대를 맞아 싸우는 일은 불가능했을 것이다. 그렇게 시간이 흘렀다. 그러나 백선엽에게는 또 다른 일이 기다리고 있었다.

아주 미묘한 장면이었다. 대한민국이 걸어왔던 짧지만 풍랑風浪 거셌던 역정 속에서 큰 발자취를 남긴 인물끼리 생사生死가 걸린 역사의 테이블에 마주 앉는 장면이다. 그 과정에서 건져진 생명이 바로 후일 대한민국에 큰 행적을 쌓은 박정희 전 대통령이다. 그리고 그의 생명줄을 잡아준 사람은 평양에서 외톨이 소년으로 유년을 보내고, 물설고 낯선 남한으로 내려와 묵묵히 제 갈 길을 걸어온 백선엽이다.

어느 날 찾아온 수갑 찬 박정희

백선엽 장군은 지금도 그렇지만, 청년과 장년, 노년을 '노 알코올No Alcohol'로 보낸 사람이다. 술을 마시지 않으니 '무주無酒의 사람'이라고 말할 수 있다. 술을 입에 대지 않으니 술에서 깨지 않는다는 미성未醒의 경험도 전혀 없다. 망백望百의 평생을 그렇게 지내왔으니 머리와 몸이 술에 전혀 젖지 않은 각성覺醒의 인물이라고 불러도 좋을까.

술을 마시지 않으니, 장시간 어울려야 하는 저녁 자리에 나가지 않는 게 보통이다. 그런 생활 자세를 다지고 또 다지는 스타일이기도 하니, 웬만한 사람들하고는 잘 어울리는 경우가 없다. 술 한잔 걸치고 "우리, 형 동생 하자"면서 낭만적이고 감성적인 호기豪氣와 의기意氣를 부릴 일도 없다.

그런 백선엽이 아니었다면, 박정희 전 대통령은 살아남을 수 없었기 때문에 하는 말이다. 숙군 작업이 한창 펼쳐지다가 이제 끝이 보이는 시점의 어느 날이었다. 백 장군은 1949년 1월 말경으로 기억하고 있다. 퇴근 무렵이었다.

그 당시에도 퇴근 뒤에는 사람들과 어울려 한잔 하는 게 대한민국 직장인들이 살아가는 모습이었다. 서울 명동 한복판의 옛 증권거래소에 사무실을 두고 있던 백선엽 정보국장에게도 그런 유혹은 많았을 것이다. 퇴근한 뒤 집에 가기 전 친한 사람들과 어울려 저녁을 먹고 싶은 충동 말이다.

그러나 그는 엄격했다. 특별한 일 없이 남들과 어울려 지내는 저녁 자리를 그는 경계했다. 아울러 당시는 대한민국의 중차대한 사안이었던 숙군 작업을 벌이고 있었고, 자신이 책임자라는 부담도 작용했을 것이다. 그러나 그런 여러 가지를 따질 필요도 없이 백선엽은 늘 그렇게 무덤덤하게 생활하는 편이었다.

막 퇴근을 준비하던 무렵이었다. 명동 옛 증권거래소 3층에 있던 그의 사무실은 벌써 어둠이 찾아들고 있었다. 아직 불을 켜지 않은 상태였다. 춥고 스산한 늦겨울 날씨 속에 사람들은 어깨를 움츠린 채 제 갈 길을 바삐 가고 있었다. 백선엽 정보국장이 창밖으로 내다보던 당시의 명동 거리 풍경이었다.

그때 문을 노크하는 소리가 들렸다. 방첩과 김안일 과장이 들어섰다. 막 사무실을 나가려던 백 국장은 의아한 표정으로 김 과장을 바라봤다. 김안일 과장은 다소 주춤거리는 모양새였다. '뭔가 내게 부탁할 일이 있구나.' 백 국장은 마음속으로 그런 생각을 했다.

당시 백 국장이 사용하던 사무실은 제법 컸다. 정보국에 파견 와 있던 미 고문관과 둘이서 큰 사무실을 쓰고 있었다. 미 고문관은 이미 자리를 비운 상태였다. 널찍한 사무실 정면에는 응접 세트가 놓여 있었다. 기다란 탁자와 양옆으로 놓인 의자들이었다. 백 국장은 "무슨 일이냐"고 물었다.

잠시 뜸을 들이던 김안일 과장이 입을 열었다. "제 육군사관학교 동기 중에 박정희 소령이라고 있습니다. 혹시 기억하십니까?" 백 국장에게는 아직 어딘가 낯선 이름이었다. '박정희…. 어디서 들은 이름인 것 같은데?'라는 생각이 머리를 스쳤다. 그리고 이어 그는 여순반란사건을 진압하기 위해 내려갔던 광주 토벌대 사령부에서 마주쳤던, 말이 없고 얼굴이 가무잡잡했던 한 인물을 떠올렸다.

"아, 박정희 소령 말입니까. 압니다. 참, 그리고 그 사람이 지금 여기와 있지 않나요?" 백 국장의 기억이 점차 자리를 잡아가고 있었다. 박정희는 백선엽 정보국장이 지휘하던 숙군 작업에 걸려든 상황이었다. 그리고 이어서 군사 법정에 선 뒤 이미 사형 선고까지 받은 몸이기도 했다.

그러나 백선엽 국장의 머릿속에는 그런 구체적인 정황이 남아 있지 않았다. 4,700여 명의 혐의자가 불려왔고, 그 가운데 상당수가 판결을 받아 사형에 처해지거나 중징계를 받은 뒤 군문을 떠나던 때였다. 그 많은 좌익 혐의자를 다루던 백 국장의 머리에는 박정희라는 이름이 바로 떠오르지 않았던 것이다.

김안일 과장이 말을 이었다. "예, 그 박정희 말입니다. 지금 사형을 선고받아 이 건물 지하 감방에 있습니다. 군 내부 좌익 척결에 상당한 협조를 했습니다. 참 똑똑하고 괜찮은 사람인데…." 김안일 과장은 잠시 말을 끊었다. 이어 그가 백 국장을 바라보면서 다시 말문을 열었다. "부탁이 있습니다. 박 소령이 곧 처형장으로 끌려가는데, 마지막으로 국장님을 한 번 뵙게 해 달라고 제게 부탁을 했습니다. 괜찮으시다면 한 번 만나주시는 게 어떨지…."

상상이지만, 그런 상황에서 술을 좋아하고, 남들과 저녁 자리에서 어울리길 즐기던 백선엽이었다면 어떤 일이 벌어졌을까. "나중에 얘기합시다", "오늘은 바쁘니까 내일 다시 오세요", "잘 알지도 못하는 사람을 내가 괜히 만나서 뭐합니까. 나 오늘 바빠요" 혹시 이런 반응들이 나오지 않았을까.

그런 상상이 맞다면, 그래서 백선엽이 저녁 자리를 핑계로 박정희와의 면담을 뒤로 미루고 사무실을 빠져나갔다면 박정희의 운명은 어떻게 됐을까. 그 다음 날 술에서 미처 깨지 않은 채 출근한 정보국장이 어제 저녁 잠시 언급했던 내용을 기억이나 했을까. 다음날에도 정보국장이란 사람이 다시 머리에 떠올릴 만큼 박정희는 그렇게 중요한 인물이었을까.

백선엽 장군은 그 대목을 떠올릴 때는 늘 신중했다. 그런 상상과 가정이 불필요한 일이기는 하지만, 만약 그 자리에서 백선엽 국장이 박정희를 만나주지 않았다면 박정희의 일은 그냥 넘어가는 사안이었을 것이라는 점에 백 장군도 동의하고 있다. 박정희는 그때 남들로부터 아무런 주목을 받지 못하는 인물에 지나지 않았다는 얘기다.

숙군 작업이 마무리를 향해 가고 있던 시점에 책임자였던 정보국장은 매우 바쁜 일정을 보내고 있었다. 전날 꺼냈던 얘기를 마무리 짓지 못하고, 저녁이나 술자리 약속 때문에 "다음에 보자"라는 말을 남기고 퇴근한 정보국장에게 김안일 과장은 이튿날 다시 박정희라는 인물의 문제를 다시 거론하기 힘들었을 것이다. 박정희의 일은 한 번 정보국장에게 꺼냈다가 '퇴짜'를 맞은 다음에는 다시 꺼내기 힘든 사안이었다.

그러나 저녁자리, 술자리에 함부로 가지 않는 백선엽 국장은 퇴근 무렵의 시간을 박정희와의 면담에 기꺼이 할애했다. 어렵사리 말을 꺼낸 김안일 과장에게 "그렇다면 한 번 봅시다"라고 말했다. 김안일 과장은 "곧 데려오겠습니다"라는 말을 남기고 사무실을 빠져 나갔다.

무심無心. 백선엽 정보국장은 그렇게 별다른 마음을 두지 않는 시간이었다. 우선은 만나자고 하니까 만나봐야 하는 것 아니냐는 마음 말고는 다른 생각이 없었다. 시간이 좀 흘렀을까. 다시 사무실 문을 노크하는 소리가 들렸다. "들어오라"는 백 국장의 말에 이어 사무실 문이 열리더니 두 사람이 들어섰다.

김안일 과장의 뒤로 박정희 소령이 걸어 들어왔다. 사무실에는 이미 어둠이 조금씩 내려앉고 있었다. 김안일 과장은 안쪽으로 걸어 들어와 백선엽 국장이 앉아 있는 의자 옆에 자리를 잡고 앉았다. 박정희는 백선엽 국장의 맞은편에 섰다. 야위어 핼쑥해진 얼굴에, 계급장 없는 군복, 그리고 손목에는 차가운 수갑이 채워진 상태였다.

박정희 소령이 서 있는 자리에는 간이 의자 비슷한 것이 놓여 있었다. 백 국장은 "우선 그 의자에 앉으라"고 권했다. 박정희 소령은 아무 말 없이 의자에 앉았다. 등을 곧게 펴고, 엉덩이는 의자 끝에 살짝 걸쳤다. 백선엽 국장과 박정희 소령의 간격은 약 5m. 하지만 어둠이 내려앉기 시작한 사무실이어서 박 소령의 표정은 백 국장의 눈에 잘 들어오지 않았다.

잠시 후 눈이 어둠에 차차 익숙해지면서 그의 얼굴이 자세히 눈에 들어오고 있었다. 백 국장은 기다렸다. "마지막으로 정보국장을 한 번 만나고 싶다"는 김안일 과장의 전언이 있었기 때문이었다. 그렇다면 먼저 말을 들어보는 게 순서였다. 박 소령이 먼저 말을 꺼낼 것이라는 생각에 그는 기다렸다. 그러나 왠지 박 소령은 입을 굳게 닫고 있었다.

약 10여 초 지났을까. 침묵이 무겁게 흘렀다. 그 시간은 길게 느껴졌다. 마침내 박 소령의 얼굴이 조금 움직였다. 백 국장은 그때 박 소령의 눈가가 붉게 물드는 것을 봤다. '아, 저 사람이 감정을 억누르고 있구나'라는 생각이 들었다. 이윽고 박 소령이 말문을 열었다.

"한 번 살려 주십시오…."

"……."

박정희는 다시 말이 없었다. 자신의 감정을 모질게 짓누르고 있다는 분위기가 역력했다. 그러나 그의 눈에는 눈물이 핑그르르 도는 모습이 보였다. 백 국장은 말없이 그를 지켜보고 있었다. 사무실에는 다시 침묵이 흘렀다. 그러나 오래가지 않았다. 백선엽의 입에서 흘러나온 말이 매우 뜻밖이었기 때문이다.

"그래요, 그렇게 해보도록 하지요."

"내 이름에 착할 선善이 있잖아"

사형수 박정희. 그는 백선엽과의 면담이 실패할 경우, 10여 일 뒤 수색의 처형장에서 생을 마감해야 할 상황이었다. 남로당 군사책이라는 혐의는 당시 매우 무거웠다. 군대 내부에 좌익을 끌어들이고 조직해 유사시를 준비하는 고위급 책임자였기 때문이었다.

비록 숙군을 직접 지휘하고 있던 정보국장의 자리에 있었다고 하더라도 백선엽이 박정희의 생명을 구해주는 일은 그리 간단하지 않았다. 국군 최고 지도부의 허락을 받는 과정이 반드시 필요했기 때문이었다.

그래도 그 대목이 궁금할 수밖에 없다. 박정희가 "한 번 살려 달라"고 한 부탁에, 잠시 뜸을 들인 백선엽이 "그렇게 해보자"고 말한 대목 말이다.

백 장군은 만년에도 어떤 부탁을 하기 위해 찾아온 사람을 잘 만나려고 하지 않는다. 거절을 못하는 성격 때문이다. 남이 청탁을 해오면 거절하는 방법을 잘 몰라 한참 당황하는 경우가 많다.

한국군 최초의 사성四星 장군에, 육군참모총장을 두 번이나 역임한 인물치고는 매우 어울리지 않는 고민으로 들린다. 그러나 옆에서 줄곧 지켜봤던 필자의 경험으로도 그는 수줍음이 많고, 남이 꺼내는 청탁에 매우 약한 편이다. 어려운 처지에 있는 사람이 찾아와서 읍소泣訴 비슷한 행동을 할 때에는 어떻게 물리칠지를 몰라 당황하는 경우도 많이 목격했다.

박정희를 살려준 대목에 대해 몇 차례인가 거듭해서 물어본 적이 있다. 대부분은 "나도 잘 몰라"라고 그냥 넘어가는 경우가 많았다. 그래도 뭔가 알아내기 위해 계속해서 물으면 백 장군이 내놓는 대답이 있다. "내 이름 안에 착할 선善이라는 글자가 있잖아"이다.

"그래도 뭔가 박정희를 풀어줄 만한 합당한 이유는 있어야 했던 것 아닙니까"라고 필자가 재차 물으면 "참 불쌍해 보이는 걸 어떻게 해"라는 대답을 내놓는다. "정말 그것밖에 없는 거예요?"라고 다그쳐도 "그땐 그랬어, 정말이야"라고 말했다.

박정희와의 면담 뒤에 백 장군은 그를 살릴 수 있는 길이 있는지 검토했다고 한다. 박정희는 과거에 그가 몸담았던 신분상의 문제에서 먼저 걸리는 혐의점이 강했지만, 실제 그가 남로당 군사책으로 활동한 전력은 별로 없었다고 했다. 이름만 걸어 놓았지, 실질적으로 그 직책에 맞는 조직과 포섭 활동을 한 게 특별히 없었다.

그런 점에서 박정희의 구명은 가능성이 충분해 보였다고 백 장군은 기억하고 있다. 그는 총참모장 이응준 장군에게 박정희 구명에 관한 서류를 올려 결재를 받았다. 구명 작업은 신속하게 진행됐다. 상부에 보고하고 허락을 받아야 하는 절차를 끝낸 뒤 백 국장은 수사 책임자였던 김안일 방첩과장과 김창룡 정보주임을 불렀다.

"박정희 소령을 구명하는 절차가 끝났으니 두 수사 책임자도 나와 함께 서명을 하자"고 말했다. 두 사람은 아무런 이의 없이 국장의 지시에 따랐다. 그렇게 박정희는 사형 집행 10여 일 전에 극적으로 살아났다.

박정희가 백선엽 국장을 만난 지 10여 일 뒤에 문제는 모두 해결됐다. 지하 감방에서 그 10여 일을 보냈던 박정희의 마음은 많이 타들어갔겠지만, 어쨌든 그는 극적으로 살아나게 됐다. 박정희가 풀려날 때였다. 김안일 과장의 안내로 그가 백 국장의 사무실에 들어섰다. 감사의 인사를 전하기 위해서였다.

백 국장은 사무실에 들어선 박정희에게 "일이 잘 됐다. 이제 나가도 좋다"며 인사를 건넸다. 늘 과묵하면서도 수줍어하는 듯한 인상의 박 소령이 고개를 꾸벅거리면서 인사를 했다. "감사합니다"라는 말이었는지, 아니면 다른 어떤 표현이었는지는 분명치 않다.

그러나 스스로 "내 이름에 '착할 선'이라는 글자가 들어 있다"고 말하는 백선엽 장군은 그때 다소 엉뚱한 일을 한다. 그는 박 소령에게 응접세트를 가리키며 "잠시 앉으라"고 권했다. 박 소령은 아무 말 없이 자리한쪽에 앉았다. 죽음의 문턱에서 살아 돌아온 게 실감이 나지 않는지 모르겠지만, 박 소령의 얼굴은 썩 좋아보이지 않았다.

두 사람은 잠시 대화를 나눴다. 아마도 사람 살아가는 일에 대한 대화였을 것으로 짐작이 된다. 백 국장의 머릿속으로는 '이제 박정희 소령이 군복을 벗었다. 어떻게 생활을 해갈 것인가'라는 물음이 떠올랐다. 백 국장은 그런 내용의 질문을 던졌다고 했다. 1917년 출생한 박정희는 당시 32세. 백선엽 장군은 그때 굴곡 많은 인생길의 고비에서 비틀거리다가 겨우 돌아온 박 소령이 불쌍하다는 생각이 들었다고 했다.

백 장군은 대화를 나누다가 박 소령에게 "잠시 앉아 있으라"고 말한 뒤 사무실을 나와 유양수 전투정보과장의 사무실로 갔다. 그는 김점곤 전투정보과장이 광주 5사단의 부연대장으로 발령이 나자 그 후임으로 갓 부임한 상태였다. 두뇌가 명석한 인물이었다.

백 국장은 유양수 과장에게 "박정희 소령이 갈 곳이 없다. 이제 군복을 벗고 민간인 신분이 된 마당에 갈 곳도 없다고 하니 자네가 데리고 있게"라고 말했다. 그러자 유양수 과장은 난색을 표시했다. "군무원으로 데리고 있으라는 말씀이지만, 예산이 부족해 그 사람에게 줄 봉급이 없다"는 것이었다.

백 국장은 "그런 점은 걱정하지 마라. 정보국장 기밀비에서 마련해 줄 테니까 박 소령을 군무원으로 일하게 하라"고 말했다. 유양수 과장은 그때서야 할 수 없다는 듯이 국장의 지시를 받아들였다.

백 국장은 다시 자신의 방으로 돌아와 "박 소령, 나와 함께 좀 갑시다"라고 했다. 그는 아무 말 없이 따라왔다. 백 국장은 유양수 과장 방에 함께 들어선 박정희에게 "앞으로 유양수 과장 밑에서 문관 자격으로 일하라"고 말했다.

당시 정보국에는 별도의 '예산'이 있었다. 정보국에 파견을 나온 미군 고문관 리드 대위가 건네준 선물이었다. C-레이션은 미군의 주요 전투식량이었지만, 평시에는 현금 대용으로 요긴하게 쓸 수 있는 물건이었다. 당시 대한민국의 암시장에서 이 C-레이션은 아주 비싼 가격에 팔리는 인기 품목이었다.

정부에서 주는 예산이 마땅치 않은 당시 정보국 형편을 감안해 미군들이 지원하는 물품이었다. 리드 대위는 미 군사고문단의 허락을 받아 두 창고 분량의 C-레이션을 필요에 따라 정보국장이 재량껏 쓰도록 배정했다. 백 국장은 이를 적절하게 활용했다. 38선 이북의 정보를 탐지하기 위해 파견하는 정보원, 예상치 못한 경비가 필요한 부서와 부대원들에게 골고루 지급했다. 군복을 벗고 문관으로 일하게 된 박 소령도 이 C-레이션의 혜택을 본 셈이다.

박 소령은 그렇게 풀려났고, 다시 정보국에서 문관 자격으로 생업을 이어갈 수 있었다. 그는 짧게 "고맙다"는 인사만을 남기고 사라졌다. 백 장군은 그때 박정희가 참 무덤덤한 사람이라는 생각이 들었다고 했다.

'살릴 사람은 살리고 보자'

박정희의 구명 과정에서 드러나는 백선엽의 인간적인 면모가 있다. 그의 말대로 "이름에 '착할 선'이 있잖아"다. 그는 잔정이 많은 사람은 아니다. 설령 마음속으로는 그런 잔정을 품었다고 해도 그것을 밖으로 표현하는 데 별로 익숙지 않은 스타일이다.

그러나 그의 행적을 살펴보면 그의 성격이 착함, 선량善良함, 나아가 성정性情이 어질어 남에게 따뜻함을 주는 인자仁慈함의 덕목을 담고 있는 경우를 자주 목격하게 된다. 그가 사형수의 몸으로 곧 처형장에 끌려갈 박정희의 짧막한 소구訴求에 즉석에서 "그렇게 해보도록 합시다"라고 한 대목은 인간 백선엽의 그런 풍모를 잘 말해준다.

그가 숙군을 마무리할 때에도 비슷한 정경情景이 펼쳐진다. 당시 숙군 작업에서 혐의자로 연행돼 조사를 받은 사람만 4,700여 명이다. 그 당시는 해방 정국이 지나고, 대한민국이 갓 출범한 상태였다. 광복 뒤 벌어진 좌익과 우익의 싸움이 매우 요란했던 것은 잘 알려진 사실이고, 대한민국이 출범한 뒤에도 남로당의 준동으로 군 내부는 물론이고 전국이 시끌벅적하던 때였다.

따라서 이데올로기에 관한 법률과 규범 상의 저촉抵觸이 벌어졌을 때 대한민국 사회는 지금과 같은 관용을 베풀기 힘들었다. 당연히 그런 혐의자와 행위자에게는 가혹한 응징이 내려지던 때였다. 그런 상황 때문에 당시 숙군 작업에 걸려 혐의가 인정된 경우, 그 대상자에게는 아주 심한 처벌이 가해질 수 있었다.

숙군 작업이 마무리를 향해 달려가던 무렵이었다. 혐의자는 매우 많았다. 그들은 주로 영등포에 마련한 창고중대 건물의 임시 감방에 갇혀 있었다. 백선엽은 이들에게 기회를 주기로 했다. 소명疏明을 할 수 있도록 자리를 마련해 살릴 수 있는 사람은 최대한 살려보자는 취지였다. 그런 생각으로 그는 이응준 총참모장을 찾아갔다.

"그동안 유언비어도 나돌았고, 조사도 쉽지 않았지만 우리 군 내부의 좌익 척결은 일단락을 맺게 됐습니다. 열심히 조사팀이 작업을 벌이기는 했으나 억울한 사람이 없다고 할 수는 없습니다. 총참모장님께서 직접 혐의자들을 면담해보시고 구원해줄 수 있는 사람은 풀어주시는 게 좋다고 생각합니다." 그가 이응준 총참모장에게 보고한 내용이었다.

이응준 장군은 이를 흔쾌히 받아들였다. 그런 뒤에 이응준 총참모장과 백선엽 정보국장의 출근지는 바뀌었다. 매일 영등포 창고중대를 찾아가 아직 한기寒氣가 남아 있는 큰 건물 안에서 혐의자 면담을 시작했던 것이다. 면담은 약 열흘 정도 이어졌다. 이 장군 또한 60을 바라보는 나이임에도 불구하고 열심히 혐의자를 면담해 그들의 개인적인 사정을 청취했다.

이 총참모장과 백 국장은 면담을 통해 주모자와 적극적인 가담자, 좌익 활동 전력이 있는 사람들은 모두 군법회의에 넘겼다. 그러나 소극적인 가담자나 남의 장단에 춤을 추기만 했던 부화뇌동형의 혐의자들은 모두 군복을 벗기는 군적軍籍 박탈의 수준으로 처벌한다는 방침을 세웠다.

이런 노력에 따라 전체 혐의자 4,700여 명 가운데 법 절차에 따라 사형이나 징역 등 형사 상의 처벌을 받은 사람 일부를 제외하고는 대부분이 군문을 떠나는 수준에서 마무리가 지어졌다. 연행자의 90% 가량이 그런 경징계를 받고 풀려났다.

이 정도면 백선엽 장군의 이름 가운데 '착할 선'이라는 글자가 들어가 있다는 점을 그의 행적과 연관시켜 생각해도 좋을 것이다. 그는 그렇게 선량함이 돋보였다. 이런 성정性情은 이후 벌어지는 6.25전쟁의 여러 장면에서도 자주 나타난다. 그러나 그를 단순히 착하고 선량하며, 어진 성품을 갖춰 남의 비참한 처지에 따뜻함만으로 일관하는 사람으로 보아서는 안 된다. 그에게는 아주 날카로운 면모가 있다. '솜뭉치 속에 돋은 바늘'이 그의 성품 안 어딘가에 늘 숨어 있다. 특히 공적公的인 측면에서 판단을 할 때, 그가 결코 개인적인 사정私情에 휘둘리지 않는 사람이라는 것을 간과한다면 인간 백선엽의 진짜 면모를 제대로 파악할 수 없다.

숙군 과정에서 백선엽은 그 자신이 잘 모르는 박정희라는 인물을 살렸다. 처형 10여 일 전 그를 찾아와 "한 번 살려 달라"는 호소에 귀를 기울였기 때문이었다. 그런 박정희는 살려냈으나, 백선엽은 정작 자신과 함께 1945년 12월 평양을 떠나 서울로 월남했던 같은 만주군관 출신의 최남근을 살려내지 못했다. 아니 살려내지 못한 것이 아니라, 살려내지 않았다는 것이 정확한 표현이다.

최남근은 여순반란사건이 벌어지던 1948년 10월 마산에 주둔하던 15연대의 연대장이었다. 그는 작전부대를 거느리고 광주 반란군 토벌사령부의 명령을 받아 여수와 순천의 작전 지역으로 이동했다. 그러나 문제가 생기고 말았다. 연대장 최남근 중령이 중간에서 행방불명됐던 것이다.

나중에 밝혀진 사실대로라면, 그는 토벌대의 압박을 피해 지리산으로 도주한 여순 반란군과 접촉을 했다. 행방불명이었다가 며칠 후 다시 부대로 돌아온 그는 "중대장 한 명과 하동에서 광양으로 들어가던 길에 반란군에게 생포돼 지리산으로 끌려갔다"고 밝혔다. 그러나 그가 나중에 반란군과 밀통密通한 사실이 드러나고 말았다.

그 또한 숙군 작업의 과정에서 걸려들었다. 그러나 그가 적과 내통한 사실은 한때 백선엽 국장의 사무실 책상 서랍에서 '잠'을 자고 있었다. 모든 조사를 지휘하는 백 국장이 이를 깜빡 잊고 처리하지 않았기 때문이었다. 그에게 '최남근, 적과 내통'이라는 보고서가 있다고 일깨워준 사람은 김점곤 소령이었다. 함께 정보국에서 일을 했고, 나중에 6.25전쟁의 많은 전투에서 줄곧 함께 싸웠던 부하이자 동지였다.

그런 김점곤 소령의 조언을 받은 백선엽 국장은 부랴부랴 그 서류를 다시 검토했다. 그리고 혐의 사실이 분명해진 만큼 함께 월남했던 오랜 지기知己 최남근 중령을 법의 심판대에 보냈다. 아무런 주저함이 없었다고 했다. 최남근 중령은 결국 모든 혐의 사실이 인정돼 수색의 처형장에서 이슬처럼 사라졌다.

이 대목을 옆에서 꼼꼼하게 지켜본 사람이 제임스 하우스만 고문관이었다. 그는 당시 비록 계급이 낮은 위관尉官급 장교에 지나지 않았으나, 미 군정 시절부터 한국군의 모든 과정에 개입해 미군 안에서는 최고의 한국통이자 정보통으로 손꼽히는 인물이었다. 그는 이승만 대통령을 비롯해 박정희, 전두환, 노태우 대통령 정부 시절까지 한국과 미국 사이의 정치 분야에서 은밀히 활동하던 최고의 정보 전문가였다.

그는 백선엽을 아주 세밀하게 살핀 인물이기도 했다. 그는 두 가지가 이상했다. 하나는 백선엽이 잘 몰랐던 박정희가 그의 구명 운동에 의해 살아난 점, 아울러 백선엽과 매우 친했던 최남근은 오히려 백선엽의 엄정한 태도에 의해 형장의 이슬로 사라진 점이다.

6.25전쟁과 한국 현대 정치사 연구 분야에서 그 권위를 매우 높게 평가받고 있는 연세대 박명림 교수는 필자에게 이런 이야기를 들려준 적이 있다. 그는 현역에서 은퇴한 하우스만을 찾아가 물었다고 했다. 한국군 최고 지휘관이었던 백선엽을 어떻게 평가하고 있느냐는 질문이었다.

하우스만은 그 질문에 "백선엽은 매우 독특한 사람이다. 그는 친하게 지내던 최남근의 좌익 연루와 처형 과정에서 매우 엄격한 태도를 보였다. 그러나 박정희와 관련해서는 매우 인간적인 자세를 보였다. 내가 한 번은 백선엽에게 '왜 당신은 잘 알던 친구인 최남근의 사형을 방관하고, 잘 모르는 박정희는 살려줬느냐'고 물은 적이 있다. 그때 백선엽은 '공적인 일은 공적으로 처리해야 한다. 나는 그것을 지켰을 뿐이다'라고 말해 그가 공적인 일을 처리할 때는 매우 단호한 사람이라는 것을 알았다. 어떻게 보면 그는 아주 무서운 인물이다."

부드러움과 딱딱함, 선량함과 단호함, 나아감과 물러섬…. 이렇게 상반相反을 이루는 덕목이나 가치를 모두 한 몸에 갖추기는 정말 어렵다. 양단兩端이나 양극兩極에 모두 설 수 있다는 것은 그 양단과 양극 사이의 넓고 깊은 공간을 아우를 줄 안다는 얘기다. 범인凡人들은 이를 흉내조차 낼 수 없을 것이다.

인간 백선엽이 과연 그런 양단과 양극에 놓인 광역廣域의 중간 지대를 어느 누구보다 폭넓게 다룰 수 있는 인물인지는 이 책에서 더 풀어야 할 숙제다. 만약 그렇다면, 그는 『서유기西遊記』 속의 주인공 손오공孫悟空이 손에 쥐고 있던 여의봉如意棒처럼 다가온 눈앞의 적과 요괴妖怪에 따라 그 크기를 줄였다 키웠다를 마음대로 할 수 있는 이른바 '능소능대能小能大' 형의 사람이다.

숙군의 태풍 지나가다

숙군 작업을 펼쳤어도 당시 대한민국 안에 뿌리를 내렸던 좌익이 모두 없어졌던 것은 아니다. 군대 내부를 넘어, 당시 좌익은 남로당이라는 거대한 조직 체계에 따라 대한민국 모든 분야에 숨어든 상태였다. 그물 한 번 던져 좌익계 사람들을 모두 건져내는 일망타진一網打盡 식의 결과를 기대하기란 어려운 상황이었다.

군 내부에서도 마찬가지였다. 비록 숙군 작업이 상세한 경찰 정보를 바탕으로 군 전체에 걸쳐 치밀하게 펼쳐졌다고 하더라도 좌익에 물든 사람을 뿌리까지 모두 없애는 식의 발본색원拔本塞源은 어려웠다.

따라서 군대 내부에 아직 남아 있던 좌익의 움직임은 줄곧 이어졌다. 여순반란사건 뒤에 대구 6연대에서도 좌익에 의한 사건이 벌어졌다. 숙군 작업이 벌어지기 전인 1948년 8월에 1차 반란 사건이 일어났고, 이듬해인 1월 30일에도 세 번째 반란 사건이 터졌다.

육군사관학교 2기 출신인 강태무, 표무원 두 소령이 자신이 속했던 8연대의 각 1개 대대 병력을 이끌고 38선을 넘어 월북한 사실은 대한민국 군대에게 또 다른 충격이었다. 그들은 숙군 작업이 막바지로 치닫자 압박을 느껴 월북한 것으로 보였다. 어쨌든 무장을 갖춘 2개 대대가 38선 이북으로 걸어 넘어가 그쪽의 북한군 병력이 되었다는 사실은 대한민국에겐 끔찍한 일이었다. 더불어 좌익에 대한 경계심은 더욱 높아졌다.

해군에서도 통천호通川號라는 함정이 월북하는 사건이 벌어졌고, 미군사고문단장의 요트가 납북되는 일까지 벌어졌다. 숙군의 갈 길은 아직 멀어 보였다. 그러나 한정 없이 숙군만을 펼칠 수는 없었다. 큰 줄거리를 잡아 전체적으로 심각한 문제를 야기할 만한 좌익을 우선 척결하는 선에서 매듭을 지을 수밖에 없었다.

일화에 해당하는 일이기는 하지만, 당시 좌익 사건으로 말썽이 일어난 부대에는 대개 '4'라는 숫자가 많이 따랐다. 4연대에 좌익이 특별히 많았으며, 그 연대의 1개 대대를 모체로 해서 새로 만든 14연대가 여순반란사건을 일으킨 주력이었다. 또 4여단에서 강태무와 표무원 소령의 2개 대대 월북 사건이 벌어지면서, 육군에서는 부대 명칭에 아예 '4'를 넣지 않는 전통이 만들어지기도 했다.

보통 옥玉은 여느 돌 속에 섞여 있게 마련이다. 부드럽고 깊으며 때로는 영롱하기까지 한 옥이 처음부터 그런 아름다운 형태로 눈에 보이는 것은 아니다. 일반 돌처럼 그저 땅속에 깊이 묻혀 있다가 그것을 캐낸 사람의 손에 의해 다듬어지고 깎여야 제 빛을 발한다.

그런 옥을 거두고, 일반 돌멩이는 버리는 게 좋다. 그러나 함부로 옥을 돌로 치부해 함께 태워버리는 것은 옥석구분玉石俱焚이다. 숙군 작업을 치밀하게 펼치기는 했으나, 좌익이라는 버려야 할 돌멩이와 함께 섞여 있던 옥돌까지 버리지 않았다고 장담할 수는 없다. 직접 그 작업을 지휘한 백선엽 장군도 그 점을 인정한다. 선의의 피해자가 생겼을 수도 있었다는 얘기다.

그러나 그 숙군 작업으로 갓 출범한 대한민국의 군대가 거듭날 수 있었던 것도 사실이다. 6.25는 워낙 준비 없이 맞은 전쟁이다. 그에 비해 북한은 소련의 강력한 지원과 중공中共의 든든한 뒷받침으로 오랫 동안 걸쳐 치밀하게 남침 준비를 했다.

개전 초반에 북한군의 다부진 공세를 맞아 가을 바람에 떨어지는 낙엽처럼 힘없이 밀렸던 국군의 사정을 감안해 보면, 숙군 작업은 대단히 중요했다. 그 작업이 1년여 전에 펼쳐지지 않았다면 대한민국 군대는 김일성 군대에 의해 더 빠른 시간 안에, 더 철저하게 무너졌을 것이다. 대한민국은 그 작업으로써 일단 1년여 뒤에 벌어지는 전쟁에서 참혹한 패배를 면할 수 있었다.

그렇게 숙군의 태풍은 지나갔다. 커다란 바람이었다. 군 병력의 5%에 해당하는 사람들이 옷을 벗고 군문을 떠났으니 그 영향은 매우 대단했다. 그렇다고 일상이 크게 달라질 일은 없었다. 정보국에서는 38선의 동향이 큰 화제로 떠오를 때가 많았다. 김일성의 북한 체제는 더욱 안정적으로 운영되고 있었고, 군사력을 크게 강화하는 분위기였다.

38선으로 월남하는 사람들을 통해 북한이 군사력을 강화하는 한편 대한민국에 대한 공격을 시도하고 있다는 정보도 들어왔다. 그러나 38선 전역에서는 국지전局地戰 성격의 전투가 빈발하는 추세였다. 적의 공격이라고 해도, 기껏해야 국지전 종류의 도발이라고 치부하는 분위기도 짙어지고 있었다.

정보국의 업무는 그런 분위기에 따라 더욱 폭증暴增하고 있었다. 사람이 부족했다. 방첩과와 전투정보과, 정보학교 등 다양한 업무 분장에 따라 증원의 필요성은 늘어났으나 대규모의 요원들을 데려올 데가 딱히 없었다. 그래도 정보 업무의 중요성만큼은 군 고급 지휘관들도 깨닫고 있던 시점이었다.

백선엽 국장은 유양수 전투정보과장을 불렀다. 숙군 작업이 마무리 지어지고 있던 시점의 어느 날이었다. "자네, 태릉에 가서 곧 졸업할 학생 가운데 유능한 친구들 좀 선발해오게." 백 국장의 지시였다. 곧 육사를 마칠 예비 졸업생 중에 성적이 우수한 사람들을 먼저 정보국에 데려와 앉혀야겠다는 판단이었다. 유양수 과장은 총기가 매우 뛰어난 사람이었다고 백 장군은 기억하고 있다. 한마디 지시에 그는 국장의 의중을 정확히 읽었다고 했다.

유양수 과장은 백 국장의 지시를 받은 뒤 며칠이 지나 찾아와서 "육사 요원을 선발하러 태릉에 다녀오겠다"고 보고했다. 그러나 백선엽은 늘 신중했다. 사람을 제대로 선발하기 위해서는 한 사람을 더 보내는 게 낫겠다는 판단을 했다. 그는 유양수에게 "한 사람 같이 가는 게 어떻겠느냐"고 말한 뒤 "계인주 중령과 함께 가서 사람들을 제대로 면접해 잘 뽑아오라"고 당부했다.

국장의 지시를 받은 뒤 유양수 과장도 신속하게 움직였다. 우선 그는 육군사관학교 관리처 쪽에 먼저 연락을 취했다. 당시 졸업을 준비 중이던 육사 8기가 임관하기 2주 전이어서, 유 과장은 먼저 곧 졸업하는 8기생들의 성적을 보내 달라고 요구했다. 육사는 정보국의 요구대로 8기생의 성적을 산출해 그 성적표를 보내왔다.

당시 정보국의 위상은 매우 높아져 있었다. 대한민국의 운명이 걸려 있던 숙군 작업이 워낙 큰 세인의 관심 속에 대규모로 펼쳐졌기 때문이었다. 또 다른 점도 있었다. 앞에서 언급한 내용으로, 정보국장 백선엽에게는 미군의 C-레이션이 있었다. 이는 당시 아주 매력적인 품목이었다. 갓 출범한 대한민국 정부는 당시의 경제 상황 때문에 각 부처와 군대 등에 충분한 예산을 지급할 수 없었다.

그런 형편에서 백선엽 정보국장이 미군의 전폭적인 지원을 받아 사용하고 있던 '두 창고 분량의 미군 C-레이션'은 부족한 예산을 메울 수 있는 현금과 다름이 없었다. 국방부와 육군본부 어디를 보더라도 그런 매력적인 '예산 아닌 예산'을 운용할 수 있는 곳은 백선엽의 정보국 외에는 없었다. 따라서 정보국에 손을 벌려야 하는 곳이 많았다. 그런 점 때문에 정보국의 군대 내 위상은 매우 높았던 것이다.

육군사관학교 측 또한 정보국의 업무적인 필요성, 그리고 군대 내의 위상을 감안해 신속하게 유양수 과장에게 졸업생 명단을 성적과 함께 보내왔다. 유양수 과장은 그에 따라 성적 상위자를 중심으로 면접을 볼 수 있었다.

계인주 중령과 유양수 대위는 곧장 태릉으로 달려갔다. 당시 육사 8기생은 1,200여 명 정도로 인원이 무척 많았다. 백 국장은 "가능한 한 가장 우수한 인재를 먼저 뽑아오라"는 지시를 내렸다. 그는 또 졸업 성적 100등 이내의 사람을 뽑아오라는 단서를 붙였다고 했다.

백선엽과 육사 8기생, 그리고 박정희

역사는 사람이 사람과 만나 제각각 펼치는 씨줄과 날줄이 얽히고 설키면서 이뤄내는 교직交織의 집합체다. 때로는 천기天氣와 지운地運이 그 과정에 개입하지만, 궁극적으로는 사람이 그려내는 인문人文의 모든 것이 한데 모여 이뤄지는 게 역사일 것이다.

그 안에는 때로 설명할 수 없는 만남들이 담겨 있다. 어떻게 그 자리에 그 사람이 가 있었으며, 왜 그 사람은 또 다른 사람을 그 자리에 불러 함께 있었는지, 또는 그런 사람의 기운과 판단이 다른 어떤 사람들을 불러 모아 역사 속의 한 장면을 만들어 내는 것인지. 우리에게는 그 모든 것의 이유와 배경을 알 만한 능력이 없다. 그것을 때로는 오랜 윤회輪回를 거친 인과율因果律의 한 장면인 인연因緣으로 설명할 수도 있고, 종교적으로는 하늘의 뜻이 '그 사람을 그 자리에 있게 했다'는 식의 섭리攝理로 설명하는 경우도 있다.

아무튼 역사가 이뤄지는 흐름 속에서 사람과 사람이 만나고 헤어지며, 결국은 그런 과정 속에서 뭔가를 이뤄내는 과정은 매우 도발적인 상상력을 자극하기도 한다. 백선엽과 박정희의 숙명적인 조우, 나아가 정보국장으로서의 백선엽이 필요한 정보 요원을 채우기 위해 육군사관학교에 사람을 보내 곧 졸업할 8기생 가운데 우수 인력을 뽑아오는 장면은 역사적인 상상력을 자극하는 테마로써 아주 그럴 듯한 재료일 것이다.

정보국장 백선엽의 지시를 받고 서울 태릉에 있던 육군사관학교로 달려가 성적 우수 졸업생을 뽑았던 유양수 과장과 계인주 중령의 증언은 듣지 못했다. 그러나 당시 8기 졸업생으로서 그들의 선발 기준에 들어 정보국에서 일하게 된 최영택예비역 준장 장군의 기억은 뚜렷하다.

나중에 박정희 전 대통령에 의해 5.16이 일어난 뒤 중앙정보부라는 막강한 권력 기관에서 눈부신 활약을 펼친 최영택 예비역 준장은 당시 상황을 잘 기억하고 있다. 그는 "졸업을 앞둔 어느 날 학교 측에서 학생 일부를 어떤 교실로 모이라고 했다. 면접을 봐야 한다는 설명도 함께 해줬다. 우리는 면접이 진행되는 교실 바깥의 복도에서 길게 한 줄로 서서 기다리고 있었다"고 당시를 회고했다.

계인주 중령과 유양수 과장이 자리에 앉아 학생들을 면접했다. 이 두 사람은 주로 출생 지역과 가정 배경, 그리고 이념과 종교 등을 물었다고 했다. 공교롭게도 계인주와 유양수는 경찰 경력이 있는 사람들이었다. 이들은 사상적 배경에 상당한 비중을 두고서 육사 8기생들을 면접했던 모양이다. 좌익 사상에 민감한 경찰 출신의 계 중령과 유 과장이 면접을 했으니 우선은 사상적인 검증이 큰 비중을 차지했을 것이고, 그 다음은 성적순을 감안한 명민明敏함이었을 것이다.

최영택 예비역 준장은 "결국 나중에 명단을 보니까 김종필을 비롯해 이희성, 이영근, 석정선 등 동기생 31명이 뽑혀 있었다"고 했다. 그는 "당시 정보국은 지금의 국정원과 기무사를 합친 기구보다 힘이 센 곳이었고 정보국 신분증이면 통하지 않는 데가 없었던 때라 면접에 합격한 동기생들이 정보국을 마다할 이유는 없었다"고 했다.

이들 8기생은 임관 뒤에 청량리의 옛 시조사 건물이 있던 부지의 정보 학교에서 3주 훈련을 받았다. 이들은 교육을 받은 뒤 정보국 산하의 각 부서에 배치를 받았다. 최영택 장군이 회상하는 당시 정보국 풍경은 이랬다.

"명동을 중심으로 여기저기에 흩어져 있던 정보국의 각 부서를 모두 돌아다녔습니다. 전투정보과에 들렀는데, 상황판으로 사용하는 큰 테이블이 놓여 있었습니다. 그 위에는 한반도 지도와 중간에 굵은 선으로 그린 38선 상황도 등이 어지럽게 펼쳐져 있었어요. 그 가운데 민간인 복장을 한 사람이 아무 말 없이 앉아 있었는데, 나중에 보니까 박정희 전 대통령이었어요."

아마도 처음 정보국에 배치되는 육사 8기생들을 위해 정보국의 각 부서를 구경시켜주는 장면이었을 것이다. 이들 8기생들이 유양수 과장이 있던 전투정보과에 들러서 사무실 안에 들어섰을 때 목격한 내용이다.

커다란 상황판 테이블 한가운데에 앉아 양복을 입은 채 묵묵하게 업무를 수행하던 사람이 있었는데, 그가 박정희 전 대통령이었다는 것이다.

당시 박정희는 앞에서도 소개한 대로, 남로당 군사책이라는 무거운 혐의로 군사재판정에서 사형을 선고받았다가 정보국장 백선엽의 중재로 겨우 형 집행정지를 받은 상태였다. 아울러 백 정보국장의 후원으로 군복을 벗고 문관 자격으로 정보국 전투정보과에서 일을 하던 무렵이었다. 최영택 예비역 준장만이 그런 박정희를 지켜보지는 않았을 것이다.

함께 정보국에 배치를 받기 위해 각 부서를 견학 삼아 돌아다니던 육사 8기생 가운데에는 김종필과 석정선 등 나중에 박정희를 도와 5.16을 일으킨 멤버들이 섞여 있었다. 박정희 전 대통령과 김종필을 비롯한 육사 8기생의 운명적인 만남은 그렇게 첫 장면을 펼치고 있었다.

육사 8기생은 시쳇말로 표현하자면 '새 피'였다. 이들은 모두 31명이었다. 정보국에 새로 수혈된 이 피들은 여러 부서에 나뉘어 골고루 배치됐다. 1,200명이 넘는 동기생 가운데 성적이 100등 이내에 드는 사람들만 뽑았으니 엘리트라면 엘리트라고 할 수도 있는 사람들이었다.

김종필 전 총리를 비롯해 5.16 뒤 정계와 군, 중앙정보부 등에서 왕성하게 활동했던 사람들이 정보국에 갓 들어온 육사 8기생의 명단에 들어 있었다. 앞에서 인용한 최영택 예비역 준장과 김종필 외에 고제훈·이영근·서정순·석정선·이희성·전재덕·이병희 씨 등이다.

육사 8기생에서 뽑혀 온 이들에 대해서 백선엽 정보국장은 비교적 만족하는 편이었다. 우선 똑똑하고 활기가 있었다는 점이 마음에 들었다. 그러나 백선엽의 눈에 이들이 자세히 들어왔던 것은 아니다. 그는 당시 폭주하는 정보업무로 인해 이들 8기생들이 어떻게 활약을 하는지 자세히 지켜볼 수가 없었다.

그러나 백선엽 장군은 이들이 정보국에서 자신의 지시에 따라 뽑혀와 일하다가 미래의 군사 쿠데타 주역 박정희를 만나 함께 5.16에 뛰어드는 장면에 대해서는 "아주 공교로운 일이었다"고 회상하고 있다. 나중에 5.16을 일으켜 결국 대통령에 오르는 박정희 전투정보과 문관, 그리고 5.16을 함께 논의하고 실행에까지 옮겼던 육사 8기생 일부가 같이 정보국에서 어울린 점은 지금 생각해 봐도 이상하다는 것이다.

잘 알려진 대로 박정희 문관은 1년여 뒤 6.25전쟁이 터지면서 군문軍門에 다시 복귀한다. 그가 별 하나의 준장, 이어 별 둘의 소장에 오르는 과정에서 역시 백선엽 육군참모총장의 도움을 받아 1961년 마침내 5.16을 일으켜 대한민국 대통령의 권좌權座에 오르는 과정에서 이들 육사 8기생의 상당수가 핵심적인 역할을 한다. 역사의 우연치고는 커다란 우연이라고 할 수밖에 없는 사실이다.

백선엽이 던진 역사의 씨줄, 박정희와 5.16 멤버로서 박정희를 도운 정보국 출신 육사 8기생들이 펼친 날줄은 이렇게 엉킨다. 그 줄들이 최초로 모여 '이상한' 교직交織의 과정을 통해 역사의 커다란 한 장면, 5.16을 생성해 내는 초기의 과정이 아주 극적이다. 그것은 누구의 의도와 생각이 담긴 인공人工의 작품이 아니다. 그러나 어쨌든 그 과정의 핵심 주역은 백선엽이다. 그는 박정희를 살려 정보국에서 문관 자격의 일자리를 부여했고, 육사 8기생들을 불러 그 옆에 앉혔다.

문관 박정희가 일하고 있던 전투정보과에 배치된 육사 8기생은 김종필과 이영근·이병희·전재덕·전재구·석정선·서정순 소위 등 10여 명이었다. 이들은 대부분 5.16 거사 뒤 중앙정보부를 창설하고 핵심 간부 자리에 오른다. 박정희를 도와 5.16을 성공적으로 이끈 뒤 권력의 한복판에 진입해 그와 부침浮沈을 함께 했던 풍운風雲의 인물들이다.

이들이 처음 만나 어울리는 상황은 그러나 썩 유쾌하지는 않은 편이었다. 문관 박정희는 당시 남로당 군사책이라는 혐의를 받았다가 간신히 형 집행정지를 받고서 겨우 살아난 뒤 주위의 눈치를 보며 생활하는 형편이었다. 수줍음을 타는 박정희의 성격은 자신의 과거 경력에 절치부심하는 편이었고, 따라서 어느 누구와 먼저 말문을 터 활발하게 교류하는 편이 아니었다.

그에 비해 육사 8기생들은 나름대로 철저한 사상 교육을 받은 뒤 조국의 방패로 나선 피 뜨거운 젊은 군인들이었다. 좌익 혐의자에 대해서는 나름대로 경각심과 함께 무시하거나 깔보는 듯한 태도를 지니고 있던 사람들이었다.

따라서 이들이 처음부터 어울리지는 못했다. 오히려 서먹서먹한 분위기였고, 물과 기름이 서로 거리를 둔 채 떨어져 있는 듯한 모습이었다. 박정희 본인도 자신의 혐의 사실이 결코 가볍지 않다는 점에 전전긍긍하면서, 자숙하거나 근신하는 태도를 취하고 있어서 이들의 사이는 소원하다고 할 정도로 거리가 있었다는 것이다.

최영택 예비역 준장은 당시 박정희 전 대통령의 모습을 이렇게 묘사했다. "전투정보과의 큰 상황판 테이블 가운데에 앉아 있으면서 누구와도 말을 잘 주고받지 않는 모습이었어요. 심지어는 사람들이 사무실에서 삼삼오오 모여 서로 가벼운 이야기를 주고받을 때에도 박 전 대통령은 팔로 머리를 감싸 안은 채 상황판 앞에 고개를 수그리고 앉아서 남과 어울릴 생각을 전혀 하지 않았습니다."

최영택씨는 정보국에 막 발을 들여 놓은 8기생에게 그런 박정희가 낯설면서도 가까이 하기에는 뭔가 어색한 존재로 치부되곤 했다고 기억하고 있다. 박정희는 늘 혼자 앉아 있다가 퇴근 무렵에는 직장 동료 한두 사람과 조용히 만나 술집으로 향했다는 것이다. 그 무렵의 박정희는 자신의 적적함을 달래 줄 술친구 한두 명과 어울렸다고 했다. 나중에 〈서울신문〉 사장을 한 장태화씨도 그중 한 사람이었다고 했다.

그러나 이들 8기생들은 6.25가 터진 뒤 육군본부를 따라 대구로 내려가 매우 친밀한 사이로 변했다. 김종필 전 총리가 박정희 전 대통령의 조카사위가 되는 것도 그 무렵이었고, 나머지 8기생 또한 과묵하지만 치밀한 업무 능력을 보였던 박정희를 외경심을 갖고 바라보게 되면서 어느덧 그를 추종하는 세력으로 변했다.

서울에서 거의 외톨이로 지내다가 퇴근 무렵에야 술친구 한두 명과 겨우 어울렸던 박정희는 대구 피난 시절의 정보국에서 8기생들의 마음을 사로잡는 사람으로 변신했다. 인간 박정희가 숙군 작업에 걸리기 전까지 깊은 교분을 나눴던 김점곤 예비역 소장의 기억에 따르면 그는 늘 '변혁變革'을 꿈꾸는 사람이었다고 한다.

김점곤 장군은 "숙군 작업 훨씬 전인 춘천 8연대 시절에 중대장인 나는 소대장으로 있던 박정희 전 대통령과 늘 퇴근 뒤에 술을 마셨는데, 술만 취하면 이 사람은 꼭 '2.26 사건일본 우익 청년 장교 1,483명이 1936년 일으킨 우익 쿠데타'을 거침없이 찬양할 정도였어요. 대한민국이 출범하기 전이었던 상황에서 변혁에 대한 큰 갈망을 아무런 거리낌 없이 내뱉는 박정희 전 대통령의 모습은 매우 인상적이었습니다"라고 회고했다.

피란 시절의 대구에서 퇴근 뒤 늘 박 전 대통령과 술자리를 통해 어울렸던 젊은 육사 8기생들은 알게 모르게 그런 영향을 받았을 것이다. 가슴속 깊이 묻어 놓았던 박 전 대통령의 강한 열망이 존경심과 외경심으로 그를 지켜 본 육사 8기생들의 힘을 받아 종국에는 5.16으로 이어진 것인지 모른다.

역사는 우연의 연속일 수도 있다. 정작 그들에게 그런 자리를 만들어준 백선엽 장군은 '군인의 정치 참여'를 철저하게 반대하는 사람이다. 그는 그 점에서는 아주 명쾌하고 단호하기까지 하다. 그런 점에서 백선엽에 의해 문관 박정희와 육사 8기생으로서 5.16에 참여한 사람들이 함께 만나 정보국이라는 테두리에서 의기투합意氣投合해 10여 년 뒤 대한민국의 최고 권력을 차지했다는 것은 어찌 보면 역사의 우연, 나아가 아주 지독한 역설逆說에 해당할지도 모르겠다.

백 장군은 지금까지도 군인이 정치권력을 잡은 5.16을 근본적으로 찬성하지 않는다. 그러나 박정희 전 대통령이 그런 과정을 통해 집권에 성공했음에도 결국 대한민국 산업화의 초석을 공고하게 다졌다는 점은 인정한다. 대한민국을 세계적인 국가 반열에 올린 토대를 쌓은 공로는 받아들일 수 있다는 것이다. 그리고 그 모든 결과에 대한 평가는 훗날 역사가들이 좀 더 객관적인 시각에서 내릴 수 있다는 입장도 보이고 있다.

어쨌든 6.25의 회오리가 한반도를 휩쓸기 직전 박정희 전 대통령은 정보국에서 목숨을 건졌고, 육사 8기생이라는 자신의 든든한 후원 세력을 얻었다. 군인은 항상 정치와 거리를 두고 있어야 한다는 입장의 백선엽 장군이 공교롭게도 그들을 그런 자리에서 조우遭遇케 한 점은 부인할 수 없는 사실이다. 그런 아이러니, 역사는 때로 그렇게 지독한 역설逆說을 즐기는지도 모른다.

틀을 이루다

"기초부터 다시 쌓자."
일선지휘관 백선엽 식 스타일은 미군의 성화에도 흔들리지 않았다.
그는 결코 단기적인 성과 쌓기에 나서지 않았다. 멀리 내다보며 움직였다.

빨치산과의 인연이 시작되다

"북녘에서 태어난 말은 차가운 삭풍을 그리워하고, 남녘의 새는 남으로
뻗은 가지에 집을 짓는다胡馬依北風, 越鳥巢南枝"고 했다. 제가 태어난 곳을 그
리는 말과 새, 결국 고향을 향하는 귀소歸巢의 본능을 말하는 것이다. 그
러나 다른 한편으로 보면, 사람이 제 타고난 성정性情과 자질資質에 따라
자신도 모르게 움직여 결국 궁극을 향해 발걸음을 내딛는 경우에도 이
말을 쓸 수 있을 것이다.

　백선엽에게 정보국장 자리는 민족 최대의 비극이었던 6.25전쟁에
앞서 커다란 임무였던 숙군肅軍의 대임大任을 완수케 한 곳이다. 짧은 시
간에 수많은 사람을 조사하고, 혐의가 밝혀진 사람을 법의 심판대에 올

리는 작업은 결코 쉽지 않았다. 그가 벌였던 숙군 작업은 4,700여 명에 달하는 군대 내의 좌익을 골라냄으로써 1년여 뒤 벌어지는 김일성 군대의 남침에 맞서 끝까지 저항을 펼치는 국군의 기반을 다졌다.

다른 한편으로는 이념적 감성에 물들어 혐의를 얻은 사람들에게 죄질罪質의 대소大小를 가리지 않는 방식으로 죄를 묻지 않았고, 혐의가 가벼운 사람들을 군적 박탈의 경징계로 처리함으로써 불필요한 원망怨望을 크게 줄였다는 점이 눈에 띈다.

아울러 박정희를 살리고, 육사 8기생들을 그 주변으로 끌어들여 결국 5.16이라는 일대 사건의 '조건'을 만들어 주는 역할을 했으나, 백선엽은 어쨌든 성공적으로 정보국장의 임무를 완수한 셈이었다.

그러나 정보국장 자리는 그의 생애를 굵직하게 수놓았던 전선 지휘관, 전장戰場 속의 냉철한 승부사라는 풍모에 조금 맞지 않는다. 숙군이라는 거대한 작업이 큰 성과를 냈음에도 그의 타고난 바탕은 야전의 군인이다. 조금 뒤 벌어지는 6.25전쟁에서의 활약을 두고 보면 더 그런 생각이 든다.

전쟁의 피바람을 미리 맡았던 것일까, 아니면 어렸을 때부터 그의 정신세계 한구석을 차지했던 군인 출신 외조부의 혼령이 그를 이끌었을까. 그는 부산 5연대의 초기 지휘관 생활보다 더 구체적인 실전 경험을 쌓을 수 있는 광주 5사단장으로 향한다.

정보국장으로서 숙군을 모두 끝낸 뒤였다. 이범석 당시 국방부 장관이 그를 호출했다. 그는 다짜고짜 "백 대령, 정보 업무가 어떤가. 할만 한가?"라고 물었다. 그는 차가운 삭풍을 그리던 북녘의 말이었고, 남쪽으로 드리운 가지에 집을 짓는 남녘의 새였다.

국방부 장관의 느닷없는 질문에 마음이 편치는 않았으나, 그는 마음의 속내를 솔직하게 털어놓았다. "정보 업무도 좋지만 저는 아무래도 일선 부대를 지휘하는 게 더 좋습니다." 그의 대답이었다. 나중에 안 일이지만, 당시 정보국장 자리를 노리는 사람이 있었다. 그의 청탁이 주효했던 것인지 모르겠으나 어쨌든 백선엽의 마음은 그때 이미 야전의 넓은 벌판을 향하고 있었다.

그는 광주의 5사단장으로 부임했다. 5사단은 다른 지역의 사단에 못지않게 중요한 곳이었다. 여수와 순천에서 벌어진 14연대 반란 사건 이후 그 잔당殘黨들이 지리산 지역에 숨어 들어가 빨치산 활동을 벌이며 대한민국 남부의 치안을 뒤흔들고 있었다. 광주의 5사단은 그들의 진출입進出入 요로를 막고 근거지를 소탕해야 하는 임무를 띤 부대였다.

전임 5사단장은 송호성 장군이었다. 백선엽은 그곳에 도착해 송 장군과 임무를 교대했다. 사단 참모장은 육사 2기생인 석주암 중령이었다. 그는 나중에 6.25가 벌어진 뒤 백선엽이 이끄는 1사단에서 사단 참모장을 지낸 인물이다. 석 참모장은 수인사를 마친 뒤 툭 던지듯이 한마디를 건넸다. "사단장님, 잘 아시겠지만 광주는 그냥 앉아서 시간을 보내서는 곤란한 곳입니다. 그저 아무 일 없이 시간만 보내다가는 성공해서 올라가기 힘이 듭니다."

광주를 비롯한 전남북 일대는 당시 지리산 빨치산의 활동으로 편한 날이 많지 않았다. 밤낮없이 지리산 산간 부락과 인근 지역에 빨치산이 출몰하고 있었다. 심지어 광주 등 대도시 지역에도 가끔씩 그들이 나타났다. 지리산 산간 부락은 아예 "낮에는 대한민국, 밤에는 인민공화국 치하"라는 말이 나돌 정도였다. 또 빨치산이 그렇게 활동하는데도 이에 대응하는 국군의 성과는 변변치 않았다. 그들이 출몰하는 지역에 출동하지만 늘 그에 앞서 빠져 나가는 빨치산들의 뒷모습만 바라보면서 허탕을 치고 돌아오기만을 반복했다.

성과는 없었고, 피해 상황은 계속 늘어갔다. 5사단 예하 3개 연대 모두 이렇다 할 성적을 거두지 못하고 있었다. 게다가 해방 정국 이후 줄곧 신경전을 벌이면서, 때로는 무력 충돌까지 빚었던 군과 경찰의 관계도 좋지 못했다.

백선엽의 특장은 눈앞에 벌어진 상황을 큰 흐름부터 읽어가는 데 있었다. 그는 사단에 부임한 뒤 근본적인 문제점들을 먼저 점검했다. 성과를 거두지 못한 채 빨치산에 의한 피해는 계속 늘어가고, 더구나 늘 사이가 좋지 못했던 경찰과의 관계도 개선의 기미가 보이지 않았다. 그렇다면 그런 상황에서 성과를 올릴 수 있는 방법이 무엇인가를 먼저 고민하기 시작했다.

백선엽이 광주에 도착했을 당시에도 빨치산의 준동은 심각했다. 경무대'청와대'의 전 이름에 앉아 있던 이승만 대통령도 이 문제로 심기가 불편해질 때가 한두 번이 아니었다. 광주 5사단장으로 부임하기 2개월 전 그는 그 문제로 불편한 심기를 감추지 않는 대통령을 직접 본 일이 있었다.

1949년 5월 어느 날이었다. 백선엽은 이범석 국방부 장관과 채병덕 국방부 참모총장, 이응준 육군 총참모장을 따라 경무대로 이승만 대통령에게 치안 상황을 보고하러 간 일이 있다. 그는 그때 처음 이승만 대통령을 바로 옆에서 봤다. 74세의 노老 대통령의 모습은 위엄으로 넘쳤다. 그러나 이승만 대통령은 백선엽 일행을 거들떠보지도 않았다.

이범석 장관이 "치안 상황을 보고 드리겠다"고 했지만 대통령은 고개조차 돌리지 않았다. 아무래도 분위기가 좋지 않았다. 무엇인가에 단단히 화가 나 있는 모습이었다. 이 대통령은 두 손을 한데 모은 채 그 위로 훅훅 거리면서 입김을 불었다. 불만이 있을 때 대통령이 늘 보이던 버릇이었다.

이승만 대통령은 "경향京鄕 각지가 시끄러워서 살 수가 없는데 귀관들은 도대체 뭘 하고 있는 것이냐"고 했다. 대통령은 이어 "보고는 들을 필요도 없어. 일이나 제대로 좀 하란 말이야"라고 호통을 쳤다. 일행은 그런 대통령의 노여움 때문에 그냥 돌아와야 했다.

그럴 정도로 당시의 정국은 좌익의 발호로 흔들리고 있었다. 그 정국의 불안 속에는 여러 가지 요소가 있었으나, 핵심을 이루고 있던 것은 좌익이 전국에서 펼치는 소요騷擾가 끊이지 않았고 그에 덧붙여 무장한 빨치산의 준동마저 이어졌다는 점이다. 군인 백선엽 앞에 다가서 있던 적은 바로 그 빨치산이었다.

무장한 빨치산은 지리산과 주변의 험준한 산악 지역에 몸을 숨긴 채 대한민국의 안정을 위협하고 있었다. 싸움을 걸어온 적이 드디어 야전의 뜨거운 피를 간직한 군인 백선엽 앞에 모습을 드러낸 것이다. 어쩌면 정보국장 자리를 내놓은 백선엽이 그들과의 싸움을 위해 광주의 5사단으로 내려온 것이라고 해야 옳을지 모르겠다. 백선엽의 날카로운 눈매는 드디어 적을 향했고, 그들과의 싸움에서 승리하는 방법을 본격적으로 강구하기 시작했다.

전쟁은 인류의 오랜 화두話頭다. 나를 침범하려는 상대와 싸워 이기는 길이 무엇인가에 대한 물음은 인류의 역사와 함께 했을 것이다. 다툼이라는 행위는 먹고 살아야 할 자원이 매우 제한적일 수밖에 없었던 초기 인류의 생활환경에서 이미 벌어지고 있었기 때문이다.

그때까지의 백선엽은 전투를 제대로 치른 적이 없었다. 소규모 소대와 중대 차원의 전투가 싸움터에 섰던 경력의 전부였다. 그러나 그는 타고난 '학습자'다. 어렸을 때부터 외톨이로 지내면서 도서관 등을 찾아다니며 무엇인가를 늘 연구하고 탐색했다.

만주군관학교를 다닐 때도 그랬고, 부산 5연대에서도 2년 2개월의 짧지 않은 시간을 무엇인가 늘 탐구하는 자세로 보냈다. 그가 군인으로서 주목하고, 자신의 평생 주제로 짊어졌던 화두는 '싸움에서 이기는 법'이었다.

그래서 그는 만주군관학교에서 전쟁사와 세계적인 전략가의 전기傳記를 탐독했고, 부산 5연대에서는 제2차 세계대전을 치렀던 세계 최강 미군의 모든 전법戰法을 읽고 또 읽었다. 60년 전의 한반도에서 내로라하는 싸움꾼, 전쟁의 명 지휘관이었던 백선엽의 기질은 5사단에서 바야흐로 큰 싹을 틔우고 있었던 것이다.

5사단장 백선엽의 싸움 방법 - 기초 쌓기

그는 싸움을 이루는 모든 요소에 주목하는 사람이다. 우선 천운天運이 주는 승패의 요소에 둔감치 않은 편이다. 비와 바람, 폭염과 혹한酷寒 등에도 모두 민감하다. 사람이 비록 그런 조건을 어찌할 수는 없지만, 그래도 하늘이 만드는 조건을 잘 활용해야 한다는 점에 동의한다. 아울러 적장敵將의 엉뚱하다고 할 수밖에 없는 오판誤判 등도 기대하지 않은 뜻밖의 조건이라는 점에서 천운에 넣는다.

지형적으로 이점을 먼저 확보하는 것도 중요하다. 물길이 거센 하천, 험악한 지형에서 고지의 선점先占은 매우 중요하다. 그래서 천시天時에 이어 지리地利를 말한다는 점도 이해한다. 그러나 백선엽은 하늘과 땅이 가져다주는 유리함 못지않게 사람과 사람 사이의 조화를 뜻하는 인화人和에 가장 크게 신경을 쓰는 편이다.

전쟁 지휘관 백선엽의 관념 속에 인화라는 것은 결코 특별한 사항이 아니다. 사람이 만드는 조건을 최대한 유리하게 끌고 가는 게 바로 인화다. 군량軍糧과 무기武器를 제대로 준비하면서 공격과 수비를 펼칠 때 잡음이 없게 조직원 서로를 끈끈하게 뭉쳐가는 일이다. 군대의 외형적 조건을 구비하면서 튼튼한 조직으로 전투력을 높여가는 게 이를테면 인화다.

병법兵法의 대명사인 손자孫子는 병을 다루는 근간으로 정正과 기奇를 언급했다. 병력을 양성하고, 조직을 튼튼히 하면서 군사력 동원에 필요한 물자를 차근차근 쌓아가는 것이 정이다. 그에 비해 기습과 우회, 매복 등 기만적인 전법을 쓰는 게 기다.

야전 지휘관으로서의 백선엽은 정에 가깝다. 아주 꾸준한 인내와 끈기로 준비에 준비를 거듭하는 스타일이다. 현장을 지독하다 싶을 정도로 쫓아다니면서 준비 상태를 항상 확인하고 또 확인하는 버릇이 그에게는 강하다. 그가 5사단에 부임했을 때 처음 발휘됐던 지휘 스타일 또한 그 점에서 비롯한 것이다.

백선엽의 앞에는 여러 가지 문제가 놓여 있었다. 한여름 짙게 우거진 지리산의 산림山林 속으로 숨어든 빨치산들의 발호는 여전했지만, 이를 막을 5사단 병력의 전투력은 상대적으로 크게 떨어져 있었다.

지리산 주변으로 빨치산들이 출몰하면서 관官과 민간의 피해가 적지 않았으나 그를 뒤쫓는 국군의 발걸음은 항상 한 발자국씩 늦었다. "빨치산이 나타났다"는 보고를 받고 군이 출동하면 상황은 이미 끝나버린 경우가 비일비재했다. 정규전은 아예 벌일 엄두를 내지 못하던 빨치산의 특기는 재빨리 치고 들어왔다가 역시 잽싸게 빠지는 것이었다. 출동한 군대는 먼 산으로 벌써 도망치는 빨치산의 모습을 보면서 전혀 상대를 맞추지 못하는 의미 없는 총질만 해댄 뒤에 부대로 다시 복귀하는 게 '작전'의 전부였다.

다른 큰 문제점도 있었다. 국군은 그때까지도 빨치산 정보에 비교적 정통한 현지 경찰과의 관계가 원만하지 못했다. 1945년 광복 뒤의 혼란한 정국에서 미 군정 당국은 치안의 핵심적인 역할을 경찰에게 맡겼다.

그보다 뒤늦게 출범한 군대는 경찰의 보조 역할에 지나지 않았다. 이념적인 면도 한몫 했다. 앞에서도 잠시 언급했지만, 대한민국 경찰은 일제 강점기에도 경찰에 종사했던 인원이 많았다. 일제는 좌익을 강력하게 단속했다. 따라서 일제 강점기에 경찰에 종사했던 사람들은 좌익과 거리가 멀었으며 좌익에게는 매우 적대적이었다.

그러나 군대는 미 군정 당국이 병력을 구성하면서 별다른 사상 검증 없이 선서라는 형식만을 통해 인원을 선발했다. 그 점 때문에 군대 내부로 좌익이 많이 침투했다는 사실은 먼저 설명한 그대로다.

이 점이 군과 경찰 병력 간의 갈등을 부추겼다. 전라도 지역을 중심으로 군과 경찰이 늘 작고 큰 싸움을 벌였고, 심지어는 무기를 지닌 채 서로 대치하면서 험악한 싸움을 벌이는 상황까지 치닫기도 했다.

5사단장 백선엽은 이를 먼저 해결하는 것이 지리산에 숨은 적들과 싸워서 승리하는 첫걸음이라고 생각했다. 그래서 그는 아주 원칙적인 방법을 생각했다. 사격을 해도 제대로 적을 맞추지 못하는 병력이라면 아무 쓸모가 없었다. 당시 5사단의 수준이 그랬다. 이를 해결하기 위해서는 사격술을 제대로 닦는 게 필요하다고 판단했다.

그러나 당시 5사단은 변변한 사격장도 없었다. 백선엽은 우선 이남규 전남도지사의 협조를 받아 불도저를 빌렸다. 그리고 부지를 확보해 땅을 평탄하게 닦았다. 다시 그곳에 사선射線을 만든 뒤 50개의 표적을 가진, 당시로서는 매우 큰 규모의 사격장을 만들었다.

경찰과의 관계 개선에도 앞장을 섰다. 그는 김상봉 전남 도경국장을 찾아가 친분을 맺기 시작했다. 그리고 그와 자주 만났다. 아무런 할 이야기가 없는 경우에도 백선엽은 일부러 길을 나서 김상봉 국장을 방문해 여러 가지 이야기를 나눴다. 때로는 그와 함께 관할 지역의 경찰서도 자주 찾아다녔다.

지리산 인근의 상황을 살필 때에도 그는 최대한 김상봉 국장, 또는 그 휘하의 지역 경찰과 반드시 동행했다. 그렇게 함께 업무를 진행하는 과정에서 백선엽은 경찰과 점차 깊은 친분을 쌓아갔다. 특히 대민對民 업무를 수행할 때면 반드시 경찰을 불러 그들이 군의 작업을 함께 지켜보도록 배려했다.

자주 만나면 사이는 가까워지는 법이다. 서로 으르렁대던 군과 경찰이 한데 모여 대민 업무를 함께 하고, 자주 만나 대화를 나누면서 모래처럼 서걱거리기만 했던 둘의 사이는 점차 가까워지고 있었던 것이다. 그렇게 경찰과 관계를 개선하자 좋은 흐름이 나타나고 있었다.

경찰은 지역 정보에 가장 밝았다. 주민들과 지리산의 빨치산들이 어떤 관계를 이루고 있는지 손바닥 들여다보듯 하던 사람들이 경찰이다. 주민들이 빨치산으로부터 어떤 피해를 받고 있는지 등도 자세히 알고 있었다. 경찰의 이 같은 정보는 5사단이 작전을 수행하는 과정에서 매우 중요한 '나침반'과 같은 역할을 했다.

5사단은 예하에 3개 연대를 거느리고 있었다. 19연대는 남원군의 운봉, 구례군 산내 지역에서 작전을 벌이고 있었다. 15연대는 광양 백운산에서, 20연대는 장흥군 유지 지구와 승주 조계산 일대에 주둔하고 있었다.

백선엽은 우선 충분한 실탄과 화약을 확보해 장병들로 하여금 사격술을 연마하도록 조치했다. 50개 사선을 확보한 사격장은 그런 부대원들의 사격술 훈련에 가장 적합한 조건을 제공하고 있었다.

소대와 분대 단위의 소규모 전투 전술 훈련도 거듭했다. 지리산 주변은 산이 깊고 골도 깊었다. 대규모 작전보다는 소규모로 벌이는 전투가 더 많은 편이었다. 따라서 지형에 맞는 전투를 원활하게 수행케 하려면 그런 작은 단위의 부대 전투 능력을 높이는 게 필요했다.

한편으로는 사단장 백선엽이 벌인 끈질긴 노력으로 5사단과 경찰의 관계가 눈에 띄게 좋아지면서 지리산 주변에 대한 각종 정보가 각급 작전 부대에 꾸준히 쌓여가고 있었다. 경찰과의 인화人和는 그렇게 점차 결실을 맺어가고 있었다.

5사단장 백선엽의 싸움 방법 - 민심 얻기

다른 하나의 문제가 아직 남아 있었다. 결코 가볍지 않은 문제였다. 사격술을 닦고 조직력으로 단단히 뭉쳤으며, 원만하지 못했던 경찰과의 관계도 개선했으나 아직 큰 걸림돌이 하나 남아 있었다.

주민들이 토벌 작전을 벌이는 국군을 신뢰의 눈으로 보지 않고 있었던 것이다. 백선엽은 6.25전쟁이 벌어진 뒤에도 다시 '백 야전전투사령부' 사령관으로 빨치산 토벌에 나섰다. 그때도 그가 주력했던 사안 중의 하나가 '민심 얻기'였다.

그가 만주군에 몸을 담고 있을 때 익히 들었던 것이 마오쩌둥毛澤東의 전술이었다. 그 중에서도 마오쩌둥은 군과 인민人民의 관계 개선에 상당히 힘을 쏟았다. 마오는 국민과 군대의 관계를 '물과 물고기'에 비유했다. 물을 떠난 물고기는 살 수 없을 것이다. 물고기가 없는 물도 생명력을 잃기는 마찬가지일 것이다. 마오는 민심民心의 편에 서는 전술과 전략으로 자신보다 병력과 화력 면에서 비교조차 할 수 없을 만큼 뛰어났던 장제스蔣介石의 국민당 군대를 물리친 경험이 있는 사람이다.

그는 마오로부터 배웠다. 싸움에서 승패를 가르는 요인 중 하나가 싸움터의 외부를 형성하고 있는 주민과의 관계라는 점이었다. 군이 국민의 지지를 얻지 못한다면 제대로 싸움을 치를 수 없다는 것은 자명한 이치다. 그러나 당시의 5사단은 유감스럽게도 그렇지 못했다.

백선엽은 현지 주민의 지지를 얻지 못한다면 지리산에서의 싸움이 국군에게 결코 유리하게 돌아가지 않을 것이라는 점을 절실히 느꼈다. 그래서 그는 예하 부대 시찰을 잠시도 멈추지 않았다. 각급 부대에게 대민對民 피해를 최대한 줄이고 없애라는 지시를 내리면서 그 실행여부를 철저하게 감시했다.

그러던 중 부대에서 민간에 결정적인 피해를 주는 사건이 벌어지고 말았다. 1949년 가을 어느 날이었다. 백선엽이 15연대의 광양 백운산 지구 공비토벌 작전을 시찰하고 광주로 돌아오는 길이었다. 보성군에 들어서 문덕면 한천 마을이라는 곳을 지나는데, 마을이 온통 불타고 있었다. 그는 이상한 느낌을 받았다고 했다. 그냥 지나칠 수 없었다. 마을을 들어서는데 입구에서 벌어지는 광경이 너무 참혹했다. 일부 주민은 땅에 주저앉아 울고 있었다.

지금 한천 마을이라는 곳은 없다. 이미 그곳에 주암댐을 건설하면서 물에 잠겼기 때문이다. 그러나 백선엽이 광주 5사단장을 지낼 때는 가택이 300호 이상 들어섰던 제법 큰 마을이었다. 그 커다란 마을이 불에 타 잿더미로 변했던 것이다. 백선엽이 그곳을 지날 때에는 연기만 피어오르고 있었다. 전쟁이 휩쓸고 간 폐허의 모습 그대로였다.

그는 마을에 들어서면서 15연대 지휘관들에게 다그쳐 물었다. "왜 마을이 불에 탔느냐"는 질문에 지휘관들은 입을 맞춘 듯이 "공비共匪들이 마을에 불을 지르고 도망갔다"고 대답했다. 그러나 백선엽은 그들의 보고를 믿지 않았다. 빨치산들은 잔혹 행위를 하더라도 마을을 송두리째 불태우는 사례는 매우 드물었기 때문이었다.

그는 주민들에게 묻기로 했다. 불에 탄 집 앞에서 사람들이 울고 있었지만, 그를 피하는 눈치가 역력했다. 마을의 촌로村老들도 뭔가 숨기는 듯한 표정으로 뒷걸음질만 치고 있었다. 그들은 백선엽이 다가가면 피했다. 그는 부대원과 주민들이 무엇인가를 숨기고 있다는 의심을 감출 수 없었다.

백선엽은 마을 노인들을 일일이 찾아다녔다. 촌로들도 내치려는 기색이 역력했지만, 백선엽은 포기하지 않고 끝까지 매달렸다. "도대체 무슨 일이 일어난 것인지 솔직하게 말해 달라"며 물러서지 않자 노인들이 입을 열기 시작했다. 그들은 "국군이 우리 마을을 통비通匪 부락이라면서 불을 질렀다"고 대답했다.

빨치산과 내통을 했다는 혐의를 일컬을 때 '통비'라는 말을 쓴다. 당시의 험악한 이념적 지형에서는 매우 엄중하면서 무서웠던 말이다. 빨치산과 내통을 한다는 것은 아주 엄한 형벌로 다스릴 만한 죄목이었다. 결국 정리해 보면, 15연대 장병들이 부락민을 빨치산과 같은 사람들로 보고 마을에 불을 질렀다는 얘기였다. 대답을 하는 촌로들의 표정이 무덤덤했다. 오히려 털어 놓을 것을 다 털어놔 홀가분하다는 얼굴이었다.

그러나 백선엽은 그들의 표정에서 '우리는 아무도 믿지 않는다'는 깊은 절망의 눈길을 읽었다고 했다. 그들은 더 이상 아무런 말을 하지 않았다. 눈빛에는 불신과 원망만이 가득했다. 그것은 마을을 아예 태워 없애버리는 이른바 '초토화焦土化 작전'이었다. 빨치산과 접해 있는 지리산 주변, 그리고 그 전 해에 벌어진 제주 4.3사건을 진압하는 과정에서 흔히 나타났던 국군의 전술이었다.

적과 아군을 제대로 식별할 여유가 없을 때, 아울러 시간을 다투면서 작전을 펼쳐야 할 때 군대가 동원하는 작전 방식의 하나다. 그러나 말 그대로 모두 태워 없애버리는 극단의 작전이 펼쳐지면, 그 피해는 고스란히 주민의 몫이 된다. 빨치산과 전혀 관련이 없는 양민良民들에게조차 한 순간에 가옥과 전 재산을 날리도록 만드는 작전이기도 했다.

그때 5사단이 처한 환경에서는 그런 극단적인 방법을 동원할 필요가 적었다. 양민의 피해가 불을 보듯 뻔한 상황이라면 빨치산을 쫓는 토벌군은 신중에 신중을 기해야 한다. 빨치산의 세력이 그렇게 압도적이지도 않았고, 시간을 다투는 작전이 벌어질 상황도 아니었다. 그럼에도 한천 마을이 송두리째 불에 탔다는 것은 결코 이해할 수 없었다.

사단장 백선엽은 무릎을 꿇기로 했다. 우선 마을 노인들을 모두 찾아다니며 진심 어린 사죄를 했다. 그리고 "피해를 복구하도록 최대한의 성의를 보이겠다"고 한 뒤 광주로 돌아왔다. 그는 부대에 남아 있던 경비를 모두 가져오라고 지시했다. 3,000만 환이 있었다. 그것으로는 부족하다고 생각했다.

그는 다시 이남규 전남도지사를 찾아갔다. 그에게 부족한 돈을 잠시 지원해 달라고 부탁하기 위해서였다. 사정을 들은 이 지사는 협조를 약속했다. 그리고 백선엽은 지사에게 "내일 시간 좀 내서 나와 같이 한천 마을로 찾아가자"고 했다. 이 지사는 역시 그 제안에도 동의했다.

다음 날이었다. 한천 마을에 백선엽이 전남 지사와 함께 나타났다. 그는 촌로와 주민들을 모이도록 했다. 그들이 다 모인 뒤에 그는 무릎을 꿇고 땅에 엎드렸다. "모두 사단장인 저의 책임이니 저에게 벌을 내려

주십시오"라고 사죄했다. 그러나 주민들의 반응은 냉담하기만 했다. 역시 믿기지 않는 듯한 표정들이었다.

그는 "곧 겨울이 닥쳐오는데, 주민 여러분들이 길바닥에서 떨지 않도록 군과 도에서 적극 지원하겠습니다. 여기 부족하지만, 3,000만 환과 구호물자를 가져왔습니다. 한 집에 10만 환씩 나눠서 쓰시고, 도지사께서도 마을 재건을 위해 적극 돕기로 하셨으니 믿어주시기 바랍니다"라고 말했다.

무릎을 꿇은 사단장, 그리고 그와 함께 마을을 찾아온 전남도지사를 한참 지켜보던 마을 주민들이 웅성거리기 시작했다. 그리고 그들은 움직였다. 젊은 사단장의 정성을 마음속으로 느꼈는지 주민들은 근처 산에서 나무를 베어오는 등 월동 준비에 나섰다. 사단장은 동원할 수 있는 병력을 모두 동원해 주민들을 돕도록 했다. 전남도청도 적극 마을 재건에 나섰다. 불에 탄 마을은 곧 정상적인 모습으로 바뀌기 시작했다. 차갑기만 하던 주민들의 표정도 밝아졌다. 어느덧 5사단은 그들의 마음을 얻어가고 있었던 것이다.

한천 마을 주민들을 달랜 뒤 백 사단장은 사건 경위를 알아봤다. 아주 엉뚱한 일이 벌어졌던 것이다. 마을에 불을 지른 사람은 그곳 출신의 5사단 장교였다. 육사 3기 출신인 그는 집안 형편이 어려워 자랄 때부터 '머슴의 아들'로 불리면서 온갖 수모를 겪었다고 했다. 그런 원한에 젖어 있던 그는 자신의 고향이 5사단 작전 지역에 들어오자 한천 마을을 '통비 부락'으로 지목해 불을 질렀다는 것이다.

어린 시절에 쌓인 앙심에 휩싸여 고향 마을 전체를 불살라 버리는 어처구니 없는 짓을 한 것이다. 그러나 백선엽은 그를 당장 처벌하지 않았다. 그보다 더 급했던 것이 냉랭해져 버린 민심을 되돌리는 일이었다.

진심 어린 사죄, 그리고 그에 따른 배상은 효과가 있었다. 마을 재건 작업이 차츰 끝을 맺어갈 무렵에는 주민들이 부대로 찾아왔다. 그들은 군인들이 직접 나서서 집을 다시 지어주고, 풍족하지는 않지만 배상금까지 제대로 지급을 하자 마음을 돌린 것이었다. 그들은 손에 곶감을 들고 부대 문을 들어서서 백선엽을 찾아오기도 했다. "마을을 다시 일으켜 줘서 고맙다"면서 그들은 곶감 등을 건네고 사라졌다.

백선엽은 한천 마을 사건을 계기로 다시 사단 참모들과 연대장 등 지휘관들을 불러 모아 대민 작전의 중요성을 주지시켰다. 민간을 상대로 작전을 벌일 때 원칙을 지켜야 한다는 점과 인내심을 가지고 기다리면서 문제를 풀어야 한다는 점도 거듭 강조했다.

때를 기다리며 칼을 갈다

대한민국 땅에서 빨치산이 벌인 준동은 6.25전쟁이 벌어지는 동안이 극성기極盛期였다. 국군과 유엔군이 북진을 시작하자 뒤에 처진 북한군 병력과 종래의 빨치산들 일부가 지리산 인근에 모여 들었고, 북한군 지도부가 별도로 파견하는 게릴라 부대 역시 이 지역으로 모여들면서 기세가 매우 커졌다. 당시는 상황이 매우 심각해서, 빨치산이 전라선 철도를 가끔 끊거나 때로는 경부선 철로까지 위협할 정도였다.

그에 비해 백선엽이 5사단장을 지낼 때의 빨치산 활동은 소규모였다. 그러나 당시에도 빨치산은 나름대로 지리산 일대를 누비면서 대한민국 남부 지방의 치안과 질서를 크게 어지럽히고 있었다. 절대 방심할 수 있는 상황은 아니었던 것이다.

게다가 북한의 김일성은 남한을 전복시키기 위해 무장 세력을 계속 내려보냈다. 6.25 남침을 준비하면서 다른 한편으로는 게릴라식 전술로 남한을 위협하고 있었던 것이다. 대표적인 게 1948년 11월 이른바 '강동江東정치학원' 출신의 남로당계 유격대원 180명을 강원도 평창 북서쪽 태기산으로 침투시킨 사건이다.

강동정치학원은 1947년 9월 평양 인근의 강동군 승호면 입석리에 있던 일제 강점기의 탄광 사무소와 합숙소를 개조해 만든 것으로 초기에는 각 도당 부위원장과 부장 등을 교육해 남파하는 곳이었다. 남로당 간부 양성소였던 강동정치학원은 1948년 가을 이후 본격적인 게릴라 교육기관으로 탈바꿈해 월북한 남로당계 청장년들을 양성한 뒤 남파했다.

북한이 100~400명 규모의 무장 게릴라들을 전쟁 직전까지 남파한 것은 모두 10차례다. 이 가운데 가장 눈에 띄는 것은 1948년 제주 4.3사건을 주도한 김달삼 부대였다. 이들은 1949년 8월 300여 명의 병력을 이끌고 남쪽으로 내려와 직후에 들어온 이호제 부대의 병력 360명과 함께 경주 북쪽 보현산까지 진출했다. 이들은 남파 도중 국군 토벌대의 공격을 받았지만 대부분의 병력을 유지한 채 보현산까지 내려와 충격을 주기도 했다.

그러나 나머지 남파 부대는 대부분 38선 일대의 군과 경찰 검색에 걸려 교전 끝에 상당수가 사살된 뒤 극히 일부 병력만 남한 일대에 숨어 들었다. 남파 게릴라들이 침투한 지점은 주로 동부 지역의 강원도 산간이었다. 대부분 국군과의 교전으로 상당수 병력을 잃지만 일부는 계속 남하하여 남부 지역의 산 속에 몸을 숨긴 채 게릴라 활동을 펼쳤다.

따라서 5사단 작전 구역도 꼭 지리산에만 그치지 않았다. 빨치산들은 지리산 인근의 내장산 등 다른 산에도 숨어 들어가 인근 지역 주민들에게 식량을 구해 연명하면서 각종 파괴 활동에 나서고 있었다.

당시 빨치산들은 광주 등 대도시에도 진출했다. 물론 대규모 부대는 아니었다. 소규모 병력으로 은밀하게 움직이면서 대도시까지 나와 치안을 어지럽혔다. 그들의 활동이 이어지자 각 지역의 경찰서와 지서는 돌과 시멘트로 망루를 만들어 기관총을 배치해 놓기도 했다.

5사단도 그런 빨치산에 당한 적이 적지 않았다. 한 번은 목포 형무소의 죄수 350여 명이 탈옥한 사건이 있었다. 5사단 예하 부대는 경찰과 함께 함평 일대에서 이들을 대부분 붙잡아 형무소에 재수감했다. 며칠 후 이를 기념하기 위해 축하연이 열렸다. 군수와 경찰서장, 5사단에서는 참모장 석주암 대령이 참석했다.

그러던 중 빨치산들이 이곳을 치고 내려왔다. 군 병력은 소수에 불과해 아주 위험했지만 인근의 1개 소대 병력이 발 빠르게 움직여 석주암 대령과 군수, 경찰서장 등 유지들을 구했다. 1949년 9월에는 이른바 '광양 사건'이 벌어졌다. 백운산 일대 공비 토벌 작전에 나섰던 15연대 병력 중 광양읍의 초등학교에 주둔 중이던 1개 대대가 빨치산의 습격으로 수백 명이 생포되고 새로 받은 M1 소총을 비롯한 많은 무기를 빼앗겼다.

빨치산은 이어 광양 경찰서를 습격했지만 실패했다. 경찰서는 무너지지 않았던 것에 비해 화력을 제대로 갖춘 5사단의 1개 대대는 어이없이 당하고 말았다. 경계를 했던 경찰과 이를 소홀히 했던 5사단 부대의 수준 차이에서 비롯한 사건이었다.

빨치산들은 우선 학교 밖에 있던 보초들을 살해한 다음 잠을 자던 부대를 덮쳤다. 일부 병사들이 저항을 시도했지만 소용없었다. 수백 명이 잠결에 제대로 저항도 못한 채 빨치산들의 짐꾼이 돼 그들의 근거지 근처까지 무기와 식량을 날라다 주고 풀려났다.

인명 피해는 적었지만 수백 정의 무기를 빼앗긴 충격적인 사건이었다. 토벌 작전을 벌인다는 군대가 거꾸로 빨치산에게 기습적으로 한 방 얻어맞은 셈이었다. 군대라고 하지만 제대로 훈련된 군대가 아니었다. 사격술과 작전에 따르는 수많은 사항들을 숙지한 군대가 아니었다. 적이 출몰하는 상황에서도 넋을 놓고 잠을 자는 생각 없는 군대에 지나지 않았던 것이다.

그런 과정을 거치고 있었지만, 백선엽은 사격술을 연마하면서 경찰과의 관계를 개선하고, 나아가 대민 업무를 올바르게 처리하면서 민심을 얻는 데 계속 주력했다. 그는 때를 기다리고 있었다. 제대로 작전도 이해 못하는 군대를 끊임없는 훈련으로 기초에서부터 다듬고 민심을 얻으면서, 그는 지리산 인근의 수많은 산들이 나뭇잎을 떨구는 계절을 기다렸다.

그때까지 백선엽은 계속 훈련에 주력했다. 적 앞에서 경계를 게을리하는 부대, 다가온 빨치산에게 생명과 다름없는 무기를 빼앗기는 부대를 이끌고는 결코 승산이 없었다. 백선엽이 지휘하는 5사단은 절치부심切齒腐心으로 훈련을 거듭했다.

"백선엽은 뭐하는 지휘관이냐"

빨치산에게는 여름이 가장 좋은 계절이다. 무성하게 자란 활엽수가 커다란 잎으로 드리운 녹음은 그들이 몸을 감추기에 안성맞춤이기 때문이다. 그러나 나무들이 옷을 벗는 계절이 오면 사정은 달라진다. 하나둘씩 떨어지는 나뭇잎 때문에 은신隱身의 장소가 점차 없어져 가기 때문이다.

사격장을 만들어 병사들에게 사격술을 연마시키면서 소부대 단위로 적을 맞아 작전을 벌이는 방법을 익히도록 한 백선엽의 '준비하고 기다린 시간'의 효력이 마침내 빛을 발하기 시작했다. 경찰과의 관계는 몰라볼 정도로 좋아졌고, 그에 따라 미처 생각지도 못한 귀중한 빨치산 관련 정보들이 경찰을 통해 속속 들어오고 있었다.

대민 작전에 신중을 기하라는 사단장의 엄명이 내려졌고, 이를 부단히 감시하는 지휘관들 덕분에 주민들이 느끼는 불편함도 부쩍 줄어들었다. 민심 또한 5사단에 크게 기울고 있었던 것이다. 그러면서 때를 기다렸던 백선엽. 그는 주위 사람들에게서 흔히 '중국인'이라는 별명을 듣는다.

웬만한 자극에도 별로 표정 변화가 없는 사람을 흔히 중국인으로 부르는 경우가 많았다. 백선엽은 그런 점에서 중국인 스타일에 가깝다. 가타부타 남의 의견에 선뜻 동조하거나 또는 즉각적인 거부를 하지 않으며, 좋거나 싫거나 표정에서 일단 변화를 보이지 않아서다. 그와 아주 사이가 가까운 지인들의 일부는 장난스럽게 그를 가리켜 '중국X'이라고 부르는 경우도 있다.

이승만 대통령을 비롯해 장면 총리, 박정희 대통령과 전두환·노태우 대통령까지 40여 년 동안 한국의 최고 권력을 옆에서 지켜보면서 활동한 사람이 앞에서도 소개한 적이 있는 제임스 하우스만이다. 그는 정보통이었다. 이승만 대통령과도 늘 양국 간 수많은 사안을 함께 논의한 뒤 미국에 이를 보고하는 사람이었다. 달리 말하면 그는 한국과 미국의 업무를 꾸준히 지켜보면서 현안 등을 막후에서 조율했던 인물이다.

그는 당시 이승만 대통령을 비롯한 정계의 많은 요인들과 군의 요직에 있던 한국 내 수많은 인사들을 관찰한 인물이다. 정보통답게 한국의 요인들을 속속들이 파악하는 게 그의 중요한 업무였다.

그가 백선엽의 5사단장 시절을 회고한 내용이 있다. 그는 백선엽과 가깝게 지낸 인물이다. 여수와 순천에서 14연대가 반란 사건을 일으키자 광주에 백선엽과 함께 내려가 작전을 논의했고, 백선엽이 정보국장으로 있을 때에도 사무실에 자주 들러 업무를 상의했던 사이였다.

백선엽이 광주의 5사단에 부임한 뒤 '성과'를 기다리는 쪽은 미 군사고문단이었다. 빨치산이 활약해 대한민국의 서남부 치안이 어지러워지면서 그들의 기대는 5사단의 토벌 작전에 모아졌던 것이다. 그러나 어떻게 보면 굼떠 보이는 백선엽 스타일이 성에 차지 않았던 모양이다.

여수와 순천의 14연대 반란 사건 뒤 지리산 지구에 빨치산들이 생겨나기 시작했을 무렵부터 이를 토벌하려는 군대의 시도는 여러 차례 있었다. 그런 부대를 이끌었던 국군 지휘관들은 비교적 빨리 대응하는 스타일이었다. 부대 지휘관이 현지에 부임한 뒤 얼마 지나지 않아 바로 보고가 올라왔다. 부지런히 토벌 작전을 수행하면서 그에 맞춰 보고가 즉각 올라오는 것을 지켜보았던 미 군사고문단은 후임인 백선엽이 5사단을 맡은 뒤 별다른 보고가 올라오지 않자 이상하게 여겼던 것이다. 하우스만 당시 대위는 나중 회고록에서 그때의 상황을 이렇게 적고 있다.

"백선엽은 여순 사건에서 돌아와 숙군 작업을 마무리 짓고 다시 5사단장을 맡아 지리산 공비 토벌에 들어갔던 것인데, (전임자인) 김백일과는 달리 작전 명령이 떨어졌는데도 꽤 오랫동안 묵묵부답인 채로 있었다. (군사 고문단장인) 로버트 장군은 '백은 어떻게 된 거냐'고 내게 채근했다. 나는 여순 사건 때부터 백의 작전 스타일을 잘 아는 터였다…"

그는 로버트 군사고문단장에게 "백 지휘관은 작전이 성공할 수 있다고 믿기까지는 부대를 절대로 움직이지 않습니다. 부대를 훈련시키고, 주민의 도움을 청하고 그러는 데 상당한 시간이 걸릴 것입니다"라고 보고했다고 한다.

그는 또 "백선엽은 실제로 받은 작전명령을 그대로 수행하기보다는 장병을 훈련시키고 동네 할아버지들을 찾아다니며 국군의 입장을 설명해 협조를 구한 후 결국 성공적인 작전을 수행했었다"고 자신의 견해를 적었다.

그는 백선엽의 작전 스타일을 잘 이해한 인물이었다. 그는 그런 사정을 로버트 군사고문단장에게 설명을 했고, 결국 '제때 보고조차 올리지 못하는 일선 지휘관'쯤으로 백선엽을 저평가했던 로버트 장군의 오해를 풀어줬다.

백선엽은 그렇게 때를 기다렸고, 자신에게 주어진 시간을 활용해 가장 기본적인 요소를 먼저 채웠다. 그리고 다시 때를 기다리면서 실력을 보강하는 데 주력했다. 군사들을 끊임없이 훈련시켰으며, 경찰과의 화해를 통해 적을 파악했다. 두려워 경계심만을 품었던 주민들과의 사이를 좁혀 그 속에 빨치산들이 들어가 숨을 공간을 좁혔던 것이다.

남한 여러 지역에 흩어져 활동하던 빨치산들이 남로당의 주도로 통일된 무장 세력으로 거듭 등장하는 계기는 1949년 7월 이후 만들어졌다. 이른바 '인민유격대'로 조직적인 역량을 갖추기 시작한 것이다. 따라서 이들의 활동은 그 이후로 더욱 활발해진다.

오대산 지구에는 제1병단이 자리를 잡았고, 태백산 지구에는 제3병단이 들어섰다. 지리산 지구는 이현상을 사령관으로 하는 제2병단의 근거지였다. 이현상의 2병단이 가장 세勢가 두터웠고 활동 역시 눈에 띄었다.

5사단의 상대는 이현상의 2병단이었다. 이들은 예하에 4개 연대를 두고 지역을 나눠서 활동하고 있었다. 연대라고 했지만 실제 병력 수가 일반 연대급에 달했던 것은 아니었다. 그러나 어쨌든 어엿한 규모를 갖춘 게릴라 부대였다.

이현상의 부대는 경험이 풍부했다. 닥쳐올 가을에 대비한 병력 증강을 위해 대대적인 초모招募 사업을 벌였다. 지리산 주변의 청년들을 자신들의 세력으로 끌어모으려 했던 것이다. 그해 7월 하순에 접어들면서 경북에서만 451명이 입산했고, 전남에서도 빨치산에 들어간 청년들이 334명에 달했다.

국군에도 변화가 있었다. 빨치산에 적극 대응하기 위해 지리산을 중심으로 남북을 나눠서 북쪽으로는 지리산 지구 전투사령부, 남쪽으로는 호남 지구 전투사령부가 1949년 3월 출범했다. 광주의 5사단은 호남 지구 전투사령부를 맡았다. 점차 복잡해지는 빨치산의 활동에 대응하기 위해서는 구획을 정밀하게 나눈 다음에 토벌에 나서는 게 바람직하다는 생각에서였다. 호남 지구에서 전력을 기울여 토벌에 나서는 토대가 만들어진 셈이었다.

당시 빨치산들은 무기를 수리하고 사제私製 수류탄까지 만드는 병기 공장도 만들어 운영했다. 자신들이 '해방구'라고 부르는 점령 지역에서는 등사판을 이용해 신문과 유인물을 제작해 주변 부락에 뿌리는 행위도 버젓이 하고 있었다.

그러나 빨치산의 활동에 이상한 조짐이 나타났다. 뭔가 서두르고 있다는 인상을 주고 있었다. 초모 사업을 통해 병력을 과도하게 불리고, 그만큼 늘어나는 부대원의 식량을 해결하기 위해 주변 부락에서 식량을 끌어모으고 있었다. 이는 미국이 한국을 자신의 전략적인 방어 지역에서 배제하면서 발을 빼기 시작했던 당시의 국제정치적 흐름과 무관치 않았다.

어쨌든 빨치산이 과도한 축적蓄積을 하면서 무리수를 둔다는 점이 5사단 일선 정보 팀에 포착됐다. 그동안 5사단은 꾸준하게 대민 선무宣撫 공작을 벌였다. 당장의 효과는 없었지만 가능한 한 민폐民弊를 줄이면서 무리한 작전을 펼치지 않아 주민들의 피해를 줄이도록 최선을 다하고 있었다.

그에 비해 빨치산들은 닥치는 대로 식량과 의복을 주민에게서 빼앗아 갔다. 더구나 추수기가 다가오면서 식량을 둘러싼 빨치산과 주민들의 갈등은 점차 깊어졌다. 빨치산들은 인근 주민들에게 식량을 가져가면서 '적화통일이 이뤄진 다음에 갚아 준다'는 내용의 차용증서를 써주기도 했다. 그러나 토벌대의 압박이 심해져 바짝 쫓기는 상황에 빠진 뒤에는 무조건적인 약탈이 빈발했다.

인근 부락의 지주와 우익 인사들은 빨치산의 활동이 부쩍 활발해진 7월 이후 대부분 면 소재지 이상의 큰 주거지로 거처를 옮겼다. 소농과 빈농들도 토벌대의 작전이 불붙기 시작하면서 역시 피란길에 올랐다. 빨치산 주변에 사람들이 없어지고 있다는 것은 그들이 비상시에 구할 식량이 없어진다는 얘기였다.

땅 위의 식생植生들이 모두 옷을 벗고 있었다. 짙은 녹음綠陰은 점차 옅어져 가고 있었으며, 빨치산들이 기댔던 주민들도 점차 그 주변을 떠나고 있었다. 민심도 빨치산에서 점점 멀어지고 있었다. 빨치산이 출몰하는 지역에선 하나둘씩 제보提報가 올라오고 있었다.

사단 정보참모로 온 김용주 소령은 그 과정에서 큰 역할을 했다. 일본군 헌병 출신인 그는 정보를 아주 잘 관리했다. 산간 부락과 중산간 부락 등에서 흘러들어오는 정보를 토대로 그는 빨치산의 이동 경로를 매일 그려 나갔다. 그리고 신기할 정도로 빨치산이 앞으로 나아갈 방향까지 짚어냈다.

광주의 사격장에서 오랜 기간 사격술을 익히고, 작은 부대 단위의 소규모 전투 방식을 교육 받아 온 각급 부대의 전투력도 크게 높아져 있었다. 새로 지급받은 미군의 M1 소총 가늠자도 잘 다룰 줄 모르던 이들이 가을에 접어들면서는 하나같이 노련한 사격수로 변해 있었다. 그리고 매복을 이해하기 시작했다.

지정한 매복 지점에 정확하게 시간에 맞춰 도착한 뒤 적을 기다릴 줄 알게 됐다. 적을 앞에 두고서 넋을 잃고 잠에 빠지던 군대가 명령을 이해하고, 그에 맞춰 시간을 준수하면서 적진敵陣 앞에 매복하는 유능한 군대로 변해있었다. 오래고 고된 훈련의 효과가 나타났던 것이다.

그전까지는 대부대가 출동해 대규모로 작전을 벌이는 방식이 주류였다. 그러나 산간에서 벌어지는 전투는 그런 대규모 동원 작전이 필요 없었다. 소규모 부대로 편성해 기민하게 움직이는 빨치산의 동선을 파악한 뒤 그에 맞춰 신속하게 출동해 그들이 이동하는 길 앞에 매복을 했다가 전투를 벌이는 방식을 펼쳐갔다.

점차 차가워지는 날씨 속에 지리산을 비롯한 인근 산악 지역이 두터운 여름의 옷을 벗어버리면서 빨치산들은 보다 선명하게 아군의 시야 속으로 걸어 들어오고 있었다. 주민들의 제보도 과거에 비할 수 없을 만큼 많이 들어왔다. 겨울의 혹한기를 예상해 빨치산들은 과거보다 훨씬 더 먼 거리를 이동하면서 식량을 확보하기 위해 무리수를 감행했다. 백선엽의 5사단은 보다 신중하고 치밀하게 그런 상황을 들여다보고 있었다.

'일선 지휘관 백선엽'의 첫 성공

11월 들어서면서 5사단은 대대적인 선무宣撫 공작을 벌였다. 지금까지 개별적으로 펼쳐오던 선무 공작의 종합판이었다. 입산해서 빨치산으로 활동을 하지만 마음속으로 흔들리는 사람이 적지 않으리라는 점에 착안해 5사단은 접적接敵 지역을 중심으로 부단히 귀순을 권유하면서 토벌을 병행했다.

그즈음에는 전남도당 유격대 사령관으로 활동했던 최현이 아군의 토벌에 걸려들었다. 명성이 자자했던 그가 국군 토벌대에 의해 사살되면서 빨치산의 기세는 크게 꺾였다. 그동안 고되게 훈련했던 5사단 토벌대의 입장에서 보면 최현의 사살은 아주 고무적인 일이었다. 그동안의 피와 땀이 구체적인 결실로 맺어진 것이었기 때문이다.

반대로 사기가 꺾였던 빨치산 측에서는 귀순자들이 속출하기 시작했다. 한때 공격이 쉽지 않아 접근하기 힘들었던 백아산과 모후산, 조계산 등의 빨치산 거점이 결국 토벌대의 손에 들어왔다. 전남도당 산하의 유격대는 무너질 조짐을 보였다. 많은 수의 빨치산이 사살되거나 생포됐으며 일부는 귀순했다. 최현의 뒤를 이어 자리를 차지한 사령관 김선우는 소수 병력만을 데리고 지리산 지구로 도망쳐 들어갔다.

20연대를 지휘했던 박기병 대령은 "작전 형태가 소규모 전투로 달라지면서 적이 지나는 요로要路에 매복하고 수색을 펼쳤던 게 효과를 거두기 시작했다. 우리는 주요 지역마다 부대를 배치한 뒤 빨치산들이 우리의 덫에 걸리기를 기다렸다. 겨울을 앞두고 식량을 구하러 먼 거리를 이동하는 그들은 주민들의 제보에 의해 동선이 금세 우리에게 노출됐다. 우리는 그들이 귀환하는 길에 한발 앞서 매복해 효과적인 공격을 펼칠 수 있었다"고 회고했다.

백선엽과 정보국에서 함께 근무하다가 먼저 5사단으로 내려와 20연대 부연대장을 맡고 있던 김점곤 중령도 그와 비슷한 기억을 갖고 있다. 그는 "성공의 첫 요인은 민폐 근절을 위한 대민對民 군기軍紀의 강조에 있었다. 상사들의 눈을 속이며 민폐를 끼치는 장교들을 끊임없이 감시했다. 군대가 주민들에게 향응 받는 것을 일절 금지했고, 급식비를 토벌 부대 위주로 배정토록 제도화했다"고 말했다.

앞서 말한 것처럼 지리산 주변의 작전구역은 지리산 지구 전투사령부와 호남 지구 전투사령부로 갈라졌다. 지리산 지구의 작전이 더 힘이 들었을 것처럼 보이지만, 실제 전투는 백선엽의 5사단 지역이 훨씬 고생스러웠다. 작은 부락들이 야산에 산재해 있어서 먼저 주민과 공비共匪를 철저하게 식별해야 했기 때문이었다. 지리산 지구 사령부는 그에 비해 부락이 적어 작전이 한결 손쉬웠다.

나중에 드러난 사실이지만, 지리산 전체 병력을 지휘했던 이현상이 예하의 빨치산 부대를 3개 소부대로 나눠서 2개 부대를 전남과 전북의 야산 지대로 진출시켜 겨울을 나게 했던 데서도 이 점은 충분히 확인할 수 있다.

5사단이 토벌 대상으로 삼고 있던 이현상의 제2병단은 이미 작은 부대로 깨져 흩어진 상태였다. 그들은 산발적인 공격을 벌였지만, 결정적인 승리를 거두진 못했다. 마을을 습격해도 경찰서의 방어를 뚫지 못하는 수준이었다. 그들은 근거지로 삼았던 지리산을 빠져 나와 소백산맥 줄기를 타고 다시 흩어지기 시작했다. 적 주력主力의 와해였다.

5사단의 작전은 성공적으로 끝을 맺었다. 오랜 기다림, 고된 훈련의 반복, 경찰과의 관계 개선을 통한 정보 수집, 대민 작전에서의 철저한 배려 등이 빚은 결과였다. 1949년의 동계 토벌은 지리산 지구와 호남 지구 사령부를 합해 사살 365명, 생포 187명, 귀순자 4,964명이라는 전과를 올렸다. 작전은 1950년 2월 5일부로 공식 종료됐다.

호남 일대에 내려졌던 계엄령이 해제되고 3월 15일에는 지리산 지구 전투사령부가 해체될 만큼 호남과 지리산 지구는 안정을 찾았다. 5사단에 쫓기면서도 끝까지 살아남은 빨치산 일부가 모진 겨울 날씨와 배고 픔을 참으며 인근 지역으로 숨어들었지만 더는 큰 위협으로 떠오르지 않았다.

오대산과 태백산 지구에서도 상황은 마찬가지였다. 빨치산인 인민 유격대의 제1병단과 제3병단 모두 대한민국 군대와 경찰의 합동 작전 으로 전멸하다시피 했다. 아주 일부의 병력만이 김달삼과 남도부의 지 휘 아래에 월북하거나 주변으로 도망쳤다.

1950년 3월 하순 무렵에 미 군사고문단장 로버트 준장이 부관인 메 이 중위를 데리고 예고도 없이 5사단을 방문했다. 그는 백선엽이 5사단 에 막 부임했을 때 "백선엽에게서는 왜 작전 결과 보고가 올라오지 않느 냐"면서 채근했던 사람이었다. 그러나 그는 이때의 방문에서는 백선엽 을 격찬했다. "호남 일대의 치안이 크게 안정됐다"면서 그 공로를 5사단 장에게 돌렸다.

백선엽은 일선 사단을 이끌고 적과 벌인 첫 전투에서 나름대로 공을 세운 것이었다. 그런 이유 때문인지는 몰라도 그는 1950년 4월 개성과 임진강을 지키는 국군 1사단의 사단장으로 전보됐다. 후임은 이응준 소 장이었다.

남부 치안을 상당히 어지럽힌 빨치산은 일단 시야에서 사라졌다. 그 러나 아주 없어진 것은 아니었다. 힘겹게나마 명맥命脈을 유지하고 있다 는 점이 문제였다. 대한민국 정부의 입장에서 볼 때, 당장의 위협은 아니 었지만 상황이 유리하게 바뀐다면 저들이 언제 또 기세를 부릴지 알 수 없었다.

전쟁이 터지지 않았다면 저들은 그대로 소멸하는 운명을 맞았을 것 이다. 그러나 전쟁은 결국 터지고 말았다. 산속으로 숨어버린 빨치산은 다시 나타나기 시작한다. 더 큰 세력으로, 더 거침없이 남한 사회를 휘저으며 피를 부르는 존재로 떠오른다. 하지만 2년여 뒤 그들이 다시 맞이할 상대는 끈기와 기다림의 명수 백선엽 소장이었다.

내가 싸움에 질 때

임진강에서 나흘 간 버티다.
그러나 김일성 군대에 밀려 한없이 밀려 내려가다.
유랑하는 듯했던 사단, 처참했던 지연전, 그러나 참전한 '미군의 지도'에 주목하다.

운명의 1사단, 그리고 1950년 6월 25일

백선엽이 5사단에서 1사단으로 옮긴 때는 1950년 4월 22일이다. 한반
도를 피바람 속으로 밀어 넣었던 6.25전쟁이 벌어지기 약 두 달 전이었
다. 1사단의 작전 지역은 임진강 이북의 개성당시는 대한민국 영토을 비롯해
전면이 90㎞에 달하는 광역廣域이었다.

끈기와 기다림, 그리고 철저한 준비성과 현장성으로 자신을 다부지
게 키워가고 있던 29세의 사단장 백선엽 대령은 1사단에 부임한 뒤 우
선 전선을 살폈다. 당연한 수순이었다. 당장은 아닐지라도 38선 이북에
서 늘 꿈틀거리면서 도발의 조짐을 보이던 북한군에 대비하기 위해서
였다.

그는 당시로서는 전쟁이 벌어질 경우 개성을 방어하기 힘들다는 판단을 일찍 내렸다. 8,000여 명에 불과한 1사단 병력으로 개성 북쪽의 전선 90㎞를 방어한다는 것은 그 일선—線이 무너질 경우 모든 전투를 포기하는 것과 같다는 생각에서였다.

그는 따라서 개성 이남 임진강 남쪽에 주主저항선을 설정하며 전면을 30㎞로 줄이는 데 주력했다. 적이 넘어올 경우 아무래도 방어하기 어려운 개성을 포기하는 대신, 방어지역을 좁혀 겹으로 적을 막아선다는 구상이었다. 그래서 그는 파평坡平 윤씨尹氏의 대종大宗이 모여 살고 있던 파평산 자락에 주저항선을 만들었다. 사람 허리 높이만큼의 교통호를 길게 팠던 것이다. 그리고 그 남쪽의 봉일천을 중심으로 다시 예비 진지를 구축했다.

이 지역이 뚫린다면 서울은 바람 앞의 등불, 적이 거침없이 내려가 서울을 손아귀에 넣을 수 있는 전략의 요충이라는 점 때문에 그는 겹으로 저지선을 구축하는 데 골몰했던 것이다. 결론적으로 김일성의 군대는 그해 6월 25일 남침을 시작하면서 개성을 점령한 뒤 임진강을 넘어 봉일천 저지선을 뚫는 데 4일을 지체했다.

역사 속의 가정이 전부 부질없는 것은 아니리라는 믿음 때문에 하는 말인데, 서울에 있던 대한민국 정부와 군 지휘부가 한강 인도교를 끊지 않고 임진강 전선의 1사단에 충분한 화약과 무기를 공급했다면 김일성 군대의 서울 접근은 더 지체됐을 가능성이 크다.

탱크를 앞세우고 압도적인 병력과 화력으로 밀고 내려오는 김일성의 군대는 거셌으나, 국군 또한 그냥 물러서지 않았다. 처음 보는 북한군 전차에 겁을 집어먹기는 했지만 그래도 국군들은 TNT와 수류탄을 몸에 감거나 손에 쥐고 적의 전차에 뛰어들어 장렬하게 산화하는 방법으로 적에 맞섰다.

김일성의 군대가 6월 25일 새벽 4시를 기해 38선 전면에서 전쟁을 일으키는 장면은 더 이상 서술이 필요치 않은 대목이다. 남침을 위해 오래 준비했고, 소련제 무기로 중무장한 김일성의 군대는 대한민국 전역을 강타하기 위해 밀물처럼 38선을 넘어섰다.

그때의 백선엽은 1사단장으로 부임해 파평산과 봉일천 저지선을 구축한 뒤, 경기도 시흥의 육군보병학교에서 교육을 받기 위해 사단장 자리를 부사단장 최경록 대령에게 물려주고 서울 신당동의 집에서 시흥으로 출퇴근을 하고 있었다.

한반도에서 일찍이 없었던 미증유未曾有의 전쟁이 6.25인지 모른다. 이날 터진 전쟁은 고구려와 신라, 백제의 삼국시대 이후 벌어진 모든 전란戰亂을 통틀어도 가장 규모가 크고 국면이 매우 복잡했던 싸움이었다. 대량 살상이 가능한 현대 무기가 모두 동원됐고, 급기야 미군을 비롯한 유엔 16개 국가와 중국까지 모두 뛰어든 대규모의 국제전이었기 때문이었다.

그 전쟁 전야前夜의 모습은 어땠을까. 북한 군대는 38선에 바짝 붙어서 모든 신경을 집중하고 있었던 데 비해, 남한의 군대는 그 반대였다. 서울의 지휘부는 대부분 용산 미군 기지에 새로 지은 장교 클럽의 낙성식에 가서 술을 즐겼고, 그렇지 않았던 지휘관들은 6월 25일의 일요일 휴식을 즐기기에 여념이 없었다.

그런 상황에서 6월 25일 새벽에 전쟁의 소식을 들은 각 지휘관들은 어떤 행동을 보였을까. 일일이 그들의 그날 아침 상황을 거론하는 것은 무의미하다. 이 책에서 집중적으로 기술할 백선엽의 전쟁 발발 뒤 1차적인 반응을 살피는 게 중요하다.

그가 천성天性이 군인이었는가, 아니면 대한민국 군인이라는 의무감에 따라서 기계적으로 움직이는 장교에 불과했는가에 대한 대답이 분명해지는 대목이기 때문이다. 결론적으로 말하자면, 그는 군인 정신으로 매우 가득 찬 인물이다. 그는 김일성 군대의 대규모 남침이 벌어진 날, 자리와 계급이 주는 의무감에서라기보다, 좀 더 다른 가치관價值觀에 의해 움직였던 인물이다.

앞에서도 설명했듯이 전쟁이 터지던 날 그의 신분은 1사단장이 아니라 육군보병학교 교육생이었다. 굳이 핑계를 대자면, "나는 지금 교육생에 불과하다"라는 말을 앞세워 전선에 달려가지 않더라도 군법의 심판을 피해갈 수 있었던 처지였다.

그러나 그는 서울 신당동 집에서 "전쟁이 터졌다"는 전화를 받은 뒤 곧장 전선으로 달려 나갔다. 그날 아침 7시 경이었다. 백선엽은 보병학교 시험 준비 때문에 신경을 집중하고 있었다. 그러나 아침부터 전화가 걸려왔다. 사단 작전참모 김덕준육군 준장 예편 소령의 다급한 목소리가 전화통을 울렸다.

전쟁이 터졌다는 내용의 급보였다. 그는 교육생이 입는 카키색 정복에 단화를 신은 채 뛰어나가 육군본부로 달려갔다. "나를 전선에 복귀할수 있게 해달라"고 말한 뒤 채병덕 육군참모총장의 허락이 떨어지자마자 1사단 본부가 있던 수색으로 내달렸다.

차가 없어 용산으로 가서 1사단 수석고문 로크웰 중령을 불러내 그의 지프로 움직였다. 최경록 부사단장도 마침 서울 남대문 집에 와 있었다. 그 역시 함께 움직였다. 그렇게 달려간 전선은 벌써 적의 대규모 침입으로 흔들리고 있었다.

백선엽은 사단본부를 거쳐 먼저 임진강 앞에 섰다. 그리고 그가 먼저

한 일은 담배를 피워 무는 것이었다. 지금의 임진강 철교 앞. 그는 25일 오전 10시쯤에 그곳에 서서 다리를 망연히 바라보고 있었다. 부산 5연대, 광주 5사단을 거치면서 나름대로 군인으로서의 자질을 갈고 닦았던 백선엽이었다. 그러나 떨렸다. 이제 8,000여 1사단 장병을 거느리고 전선을 넘어온 몇 배의 북한군 병력에 맞서야 한다는 긴장감이 엄습했다.

비록 5사단에서도 사단 병력을 지휘했지만, 25일 벌어지고 있던 전쟁은 종래의 그가 경험했던 모든 싸움과 차원이 다른 것이었다. 비정규전을 구사하는 빨치산을 토벌하는 것과 전차와 야포를 앞세우고 대규모 병력으로 밀고 들어오는 적을 상대하는 전투는 달라도 너무 달랐다.

백선엽이 일찍이 겪어보지 않은 싸움이 막 벌어지고 있었던 것이다. 그는 다리 앞에 서서 적이 이미 점령한 개성 쪽을 바라보며 자신도 모르게 손을 내밀었다. 담배를 찾았던 것이었다. 미 고문관 로크웰 중령이 그에게 '럭키스트라이크' 담배 한 개비를 건넸다. 한 대, 두 대, 그리고 세 대째…. 담배가 타들어 가는 것이었는지, 백선엽의 마음이 타들어 갔던 것인지 아무도 모른다.

백선엽이 연거푸 피워 물었던 세 번째 담배가 땅바닥에 떨어졌다. 그는 신고 있던 단화 밑창으로 담배를 비볐다. 그리고 그는 움직였다. 싸움의 때가 온 것이다. 아주 거대하면서 모질고 질긴 싸움이 이제 그의 앞에 닥쳤던 것이다. 그동안 준비했던 모든 것을 점검하고, 다시 일선의 상황을 관리해야 한다. 그는 자리를 옮겨 주저항선으로 설정해 참호를 길게 파놓은 파평산을 올랐다.

그러나 자신도 모르게 다리가 후들거렸다. 옆에 따라오는 미 고문관과 참모들의 눈에 띄지 않도록 자신의 마음을 붙잡으려 노력했지만, 땅을 딛고 앞으로 나아가야 할 두 다리는 계속 떨리기만 했다. 전장의 두려움.

3년 내내 모든 전선을 누볐던 백선엽에게 그 뒤로는 결코 찾아오지 않았던 불안과 공포가 그를 휘감았다.

링 위에 올라서는 권투 선수는 링 위에 오르기 전의 공포와 실제 올라섰을 때의 무덤덤함을 즐겨 말한다. 제대로 붙어본 적 없는 강한 맞수를 상대하기 위해 링에 올라설 때는 우선 두려움이 크게 다가온다고 한다. 그러나 정작 싸움이 붙었을 때의 심리적 작용은 두려움과 거리가 멀다는 것이다.

주먹이 뻗고, 이어 피가 튀는 혈전이 벌어질 때 내가 맞느냐, 상대를 어떻게 때리느냐에 골몰하다 보면 두려움이라는 감정은 저만치 사라져 보이지 않는다고 한다. 싸움이라는 것은 어쩌면 그런 것이고, 군대의 전쟁 또한 본질적으로는 그와 크게 다를 바 없는 것일지 모른다. 임진강 철교 앞에서 연거푸 담배를 피워 물었고, 파평산 주저항선을 오를 때 두 다리를 떨었던 백선엽은 이내 전장의 분위기에 빠져들고 말았다.

그러나 상황은 아주 암담했다. 1사단 우익을 맡고 있던 13연대가 분전하는 것 외에는 개성의 12연대가 크게 밀려 임진강을 넘어오기 시작했다. 예비로 뒀던 11연대는 수색에서 겨우 이동을 시작한 상태였다. 전차와 강력한 포격을 뒤에 업고 물밀 듯이 내려오는 북한군의 기세는 엄청났다. 그래도 끝까지 분전해야 했다.

전쟁은 리듬을 탄다고 한다. 한 번 밀리면 계속 밀리는 게 전투라고 한다. 그러나 밀리면서도 정신을 차리고 자신이 닦았던 여러 가지를 제대로 챙기면서 적을 맞는 사람은 반격의 기회를 잡을 수 있다. 백선엽 장군은 그것을 '상승Up'과 '하강Down'으로 설명한다. 필자는 1년 6개월에 걸쳐 그와 인터뷰를 했다. 가장 궁금한 것 중의 하나가 전쟁에서의 심리 작용이었다. 특히 지휘관의 경우 승패의 갈림길, 또는 패전의 암울한 그림자가 몰아닥칠 때의 마음 작용은 어떤 것인가를 즐겨 질문했다.

백 장군은 "전쟁은 적을 압도할 때와 적에게 밀릴 때가 늘 있다. 병력과 화력, 조직력과 전술 등에서 우위를 차지하며 적을 밀 때의 전투는 아주 쉽다. 리듬이란 게 있어서, 한 번 적을 밀쳐낸 뒤 계속 몰아붙이면 그 흐름을 지속하기 매우 쉬운 것이다. 그러나 전선 지휘관의 자질이 드러나는 대목은 적에게 밀릴 때다. 적에게 압도당해 뒤로 밀릴 때의 상황은 아주 어지럽다. 따라서 밀리는 상황을 어떻게 통제하느냐에 따라 전선 지휘관의 능력이 날카롭게 드러난다"고 말했다.

그 말의 요체는 이런 것이다. 승세勝勢에 올라타 적을 계속 공격하는 것은 웬만한 지휘관이면 모두 다 할 수 있는 일. 그러나 그 반대의 경우에는 상황이 매우 어지러워져 그것을 잘 관리해 반격의 기회를 잡을 수 있느냐의 여부에 따라 지휘관의 실력이 드러난다는 것이다.

그는 또 이런 말을 했다. "군사軍事는 하루아침에 이뤄지는 게 없다." 좋은 무기와 막대한 후방 물자만을 갖춘다고 군사력이 갖춰지는 게 아니라는 얘기다. 군대가 움직이는 데는 병력과 화력, 후방 보급 물자 외에 끝없는 훈련이 쌓여야 한다는 말이다. 사느냐 죽느냐를 두고 벌이는 전투는 단순한 주먹 싸움의 심리적 상태를 훨씬 넘어선다. 권투에서도 반복적이면서 고된 훈련이 반드시 필요하지만, 죽느냐 죽이느냐의 갈림길을 앞에 두고 벌이는 전쟁은 훨씬 높은 차원의 훈련이 따라야 한다는 얘기다.

그러나 6.25전쟁 초반의 북한군과 국군은 여러 가지로 차이를 보였다. 오랜 남침 준비를 거친 까닭에 전투 숙련도가 매우 높아져 있던 쪽이 북한군이라면, 국군은 준비 없이 전쟁을 맞은 꼴이었다. 백선엽이 이끄는 1사단은 나름대로 대비에 충실했다고는 하지만, 역시 6월 25일 일요일 휴가를 맞아 병력 3분의 1이 빠져나가 밖에서 휴식을 취하던 느슨한 부대였다.

1사단은 밀리고 밀렸다. 그러나 나름대로 준비를 갖췄던 105㎜ 야포가 적의 전차를 겨냥해 불을 계속 뿜었고, 몸에 폭약을 두른 육탄 돌격대가 적의 전차에 뛰어드는 용맹성도 과시했다. 적은 그럴 때마다 주춤했고, 전선은 주저항선을 내준 뒤 국군 1사단이 설정한 봉일천의 마지막 저항선 앞에 다시 만들어지고 있었다.

백선엽의 1사단은 나름대로 분투를 거듭하고 있었다. 3일 동안 적을 저지하는 데 성공했다. 비록 원래 계획대로 임진강 철교를 폭파하는 데 실패하고, 주저항선인 파평산에서 적을 더 묶어 두는 데 실패했으나 장병들의 눈물겨운 선전善戰으로 경부京釜축의 38선 북단을 뚫고 곧장 서울쪽으로 남하하려던 북한군의 기도는 계속 늦춰졌다.

백선엽은 그때 이미 전쟁에 깊이 빠져 들었다. 그는 링 위에 올라 있던 권투 선수였다. 적의 펀치도 맞아보고, 잠시 그 아픔에 젖어보기도 했다. 그러나 두려움은 더 이상 없었다. 그저 앞에 다가선 적을 향해 덤벼든다는 투지만이 불타오르고 있었다. 그는 잠을 잊었다. 먹는 것도 잊었다. 어떻게 잠을 잤고, 무엇을 먹었는지 전혀 기억에 없다.

28일에는 봉일천 최후 저지선까지 밀렸다. 그는 그때까지 전투복으로 갈아입지도 못한 상태였다. 25일 아침 집을 뛰어나올 때의 차림새 그대로였다. 그는 봉일초등학교에 마련했던 사단 지휘소cp에 앉아 있었다. 발 뒤끝이 아렸다. 구두 굽을 뚫고 나온 날카로운 못이 그의 발을 찔렀던 것이다. 구두를 벗었을 때에는 이미 뒤창이 피로 범벅이 돼 있었다.

그렇게 나를 잊어버리는 망아忘我, 느낌조차 사라진 무감無感의 상태로 사흘을 버텼으나 전황戰況은 좋을 리 없었다. 저쪽은 준비가 충만했던 군대, 이쪽은 그렇지 못했던 군대였다. 그의 오랜 부하이자, 많은 전장을 함께 누볐던 김점곤 중령이 부상당한 12연대 전성호 대령 대신 급히 연대를 맡기 위해 왔고, 보병학교에 입교 중이었던 15연대장 최영희 대령도 1개 대대 병력을 이끌고 속속 현장에 왔다.

그러나 전쟁의 흐름은 너무 일방적이었다. 나흘째 되는 28일이었다. 서울이 함락됐다는 소식이 들렸다. 서부 전선의 북한군 주력은 임진강을 넘어 서울로 향하는 길목에서 1사단의 강력한 저항에 부딪혔으나, 동두천과 의정부는 쉽게 뚫리고 말았다. 국군 7사단이 방어하던 지역이었다.

지키는 쪽에서 볼 때 전선은 함께 연결돼 있어야 한다. 한쪽이 무너지면 그 옆의 부대는 그곳을 우회해 들어온 적에게 바로 포위된다. 앞, 그리고 뒤와 옆에 적이 존재한다면 그 부대의 운명은 바로 몰살沒殺이다. 1사단이 그런 형국이었다. 옆의 아군이 무너지면서 적은 우회했고, 급기야 미아리를 넘어 서울에 진입했던 것이다.

더 충격적이었던 것은 한강의 인도교마저 끊겼다는 점이었다. 급히 서울을 빠져나간 지휘부가 너무 서둘렀던 것이다. 한강 다리가 폭파돼 끊어졌다는 것은 1사단에게는 아주 치명적인 소식이었다. 퇴로退路가 막혔기 때문이었다. 작전을 벌이는 군대에게 퇴로는 아주 중요하다. 적을 공격하기 위한 공로攻路 못지않게, 아니면 더 중요한 게 퇴로였다.

후퇴도 작전의 일환이다. 후퇴를 패배敗北와 동일시하는 것은 어리석다. 앞에서 소개한 백 장군의 술회述懷에서도 보이듯이, 전쟁은 리듬을 타고 펼쳐진다. 따라서 적이 우세하고 아군이 불리할 때는 물러서는 게 가장 나은 방책이다. 물러설 때 제대로 물러서는 게 군 지휘관이 갖춰야 할 요건이다.

"지리산에서 만나 게릴라로 싸우자"

국군 1사단은 일방적으로 밀리는 전선, 죽음을 앞에 둔 절망적인 상황에서도 잘 버티고 있었다. 그러나 대세大勢라는 게 있다. 압도적인 병력 상의 우위, 상대를 짓누를 수 있는 화력火力 상의 우세, 남을 제압하는 데 반드시 필요한 조직력에서의 우월성 등은 전투의 대세를 형성하는 조건 이다. 게다가 국군 지도부는 이미 수도 서울을 버리고 일찌감치 후방으로 빠져 있는 상태였다.

임진강과 봉일천에서 적과 맞붙었지만 한강 인도교가 끊기고, 화력의 보급이 중단된 상황에서 1사단은 고립무원孤立無援에 빠지고 말았다. 적은 계속 강력한 공격을 펼쳐왔고, 분전을 거듭했지만 1사단 장병은 이미 지쳐 있었다. 나흘째인 6월 28일이었다.

봉일천 봉일초등학교에서 탄약을 수령하기 위해 후방으로 나갔던 박경원육군 중장 예편, 내무부 장관 역임 중령이 빈 트럭으로 돌아왔다. 백 사단장 은 총탄과 포탄이 도착하는 대로 적에게 내준 문산을 탈환할 준비에 착수한 상태였다. 그러나 박 중령의 입에서 흘러나온 말은 충격적이었다.

"녹번리현재 서울 녹번동를 지나가는데, 어젯밤 서울에 북한군이 이미 들어와 서대문 형무소의 문을 열었다고 합니다. 거리마다 붉은 깃발이 걸려 있었습니다. 할 수 없이 되돌아 왔습니다."

서울 함락을 알리는 부하의 보고였다. 그 전날 사령부로 찾아온 육군 본부 전략지도반장 김홍일육군 중장 예편 소장도 "의정부 쪽이 이미 기대할 수 없는 형편이다. 저항을 멈추고 철수하는 게 어떠냐"고 물었다. 백 사단장은 "명령 없이 함부로 철수할 수 없으니 참모총장 허가를 받아달라"고 부탁했다.

그러나 김 소장이 돌아간 뒤 백 사단장이 받아든 채병덕 육군참모총장의 명령서에는 '현 위치를 사수하라'는 것이었다. 기대했던 내용과는 정반대였다. 그렇게 철수를 포기한 1사단은 다시 전열을 가다듬어 문산 쪽을 향해 반격을 펼치려던 참이었다. 그런데 박경원 중령의 보고는 '서울 함락'을 알리고 있었던 것이다.

그에게 노재현 소령이 다가왔다. 포병대대를 이끌면서 정확한 포격술로 적의 전차를 저지했던 지휘관이었다. 그가 말했다. "이제 포탄이 다 떨어졌습니다…." 백 사단장은 멍하니 노재현 소령의 얼굴만 바라보고 있었다. 온몸에 힘이 다 빠져버리는 듯했다. 그리고 사단장은 포병대대장을 끌어안았다. 자신도 모르게 흐느끼고 있었다.

나흘 동안 버틴 임진강 전투에서 백 사단장은 두 번 울었다. 첫날 임진강 철교 앞에서 자신에게 담배 '럭키스트라이크'를 건넸던 로크웰 미군사고문이 얼마 뒤 "미군 철수 명령이 내려져 이제 떠나야겠다"면서 등을 보였을 때 처음 울었다. 이어 봉일천에서 전선을 사수하기 위해 피곤에 지친 부대를 다시 추스르고 있을 때 노재현 소령이 찾아와 포탄이 바닥났다는 말을 했을 때가 두 번째 운 것이다.

눈물은 여러 종류다. 기쁠 때와 슬플 때, 그리고 불안감이 마구 커져 감내하기 어려울 때 눈물이 난다. "철수 명령을 받았다"며 서울 쪽으로 돌아가는 로크웰의 뒷모습을 바라보면서 흘린 백 사단장의 눈물은 불안감 때문이었을 것이다. 노재현 소령의 보고를 받은 뒤 흘린 눈물은 이제 더 이상 해보려고 해도 아무 것도 할 수 없다는 무력감에서 솟아난 눈물이었을 것이다.

원래 백선엽은 눈물이 없는 편이다. 감정의 기복起伏이 거의 없는 사람이니, 슬픔과 괴로움, 기쁨과 즐거움이 얼굴의 미세 근육으로 잘 옮아붙지 않는다. 그래도 전장에서 그가 눈물을 흘린 적은 몇 번 있다. 개전 초기의 절망적인 상황에서 전선을 이끌며 보인 이 두 번의 눈물이 대표적이다.

그러나 다음 상황이 중요했다. 정신을 바짝 차리고 그런 절망감이 엄습해 오는 상황에서도 어떻게 해서든 살아남을 방도를 마련해야 했다. 28일 정오를 넘겨 오후로 접어 들어갈 무렵이었다. 1사단 지휘소가 있는 봉일초등학교 앞에서 약 300m 정도 떨어져 있는 야산으로 키가 작은 몽골말 여러 마리가 올라가고 있었다. 백 사단장은 이 광경을 지켜보고 있었다. 적군이었다. 기관총과 박격포를 말 등에 싣고 있던 적의 기마대였다. 바로 눈앞의 적이었다.

그들은 야산 어느 지점에 멈춰 서는가 싶더니 갑자기 총탄을 퍼붓기 시작했다. 사단사령부에 남아 있던 병력은 이미 얼마 되지 않았다. 참모와 지휘소 요원들 30여 명이 전부였다. 적들이 사단 지휘소로 마구 쏘아대는 총탄이 날아들고 있었다. 백 사단장 일행은 급히 지휘소를 나와 봉일천 건너편의 둑방으로 뛰었다. 물은 깊지 않았다. 허겁지겁 둑방에 올랐다. 그래도 총탄은 봉일천 가운데까지 바짝 쫓아왔다.

바야흐로 1사단의 마지막이 다가온 것이다. 나흘 동안 적과 마주친 상황에서 1사단 병력은 여러 가지 조건이 불리한 가운데에도 열심히 싸웠다. 그러나 하늘의 때인 천시天時, 당시에 처한 땅 위의 상황인 지리地利에서는 이제 항전이 불가능했다. 백 사단장은 각 연대장과 참모장, 직할부대장들을 한군데에 모았다.

백 사단장은 부하들을 향해 얼굴을 돌렸다. 목소리가 잠기고 있었지만, 다시 몸을 가다듬고 비감한 어조로 말했다. "그동안 잘 싸워줘서 고맙다. 그러나 이제 우리는 헤어져야 한다. 각자 살길을 찾아서 후퇴할 수밖에 없다. 희망을 갖자. 그리고 끝까지 싸우자. 병력을 잘 챙겨서 한강 남쪽으로 가자. 일차 목표는 시흥이다. 그곳에서 다시 만나자. 시흥이 불가능하다면 마지막으로 지리산에서 만나자. 마지막까지 게릴라가 되어 적과 싸우자."

이런 내용이었다. 자리에 모여 있던 참모들은 예하의 각 연대와 대대에 연락을 취했다. 이제 모두 후퇴해 시흥에서 집결하고, 그게 어려우면 지리산에서 다시 만나 게릴라로 싸우자는 사단장의 명령을 전하고 있었다. 이른바 각자도생各自圖生이었다.

커다란 군대의 조직체가 마지막을 맞을 때 선택하는 최후의 방법이다. 일단 모두 각자의 능력으로 어떻게 해서든지 살아남아 후일을 기약하자는 약속이었다. 뒷날을 도저히 기약하기 힘든 상황에서 한 약속이었다. 그러나 이대로 물러날 수는 없다는 생각에 한 일종의 맹세이기도 했다. 깊은 지리산 속에 들어가 게릴라로 버티면서 시간을 벌어보자는 그런 다짐이었다. 그러나 그 싸움이 언제 어떤 결과를 맺을지는 그 순간 어느 누구도 자신할 수 없었다.

1사단은 모든 장비를 포기해야 했다. 야포와 트럭 등 중장비를 비롯해 개인적으로 소지할 수 있는 무기와 물품 외에는 모두 포기해야 했다. 한강의 인도교가 28일 새벽 이미 끊겼기 때문이었다. 이 부분은 나중에 대한민국 국군 지도부의 중대한 패착으로 지적되는 사안이다. 너무 성급하게 다리를 끊어 국군 1사단의 퇴로를 막아버린 점, 이미 서울이 함락됐음에도 불구하고 1사단에게 미리 철수 명령을 내리지 않은 점 모두가 그랬다.

한강 다리가 끊겼으니 퇴로가 걱정이었다. 11연대장 최경록 대령은 한강의 이산포로 건너가자는 제안을 내놨다. 15연대장 최영희 대령은 행주 나루가 낫다고 했다. 둘을 선발대로 먼저 출발시켰다. 백 사단장은 나머지 사단 요원과 함께 먼저 이산포에 갔다. 최경록 대령이 보이지 않았다. 다시 상류 쪽으로 차를 돌려 행주 나루로 갔더니 최영희 대령이 보였다. 나룻배도 10여 척 있었고 뱃사공도 있었다. 천만다행이었다. 최영희 대령은 공병 출신의 경험을 발휘했다. 나룻배 두 척에 널빤지를 얹어 지프도 실을 수 있게끔 했다.

그는 어디서 구했는지 저녁 식사로 닭 열두어 마리도 준비해 놓았다. 백 사단장은 그때까지 식사를 제대로 한 기억이 없었다. 나흘 정도는 그대로 굶은 것 같았다. 전선에서 밀리기만 했던 상황에 지휘관이 밥을 챙겨 먹을 수 없었던 것이다. 기름진 닭을 앞에 두고 있었으나 차마 입에 댈 수 없었다.

전선에서 살아남아 철수는 제대로 하고 있는지, 그 생사조차도 알 수 없는 부하들을 두고 기름진 닭고기를 입에 댄다는 게 그저 죄스러웠기 때문이었다. 그는 끝내 닭을 건드릴 수 없었다. 식사를 마친 일행들은 최 대령 덕분에 지프차 두 대까지 싣고 무사히 강을 건넜다.

그러나 강을 건넌 뒤 지프는 그냥 버릴 수밖에 없었다. 강 남안의 김포와 영등포 쪽에서는 이미 연기가 피어오르고 총성이 들렸다. 지프로 길을 간다면 적에게 노출될 게 뻔했다. 지프 두 대는 강 아래로 밀어버렸다. 밤새 걷기 시작했다. 배고픔과 함께 갈증이 심해지고 있었다. 군 생활 줄곧 백 장군의 부관을 지냈던 김판규 대위가 논두렁에 고인 물을 떠가지고 왔다.

후퇴하는 군대, 생사를 가늠하기 힘든 전선에서 부하들과 뿔뿔이 흩어져 등을 보이면서 밀려 내려가는 부대의 지휘관에게 찾아왔던 것은 그저 타는 목마름이었다. 나흘을 굶어 시장기가 이루 말할 수 없었으나, 그 목마름을 넘어서지 못했다. 백 사단장은 그 물을 아주 시원하게 마셨다고 기억한다.

그러나 사람 살아가는 양태는 매우 다양하다. 삶과 죽음이 엇갈리는 전장, 그 패주의 길 위에서도 이상한 소리가 들렸다. "무슨 소리냐"고 부관에게 물었더니 김 대위는 "(13연대장) 김익렬 대령이 강아지를 품에 안고 왔다"고 대답했다. 그는 '이 전쟁 중에 땅개를 데리고 다니니 참 이상한 취미'라는 생각을 했다. 패주하면서도 그런 여유가 있는 것을 보니 한편으로는 부럽기도 했다는 것이다.

한강은 적막했다. 적에게 쫓기기 전에 보던 임진강처럼 말이 없었다. 나중에 서울을 탈환해 북진할 때, 중공군에게 밀려 서울을 내줄 때, 그리고 다시 서울을 수복했을 때 사단장은 늘 한강을 유심히 봤다. 적군에게 밀려 넘어서던 한강 또한 말이 없었다. 그러나 그 속에는 마치 거대한 꾸지람이 담겨 있는 듯했다. 패주하는 군인으로서의 책임감이 어깨를 짓눌렀다. 그는 짙어가는 어둠 속에서 일행들과 함께 진창길을 질척거리며 걸었다. 어느덧 백선엽은 전쟁에 익숙해지고 있었다. 늘 궁리하고 탐색하며 연구하는 지휘관 백선엽. 그는 적과 싸워서 이기는 방법을 궁리하며 그 어둠을 헤쳐가고 있었다.

지연전, 그 지루한 서막

이후부터 백선엽이 치르는 전투가 이른바 '지연전遲延戰'이다. 물밀 듯이 내려온 북한군에게 밀리고 또 밀리는 고난苦難의 전투 과정이다. 지연전이라는 것은 적의 공세를 맞아 밀리면서도 그 진공進攻의 속도를 최대한 늦추도록 지속적인 반격을 가하는 전투 양식이다. 그러나 그런 확실한 목표에 따라 움직이더라도, 반격을 가할 충분한 조건이 갖춰져야 한다. 그렇지 못할 경우, 지연전은 매우 고통스럽게 마련이다.

맹자孟子는 그런 말을 했다. "하늘이 이 사람에게 큰 임무를 주고자 할 때, 먼저 그 사람의 마음을 어렵게 하고, 그 몸을 고달프게 한다…天將降大任于斯人也, 必先苦其心志, 勞其筋骨…." 그런 시련 끝에 만들어지는 사람은 강인한 성격에, 상대에 굴하지 않으며, 태어날 때 지니지 못했던 능력까지 얻어 큰 임무를 수행할 수 있다는 말이다.

고난에 처하면서도 열심히 노력해 자신의 천부天賦에 후천적인 무엇인가를 보태는 능력. 모든 사람이 갖고 태어나는 그릇은 다르다. 갖고 태어난 그릇이 크더라도, 스스로 갈고 닦지 않는 사람에게는 커다란 일을 해낼 수 있는 능력이 갖춰지지 않는다. 둘 다 모두 중요하지만, 간고艱苦한 노력이 뒷받침하지 않으면 그 사람은 큰일을 해낼 수 있는 자격이 없다는 얘기다.

1950년 6월 말, 임진강에서 밀려 한강 이남으로 흩어져 내려가는 백선엽의 앞에는 그런 간고한 역정, 그리고 이를 반드시 이겨내야 할 과제가 어깨에 걸쳐져 있었다. 바야흐로 펼쳐지는 지연전의 길고 지루하며, 때로는 좌절과 고립감에 모든 것을 포기하고 싶은 전장이 그를 기다리고 있었던 것이다. 그는 하늘이 맡길 대임을 충분히 수행할 자격이 있는가, 나아가 그는 자신의 천부적 자질에 고난의 역정을 이겨낼 후천적인 노력을 기울일 수 있는 인물이었을까.

다행이었다. 깨졌다가도 다시 모여드는 장병들이 적지 않았다. 한반도는 외침으로 인한 전란을 많이 겪은 곳이다. 늘 북방의 대륙으로부터 내려오는 군대가 있었고, 해양을 건너 한반도 남쪽을 노리는 왜군도 있었다. 그들이 한반도 깊숙이 쳐들어와 나라의 운명이 경각에 달렸을 때 늘 용기를 잃지 않고 일어서던 사람들이 한반도의 민초民草들이다.

그런 불굴의 민초들이 있었기 때문에 이 나라가 그나마 오랜 역사를 지탱할 수 있었던 것이다. 그때도 그랬다. 비록 김일성 군대의 강력한 공세로 순식간에 서울을 내준 뒤 밀리고 있었지만, 내 나라와 사회를 지키고자 했던 대한민국 사람들의 기세는 결코 움츠러들지 않았다.

백선엽은 후퇴해 온 시흥 지역을 돌면서 각자 흩어져 내려온 1사단 장병들을 부지런히 모았다. 그들은 북한군의 눈에 띄지 않게 민간인 복장으로 갈아입었음에도, 어깨에는 무거운 박격포를 짊어지고 오기도 했다. 바지저고리 차림이면서도 등짝이나 어깨에는 무거운 화기를 그대로 간직한 채 모이는 그들의 모습에서, 어느 지휘관인들 감동을 받지 않을 수 있을까.

그런 강한 생명력, 그리고 강한 의무감, 자신의 희생에 아랑곳하지 않는 마음들을 한데 엮고 다듬어서 훌륭한 전투력으로 키워내는 것이 지휘관의 몫이었다. 그들은 그렇게 모여들기 시작해 어느덧 2,000명에 육박하고 있었다.

북한군이 다시 움직이면서 전선은 요동치기 시작했다. 그때 백선엽은 육본으로부터 명령을 받았다. 지금 용인의 풍덕천 방향으로 이동하라는 내용이었다. 1950년 7월에 들어서면서 적의 공세가 더 강해지고 있었다. 춘천 방향에서 적을 잘 막아내던 국군 6사단사단장 김종오 대령의 전면을 뚫은 적들이 수원을 포위 공격하기 위해 서남쪽으로 오고 있던 상황이었다. 육본은 백선엽에게 풍덕천 방향으로 진출해 내려오는 적을 막아내라고 지시했다. 백선엽이 한강 이남으로 내려온 뒤 처음 받는 전투 명령이었다.

흩어졌다가 다시 모인 1사단 병력은 아직 3,000명에 불과했다. 사단이 아니라 연대 병력 규모였다. 지금은 '수원CC' 골프장이 들어서 있는 풍덕천 골짜기에 우선 병력을 배치했다. V자형으로 가운데를 비우고 양쪽으로 길게 병력을 늘여서 골짜기에 포진하도록 한 것이었다. 광주 5사단 시절 빨치산을 토벌하면서 구사한 전법의 하나였다. 적은 병력으로 대규모의 적과 맞서 싸우기 위해서는 이 방법밖에 없었다. 최소한의 타격으로 큰 성과를 거두기 위해서라면 매복이 최고였던 것이다.

북한군은 그 매복에 걸려들었다. 선두가 나타나고, 이어 중간 대열이 다소 긴 풍덕천 골짜기로 들어올 때까지 숨죽이고 기다리게 했다. 후미 대열이 골짜기에 완전히 들어오는 모습을 보자 사격 명령을 내렸다. 적들은 반격할 틈조차 없었다. 총도 제대로 쏘아보지 못한 채 1사단의 매복에 걸려들었다. 결코 큰 승리는 아니었다. 부대 규모도 대단하지 않았다. 그러나 임진강에서 당했던 적들을 직접 쓰러뜨렸다는 점에서 백선엽은 통쾌했다. 일종의 복수였던 셈이다.

느리게 밀리는 것, 그리고 가끔 적에게 타격을 가하면서 그들의 진공進攻을 방해하는 것. 지연전의 요체였다. 풍덕천에서 일단 작은 지연전을 성공적으로 수행한 1사단은 조치원으로 이동했다. 길 양쪽으로 길게 행군을 하던 1사단은 반대편에서 오고 있던 부대를 목격했다.

미군의 대열이었다. 오산 북쪽의 한 지점에서였다. 한국전쟁에 뛰어든 미군을 처음 본 것이다. 6월 29일 유엔군 총사령관으로서 과감하게 영등포 전선을 직접 방문해 전황戰況을 살피고 갔던 더글라스 맥아더의 전격적인 결정에 의해 급히 파견된 군대였다. 백선엽은 미군의 직접 개입을 눈으로 확인하고 안도감을 느꼈다.

그들은 105㎜ 포를 끌고 북쪽으로 이동 중이었다. 미군 대열 중에 한 일등 상사가 말을 건넸다. 그는 백선엽에게 "북한 군대의 실력이 어떠냐"면서 적의 전력을 탐색하는 눈치였다. 백선엽은 북한군이 결코 만만찮은 상대라는 점을 일깨워주기 위해서 "전차를 앞세우고 있는 강한 부대”라고 강조했다.

그러나 미군 일등상사는 "나는 포병 경력이 10년 이상이다. 그런 적쯤은 걱정하지 않는다"며 강한 자신감을 나타냈다. 그들은 6.25 발발 뒤 도쿄 유엔군 총사령부 예하에서 일본에 주둔하고 있다가 맥아더의 명령에 따라 한국 땅에 가장 먼저 도착한 '스미스 부대'의 선발대였다. 부대장 스미스의 이름을 딴 대대급의 병력이었다.

백선엽의 1사단이 평택에 도착한 이튿날 그들도 평택에 왔다. 북한군을 깔보고 덤볐다가 패배해 허겁지겁 쫓겨 온 모습이었다. 북한군에게 당한 것이었다. 북한군은 수적으로 우세한데다가 무기 체계 또한 소련군의 지원을 받고 있던 상황이라서 미군에게 쉽게 밀릴 만큼 녹록한 상대는 아니었던 것이다.

1사단은 계속 남쪽을 향해 이동했다. 백선엽은 조치원 북쪽에서 신설 1군단장으로 1사단을 지휘하게 된 김홍일 장군을 다시 만났다. 김 장군은 "대전에서 오는 길인데 24사단 윌리엄 딘 소장을 만났다"며 "평택과 안성에 1개 대대씩을 배치했는데 솔직히 걱정이 된다고 하더라"고 말했다. 당시 1사단은 새로 1군단장에 임명된 김홍일 장군의 지휘 하에 있었다. 경부선을 축으로 서쪽은 미군, 동쪽은 국군이 방어하도록 계획을 짰다는 말도 들었다. 1사단은 다시 동북 방향인 충북 음성 방향으로 진출해 적을 저지하는 임무를 맡았다.

딘 소장이 이끄는 미 24사단은 금강을 경계로 방어선을 구축하고 있었다. 이곳으로부터 남쪽 대전까지 방어선을 펼치면서 적의 남하를 저지하겠다는 구상이었다. 하루 만에 쫓겨온 스미스 부대의 상황을 감안하면 24사단의 방어선이 제대로 지켜질까라는 걱정도 들었다.

간헐적인 전투, 그렇지만 병력과 화력 면에서 압도적으로 우월한 북한군과의 교전, 간신히 모여들기는 했으나 무기조차 제대로 갖춰지지 않은 병력, 그리고 앞을 점칠 수 없는 불안감⋯. 명색이 지연전이라고는 했으나 1사단을 이끄는 백선엽은 이런 점들 때문에 마음이 어지러웠다.

재편한 1사단에 5사단이 합류하면서 병력이 다소 늘었다고는 하지만, 어엿한 정규 사단 병력을 채우기에는 아직 멀었다. 그러나 가끔 감격적인 장면도 있었다. 고행의 연속이었지만 오랜 가뭄 끝의 단비처럼 생기는 일이었다. 길고 긴 행군이 계속 이어져 백선엽의 사단이 조치원 역에 도착했을 때였다. 기차역에서 반가운 얼굴들이 쏟아져 나오고 있었다. 임진강 전선에서 각자 흩어져 후퇴했던 1사단 병력이었다. 이들은 용케도 기차를 얻어 타고서 사단에 합류하기 위해 조치원에 도착했다. 그 기쁨은 형용할 수조차 없었다. 사지死地에서 겨우 살아 집으로 돌아온 아우들을 맞는 형의 심정이었다.

백 장군은 그럴 때마다 수없이 흔들리면서 꿋꿋이 버텨온 한반도 사람들의 강인한 생명력을 느꼈다고 했다. 삶과 죽음을 넘어 한뜻으로 부하들과 한데 뭉칠 수 있는 상황에서 느끼는 기쁨은 뭐라고 형언하기 힘든 것이라고도 했다. 조치원 역에서 이뤄진 병사들과의 해후는 고된 행군과, 자칫 자신을 덮쳐버릴 수 있는 절망감에 맞서면서 후퇴와 지연전으로 버텨온 백선엽 부대 전 장병들에게는 너무나 큰 감격을 불러일으켰다.

기차에서 쏟아져 내려온 병력은 수백 명이었다. 사단장 백선엽은 그들을 보자 너무 기쁜 나머지 한달음에 그들 앞으로 달려갔다. 언변이 뛰어나지는 않았지만 일장 연설까지 했다. "너무 기쁘다. 제군들을 다시 만나 뭐라 말할 수 없을 정도로 기쁘다. 우리 이제 힘을 회복해 다시 한번 적과 붙어보자!" 역에 도착한 장병들도 오랜만에 사단장과 만나는 게 기쁜 모양이었다. 그들은 우렁찬 함성 소리로 화답했다.

빗물과 함께 먹는 주먹밥

지연전의 고됨은 지금으로서는 제대로 가늠하기 힘들다. 지휘관의 고충은 말할 수 없이 컸고, 그 밑에서 묵묵히 지시를 수행해야 하는 장병들의 고생도 엄청났다. 그때의 행군은 말이 행군이지, 최소한의 삶의 조건만을 해결하면서 견뎌야 하는 고난의 연속이었다.

당시 1사단의 모습은 옆에서 지켜볼 때 '이들이 과연 군대인가'라는 생각을 하게 할 정도였다고 한다. 우선 장병들이 제대로 갖춘 것이 없었다. 아주 초라한 대열이었다. 임진강에서 서울을 지나 한강 이남으로 내려올 때 북한군의 눈을 피하기 위해 입었던 바지저고리를 그대로 걸친 병사도 있었고, 위는 일본군 복장에 아래는 국군 군복을 걸친 사람도 있었다.

개인화기인 소총을 쥔 사람은 그나마 다행이었으나, 총도 없이 빈손으로 합류해 대열을 따라다니는 병사도 적지 않았다. 임진강 주변에 버리고 와야 했던 야포 때문에 포병을 다시 구성해 전투력을 강화한다는 것은 아예 '그림의 떡'이었으니, 당시의 1사단이 사단급 부대라고 하면 믿을 사람이 전혀 없을 정도였다.

때는 마침 장마철이었다. 비가 많이 내렸다. 주먹밥은 빗물과 함께 먹어야 할 때도 많았다. 여름철에 극성을 부리는 모기떼도 문제였다. 1사단 장병들은 끊임없이 걷다가 숙영宿營 명령이 떨어지면 빗물이 그대로 고여 있는 조그만 웅덩이에 몸을 뉘여야 했다. 여름의 기운을 받아 시퍼렇게 자란 풀잎에서 날아드는 모기떼들은 그런 1사단 장병들을 마구 괴롭혔다.

1사단은 그렇게 진창에서 뒹굴었다가, 빗물에 다시 몸을 씻으면서 조치원에서 청주로 향했다. 그렇게 부대를 이동하면서도 북한군을 상대로 한 지연전술을 계속 펴야 했다. 적을 만나면 최소한의 타격으로 최대한의 손실을 이끌어 내고 불리해지면 다시 빠져야 했다. 그러면서 곧 한반도에 올 미군과 유엔군의 지원을 기대해야 하는 형국이었다. 청주를 거쳐 증평으로 갔다. 그곳에는 이미 6사단이 주둔하고 있었다.

6사단은 6.25 개전 초기에 상당한 성과를 낸 부대였다. 그들에게는 1사단이 갖추지 못한 유리함이 있었다. 그들이 주둔하고 있던 영월에는 탄광이 많았다. 일제 강점기 이후 줄곧 개발해온 탄광이었다. 따라서 영월 지역에는 차량이 많았다. 캐낸 광석을 옮기기 위해 광업회사들이 보유하고 있던 트럭이었다.

6사단은 전쟁이 터지자 바로 광업회사들의 차량을 징발할 수 있었다. 당시 각 사단에게는 좀체 찾아볼 수 없었던 조건이었다. 아울러 6사단은 소양강과 험준한 산악 지형 등을 토대로 북한군의 공세에 강력하게 맞섰다.

특히 춘천 일대에서 기록적인 항전을 펼치며 적을 최대한 저지한 우수한 사단이었다. 따라서 사단장 김종오 대령과 정보참모 유양수 소령은 자신감에 가득 차 있었다. 징발한 트럭 덕분에 기동력이 아주 탁월했고, 전투력 또한 그에 못지않았다. 부대원들이 개인화기와 복장도 제대로 갖추지 못하고 있던 1사단의 입장에서는 부럽기 짝이 없었다.

춘천에서 음성으로 이동한 6사단은 당시 또 큰 공을 세웠다. 임부택 중령이 지휘하는 7연대의 1개 대대가 북한군 1개 연대를 섬멸했다는 것이다. 1사단과 6사단의 형편은 극명하게 차이가 났다. 6사단은 개전 초반에 강력하게 적에 맞서 저들의 공세를 결정적으로 지연시켰고, 아울러 부대 건제建制를 그대로 유지하면서 기동력 또한 제대로 갖추고 있었다. 소총도 제대로 갖추지 못한 부대원들에게 빗물 고인 웅덩이에 쓰러져 잠을 자게 하고, 먹을 것도 제대로 쥐어주지 못했던 1사단장 백선엽의 심정은 참담함 뿐이었다.

1사단이 그런 처지에 빠진 데에는 이유가 있었다. 앞에서도 이야기했지만, 한강 다리가 1사단이 철수하기 전에 이미 끊겼고, 그에 따라 부대 건제는커녕 장비와 무기를 모두 버리고 후퇴해야 했기 때문이었다. 1사단의 이름은 유지하고 있었으나, 실제 1사단을 정규 사단이라고 치부하는 사람은 적었다. 그만큼 부대의 실력과 사기는 말이 아니었다.

전투력에 있어서는 1사단이 메우기 힘든 간격이 아직 컸다. 임진강에서 물러나 서울 남쪽으로 철수할 때 무기를 가지고 올 수 없었기 때문이었다. 그것이 몰고 오는 비애悲哀는 컸다. 앞에 나타난 적을 보면서도 공격을 펼치지 못하고 슬그머니 뒤로 물러서야 하는 지휘관의 심정이 오죽했을까. 그런 경우가 곧 닥쳤다.

1사단은 그해 7월 8일 어느덧 백마령을 넘어 음성에서 6사단의 7연대연대장 임부택 중령와 방어 임무를 교대해야 했다. 임 중령은 마침 동락리 전투에서 대승을 거둔 직후라 자신감에 가득 차 있었다. 백선엽은 판단을 내려야 했다. 임부택 7연대와 임무 교대는 할 수 있으나, 적과 전투를 제대로 치를 자신은 없었다. 무기가 충분치 않았기 때문이었다. 그렇다고 어디에 가서 무기를 보급해 달라는 부탁을 할 수도 없는 상황이었다.

굽힐 때 잘 굽히는 것도 중요하다. 제가 갖춘 현실적인 여건을 모두 무시하고 의기意氣 하나만을 믿고 나섰다가는 모든 것이 끝나는 전쟁터였다. 삶과 죽음이 엇갈리는 전장에서 모든 상황은 현실적 토대를 바탕으로 판단해야 했다. 그런 이유 때문에 백선엽은 차마 입으로 꺼내기 힘든 부탁을 임부택 중령에게 했다.

"우리가 지금 바로 임무를 교대할 수는 없다. 상황이 그러니 준비가 될 때까지 임무 교대를 미루고 함께 싸워줄 수 없겠느냐"는 내용이었다. 무기가 부족하다는 점, 병력이 불충분하다는 점 등을 들어 전투를 회피하는 모양새였다. 그러나 그렇게 굽혀서라도 사단의 명맥을 유지해 나중을 기약할 수 있다면 사단장으로서는 마땅히 그렇게 해야 한다. 말이 부탁이었지, 사실은 애걸이었다. 군 후배에게 궁색함을 토로하면서 이해와 동정을 바라는 일종의 구걸인 셈이었다.

7연대장 임 중령은 그런 백선엽의 부탁을 흔쾌히 들어줬다. 7연대는 1사단과 함께 방어전에 임했다. 7연대의 포병이 사단 정면을 엄호해 북한군의 강력한 공세를 저지할 수 있었다. 1사단이 임진강 주변에 그냥 남겨두고 왔던 야포의 역할을 임부택의 7연대가 대신했던 것이다.

백선엽 장군이 전후에 들은 이야기지만, 임부택 중령은 김종오 6사단장에게 혼쭐이 났다고 했다. 김 사단장은 "내 허락 없이 왜 함부로 작전 명령을 어기느냐"면서 호통을 쳤다고 한다. 임 중령이 부탁을 들어줬기 때문에 무기와 병력이 모자랐던 1사단이 고비를 넘길 수 있었던 셈이다.

백선엽은 앞에 나타난 적을 두고 우회하는 성격이 아니다. 그는 늘 자신의 앞에 선 적에게 과감하게 공격을 펼치는 스타일이다. 설령 여건을 갖추고 있지 못한 상태였다고 하더라도 최선을 다해 적과 맞서는 방법을 모색하는 타입이지, 적을 피해 자신의 생명만을 보전保全하려는 군인은 아니다.

그런 군인 백선엽이 군문의 후배인 임부택 중령에게 구차한 부탁을 할 수밖에 없었던 이유는 자명하다. 적과 싸울 여건이 전혀 안 된다는 점 때문이었다. 백선엽 장군은 이 대목에서 말을 아끼는 편이지만, 1사단의 형편은 당시 최저最低의 상태에 와 있었다. 본인 스스로도 "그때가 가장 힘들었던 시절"이라고 말한다.

그는 그런 시절을 용케 잘 견디고 있었다. 맹자가 말했던 "하늘이 큰 임무를 이 사람에게 내리고자 할 때…"라는 어구語句를 떠올리는 대목이다. 그는 나중에 6.25전쟁의 전체 국면을 전환시키는 다부동 전투에서 승리했고, 1군단장과 2군단장을 거쳐, 한국군 최초의 4성 장군 승진, 육군 참모총장으로서 국군 전력 강화에 가장 지대한 공헌을 한다. 이 정도면 그가 이룬 일이 큰 임무, 대임大任이라는 점에 동의할 수 있을 것이다.

7살에 겪은 모친의 자살 기도, 궁핍함이 줄곧 이어졌던 어린 시절, 인내와 끈기로 버텼던 부산 5연대 시절, 전쟁이 터진 뒤 닥친 1사단의 곤경, 그리고 끝없이 밀려 내려가는 지연전 속의 구걸…. 그 모든 게 대임을 이루기 전 인간 백선엽이 겪어야 했던 '필수 과정'이었을까. 그러나 그가 마음속으로 겪어야 할 시련의 대목은 아직 더 남아 있었다. 시련은 그에 직면하는 사람에게 혹독한 훈련의 효과를 거둘 수 있어야 정말 시련이라는 이름값을 하는 것일까.

유랑의 끝

1사단은 음성을 거쳐 괴산을 지나 7월 14일 미원이라는 곳에 도착했다. 앞이 보이지 않는 행군이었으나, 끝까지 강한 정신력으로 살아남아 뒷날을 기약해야 했다. 미원 일대에서 1사단은 북한군과 다시 싸움을 벌였다. 전투는 큰 피해 없이 끝났다.

사단 지휘소는 미원의 우체국에 차렸다. 그날 백선엽의 심사는 말이 아니었다. 함께 고생을 해오던 11연대장 최경록 대령, 작전참모 김덕준 소령이 부대를 떠나버린 것이다. 사전에 백선엽에게 "함께 일할 수 없어 부대를 떠나겠다"는 내용의 전갈도 없었다. 일언반구—言半句도 없이 다른 부대로 두 핵심 지휘관이 떠나버린 것이다. 지금 상황으로는 이해하기 힘든 대목이지만 그때는 그랬다. 아직 국군의 모든 시스템이 현대적으로 자리를 잡아가기 전이었기 때문이다.

그들이 떠난 이유는 이랬다. 군인으로서 명성이 높던 김석원육군 소장 예편 준장은 전쟁 전에 예편했던 사람이다. 그러나 전쟁이 터지면서 그가 수도사단장으로 복귀했고 옛 부하들을 불러 모았는데, 최경록 대령과 김덕준 소령이 그에 응했던 것이다.

인사 시스템이라는 것이 본격적으로 자리를 잡기 전이었기 때문에 군 내의 인사는 그렇게 지휘관의 임의대로 이뤄지는 경우가 많았다. 따라서 복귀한 김석원 준장이 옛 부하들을 불렀고, 그에 응해 김 장군 휘하에서 싸움을 하겠다는 두 사람을 책망할 수는 없었다. 아울러 그들을 붙잡을 여건도 아니었다.

붙잡기에는 사단장으로서 면목이 없었다. 임진강에서 잘 버텼으나, 한강 인도교가 끊기면서 모든 장비와 야포 등을 그대로 두고 온 부대였다. 장병은 뿔뿔이 흩어져 5사단과 통합을 해봐야 4,000명이 안 되는 병력의 1사단이었다. 다른 사단도 모두 겪는 지연전의 고난이었으나, 1사단의 행군은 유난히 고달팠다.

미래를 기약할 수 없고, 전투력은 밑바닥에 도달한 사단의 우두머리으로서 새로운 지휘관을 찾아 떠나는 참모들을 붙잡을 수 없었던 것이다. 그래서 백선엽은 그들을 쫓아가 만류하지 않았다. 백선엽은 설령 여건이 그보다 나은 상황이었더라도, 떠나겠다는 사람을 굳이 붙잡아 곁에 두는 성격의 사람이 아니었다. 그러나 심리적으로 그가 받은 충격은 결코 작지 않았다.

장마철이었으나 그날 밤의 날씨는 맑았다. 달까지 뜬 밤이었다. 사단장 백선엽은 잠을 이루기 힘들었다. 지연전을 펼치면서 지휘관으로서 여러 가지 고민에 휩싸이는 나날들이었으나, 그날만은 특히 잠을 이룰 수 없었다. 그는 사단 지휘소인 미원 우체국 뜰 앞에 서 있었다. 담배를 피워 물었다. 그리고 달을 하염없이 쳐다보고 있었다.

그는 지나온 20일간의 전쟁을 떠올려 봤다. 당시의 대한민국 장병들 모두 급작스런 김일성 군대의 남침으로 온갖 고생을 겪었다. 특히 1사단은 임진강에서 장비 하나 제대로 건진 것 없이 물러난 뒤 마치 유랑극단처럼 이곳저곳을 떠돌았다. 부하들을 데리고 이 산과 저 강을 떠돌았던 기억이 새삼 아프게 다가왔다.

깊은 시름, 앞을 기약하기 힘든 나날, 고생을 마다하지 않는 부하들에 대한 미안함, 그리고 떠난 부하 둘…. 그러나 그는 모든 상황의 불리함을 남의 탓으로 돌리지 않았다. '나 스스로 더 강인해져 부대의 여건을 개선하고, 상황의 흐름을 유리하게 이끌어야 한다.' 그는 스스로에 대한 믿음이 확고한 사람이었다. 자신이 더 잘한다면 더 좋은 결과가 반드시 찾아올 것이라는 믿음이 강했다.

떠난 사람은 떠난 사람, 서운한 감정은 서운함에서 그치고 털어버려야 했다. 싸움이 다시 붙고 있었다. 1사단은 진로를 급히 수정했다. 원래 보은에서 경북 봉화의 태백산맥 남쪽으로 이동해 적의 남진을 저지키로 했던 1사단은 급히 속리산 동남쪽 화령장으로 이동했다.

당시 김일성의 성화가 작용했던 것으로 보인다. 김일성은 그때 충북 수안보까지 내려와 "8월 15일까지 부산을 점령해 전쟁을 끝내라"고 재촉하면서 북한군 수뇌부에게 "경부선 큰길만 공격하지 말고 산길이나 소로小路를 타고 공격하라"고 다그쳤다고 한다. 그에 따라 북한군 정예인 박성철의 15사단이 그쪽을 향해 움직였다.

먼저 와 있던 부대는 국군 17연대와 미 25사단 24연대였다. 1사단이 도착하기 이틀 전 17연대는 북한군 15사단 주력에게 궤멸에 가까운 타격을 입히는 성과를 올렸다가, 1사단이 도착할 무렵에는 북한군의 거센 포격으로 고전 중이었다. 북한군 13사단도 곧 합류할 태세여서 싸움은 크게 번질 가능성이 있었다.

미 24연대장은 백선엽과 구면인 호튼 화이트 대령이었다. 백선엽이 정보국장으로 있던 시절, 화이트는 당시 미 군정 밑 24군단 정보부장으로 와 있어서 이미 친분을 쌓은 사이였다. 그는 막 부임한 백 정보국장에게 미군의 정보 매뉴얼 책자와 신문 방법 등을 조언한 인물이기도 했다. 아울러 백선엽의 '백白'과 화이트White가 같은 뜻이어서 서로 "성姓이 같다"며 가깝게 어울렸던 사람이었다.

공교롭게도 화이트 대령이 이끌고 있던 24연대는 연대장과 참모 몇을 제외하면 모두 흑인으로 이뤄진 부대여서 '검은 연대'라는 별칭을 얻은 부대였다. 그러나 그것보다 1사단의 주목을 끌었던 것은 그들이 끌고 다니던 155㎜ 야포였다. 그전까지 국군에게 있던 야포는 105㎜가 가장 컸다. 그에 비할 수 없이 거대한 야포를 1사단 장병들은 처음 목격한 것이다.

마침 그들은 포를 끌고 넘어오다가 고갯길 진창에 빠뜨렸다. 최영희 대령이 그것을 보고 허겁지겁 사단장에게 달려왔다. "미군이 어마어마하게 큰 포를 끌고 온다"는 것이었다. 백 사단장도 함께 달려가 그 포를 구경했다. 미군의 포는 당시로서는 상상하기 힘들 정도로 크고 대단해 보였다.

그러나 그런 호기심만 채우고 있을 수는 없었다. 백선엽은 또 달리 움직였다. 그는 자신이 해야 할 일을 늘 먼저 찾아다니는 성격이다. 그는 전장에 선 군인이었고, 따라서 적을 이겨야 했다. 그 점에서 그는 한결같았다. 부동不動의 목표, 결코 한시라도 잊지 않는 지향指向이었다.

그는 화이트 대령에게 5만분의 1 지도를 달라고 요청했다. 아울러 지도 상에 위치 등을 표시하는 아스테이지와 그리스 펜슬 같은 문구류를 함께 달라고 했다. 백선엽은 미군이 가지고 있던 지도 등에 먼저 눈길이 끌렸다. 어차피 미군이 끌고 온 155㎜ 야포는 당장 얻을 수 있는 것도 아니었고, 그에 맞는 포탄을 따로 얻기도 불가능했다. 미군이 미군을 위해 쓰는 무기였다.

그러나 지도와 아스테이지 등은 달랐다. 대포는 전쟁을 치르는 하드웨어였으나, 지도와 아스테이지는 어떻게 보면 소프트웨어였다. 그 지도를 보면 작전의 개념이 달라진다는 생각을 했던 것이다. 당시 미군의 5만분의 1 지도는 한국군이 그전까지 봐왔던 지도와는 달랐다. 일본도 강점기 때 이미 그런 축척縮尺의 지도를 만들었다. 한국의 모든 산하山河를 실지實地 측정하면서 만든 지도였다.

그러나 미군의 지도는 일본이 만든 지도에 색깔을 입히고, 중요 지형지물을 정확하게 표시했다. 그리고 무엇보다 일본이 만든 지도에는 없었던 좌표가 그려져 있었다. 그 차이는 획기적이었다. 그 좌표를 읽으면서 작전을 수행한다면 모든 것이 정밀하게 펼쳐질 수 있었다.

그 지도에는 눈대중이나 어림잡아 대강 이야기하는 목표가 아니라, 정밀하게 숫자로 나눠서 말할 수 있는 목표가 등장한다. 포격이나 공중폭격 등도 이 지도에 따라 목표를 설정하고 교신交信을 한다면 아주 정확해질 수 있었던 것이다. 전쟁의 개념이 달라지는 지도였다.

국군은 전쟁을 맞으면서 미처 일본이 만들었던 한반도 5만분의 1 지도조차 제대로 챙기지 못했다. 부끄러운 일이지만, 국군은 김일성 군대와 맞서 싸우면서 초·중·고교 교실에 걸려 있던'대한민국 전도'를 사용했다.

지휘관 백선엽의 특장이 발휘되는 순간이었다. 그는 당시 기준으로 볼 때 엄청나게 큰 미군의 155㎜ 야포를 구경하면서도 마음은 더 근본적인 것을 향하고 있었던 셈이다. 전쟁을 이루는 이면裏面적인 것, 그래서 결국 승패를 가르는 중요하고 본질적인 무엇에 더 신경을 쓰고 있었던 것이다.

그는 그렇게 상황을 이루는 큰 흐름에 주목하는 경향이 강한 인물이다. 전쟁에 동원하는 모든 요소를 그는 빼놓지 않고 중시하지만, 결국 그 틀을 형성하는 흐름이 무엇인가를 먼저 관찰해 그것을 자신에게 끌어들이려는 자세가 강했다. 어쨌든 미군의 155㎜ 야포에 비하면 종잇장에 불과한 미군의 지도가 그의 눈에 크게 들어왔다는 점은 그의 전쟁 지휘 스타일, 싸움에 임하는 철학적 사고 등과 관련해 충분히 음미해볼 대목이다.

그는 결국 미군의 지도를 손에 넣었다. 화이트 대령은 풍부한 분량의 지도와 함께 지프 뒷좌석을 가득 채울 만한 분량의 아스테이지와 펜슬 등도 백선엽에게 듬뿍 건넸다. 그 지도가 지니는 의미는 컸다. 지도는 향후 벌어질 전쟁, 본격적으로 한반도에 올라온 미군이 대한민국의 뒤를 떠받치며 펼치는 싸움에서 미군과 국군이 서로 소통할 수 있는 일종의 '코드'라고 불러도 좋았다.

미군은 세계 최첨단의 전법과 함께 현대적인 '시스템'을 운용하면서 전투를 수행하는 군대였다. 주먹구구식의 어중간함이 통했던 구식舊式의 싸움과는 전혀 다른 스타일이었다. 그 핵심은 지地, 해海, 공空을 아우르는 첨단의 장비, 이를 정밀하게 조작하는 작전 능력, 후방의 치밀한 보급 능력이었다. 그런 모든 움직임을 가능하게 했던 것이 어쩌면 이런 지도였다.

그 지도를 통해 상황을 읽고, 위치를 확인하며, 포격과 공중폭격을 감행했다. 이를테면 당시 미군이 가지고 온 지도는 미군의 전법이 날개를 달고 활발하게 펼쳐질 수 있도록 하는 근간이라고 봐도 좋았다. 화령장 고갯길의 진창에 빠져 있던 155㎜ 야포를 보면서 다른 국군 지휘관들이 경탄을 금치 못하고 있는 사이에 백선엽은 홀로 이 지도의 중요성에 먼저 착안했던 것이라고 볼 수 있다.

적과 격돌하다

최정예 김일성 군대를 맞아 낙동강 교두보를 지키다.
첫 반격의 혈로를 뚫고 평양으로 진격하다.
끈기와 불굴의 투지, 지략과 담략이 어울려 백선엽 시대의 서막을 열다.

鬪

미군이 주도하는 전쟁의 시작

오랜 준비를 마친 백선엽이라는 지휘관이 한반도에서 눈부시게 그 능력
을 펼쳐갈 시기가 막 다가오고 있었다. 미군은 일본에 주둔 중이던 24사
단을 먼저 오산과 대전 금강 유역에 파견한 데 이어, 25사단과 미 1기병
사단, 그리고 홋카이도에 주둔하던 미 7사단을 한반도에 상륙시켰다. 아
울러 미 본토에 주둔 중이던 2사단도 부산을 향해 움직인 상태였다.

월튼 워커 장군이 이끄는 미 8군은 대구에 사령부 본부를 두고 부산
항 등을 통해 속속 상륙하는 미군을 전선에 투입하고 있었다. 이제 바야
흐로 미군의 본격적인 개입에 따른 새로운 양상의 전쟁이 이 땅에서 벌
어질 조짐이었다.

그 시점에 화령장에서 미군의 정밀한 지도에 눈독을 들이고 있던 백선엽의 모습은 어쩌면 다가올 새 양상의 전투에서 그가 어떤 활약을 펼칠지를 미리 예시하고 있었다. 그는 앞에서도 소개한 대로, 끊임없이 준비하고 탐색하는 인물이다. 평양에서의 유년도 그랬고, 만주의 군관학교 생활도 그랬다.

　부산 5연대에서 그가 미 고문관 맨스필드 중령에게 부탁해 얻은 아주 두꺼운 미군 교범을 밤낮으로 읽으면서 제2차 세계대전 중에 미군이 사용한 모든 전법戰法을 꾸준히 연구했던 것은 어쩌면 이런 시대적 상황을 위해 벌였던 준비 작업의 일환일 수도 있었다. 그는 비가 오기 전에 우산의 이곳저곳을 매만지는 스타일이었다.

　화령장의 전투는 17연대의 분전, 미 24연대의 강력한 뒷받침으로 잘 마무리되었다. 백선엽의 1사단은 화령장 방어 임무를 미 24연대에 넘긴 뒤 김홍일 군단장의 명령에 따라 상주로 이동했다. 1사단 선두가 상주에 도착한 때는 7월 26일 낮이었다.

　백선엽은 상주에서 별을 달았다. 마치 유랑하는 극단劇團처럼 한 달 가까운 시간 동안 북한군에게 밀리고 또 밀리면서 처참한 지경까지 몰렸던 세월이었다. 그러나 상주에 도착한 뒤에는 상황이 좋아지고 있었다. 부산과 포항으로 급히 상륙한 미군 사단들이 후방에서 점차 전선 전역으로 투입되고 있었고, 미 8군이 대구에 자리를 잡고 전체 국면을 조율하면서 국군 각 부대에 대한 지원이 나아지고 있었기 때문이었다.

　상주에서는 5사단 소속 20연대 장병들을 흡수해 병력 7,000명 수준으로 늘어났다. 신형 105㎜ 포병 대대가 1사단 휘하로 들어왔고, 개인화기가 없던 병사들에게는 모두 M1이나 카빈 소총이 주어졌다. 각 부대별로는 기관총 등 중화기도 지급됐다. 지연전을 펼치면서 떠돌이처럼 밀려 내려오기에 급급했던 사단, 다른 사단의 연대병력에게 자신의 방어지역을 함께 맡아 달라는 '구걸'까지 해야 했던 1사단이 이제 임진강 전선을 지키던 개전 초반의 사단 편제를 서서히 갖춰가고 있었다.

그러나 아직은 백선엽 사단장에게 고생길이 많이 남아 있었다. 맹자의 말처럼 '대임을 맡기 전에 그 심지心志를 더 단련시켜, 얼굴과 몸이 앙상하게 마르는 형태'까지 이르기 위해 그가 거쳐야 할 고난의 과정은 더 남아 있었다. 그래도 길고 처참했던 한 달 간의 '유랑'은 이제 그 끝을 보이고 있었다.

그는 상주의 우체국에 사단 지휘소를 만들어 놓고 향후의 작전을 살피고 있었다. 느닷없이 신성모 국방부 장관과 정일권 육군참모총장이 지휘소에 들어섰다. 신 장관은 "장군 진급을 축하한다"며 그의 어깨에 별 하나, 준장 계급장을 달아줬다.

'장군 백선엽'으로서의 시절이 펼쳐지기 시작하는 장면이었다. 6.25 전쟁의 모든 국면에서 결정적인 수훈殊勳을 세움으로써 마침내 한국군 최초의 4성 장군에 오르는 백선엽의 장군으로서의 생애가 드디어 문을 여는 순간이었다. 그러나 아직 고비는 많이 남아 있었다.

1사단은 다시 영강으로 이동했고, 문경 아래 함창에 사단본부를 정한 뒤 그곳을 넘어서려는 북한군과 격렬한 접전을 펼쳤다. 대대장이 2명이나 전사한 전투였다. 그때 비로소 미군의 공군 지원을 처음 받았다. 지도를 보면서 좌표를 확인한 뒤 사단에 있는 미 공지空地 연락 장교를 통해 항공 지원을 요청하면 일본 규슈九州 이타즈케板付의 기지에서 발진한 미 공군기들이 30분 안에 나타나 정확하게 목표 지점을 타격했다.

전선에 다시 변화가 생겼다. 마치 땅으로 스며든 것처럼 그 존재를 파악할 수 없었던 북한군 6사단이 마산을 공격해왔기 때문이었다. 그들은 7월 초순 이후 전혀 행방을 짐작조차 할 수 없었던 부대였다. 아군의 관찰 범위를 벗어나기 위해 은밀하게 움직였다가 마침내 마산을 공격한 것이다. 이들은 당초 호남으로 우회해 낙동강 서부 지역으로 접근, 거창과 진주를 점령한 뒤 마산을 습격했다.

1950년 8월 1일 워커 미 8군 사령관은 이에 따라 계속적으로 지연 작전을 벌이고 있던 한국군과 유엔군을 낙동강 선으로 철수시키기로 결심했다. 당황한 미 8군은 상주에 있던 미 25사단을 36시간에 걸친 긴급 철도 수송 작전으로 마산에 투입했다.

그 때문에 백선엽의 1사단은 상주에서 낙동강을 건너 경북 선산군으로 왔다. 7,000여 명의 병력으로 낙동강을 따라 41㎞에 달하는 긴 전선을 방어하는 임무를 맡았다. 낙동강이 북에서 남으로 흐르는 지역이었다. 낙동강을 사이에 두고 적이 서쪽에서 동쪽으로 건너오지 못하게 막는 것이 사단의 임무였다. 네다섯 군데쯤 되는 나루를 통해 많은 피난민들이 강을 넘어오고 있었다. 적들은 강 건너편에서 포격을 가했다.

김일성 군대는 8월 15일 광복절까지 대구에 이어 부산까지 점령한다는 소위 '해방전쟁'의 완수를 목표로 결사적으로 덤벼들고 있었다. 어두운 밤을 이용해 모래주머니를 강바닥에 깔아 다리를 만들려는 움직임도 보였다. 그들이 앞세운 병력은 소위 '의용군義勇軍'이었다. 서울 등 남한 지역에서 강제로 징집한 사람들을 총알받이로 내세운 것이다. 1사단은 그런 의용군에게 총구를 들이대고 집중 사격을 할수 밖에 없었다.

그때를 기점으로 미군이 전선에 집중 배치되기 시작했다. 낙정리 남쪽으로부터 낙동강을 따라 마산까지 120㎞에 달하는 강안江岸 지역은 국군 1사단을 비롯해 미군 24, 25, 1기병사단이 담당했다. 국군 1사단이 있는 곳에서 영덕까지 동쪽 80㎞의 산악 지역은 국군 6, 8, 수도, 3사단이 맡았다. 낮에는 그나마 미군의 공중폭격 지원으로 버틸 만했다. 그러나 밤에는 뾰족한 대책이 따로 없었다.

전선은 이제 밤낮없이 싸움이 붙는 격전장으로 변하고 있었다. 북한 군은 모든 공세를 이 전선에 집중하고 있었다. 막바지에 이 전선을 넘어 대구를 차지하고, 부산을 점령하면 김일성의 적화赤化 야욕은 일단 대성 공을 거둔다고 여겼기 때문이다.

신생 대한민국 또한 낙동강에서 막바지 운명이 걸린 일전一戰을 준비 해야 했다. 이곳에서 밀리면 더는 갈 곳이 없었다. 결국 제주도로 옮겨가 전략적 이득이 없다고 판단한 미국의 버림을 받거나, 미군이 관할하던 일본 땅에서 초라하게 임시정부를 꾸려야 할 판이었다.

양쪽 모두 결코 물러설 수 없는 국면으로 치닫고 있었던 것이다. 따 라서 김일성 군대의 공세는 아주 처절할 만큼 강했다. 아군 또한 더는 물 러설 수 없다는 점을 잘 알고 있어서 끝까지 저항전을 펼쳤다. 그러나 수 적인 면에서나, 화력 면에서 아군은 북한군에게 다소 밀리고 있었다. 미 군이 자리를 잡았다고는 하지만, 이제 막 전선에 투입된 상황이었다.

아군이 펼친 저항선이 다시 밀렸다. 8월 5일에 접어들면서 당초의 방어선도 조정이 불가피했다. 남쪽으로 방어선을 다시 옮겼다.

워커 미 8군 사령관은 하동과 거창으로부터 김천-함창-안동-영덕 으로 이어지는 방어선을 포기하고, 낙동강 연안을 따라 새 방어선을 설 정했다. 적의 공세가 강했고, 그들을 막아야 하는 아군의 전선 전면前面 이 너무 넓다는 이유에서였다. 낙동강 연안을 남북 축선과 동서 축선으 로 이어 새 방어선을 설정할 경우 방어 지역을 좁혀 효과적으로 적을 막 아낼 수 있다고 판단한 것이다.

그때 형성된 것이 대한민국의 마지막 운명이 걸렸던 '낙동강 교두보'

또는 '부산 교두보'라고 부르는 방어선이었다. 워커 미 8군 사령관은 왜관을 축으로 동쪽으로 포항까지 Y선, 남쪽으로 함안까지 X선을 설정했다. 이제 그야말로, 더는 물러서려고 해도 물러설 곳이 없는 최후의 방어선이었다. 1사단은 지휘소가 있던 선산 오상중학교를 떠나 대구 북방으로 내려가라는 명령을 받았다.

백선엽은 준비에 나섰다. 그는 참모조차 대동하지 않은 채 지프를 타고 부리나케 1사단이 새로 맡을 지역을 살피러 나섰다. 대구 20㎞ 북방 지역이었다. 수암산519고지-유학산839고지-가산902고지으로 이어지는 천혜의 방어선이었다. 그 산록 아래에 있는 다부동多富洞 마을의 이름도 마음에 들었다. 그곳의 동명초등학교에 사단 CP지휘소를 세우도록 했다.

백선엽은 참모들의 의견을 매우 진지하게 청취하는 지휘관이다. 작전회의가 열릴 때면 그는 끝까지 참모들의 의견을 듣는다. 아무런 말도 없이 듣고 또 듣는다. 답답하다고 생각될 정도로 남의 말을 경청한다. 그런 뒤에 그는 결정을 내리고, 그 결정에 대해서는 매우 단호한 자세를 취한다. 그 점에서는 조금의 동요도 보이지 않지만, 그런 결정이 내려지기 전까지 그는 남의 의견을 최대한 존중하는 사람이다.

그러나 그때는 급했다. 그는 방어선 등을 설정할 때 참모들의 의견을 먼저 들은 뒤 결정하던 태도에서 벗어나, 스스로 본 수암산-유학산-가산 고지를 최후의 저항선으로 설정했다. 그런 뒤에서야 그는 참모들의 의견을 물었다. 다행히 아무런 반대도 없었다. 대구를 지키기 위한 마지막 관문으로 수암산과 유학산 등은 천혜天惠의 조건을 갖췄다고 볼 수 있었던 것이다.

그곳에 물은 없었으나, 1사단은 사실상 '배수진背水陣'을 쳤던 셈이다. 그곳에서 적의 공세에 다시 밀려 물러날 경우 1사단의 모든 병력, 나아가 경상남북도 일부를 차지하면서 겨우 명맥命脈을 이어가던 대한민국은 김일성에 의해 송두리째 짓밟히거나 그 뒤에 시퍼렇게 넘실대고 있던 바다로 빠져야 하는 상황이었다. 그것은 대한민국의 소멸消滅을 의미했다.

백선엽의 뇌리에는 그런 생각이 강하게 파고들었다. '이 전선을 지키지 못하면 미군의 지원도 끊긴다. 대한민국은 지도에서 사라지는 운명을 맞이해야 한다'는 생각이 머리를 떠나지 않았던 것이다.

사단 CP를 동명초등학교에 차린 뒤 회의가 열렸다. 그는 자신의 심사心思를 참모들에게 말했다. 개전 초반 북한군에 밀릴 때 봉일천 둑에서 열었던 마지막 회의 장면도 얼핏 그의 뇌리를 스치고 지나갔다. 그는 비장하게 말문을 열었다.

"모든 책임은 내가 지겠으니 귀관들은 모든 힘을 바쳐 마지막까지 싸워주기 바란다." 참모들도 아무런 말이 없었다. 그들도 백선엽과 같은 생각이었을 것이다. 모두의 얼굴에는 짙은 비장감이 서렸다. 동명초등학교 교실에 차려진 사단 CP에는 어느덧 어둠이 내려앉고 있었다.

피바다가 따로 없다

전선의 상황은 험악했다. 미 24사단의 방어를 뚫고 내려온 북한군 3사단사단장 이영호이 국군 1사단의 다부동을 압박하는 적의 주공主攻이었다. 북한군 3사단은 서울에 가장 먼저 입성함으로써 김일성으로부터 '서울 3사단'이라는 칭호를 받았다. 굳이 따지자면 북한군에서 전투력이 가장 뛰어난 사단이라고 해도 좋을 만했다.

이화령과 조령을 넘어온 적 15사단사단장 박성철과 13사단사단장 최용진도 여기에 가세했다. 이들을 맞는 국군 1사 단은 후퇴하면서 합쳤던 5사단의 병력까지 모두 포함해도 9,000명이 채 안 됐다. 일개 정규 사단 병력에도 미치지 못하는 상황에서 3개 사단에 전차와 대포로 무장한 적을 맞고 있었던 것이다.

김일성의 마음도 급하기는 마찬가지였다. 그는 서울에 잠시 체류한 뒤 수안보까지 내려왔다. 김은 그곳에서 전선 회의를 주재했다. 회의 석상에서 "8월 15일까지 부산을 점령해 통일 전쟁을 끝내라"고 지시했다. 아울러 "올해 광복절을 남조선 해방 축제일로 만들라"고까지 했다.

백선엽은 그런 김일성의 공세에 직면해 있었다. 비록 서로 얼굴을 직접 맞대고 벌인 싸움은 아니었으나, 한반도 운명이 갈라지는 시점과 장소에서, 둘은 병화兵火를 앞세워 결전에 나선다.

두 사람은 일찍이 해방이 되던 1945년 평양에서 마주쳤다. 백선엽은 민족 지도자 조만식 선생의 비서로서, 김일성은 소련 군정을 등에 업은 북한 정국의 새 권력자로서였다. 이제 백선엽은 대한민국 운명이 막바지에 몰린 대구 북방의 다부동이라는 길목을 지키는 방어수로 나섰고, 김일성은 그를 넘어 한반도를 끝내 적화하려는 북한군의 통수권자로서 그 공세를 주도하고 있었던 것이다.

다부동에서 보면 서쪽으로 유학산이 높이 서 있다. 다시 그 서쪽으로 있는 산이 수암산이다. 유학산 동쪽 산록 아래로 간선도로가 지나간다. 그 도로에서 다시 동쪽으로 멀리 보이는 것이 가산이다. 유학산과 가산 사이에 난 간선도로는 양쪽에 펼쳐진 산악 지형 때문에 길면서도 좁은 협곡 사이로 깔려 있는 길이다. 도로가 지나가는 이 천평동 계곡을 나중에 미군은 '볼링장 골짜기'로 불렀다. 그 이유는 다시 설명할 기회가 있을 것이다.

다부동에서 벌어진 1사단과 북한군 최정예 3개 사단의 싸움을 우리는 흔히 '다부동 전투'라고 부른다. 알 만한 사람들은 이 전투가 지닌 의미를 다 알고 있다. 김일성의 군대는 다부동을 뚫기 위해 말 그대로 '혼신渾身의 힘'을 기울였다. 이곳은 한반도 경부京釜 축선이 지나가는 곳이다.

보통 조선 왕조가 세워졌던 서울한양에서 부산을 잇는 선을 경부선이라고 부르는데, 서울에서 부산에 닿기 전 도달하는 곳이 대구다. 서울을 기점으로 볼 때, 대구에 들어서기 직전의 마지막 관문關門이라고 할 수 있는 곳이 바로 이 다부동이다.

'관문'이라고 한다면, 그것은 사실 요새와 동의어同義語다. 원래 문을 잠그는 데 쓰는 '빗장'이라는 뜻의 관關이라는 글자가 동원된 이 낱말은 길의 목, 사람이 그런 길을 오갈 때 거치지 않을 수 없는 문門에 해당하는 곳이라는 뜻이다. 어느 지점에서 다른 어느 지점으로 가고자 할 때 반드시 거쳐야 하는 곳, 따라서 그곳에는 예로부터 사람의 출입을 통제하기 위한 요새가 생기게 마련이었다.

비록 다부동 골짜기에는 그런 문과 요새는 없었으나, 그곳은 서울에서 대구를 향할 때 반드시 거쳐야 하는 곳이었다. 다부동 남쪽의 대구는 또한 부산과 직접적으로 이어지는 대도시였다. 물론 북쪽에서 부산을 점령하기 위해 군사가 진입하는 길은 이 다부동 말고도 다양한 경로가 있을 수 있다.

그러나 경부 축선에 그대로 올라 있고, 따라서 서울-대구-부산을 잇는 이동 상의 최단거리를 형성하기 때문에 김일성에게 다부동은 대구와 부산을 점령해 대한민국을 손아귀에 넣기 위한 병력을 투입하기에 가장 좋은 코스였던 셈이다. 그 관문을 향해 북한군은 모든 힘을 동원해 달려들고 있었다. 백선엽은 다부동 골짜기 후방의 사단 CP가 차려진 동명초등학교에서 그런 북한군을 침착하게 맞고 있었다.

그러나 김일성의 욕망은 강했다. 북한군은 아직 우세한 병력과 화력으로 국군 1사단의 방어선을 흔들고 있었다. 북한군은 상주에서 다부동 전면, 그리고 대구를 잇는 간선로를 향해 모여들고 있었다. 그리고 그 도로를 점령하기 위해 고지를 맹렬하게 공격해 들어왔다. 국군 1사단은 위에서 아래를 내려다보며 펼치는 감제瞰制 공격의 유리함을 차지하기 위해 유학산과 수암산, 가산을 향해 오르고 또 올랐다.

당시 전투를 '다부동 혈투血鬪'라고 부르는 데는 이유가 있다. 워낙 많은 인명人命이 그곳에서 희생됐다. 아군은 이름조차 알 수 없는 이른바 '무명 용사'들이 고지를 향해 오르고 또 오르면서 풍전등화風前燈火의 대한민국을 지키려 뛰어들다가 김일성 공세에 수도 없이 죽어갔다. 시체가 산처럼 쌓이고, 피가 바다를 이룬다는 '시산혈해屍山血海'의 수사修辭가 전혀 생뚱맞게 들리지 않는 혈투가 이어졌다.

적군도 마찬가지였다. 총구를 자신의 장병들 뒤통수에 겨냥한 채 전선으로 그들을 내모는 독전대의 활동이 극에 달하면서 역시 수를 헤아릴 수 없을 정도의 많은 의용군과 북한군이 이 전장에서 목숨을 잃었다. 김일성이 일으킨 남침 전쟁의 전체적인 판도版圖는 이 다부동의 전투 결과가 어떻게 나오느냐에 따라 크게 달라질 형국이었다.

그런 점에서 다부동 전투는 '혈투'임이 분명하다. 또 우리가 당시의 전투를 그렇게 호칭하는 데는 이유가 하나 더 있다. 아군이 처음부터 불리한 상태에서 전투를 시작했기 때문이었다. 당시 1사단이 급히 다부동에 내려오자 북한군은 바짝 그 뒤를 쫓아왔다. 그들은 유학산 고지를 먼저 차지했다. 유학산 고지 선점은 지형적으로 볼 때 아주 결정적이었다.

지금도 유학산을 가보면 산의 북면北面은 순탄한 지형이다. 사람들이 오르기 좋은 평탄한 면으로 이뤄져 있다. 그러나 남면南面은 다르다.

사람이 정상적인 걸음으로 오르기 아주 힘들 정도로 경사가 급하다. 특히 산등성이로 오르는 곳은 특별한 장비를 갖춘 채 암벽 등반이라도 해야 할 정도로 경사면이 70도 가까이 기울어져 있다.

그런 지형을 두고 볼 때, 북면을 통해 산등성이에 있는 고지를 먼저 차지한 북한군이 절대적으로 유리했다. 반대로, 사람이 제대로 오를 수 없는 경사면인 남면 쪽에서 고지를 올라야 했던 국군 1사단은 처음부터 처절한 희생을 치러야 했던 불리한 상황이었다. 처음부터 피를 흘려야 했던 싸움, 그래서 다부동 전투를 '혈투'라고 부를 수 있는 것이다.

그러나 1사단은 더 이상 밀릴 수 없었다. 15연대가 좌익, 12연대가 가운데, 11연대가 우익을 각각 맡았다. 서쪽 수암산에서 동쪽 가산까지의 방어 전면은 21㎞였다. 사단의 예비 병력을 별도로 두지 않고 3개 연대를 모두 전선에 세웠다. 적의 공격이 주효해서 기다란 방어선이 뚫릴 경우 이를 막기 위해 동원할 예비 병력이 없었다. 여기서 무너지면 모든 게 끝이었다.

8월 10일을 넘으면서 전황戰況이 더 격렬해지고 있었다. 사상死傷 병력이 점차 늘어났다. 중순을 넘으면서 매일 평균 700명이 다치거나 사망하고 있었다. 이를 알려주는 사단 참모의 보고를 들을 때마다 백선엽의 입술은 바싹바싹 타들어가는 기분이었다.

8월 13일에는 사단 좌측의 미 1기병사단을 공격하던 북한군 3사단이 1사단 15연대의 방어 전면을 치면서 돌아 들어와 공격을 시작했고, 유학산遊鶴山 일대에는 적 15사단, 우익인 11연대 정면에서는 적 13사단이 공격해 들어왔다. 아군 1개 연대가 적 1개 사단을 맞아 싸우는 형국이었던 셈이다.

고지를 먼저 차지하기 위한 싸움이 처절하게 벌어졌다. 다부동 일대의 고지들은 이를 지키고 뺏으려는 아군과 적군의 공방으로 짙은 피 냄새를 풍기기 시작했다. 아주 진한 피 냄새가 다부동 일대 산골짜기의 모든 구석을 흘러 다녔고, 이어 여름 한철의 무더운 날씨 때문에 썩어 들어가는 시신의 악취惡臭도 그 일대를 휘감고 떠날 줄 몰랐다.

가뭄 속의 단비, 미 '증원군'이 오다

당시 미 8군 또한 다부동이 모든 국면局面의 전환점이 될 수 있다는 점을 알고 있었다. 만약 이 전투에서 이긴다면 북한군 3개 정예 사단의 좌절로 적의 전투력이 크게 꺾일 수 있다는 점을 잘 알고 있었다. 그러나 거꾸로 다부동이 뚫린다면 그 반대였다. 감당할 수 없는 결과가 나올 수 있었다.

적이 일차적으로 다부동을 뚫고 대구를 점령한다면, 부산까지 그들을 막아 세울 지형적 장애가 거의 없었다. 다부동 전선이 무너져 대구를 빼앗긴다면 부산까지 계속 밀고 내려올 적을 효과적으로 방어할 만한 시간과 공간 상의 여유가 없었던 것이다. 따라서 미군은 다부동의 전선 상황에 집중적으로 관심을 쏟고 있었다.

1사단의 전투력도 바닥을 드러내고 있었다. 희생이 컸음에도 북한군은 줄기차게 덤벼들고 있었다. 북한군과 아군의 사체는 다부동 일대 산악 지역에 계속 쌓여갔다. 백선엽 장군은 당시의 상황을 "한 편의 지옥도地獄圖를 보는 것과 같았다"고 술회했다. 수암산과 유학산, 가산의 모든 산악 지역에서 고지를 뺏고 또 빼앗기는 혈투가 계속 벌어졌다.

아군이 고지를 빼앗았다고 좋아할 일도 아니었다. 독전대를 뒤에 두고 달려드는 북한군의 공세도 아주 처절했기 때문이었다. 고지의 주인이 번갈아 바뀔 때마다 또 세찬 피바람이 불어닥쳤던 것이다. 도대체 이 전쟁의 승부가 어떻게 갈릴지 아무도 장담할 수 없는 상황이었다.

소총이 필요 없는 경우도 많았다. 고지를 지키려는 쪽과 고지에 다가가 공격을 펼치려는 쪽의 거리는 아주 가까웠다. 따라서 서로 몸과 몸이 뒤엉키는 백병전白兵戰이 붙기 일쑤였고, 아군과 적의 사이는 바짝 붙어 있어서 소총 대신 대검과 수류탄을 들고 서로 싸워야 하는 경우가 대부분이었다. 따라서 희생은 더욱 커져가고 있었다.

백선엽 사단장은 8월 15일 증원부대를 요청했다. 동원할 수 있는 모든 병력을 다 소진했기 때문이었다. 대구 미 8군 사령부 고문관 메이 대위와 하양의 국군 2군단 사령부에 급히 증원을 해 달라고 요청하자, 즉각 답신이 왔다.

미 25사단 27연대와 국군 8사단 10연대를 보내겠다는 전갈이 왔다. 증원부대가 올 때까지 모든 힘을 다해 싸우는 수밖에 없었다. 그리고 이튿날에는 대규모 공습이 벌어졌다. 그때까지 볼 수 없었던 '융탄 폭격' 식의 공습이었다. 대상 지역은 왜관 서쪽이었다. 전방 부대의 모든 병력은 참호 속에 몸을 숨긴 채 절대 밖으로 나오지 말라는 지시가 내려왔다.

16일 정오였다. 오키나와 가데나 공군기지에서 발진한 B-29 5개 편대 98대가 모두 900t, 3,234개의 폭탄을 퍼부었다. 낙동강 서쪽 약목과 구미 사이 가로 5.6㎞, 세로 12㎞의 직사각형 구역이 쑥대밭으로 변했다. 미군은 그곳에 적의 주력이 몰려 있을 것으로 본 것이다.

그러나 거센 폭격에도 불구하고 적은 큰 피해를 입지 않았다. 저들은 이미 낙동강을 넘어 국군 1사단 전면에 바짝 붙어 있었기 때문이었다. 그래도 대규모 공습이 펼쳐지면서 적의 사기는 크게 꺾였다.

가장 커다란 희생을 감수해야 했던 이들은 학도병들이었다. 이들은 학생 신분으로 조국의 운명이 경각에 달했을 때 전선으로 뛰어든 사람들이었다. 그러나 문제는 이들이 훈련을 제대로 받을 여유가 없었다는 점이었다. 전선으로 투입되기 전 3~4시간 정도 기본적인 소총 사격술과 수류탄 투척 요령만 배운 뒤에 곧장 싸움터로 향했기 때문이었다.

이들의 별칭은 '고문관'이었다. 처음 목도한 전선의 처참한 광경, 아직 부모 밑에서 학업에나 열중해야 할 나이에 뛰어든 전선, 무기조차 제대로 다루지 못하는 상황에서 앞뒤를 가릴 만한 정신적 여유가 없던 어린 학생들을 고참들이 놀리면서 부르던 별명이었다.

그러나 이들은 자신을 제대로 방어하는 방법도 채 배우지 못하고서 전선에 뛰어들어 덧없이 젊은 생명을 조국에 바쳐야 했다. 산으로, 고지로 올라가 죽고 또 죽어야 했다. 참전자들의 증언을 수집해 펴낸 책자 등에는 처참한 광경이 자주 눈에 띈다. 특히 15연대의 경우 적정敵情을 살피기 위해 밤에 수색에 나섰는데 조그만 강을 건너다가 그만 모두 튀쳐 나왔다고 했다. 시체들이 썩는 냄새가 물에서 가득 풍겨왔기 때문이었다.

8월 17일이었다. 미 8군에서 급파한 25사단 27연대 존 마이켈리스 대령이 동명초등학교의 사단 CP에 들어섰다. 그는 나중에 대장에 오르고, 미 8군 사령관을 역임했다. 아주 잘생긴 장교였다. 그가 미군 증원군 1진을 끌고 1사단 방어지역에 도착한 것이다.

그는 자신의 임무부터 설명했다. "간선로를 지키러 왔다. 1㎞ 폭의 계곡을 양쪽으로 500m씩 나눠 우리 연대 병력을 배치할 것"이라고 말했다. 그는 도착 당시 중령 계급이었지만, 곧 대령으로 승진할 예정이었다. 그들은 전차 1개 중대, 155㎜ 6문, 105㎜ 18문의 화력을 갖춘 상태였다. 아울러 공군의 폭격을 유도할 수 있는 공지空地 연락장교도 데리고 왔다.

그 병력이면 한국군 1개 사단의 수준을 능가하는 화력이었다. 그리고 27연대는 하루 포탄 사용량에 제한을 받지 않았다. 당시에는 사단 등 각급 부대가 보유한 포탄의 수數에 따라 예하 포병 부대의 포 한 문이 쏠 수 있는 포탄을 결정했다. 그 제한이 없다는 것은 무제한으로 포를 쏠 수 있게 해준다는 의미였다. 전선 상황에 대비해 늘 강력한 예비 병력을 준비하는 월튼 워커 미 8군 사령관의 '소방 부대' 전술에 힘입은 지원이었던 것이다.

백선엽은 그 자리에서 호기심이 다시 발동했다. 그는 마이켈리스 대령의 뒤를 쫓아다니기 시작했다. 당시 그는 전선에서 매일 수백 명의 병력이 죽어 가고, 다부동이 잘못하면 뚫릴 수도 있었던 그런 전선의 지휘관이었다. 그러나 그는 잠시 짬을 내서 마이켈리스 연대장이 어떻게 병력을 배치하는가를 유심히 지켜보기 시작했다.

마이켈리스는 현장을 직접 오가며 대대장과 전차중대장에게 간단하면서도 분명한 내용의 지시를 전달했다. 그는 부대의 방어선을 명확하게 긋고, 각 장교들에게 임무와 위치를 거듭 확인한 뒤 이동했다. 백선엽은 지프에 올라탄 채 마이켈리스의 뒤를 계속 쫓아다니면서 모든 과정을 머리에 집어넣고 있었다. 지뢰와 전선 병력, 전차와 포병을 정렬시키고, 마지막으로 입체적인 공중 지원 연락망 구축까지 마이켈리스는 일사천리로 끝냈다.

1개 연대의 병력과 그들이 지닌 무기가 두어 시간 안에 자리를 잡았다. 아주 오래 전에 정해 놓은 위치에 따라 모든 것을 한 번의 지휘 아래 배치하고 마무리까지 하는 것을 보고 백선엽은 속으로 감탄을 금할 수 없었다. 준비성과 계획성, 기계처럼 움직이는 전체 부대의 모습을 보면서 백선엽은 5년 전 세계대전에서 막강 일본을 물리친 미국의 힘을 느꼈다. 그는 느낀 데서 그치지 않고, 그 과정을 카메라에 담듯이 정밀하게 머릿속에 집어넣고 있었다. 그는 역시 학습의 장군, 배움의 지휘관이었다. 전장 지휘관으로서 백선엽의 자질은 그렇게 조금씩 커지고 있었다.

백선엽의 눈에 더 깊게 박힌 것은 마이켈리스 연대장이 배치를 마친 뒤 찾아 들어간 연대 CP였다. 마이켈리스는 몸을 조금 구부린 채, 계곡 물이 아래로 흐르도록 한 다소 큰 규모의 하수구로 들어갔다. 흙을 가득 채운 마대가 양옆으로 쌓인 하수구였다. 그것이 그의 연대 지휘본부였다.

백선엽은 궁금증을 참지 못하고 그 안에 지휘소를 만든 이유를 물었다. 마이켈리스는 "여기가 얼마나 튼튼하냐"면서 씩 웃었다. 일선 연대 지휘관이면 대개 번듯한 건물이나, 그보다는 못하더라도 사람이 운신運身하기 편한 장소에 지휘소를 두게 마련이었다. 그러나 그는 그런 점을 전혀 거들떠보지도 않는 자세였다.

백 장군은 그 점을 오래 생각했다고 했다. '하수구 CP'로 몸을 약간 구부리고 들어가는 마이켈리스의 뒷모습을 보면서 국가와 국민의 명령을 이행하고 따르는 군인의 자세를 생각했다는 것이다. 미군의 준비성, 기계처럼 맞물려 돌아가던 전선 배치, 그리고 일반 병사와의 계급 차이를 전혀 의식하지 않고 하수구에다가 연대장의 지휘소를 차리는 미군을 보면서 그는 세계 최강의 군대가 어떤 정신세계를 지니고 있는지 똑똑히 봤다고 했다.

위기 속의 리더십

다부동은 6.25전쟁 초반의 국면局面을 바꿔버린 전투다. 전쟁의 판도가 이 전투로 인해 확 바뀌는 획기적인 싸움이었다. 이 역사적인 다부동 전투에서 백선엽의 '실력'과 지휘관으로서의 사람 됨됨이는 여러 가지로 나타나지만, 아주 인상적인 것은 두 장면이다. 먼저 소개할 것은 증원군이 1사단을 지원하기 위해 도착하던 무렵에 있었던 일이다.

마이켈리스가 이끄는 미 27연대의 뒤를 이어 국군의 증원부대도 오고 있었다. 국군 8사단 10연대 소속의 한 대대가 먼저 사단 CP가 있는 동명초등학교에 왔다. 영천에서 대구 북방의 다부동까지 꽤 먼 길을 걸어서 도착한 부대였다. 당시의 상황은 그만큼 위급했다.

다부동 전면의 동쪽 능선에 해당하는 가산(架山)산성 쪽에 적들이 들어오고 있는 상황이었다. 대구를 정면으로 포격할 수 있는 위치여서 아군에게는 아주 큰 위협이었다. 국군 증원부대는 그래서 필요했다. 가산산성으로 증원군을 파견해 적을 막아야 했던 것이다.

백선엽은 사단 CP가 있던 동명초등학교 정문 앞에 나가 이들을 기다렸다고 했다. 멀리서 먼지를 뒤집어 쓴 채 힘없이 걸어오는 부대의 선두를 지켜봤다. 대대장이 앞에 서 있었다. 가만히 보니 백선엽 사단장이 아는 얼굴이었다. 김순기 소령이었다. 1948년 그가 정보국장으로 있을 때 데리고 있던 부하였다.

백 사단장은 그들의 지친 모습을 보는 순간 전선 지휘관으로서는 다소 어울리지 않는 질문을 했다. 자신도 모르게 큰 목소리로 "순기야, 밥은 먹었냐"라고 물었던 것이다. 김 소령은 "아이구, 사단장님! 지금까지 꼬박 굶었습니다"라고 대답했다. 영천에서 다부동까지 빠른 시간에 닿기 위해 쉬지도, 먹지도 못하고 줄곧 걷기만 했다는 것이다. 사실은 이들을 바로 전선에 올려보내야 하는 상황이었다. 가산의 고지를 적에게 내주면서 대구가 바로 적의 포격 사정권에 들어가고 있었기 때문이었다.

그러나 백선엽은 이들을 일단 먹이고 재우기로 했다. 사단의 참모 중일부는 "먼저 올려보내야 하는 것 아니냐"는 의견을 내기도 했다. 그러나 백선엽은 평소 '병사들을 제대로 먹여야 전투를 제대로 치를 수 있다'는 신념을 지니고 있었다. 게다가 온종일 먹지 못한 채 걸어 도착한 부대원들을 그대로 전선에 투입한다는 것은 너무 가혹하다는 생각도 들었다.

그는 마을에서 돼지 세 마리를 사와 잡았다. 일단은 증원군 부대원들을 배불리 먹여야 한다는 생각에서였다. 그리고 쉬는 시간을 줘야 했다. 그래야 전투도 잘할 것이라고 판단했다. 사단장은 문형태 참모에게 "내일 새벽 일찍 올려보내자"고 말했다. 길고 고달픈 행군 끝에 맞이하는 풍성한 만찬으로 증원부대원들은 즐거운 표정이었다. 이들은 동명초등학교 운동장에서 하룻밤을 보낸 뒤 새벽에 가산산성으로 진격할 준비를 했다.

그러나 그날 북한군이 기습을 펼쳐왔다. 사령부를 직접 노리고 적의 기습 부대가 밀어닥친 것이었다. 사단 CP를 경비하는 병력은 헌병 1개 소대가 고작이었다. 소총만으로 무장한 헌병대는 1사단 사령관을 직접 노리고 들어온 중대 병력 이상의 중무장 북한군에 맞설 수 없었다. 백선엽은 그날 밤 11시쯤 잠자리에 들었다. 동명초등학교 뒤편에 있는 교사 숙직실이 그가 묵던 곳이었다.

그는 잠결에 요란한 총소리를 들었다. 이어 유리창 깨지는 소리와 함께 '와당탕'거리면서 뭔가 부서지는 소리도 들렸다. 그때 백선엽의 부관이었던 김판규 대위가 뛰어들어 왔다. "사단장님, 사단장님, 큰일 났습니다! 적, 적이 기습했습니다." 백선엽은 그 순간 무슨 말인지 잘 알아듣지 못했다. 사단 사령부까지 오려면 적은 전선을 우회해 먼 길을 와야 했다. 게다가 도처에 깔려 있는 아군의 경계망을 뚫기도 어려운 일이었다. 그러나 백선엽은 반사적으로 몸을 일으켜 숙직실 밖으로 나갔다. 이어 교사 안으로 들어섰다. 사단 참모와 미 고문관들이 하나같이 복도 바닥에 바짝 붙어서 엉금엉금 기고 있었다. 바닥에는 날아온 총탄에 깨진 유리가 가득 흩어져 있었다. 적은 기관총을 쏘아댔고, 수류탄까지 던졌다.

동명초등학교를 정문에서 바라볼 때 오른쪽 담장, 그곳에서 적이 공격을 가해오고 있었다. 중대 병력 이상은 돼 보였다. '정말 큰일이 벌어졌구나'라는 생각이 들었다. 백 사단장은 순간적으로 운동장으로 나있는 문을 향해 뛰었다.

"순기야, 순기야, 너 지금 뭐하냐. 빨리 부대를 출동시켜. 놈들이 저밖에 있어!" 사단장의 다급한 목소리를 듣고 김순기 소령이 뛰어 나왔다. 그는 다행스럽게 지휘를 잘했다. 운동장에서 숙영 중이던 대대 병력이 바로 집결했다. 이들은 자신의 화기를 모두 갖추고서 신속하게 출동했다. 일부는 적이 진입하려는 오른쪽 담장으로 접근했고, 일부는 정문을 빠져 나와 적을 향해 우회하면서 사격을 했다. 출동한 대대원들에 의해 기습해온 적들은 다시 쫓겨 갔다.

백선엽이 기습을 알리는 부관의 목소리에 운동장으로 즉각 달려 나갈 수 있었던 이유는 그가 군화를 신고 있었기 때문이었다. 전투가 벌어질 때에는 군화를 신은 채 끈도 매고 자야 했다. 전투 교리敎理에 나와 있는 사항이다. 백선엽은 그 교리대로 했다. 늘 전투가 벌어지고 있던 상황에서 군화를 신고 끈까지 맨 상태에서 잤다.

다른 부관이나 미 고문관들이 복도에서 엉금엉금 기면서, 종내는 밖으로 뛰쳐나가 병력을 출동시키지 못했던 이유는 그와 반대였던 것으로 볼 수 있다. 물론 나중의 백 장군은 부하들이 신을 신고 잤느냐 아니냐에 대해서는 '노 코멘트'였다. 남의 이야기를 하기 싫어하는 성품 때문이다.

다른 숱한 전선 지휘관도 충실히 싸움터에 임했던 것은 물론이다. 그러나 고지식할 정도로 전투에 모든 열과 성을 바친 사람이 많았던 것은 아니다. 백선엽을 노리고 들어온 북한군의 기습, 그리고 다른 참모 등이 복도에서 설설 길 때 군화를 신고 자던 사단장이 직접 운동장으로 뛰어나갔던 이 대목에서 잠시 생각을 해볼 필요가 있다.

매우 중요하고 상세한 부분이기 때문이다. 그냥 지나쳐 버리기 쉬운 대목이기는 하지만, 이를 통해 전선에 섰던 지휘관 백선엽의 인물 됨됨이가 날카롭게 드러남을 볼 수 있다. 그는 싸움에 충실했고, 따라서 교리가 암시하는 여러 가지 상황에 대비를 한 셈이다. 어느 지휘관이 전선 후방의 사령부 지휘소에 마련된 숙소에서 군화를 벗고 자려는 유혹을 늘이길 수 있을까. 결코 뿌리치기 어려운 유혹임에 분명하다.

보는 각도에 따라서는 다른 판단을 내리기 쉬운 대목이 하나 있다. 그 전날 8사단 증원부대로 다부동에 도착한 김순기 소령의 대대 병력을 먹이고 재운 일 말이다. 가산산성이 일단 적에게 뚫려 증원부대를 바로 올려보내야 할 상황이었는데도, 사단장이라는 사람이 그들을 우선 먹이고 잠재운 것은 어떻게 봐야 할까.

그리고 그 대대가 기습을 해온 북한군을 물리쳐 결국 사단 지휘부 전체와 사령관의 목숨을 구한 일은 밑줄을 그으면서 봐야 할 대목이기도 하다. 실제 그는 남이 처한 나쁜 상황을 두고 보지 못하는 성격이다. 그렇다고 요란하게 남을 도우려는 성격도 아니지만, 자신 앞에 벌어지는 남의 불쌍한 경우를 체감體感하는 속도가 빠르다. 그때 김순기 소령 대대를 먹이고 재운 이유엔 그의 천성이 작용했을 것이다. 그는 그런 베풂의 성격 때문에 결국 살 수 있었다. 김순기 소령의 대대가 그날 밤 사령부 CP에 묵지 않고, 전선의 긴급 상황에 따라 가산산성을 향해 올라갔다면 결과는 매우 위험했을 것이다. 자칫 사단 지휘부가 모두 몰살을 당하는 상황에 빠지지 않았으리라고 장담할 수 없었기 때문이다.

다부동 전투는 그렇게 이어지고 있었다. 전선에서는 계속 혈전이 벌어졌고, 사단 지휘부를 직접 노린 적의 야습夜襲도 있었다. 마이켈리스 연대가 와서 유학산과 가산 사이로 난 다부동 앞 간선도로를 막았고, 그 후방에는 미 23연대가 다시 뒤를 막았다. 특히 다부동과 대구로 이어지는 간선도로는 골짜기 형태여서 이곳에서 미군과 북한군의 전차와 야포들이 사격을 주고받으면 볼링장에서 핀이 쓰러질 때처럼 요란한 소리가 울려 퍼진다고 해서 이 지역을 미군 종군 기자들이 '볼링장 골짜기'라고 부르기도 했다.

다부동의 격전은 결국 또 한 번 백선엽의 지휘 스타일을 강력하게 선보이고 끝을 맺는다. 전체적인 그림은 이랬다. 볼링장 골짜기에는 미 27연대가 방어했고, 그 좌측은 1사단의 11연대 1대대가 맡았다. 전날 잠시 밀리는 기색이던 적은 공세를 강화했다. 11연대 1대대가 밀리기 시작했다는 보고가 사단 지휘부에 전해졌다. 이어 미 8군 사령부로부터 전화가 걸려왔다.

"한국군은 도대체 어떻게 된 거냐. 싸울 생각이 있는 것이냐"라는 강력한 힐난이었다. 마이켈리스 연대장이 자신의 좌측에 있던 국군이 허무하게 무너지자 다급하게 미 8군 사령부에 상황을 보고했던 것이다. 마이켈리스는 미 8군 사령부에 "한국군이 후퇴했다. 퇴로가 차단되기 전에 철수하겠다"라고 말했다는 것이다.

실제 11연대 1대대가 밀리면 상황은 그렇게 펼쳐질 수밖에 없었다. 좌측을 뚫고 내려온 북한군이 볼링장 골짜기를 뒤에서부터 막아 미 27연대를 포위할 수 있었던 것이다. 그런 상황에 빠진다면 미 27연대는 골짜기 안에 갇혀 부대 전체가 붕괴될 수 있었다. 마이켈리스는 그런 점 때문에 차라리 부대를 철수하겠다고 한 것이다. 그렇다면 그때까지 벌인 다부동의 모든 전투는 모두 수포로 돌아갈 수 있었다.

백선엽은 이를 앉아서 지켜볼 수만은 없었다. 그는 사령부 CP를 나와 현장으로 달렸다. 그리고 산을 올랐다. 11연대 1대대가 밀려 내려오고 있던 현장이었다. 그는 우선 1대대 장병들을 땅에 앉게 했다. 정신없이 산을 뛰어 내려오다가 사단장의 지시에 잠시 땅에 주저앉은 장병들은 백선엽의 짧은 연설을 들었다.

"지금까지 정말 잘 싸웠다. 그러나 이제 우리는 물러설 곳이 없다. 여기서 밀린다면 우리는 바다에 빠져야 한다. 저 아래에 미군들이 있다. 우리가 밀리면 저들도 철수한다. 그러면 대한민국은 끝이다. 내가 앞장서겠다. 내가 두려움에 밀려 후퇴하면 너희들이 나를 쏴라. 나를 믿고 앞으로 나가서 싸우자."

그리고 백선엽은 허리춤에 있던 권총을 빼들었다. 이어 그는 땅바닥에 주저앉은 11연대 1대대 장병들의 중간을 가르면서 앞으로 달려 나갔다. 산 위로 적들이 하나둘씩 넘어오는 모습이 눈에 들어왔다. 그 수가 점차 많아지고 있었다.

뒤에서 그의 부하들이 따르는 소리가 들렸다. 함성도 일고 있었다. 사단장 백선엽은 계속 산길을 뛰어 올랐다. 숨이 차기 시작했다. 뒤에서 따라온 어떤 부하가 백선엽의 어깨를 잡았고, 뒤이어 다른 누군가가 사단장의 허리를 잡았다. 그들은 "사단장님, 이제 그만 나오세요. 우리가 앞장서겠습니다." 사단장을 제치고 부하들이 달려나갔다. 거센 함성을 외치면서 11연대 1대대 장병들이 다시 진격했다. 산등성이를 넘어오던 적들은 그런 기세에 밀렸다. 뿔뿔이 흩어져 도망치고 있었다.

다부동 전투의 가장 백미白眉에 해당하는 부분일지 모르겠다. 사단장이 권총을 빼들고 대열의 앞에 서서 적을 향한다는 것은 말처럼 쉬운 일이 아니다. 일반적인 전쟁터에서 결코 나오기 힘든 장면이다. 그러나 1대대의 후퇴, 미군의 철수, 다부동 위기, 대구 함몰, 부산 교두보 와해까지 이어질 아주 다급한 상황에서 백선엽은 그런 '사단장 돌격'을 감행했다.

전혀 다른 태생胎生의 한국군과 미군이 서로 연합작전을 벌인다는 것은 결코 용이하지 않다. 언어가 다르고, 자라온 배경도 다르다. 문화도 다르며, 전투의 조직과 운용에서도 당시의 양국 군대는 공통점을 찾기 어려웠다. 비록 최초의 한미 연합작전은 아니었으나 다부동 전투에서 가장 눈에 띄는 대목은 두 나라 군대가 뭉쳐서 최대의 고비를 함께 넘었다는 점이다.

양국 군대가 벌이는 연합작전의 성패를 가르는 가장 큰 요인은 '신뢰'다. 서로가 서로를 믿지 못한다면 그 작전은 결코 성공할 수 없다. 아무리 뛰어난 무기 체계를 지니고 있다고 하더라도, 신뢰가 바탕을 이루지 못하면 그 작전은 소기의 성과를 거두기 어렵다.

그 점에서 보면 백선엽은 연합작전의 요체를 깨달았고, 그 바탕을 이루는 신뢰의 마지막 보루가 무너질 때 과감하게 직접 적을 향해 뛰어드는 '사단장 돌격'을 감행했다. 그는 버티는 힘이 강한 군인이다. 남의 의견을 끝까지 듣고, 남의 사정을 끝까지 이해하면서도 전선의 힘을 강하게 유지한다.

자신의 노력으로 해보는 데까지 해보고, 그 다음의 결과는 겸허하게 기다리는 사람이다. 그의 그런 면모에서 가장 두드러지는 점은 뚝심이다. 그러나 모든 참고 기다림이 막바지에 도달해 '이제 도저히 물러설 수 없다'는 결심이 들면 그는 모든 것을 걸고 뛰어드는 스타일이다. 그런 그의 힘이 위기의 순간에서 발휘돼 결국 풍전등화의 대한민국 운명이 걸린 다부동 전투를 승리로 장식한 것이라 할 수 있다.

다부동 전투는 지휘관의 전략적 사고와 판단이 돋보이는 전장은 아니었다. 워낙 강하게 전선을 돌파하려는 북한군이 온갖 희생을 감수하며 공격을 퍼붓는 상황에서는 천재적인 전략과 전술 구사 능력이 필요 없었다. 그에 대항하려는 강한 의지를 품고 전선을 지탱하는 게 최우선이었다.

따라서 다부동 전투에서는 다른 무엇보다 지휘관의 강한 전투 의지, 결코 좌절하지 않고 전선을 침착하게 관리하는 능력, 차질 없는 병력과 물자 보급 능력 등이 필요했다. 백선엽은 그런 과정을 모두 겪었다. 그리고 마침내 가장 격렬한 전선에서 뚝심과 끈기, 나아가 신뢰를 바탕으로 미군과의 연합작전을 성공적으로 펼쳐 보였다.

볼링장 골짜기를 밀고 내려오던 북한군은 마이켈리스 연대의 강력한 화력에 의해 격퇴됐다. 유학산에는 1사단 12연대가 올라섰다. 가산산성으로 넘어오려던 적의 발길도 끊겼다. 북한군의 공세가 점차 물러서는 기색을 보이더니 24일에는 국군이 모든 저지선을 완전히 회복했다. 각 산악에서 고지를 차지한 국군은 북면을 내려다보며 공격을 펼치고 있었다.

미군의 작전계획을 바꾸다

백선엽이 큰 인연으로 만나는 첫 미군 장성이 프랭크 밀번이다. 그는 백선엽이 다부동 전투를 끝낸 뒤에 미 1군단장으로 부임했다. 미 8군 사령부는 백선엽에게 "밀양으로 가서 미군 장군을 만나라"는 연락을 했다. 그러나 허탕이었다. 밀양초등학교에 찾아갔으나 이미 "대구로 갔다"는 말만 들었다. 이튿날 대구의 교외 과수원에 있던 그를 다시 찾아갔다.

그렇게 둘은 만났다. 강아지를 데리고 노는, 외모가 아주 평범해 시골 노인의 인상을 풍기는 장군이었다. 그 프랭크 밀번은 백선엽이 낙동강 교두보에서 북진을 처음 시작하고, 이어 평양으로 진격했다가, 한국 전선에 뛰어든 중공군에 의해 밀려 내려올 때까지 백선엽의 상관上官으로 국군 1사단을 지휘한 장군이었다. 그 모든 과정의 중요 고비 때마다 백선엽을 후원했고, 때로는 백선엽의 판단력을 믿어주며 고난과 영광을 함께 했던 인물이다.

그래서 백 장군은 프랭크 밀번을 '군사적인 스승'이라고 손꼽는다. 프랭크 밀번은 앞서 백선엽이 부산 5연대 시절 그를 지켜봤던 대구의 미 6사단장 올랜도 우즈 소장의 웨스트포인트 동기생이다. 밀번은 우즈로부터도 백선엽의 됨됨이를 들었을 것이고, 부임 직전 다부동 혈전을 마침내 승리로 끝낸 그의 능력을 미 8군으로부터 전해 들었을지 모른다.

둘은 처음 만나자마자 이야기가 통하는 분위기였다. 밀번의 첫 마디는 "당신이 백 장군인가"였고, 이어 "1사단이 매우 잘 싸웠다는 소식을 들었다"고 말했다. 백선엽에 대해서 알아야 할 사항은 다 안다는 투였다. 그리고 백선엽의 1사단이 자신이 지휘하는 미 1군단에 배속됐다는 얘기도 했다.

그런 그가 처음 만난 백선엽에게 아주 파격적인 선물을 줬다. 1군단의 포병을 1사단에게 보내주겠다는 언급이었다. 당시로서는 아주 획기적인 일이었다. 미군은 국군에게 자신들의 무기를 주는 것에 인색했다. 돈이 아까워서가 아니었다. 신형 무기를 전투력이 떨어지는 국군에게 잘못 줬다가 적에게 무기가 넘어가는 경우를 경계해서였다. 국군을 그만큼 신뢰하지 못했던 것이다.

밀번이 백선엽의 1사단에게 보내준 포병은 미 10고사포단이었다.

제78 고사포대대90㎜포 18문, 제9 야포대대155㎜포 18문, 제2 중박격포대대4.2 인치 박격포 18문였다. 일반 미군의 1개 사단이 거느리는 포병과 같았다. 아주 파격적인 지원이었다.

미군이 당시 국군에게 함부로 자신들의 무기와 장비를 주지 않는다는 점은 잘 알려져 있었다. 낙동강 교두보의 영천 전투에서 북한군이 몰려들 무렵에도 국군 2군단이 급박한 상황 때문에 미군에게 전차부대를 요청했으나 전차 5대를 반나절만 사용케 했던 점은 이를 잘 말해준다.

이 대목에서 주목할 것은 백선엽에 대한 미군의 평가가 거의 최고 수준에 도달했다는 점이다. 미군은 부산 5연대 시절, '창고지기'로 있으면서 미군의 부산항 하역 물자를 거의 분실 없이 보관해준 백선엽을 기억했고, 그를 서울로 올려 정보국장을 맡게 하면서 숙군 작업을 주도하는 능력을 지켜봤다. 아울러 광주 5사단에서 대민對民 업무를 원활하게 수행하면서 사격장을 닦아 병사의 사격 능력을 키우고, 경찰과의 관계 개선을 통해 빨치산 정보를 치밀하게 수집하는 그의 면모를 알고 있었다.

전쟁이 터진 뒤 개전 초반에 모든 국군처럼 북한군에게 밀렸으나, 낙동강 교두보의 가장 치열했던 다부동 전투에서 기적적인 승리를 일궈낸 지휘관으로서의 백선엽을 유심히 지켜본 것이었다. 이제 미 8군은 그의 1사단을 미 1군단의 지휘 아래에 두면서 새로운 능력을 시험하려 하고 있었다.

바로 낙동강 교두보를 치고 올라가 거꾸로 북진北進하는 돌파구를 열어보라는 제안이었다. 밀번은 미군 내에서 이미 아주 훌륭한 지휘관이라는 평가를 받고 있던 백선엽에게 전폭적인 지원을 해주며 새로운 임무를 맡기고 있었던 것이다.

당시 미군은 극비 작전을 준비 중이었다. 인천을 통해 상륙해 북한군의 보급 줄을 끊어 버리려는 이른바 '인천 상륙작전'을 계획한 상태였다. 그러나 후방, 낙동강 교두보에 있던 국군과 미군이 그 뒤를 받쳐주지 못한다면 아주 위험했다. 적의 허리를 끊기 위해서는 후방을 아군이 밀고 올라가 그 단면斷面의 뒤를 안전하게 받쳐줘야 했다. 그러기 위해서는 낙동강 교두보에서의 북진이 반드시 필요했다.

그러나 비가 퍼붓고 있었다. 9월 16일이었다. 공중폭격이 불가능했고, 짙은 안개까지 끼어 있어서 야포도 운용하기 힘들었다. 국군 1사단은 팔공산에서 가산을 향해 공격을 펼쳐 북한군 1사단을 격파한 뒤 북진 길에 오르라는 명령이 떨어졌으나 하늘이 돕지 않고 있었다.

1사단은 그러나 마침내 북진 길을 뚫고 말았다. 12연대 김점곤 중령이 9월 18일 미군의 야포 지원 사격을 끌어낸 뒤 과감하게 적의 전면을 뚫었던 것이다. 김점곤 중령은 다부동 북쪽 12㎞ 지점까지 한꺼번에 적을 밀어붙였다. 적 1사단과 8사단의 전투지경선戰鬪地境線 지역의 방어가 허술하다는 점을 미리 파악해 그곳으로 포격을 집중한 뒤 밀어 올린 결과였다.

북진은 순조로웠다. 1사단은 청주까지 바로 북진했다. 그다음이 문제였다. 미 1군단은 당시 대전에 진출해 있었다. 청주에 있던 백선엽에게 "군단 본부로 와서 작전계획을 가져가라"는 연락이 왔다. 백선엽은 당장 경비행기에 올라타 대전으로 향했다. 그러나 그가 받아든 작전명령서는 당초의 기대와 정반대였다. 백선엽은 북진 길에 나선 만큼 고향인 평양에 먼저 입성할 수 있을 것이라는 기대를 안고 있었다.

그러나 작전명령서에는 미 1기병사단이 주력을 맡아 평양으로 진공하고, 미 24사단이 우익을 맡아 역시 평양으로 진격하는 내용이었다. 기대했던 국군 1사단의 평양 진공로進攻路는 없었다. 대신 1사단은 개성과

연안, 해주를 거쳐 안악으로 공격해 후방의 적을 소탕하는 게 임무였다.

여기서 물러설 백선엽이 아니었다. 은근과 끈기, 기다림과 인내로 버티다가 마지막 상황이 왔을 때 모든 것을 걸고 목표에 달려드는 군인이 바로 백선엽이었다. 그는 이미 짜인 작전 명령서를 고치기 위해 나섰다. 방법은 미 1군단장 프랭크 밀번을 설득하는 것이었다. 그러나 전시 중 급히 북진을 해야 하는 시점에서 200쪽이 훨씬 넘는 분량의 작전명령서를 고치는 일이 가능이나 하겠는가.

그래도 백선엽은 덤볐다. 그는 군단장을 직접 찾아갔다. 그러나 군단장은 심한 몸살로 앓아누운 상태였다. 참모들이 만나게 해주질 않았다. 그러나 물러서지 않았던 백선엽은 결국 지휘 차량 안에서 쉬고 있던 밀번을 찾아갔다.

그리고 간곡히 설명했다. "평양이 내 고향이고, 국군이 제 고향을 찾는 일에 앞장서지 못한다면 말이 되느냐"라는 내용으로 설득에 설득을 펼쳤다. 나중에 그는 울고 말았다. 고향 이야기, 특히 어렸을 적 가난에 쫓겨 어머니와 함께 뛰어들어 자살하려 했던 대동강을 떠올렸던 대목에서였다.

정성精誠이 지극至極이면 뭔가 통하는 법이다. 백선엽의 여러 가지 면모를 잘 알았던 밀번은 마침내 터져 나온 백선엽의 읍소泣訴를 조용히 듣기만 하다가 전화통을 잡았다. 그리고 작전참모에게 "백선엽의 1사단과 미군 24사단의 전투 구역을 맞바꾸라"고 지시했다.

이런 일이 가능하려면 여러 가지 조건이 갖춰져야 한다. 전시에 이미 짜여진 작전계획을 변경하는 것은 결코 쉽지 않은 일이기 때문이다. 국군 1사단의 능력이 평양 공격을 맡은 미군 정예 사단의 실력을 갖추고 있거나, 그럴 정도는 아니더라도 그 수준을 따라갈 만한 기본적인 토대는 갖춰야 한다.

그러나 전투력이나 기동력 면에서 백선엽의 1사단은 미군의 비교 상대가 되지 못하던 상황이었다. 예를 들어 미군 1개 사단이 보유한 트럭이 1,000대 정도라면, 백선엽의 1사단 트럭 보유 대수는 60대 정도에 불과했다. 더구나 미군에게는 전차가 있었고, 그를 따라 작전을 수행할 노련한 보병이 있었다. 백선엽의 1사단에게는 모두 갖춰지지 않은 조건이었다.

그런 국군 1사단에게 북진의 핵심이라 할 수 있는 평양 공격의 임무를 맡긴다는 것은 아무래도 미군 지휘관으로서는 큰 부담이었다. 나중에 드러난 결과로 볼 때, 북한군의 저항력은 아군 쪽에서 예상했던 것보다 훨씬 약했다. 북한군은 이미 낙동강 교두보에서 모든 힘을 소진한 뒤였기 때문이었다. 그러나 당시로서는 북한군의 실력을 결코 얕잡아볼 상황이 아니었다.

따라서 당시의 모든 여건을 감안할 때, 미 1군단장 밀번은 미군 2개 사단을 평양 공격의 선봉으로 선택하는 게 어느 모로 보나 타당했다. 그럼에도 밀번은 백선엽에게 평양 공격 선봉의 기회를 준 것이다. 이 점은 여러 가지를 생각하게 만드는 대목이다. 도대체 밀번의 생각은 무엇이었을까. 백선엽의 간절한 설득, 그리고 고향의 대동강을 떠올리며 터뜨린 그의 눈물이 밀번을 움직이게 만든 모든 것이었을까.

당시의 국군과 미군. 김일성 군대의 남침을 맞아 절박한 지경에까지 몰렸던 대한민국의 군대에게 세계 최강의 미군은 절실한 존재였다. 그들은 국군이 필요로 하는 모든 것을 몰고 왔다. 북한군 전차에 맞설 수 있는 로켓포와 M-48 전차, 북한군의 것을 능가하는 155㎜ 야포, 풍부한 자원을 바탕으로 펼쳐지는 전선 보급력, 병력을 상황에 맞게 움직이는 강한 조직력 등이다.

그런 점에서 국군에게 미군은 적화赤化의 꿈을 안고 대한민국을 짓밟으며 내려온 북한군에 맞설 수 있게 하는 튼튼한 버팀목이었다. 그러나 미군은 그런 국군을 쉽사리 믿을 수 없었다. 미군이 운용하는 모든 시스템을 잘 아는 사람이 없었고, 그들이 사용하는 무기 체계를 소화할 만한 능력이 국군에게는 갖춰지지 않은 상태로 보였다. 작전의 요령 또한 국군이 잘 이해하지 못한다고 봤다.

문화와 성장 배경이 모두 다른 타국의 군대와 함께 작전을 벌인다는 것은 말처럼 쉽지 않다. 오랜 시간의 합동훈련을 거치지 않으면 모든 분야에서 물과 기름처럼 서로 어울릴 수 없는 게 다른 나라 군대와 벌이는 연합작전이다.

앞에서 언급한 존 마이켈리스 미 25사단 27연대장은 1971년에 주한 미군 사령관으로 서울에 다시 부임했다. 그때는 4성 장군, 대장의 자리에 오른 뒤였다. 그가 다부동 전투를 회상하면서 한 말이 있다. "당시 미군 지휘관들은 한국군의 전투 능력과 지휘관 능력을 예리하게 관찰하고 있었다. 왜냐하면 언제 한국군과 연합해 싸우게 될지 몰랐기 때문이었다. 이런 관찰 끝에 우리는 1사단과 백 장군의 전술 능력, 전투 정신을 믿었던 것이다. 백 장군을 믿지 못했다면 어떻게 내가 다부동 골짜기에 들어갈 수 있었겠는가."

아무리 뛰어난 화력과 조직력, 전법을 지니고 있던 미군이라도 낯선 땅에서 현지의 부대와 연합작전을 벌인다는 것은 위험한 일이었다. 연합작전은 함께 전선에 서야 한다. 자신의 옆을 맡은 부대가 끝까지 자기 방어지역을 지키지 못하고 무책임하게 후퇴하거나 밀린다면 끝장이다. 적에 의한 우회와 포위로 자신의 부대가 몰살당하는 위험에 그대로 노출되기 때문이었다. 그래서 그는 "당시의 미군 지휘관들은 한국군 지휘관의 능력을 예리하게 지켜보고 있었다"고 한 것이다.

백선엽은 낙동강 교두보에서 북한군 공세를 이겨내고 북진을 시작할 무렵 미군의 신뢰를 가장 크게 받고 있던 한국군 일선 야전 지휘관이었다. 미군은 어느덧 백선엽이라는 인물에게 최고의 평가를 내리고 있었으며, 결국 이런 바탕에서 프랭크 밀번 미 1군단장이 미군 2개 사단 중심으로 평양 진공 계획을 짰다가, 국군이 앞장서겠다는 백선엽의 말을 들어주며 결국 작전계획 변경까지 했다고 보는 게 옳다.

백선엽의 강한 애향심, 그리고 군인으로서의 명예심을 높이 사서 그런 부탁을 들어줬다고 보기에는 뭔가 부족하다. 미군은 객관적인 시각에서 한국군의 모든 지휘관을 주의 깊게 평가하고 있었으며, 그런 시각에 백선엽은 '가장 믿을 만한 한국군 장성'으로 부상하고 있었던 것이다.

서울 넘어 평양으로

북진은 파죽지세였다. 북한군은 워낙 많은 힘을 낙동강 교두보에 쏟아부은 뒤 기진맥진한 상태였다. 맥아더의 지시에 따라 인천상륙작전이 벌어지자 중간 보급선이 끊기고, 뒤를 쫓는 국군과 미군에 밀리면서 순식간에 무너지고 말았다. 그러나 곳곳에 남아 있는 북한군 병력이 저항을 펼치면서 어느 정도 위험은 남아 있던 상황이었다.

백선엽의 1사단은 평양 진공에 나선 뒤 철야 행군을 벌였다. 미군에 비해 떨어지는 수송력을 보충하기 위해 밤과 낮을 구별하지 않고 계속 걸었던 것이다. 1사단에는 대구에서 밀번이 보내준 미 포병 10고사포단이 배속돼 있었다. 고사포단을 이끌었던 윌리엄 헤닉 대령은 국군 1사단에게 자신들이 운용했던 트럭 100대를 제공하는 성의를 보이기도 했다.

그러나 전차가 문제였다. 윌리엄 헤닉은 포병 지원을 아끼지 않으면서도 백선엽을 여러 가지 측면에서 도왔던 인물이었다. 그는 1사단의 진격 속도가 당초의 뜻대로 빨라지지 않자 고민에 빠진 백선엽에게 다가가 "그렇다면 패튼 전법을 구사해보라"고 충고했다. 제2차 세계대전에서 명성이 자자했던 전차전의 명수 조지 패튼 장군이 사용했던 전법이라고 했다. 보병과 전차, 포병이 일체를 이뤄 공병과 항공지원을 등에 업고 진격 속도를 최대한으로 끌어올리는 방식이었다.

그러나 백선엽에게는 전차부대가 없었다. 헤닉 대령은 "밀번 군단장에게 다시 한 번 부탁을 하라. 당신의 명성이라면 군단장이 충분히 들어줄 것"이라고 말했다. 백선엽은 바로 전화통을 집어 들었다. 밀번이 전화를 받자 백선엽은 "발 빠른 진격을 위해서는 전차가 반드시 필요하다"고 강력하게 주장했다. 밀번은 "보전步戰 협동작전 경험이 있는가"라고 물었다. 보병 부대의 지휘관으로서 전차를 다뤄본 경험이 있는가를 물었던 것이다. 백선엽은 "이제부터라도 열심히 해보겠다"고 말했다.

밀번은 "일단 기다려 보라"는 말을 하고 전화를 끊었다. 밀번은 그러나 곧 전차 1개 중대 15대를 보냈다. 미 6전차대대의 C중대였다. 국군 1사단의 본부에 들어서는 미군 전차중대를 보면서 1사단 장병들의 사기가 하늘을 찌를 정도로 높아졌다는 점은 두말할 필요가 없을 것이다.

이 대목에서 백선엽의 면모를 살펴볼 필요가 있다. 그는 얼마 전에 대전의 밀번에게 찾아가 평양 진격을 위한 작전 요로를 국군 1사단이 차지하게 해달라고 거의 '떼'를 쓰다시피했다. 결국 그는 뜻을 이뤘다. 그리고 평양 진격에 속도가 붙지 않자 이번에는 "미군 전차부대를 보내달라"고 또 한 번 '떼'를 썼다. 그리고 다시 성공했다.

밀번의 입장에서는 모두 쉽지 않은 부탁을 들어준 것이다. 그 정도를 따지자면, 앞의 평양 진격작전 계획을 바꾸는 일이 더 어려운 것은 물론이다. 그러나 보병과 전차의 합동작전 경험이 없는 부대에 전차를 배치하는 것 또한 아주 어려운 일이다. 전차는 대개 보병의 앞에서 돌격하는 단독 작전이 가능한 것으로 생각을 한다.

그러나 보병이 따라주지 않는 전차의 단독 작전은 거의 사지死地로 혼자 걸어 들어가는 것과 같다. 보병이 전차의 옆을 호위해 주지 않는 상태에서 전차만이 적진으로 돌진한다면 전차는 곧 적의 로켓포와 보병의 육탄 공격 대상이 된다. 무용지물無用之物이라고 할 수는 없으나 제 기능을 전혀 발휘하지 못한 채 적의 공격에 그대로 노출되는 위험이 있다. 따라서 전차부대의 기동에는 그를 받쳐줄 보병의 노련한 작전 경험이 따라야 한다.

그럼에도 백선엽 부대는 밀번을 움직이려 했고, 밀번은 평양 진격에 1사단을 세우는 데 동의했듯이 또 전차부대를 국군 1사단에 보냈다. 깊은 신뢰 관계를 전제하지 않으면, 밀번의 그런 태도는 이해하기 어려운 것이다. 그만큼 백선엽에 대한 미군의 신뢰가 아주 깊어져 있었던 것이다.

백선엽은 반나절 이상을 새로 온 미군 전차부대와 1사단 보병의 합동훈련으로 보냈다. 사단장이 직접 나서서 영어를 모르는 국군 사병들에게 통역을 했다. 목이 쉴 만큼 큰 소리로 하는 통역이었다. 전쟁 중이었다고는 하지만, 어떻게 보면 참 기이한 장면을 연출했던 것이다.

포병단장으로 백선엽의 1사단에 배속된 헤닉 대령이라는 존재도 어떻게 보면 이상했다. 포병 운용에 관한 조언이라면 모를까, "밀번 군단장에게 전차를 요구해봐라" "당신의 명성이라면 군단장도 부탁을 들어줄 것"이라는 자기 분야 밖의 충고를 아끼지 않았다. 그는 1사단의 평양 진격과 그 후의 후퇴 과정에서도 백선엽에게 매번 결정적인 순간에 결정적인 충고를 아끼지 않았던 인물이다.

그런 미군의 후의厚意에 백선엽은 어떤 자세로 나왔을까. 그는 헤닉 대령의 "패튼 전법을 구사해보라"는 충고를 그대로 따랐다. 패튼 장군처럼 제1호 전차에 사단장이 직접 올라타 진격하는 방식이었다. 1호 전차에 올라탄다는 것은 보통 이상의 위험을 감수해야 하는 일이다. 대열 가장 앞에 선 1호 전차는 적이 공격해올 경우 가장 먼저 목표물이 되기 때문이다.

그러나 백선엽은 주저 없이 1호 전차에 몸을 싣고 평양 진격을 서둘렀다. 1사단에 미군 전차 중대가 배속되면서 부대의 진격 속도는 크게 높아졌다. 사단장 백선엽은 1호 전차를 타고 움직이다가도 밤이 되면 전차에서 내려 걷고 또 걷는 사병들의 대열 속으로 들어갔다. 함께 걸으면서 그가 "평양!"이라고 길게 외치면 장병들은 "진격!"이라며 힘찬 목소리로 호응했다.

북한군이 남침 때 후방 보급기지로 사용했던 곳이 황해도 시변리다. 북진 길에 나선 1사단이 그 시변리에 들어설 때 적의 완강한 저항이 있었다. 그러나 전차를 앞세운 12연대와 삭령으로 우회한 15연대가 양면에서 협공해 이들을 제압했다. 보병과 전차, 즉 보전步戰 협동작전에서 벌써 1사단과 미군이 물샐틈없는 실력을 발휘하고 있음을 보여준 장면이었다.

미군들 사이에선 이런 1사단의 실력이 꽤 널리 알려졌던 모양이다. 그 덕분에 백선엽에게 좋은 소식 하나가 생겼다. 그런 국군 1사단의 명성을 듣고 이번에는 미군 전차 1개 대대가 자진해서 대열에 합류한 것이다. 이에 따라 1사단 휘하에는 미군 전차 50대가 참여해 함께 작전을 벌이게 됐다. 당시 일반 국군 사단으로서는 꿈도 꾸지 못할 일이었다.

1사단은 적지 않은 고비를 넘긴다. 북한군 전차 15대가 굽이를 도는 길목에 나타나 미군이 급히 이를 제압하면서 위기를 넘겼고, 평양 입성을 앞두고서는 적의 마지막 저항이 펼쳐지면서 격렬한 교전이 벌어지기도 했다. 그러나 백선엽의 1사단은 이런 고비를 차례로 극복하면서 마침내 함께 평양 공격에 나섰던 미 1기병사단에 15분 정도 앞선 시각으로 평양 '제1착'이라는 명예를 안았다.

일곱 살 때 어머니와 함께 대동강 물에 뛰어들어 짧은 일생을 마칠 뻔 했던 평양의 외톨이 소년, 부립도서관에서 밤늦은 시각까지 무엇인가를 읽고 또 읽었던 소년, 평양사범학교를 다니면서도 군인의 길을 가슴에 품었던 청년, 그렇게 평양의 대동강을 품에 안고 자랐던 백선엽이 공산주의 북한의 평양을 먼저 점령했던 것이다.

혈혈단신으로 평양을 떠난 지 5년 만이었다. 단돈 500원을 손에 쥐고, 아무도 아는 이 없는 서울로 떠난 백선엽이 1만 5,000여 장병, 4개 포병대대, 50대가 넘는 전차를 거느리고 자신의 고향땅을 찾은 것이니, 그 감개야 달리 설명할 말이 없었을 것이다. 그의 '평양 첫 입성'은 여러 각도에서 설명할 필요가 있다.

우선 그는 불가능한 일을 가능하게 만들었다. 자신의 힘과 장기를 충분히 살린 덕분이다. 당초 국군 1사단은 평양 공격로의 보조 역할 부대에 지나지 않았다. 모든 여건을 보더라도, 당시 국군이 공격로의 주공主攻을 맡을 상황은 아니었다. 그러나 미 1군단장을 찾아가 간곡한 설득을 펼쳤고, 그런 그에 대해 미군은 이미 한국군 가운데 최상의 지휘관이라는 평가를 내렸으며, 아울러 진격로에서도 일사불란한 지휘 체계를 구성해 미군과 원활한 보전 협동작전을 펼치는 등의 실력 발휘로 백선엽은 자신의 꿈을 이뤘던 것이다.

그의 군 경력 가운데 '평양 첫 입성'은 다부동 전투에 이어 손꼽히는 찬란한 전과戰果에 해당한다. 그의 이름 석 자는 마침내 대한민국의 거의 모든 사람에게 알려졌다. 미군 사이에서의 백선엽은 불패不敗의 지휘관, 어떤 역경이라도 감내하며 버티다가 결국은 자신이 뜻한 바를 이루는 장군으로 알려지게 됐다.

전략과 전술이 따로 필요가 없었던 다부동 혈전 뒤에서 거둔 승리, 그리고 북진 뒤 평양 공격의 선봉에 설 수 있었던 집념, 그리고 그런 모든 것을 가능하게 만들었던 미군과의 신뢰 관계 등에서 전쟁 지휘관 백선엽의 면모는 아주 풍부하게 드러난다.

다부동에서는 끊임없이 밀려오는 적의 공세를 버티는 강한 의지와 끈기를 보였고, 평양 진격에서는 목표를 정한 뒤 끝내 그것을 성취하기 위해 달려드는 맹렬함과 강한 실천력을 선보였다. 그런 모든 과정에 숨어 있는 백선엽에 대한 미군의 신뢰와 지원 또한 거저 이뤄진 것은 아니었다.

부산 5연대 시절에 보였던 '창고지기'로서의 책임감, 1948년 숙군 작업 때의 행정 능력, 광주 5사단장 시절에 드러난 '준비하는 지휘관'으로서의 자질, 지연전 뒤 다시 일어서는 강인함 등이 골고루 펼쳐졌으며 이를 주의 깊게 관찰하고 있던 미군의 눈에 백선엽은 경이적인 한국군 지휘관으로 비쳤던 것이다.

프랭크 밀번 미 1군단장, 윌리엄 헤닉 미 고사포단장, 존 마이켈리스 25사단 27연대장 등은 백선엽에 대한 미군의 신뢰감이 어떠했는지를 보여주는 역할을 맡으면서 그때의 전장에서 활약한 인물들이다. 그런 백선엽에 대해 일부 한국군 원로들은 "미군의 도움이 없었다면 백선엽도 마찬가지였을 것"이라고 폄하하곤 했다.

그러나 같은 출발선에 섰던 창군 멤버, 나아가 6.25전쟁에서 백선엽과 어깨를 나란히 하고 싸웠던 숱한 한국군 지휘관들이 미군으로부터 전폭적인 지원을 받을 수 없었던 이유는 자명하다. 그들의 실력을 미군이 신뢰하지 않았기 때문이다. 미군은 근본적으로 타산적打算的인 군대다. 스스로 믿지 못하는 사람에게는 지원을 하지 않는다.

더구나 값비싼 무기, 막 개발한 첨단 무기 등을 아무에게나 빌려주거나 지원하는 법이 없다. 미군은 철저하게 대상을 물색하고, 그를 면밀히 평가한 뒤 무기 등을 지원한다. 그런 철저한 검증 과정에서 도태된 사람은 아예 돌아보지도 않는 존재가 미군이다. 그런 미군의 눈에 1950년 개전 이후 펼쳐진 다부동 전투와 평양 진격에서의 백선엽 식式 작전 능력은 아주 깊은 인상으로 남게 된 것이다.

적에게 내줄 수 없다

중공군과의 싸움이 시작되다.
강릉의 1군단장으로 승진해 대관령을 넘던 중공군에게 일격을 가하다.
하찮은 싸움은 벌이지 않는다. 그러나 큰 싸움은 양보하지 않는다.

중공군이 넘어온 되너미고개

백선엽은 평양에서 하루를 묵은 뒤 다시 북진 길에 올랐다. 평안북도 운산을 거쳐 압록강의 수풍댐을 장악해 통일의 대업을 이루는 게 목표였다. 그는 당시 나이 30세의 지휘관답지 않게 흥분하거나, 감격에 휩싸이지 않았다. 5년 전 떠난 고향의 땅을 되찾았지만, 그런 감회에 젖을 여유가 없었던 것이다. 설령 그에게 시간상의 여유가 있었더라도, 백선엽은 그를 즐기거나 탐닉할 사람이 아니었다.

그는 제 임무에 매우 충실한 사람이었고, 그를 방해하는 감정적인 여지를 스스로 없앨 만큼 현실적이고 냉정한 사고의 소유자였기 때문이다. 그는 평양 점령 이튿날 서둘러 북으로 향했다.

백선엽의 군대는 청천강을 넘어 영변의 농업학교에 사단 CP를 차렸다. 그는 중간에 알 수 없는 이유로 국군 2군단장에 잠시 취임했다. 그러나 사흘 만에 다시 1사단장으로 복귀했다. 한국군 명령에 따라 2군단장으로 발령이 난 것은 확실해 보였다. 그러나 압록강 수풍댐을 향해 진군해야 하는 공격 길에서 그가 필요하다는 미군의 판단과 요구에 따라 다시 1사단장으로 복귀했을 것으로 추정된다.

청천강을 넘었던 백선엽 1사단의 앞에는 새로운 적이 나타나 있었다. 바로 중공군이었다. 그러나 언제 어느 정도의 군대가 이 땅에 넘어왔는지는 당시 제대로 파악하기 힘들었다. 1사단은 즉각 미 1군단장에게 보고를 했고, 적유령狄踰嶺의 되너미고개 곳곳에 숨어 있는 중공군에 대해 바짝 경각심을 높이고 있었다.

이 대목 또한 그의 작전 스타일과 관련해 특기할 만하다. 백선엽이 1사단 동쪽에 있는 2군단에 갔을 때 군단 예하의 각 사단이 처한 상황과 그가 다시 1사단에 돌아와 지휘를 맡았을 때 백선엽 사단이 벌인 행동이 매우 대조적이었기 때문이다. 적을 앞에 둔 군대, 특히 중공군이 이미 참전을 결정해 한반도에 뛰어들었을지도 모를 미지의 상황에 대처하는 방식이 아주 달랐던 것이다.

백선엽이 개천이란 곳 바로 옆에 붙어 있는 군우리軍隅里 2군단의 사령부에 갔을 때의 상황은 이렇다. 원래의 유재흥 2군단장은 육군참모본부 차장으로 발령이 나 서울로 돌아가고 그가 그 자리를 대신했다. 일단 2군단의 상황을 점검했다. 중공군을 전면에서 맞이하고 있는 1사단의 상황보다 더 심각했다.

2군단 예하의 6사단은 최종 공격 목표지역인 압록강 초산 가까이 바짝 진격한 상태였다. 그러나 그들은 정체를 드러내지 않고 있던 중공군 병력에 의해 완전 포위된 상황이었다. 6사단의 7연대는 전체 사단 병력 가운데 최선봉을 담당했다. 이들은 기동력이 좋았다. 6.25 개전 초 춘천에서 적을 지연시키는 데 성공했던 6사단은 영월 지역 광업회사들이 보유한 각종 차량 100여 대를 확보한 부대다. 그들은 징발한 트럭으로 이동을 하고 있어서 여전히 기동력이 좋았다. 북진 과정에서도 이들은 빠른 기동력으로 압록강에 선착하기 위해 움직였다. 이른바 '압록강 물 먼저 뜨기 작전'을 벌였던 것이다. 국군으로서 압록강에 먼저 도착해 남북통일을 상징하는 '물 뜨기' 작업을 완수하는 것은 국군 지휘관 누구라도 얻고 싶은 영예였다. 그러나 너무 서둘렀다. 광업회사에서 징발한 트럭을 사용해 얻게 된 빠른 기동력이 오히려 문제였다.

새로 2군단장에 오른 백선엽이 군단 사령부에 있을 때 이들은 이미 급한 목소리로 무전을 때리고 있었다. "탄약과 보급품이 바닥났다. 급히 공수해 달라"는 내용이었다. 6사단장은 백선엽이 군단장으로 부임하기 직전 인민군의 무기고 역할을 했던 인근의 동룡굴을 살펴보다가 차량 사고로 중상을 입고 후송된 상태였다.

지휘탑을 잃은 6사단의 2연대 또한 중공군의 포위에 갇혀 있는 상황이었다. 급했다. 일단 이들에게 탄약과 보급품을 보냈다. 군단에 나와 있던 미 공군 연락장교를 통해서였다.

2군단 예하 8사단도 중공군의 공세에 기가 꺾여 있었다. 이성가 8사단장은 "중공군 출현으로 부대원들의 사기가 크게 떨어지고 있다"고 말했다. 결론부터 말하자면, 2군단의 6, 7, 8사단은 중공군에게 완전히 당하고 말았다. 전장에서 병력이 완전히 와해되는 상황을 맞았던 것이다. 이들 사단은 모두 병력이 분산돼 서울 등지의 후방으로 각자 흩어져 쫓기는 신세로 전락했다. 모두 중공군의 등장과 함께 벌어진 일이다. 군단 자체가 완전히 사라질 정도로 중공군의 매복과 포위에 국군은 완전히 당하고 말았던 것이다.

백선엽이 2군단장으로 부임한 사흘 뒤 이상한 일이 벌어졌다. 원래 2군단장을 맡았던 유재홍 장군이 복귀했다. 그는 백선엽에게 "다시 돌아가라고 그러네"라면서 자신의 복귀를 알렸다. 백선엽 또한 그에 따라 다시 1사단장으로 복귀하고 말았다. 전시 중이라고는 하지만, 그때의 군 인사 명령 체계는 정상적으로 움직이지 않고 있었던 것이다.

백선엽의 1사단은 운명의 날을 맞았다. 그가 새로이 앞에 나타난 중 공군의 존재를 무시하고 북진을 감행했다면, 그 부대 역시 국군 2군단처럼 모든 병력이 흩어져 깨지는 운명을 맞이했을지도 모를 일이다. 그러나 그는 용케 모든 유혹을 누르고, 부대 건제建制를 유지하면서 후퇴하는 데 성공했다. 적 앞에서 제대로 물러나는 것도 작전이다. 후퇴는 그런 의미에서 매우 중요한 작전에 속한다. 적이 강할 때, 그들의 실력을 가늠하기 어려울 때, 게다가 내가 처한 상황이 결코 좋은 쪽으로 흐른다는 보장이 없을 때 하는 게 후퇴다. 그런 여러 가지 상황에서 병력을 잃지 않고 전투력을 유지하는 게 급선무다. 따라서 적절한 후퇴는 다가오는 기회에 반격을 가할 수 있게 만드는 중요한 토대였다.

10월 31일이었다. 백선엽이 다시 1사단장으로 복귀한 날이다. 후방의 미 고사포 단장인 헤닉 대령이 "장군, 솔직히 말하겠다. 오늘 안으로 철수하지 않으면 전멸할 수도 있다"고 말했다. 1사단을 지휘하는 밀번 군단장에게 철수를 건의하라는 충고도 했다. 백선엽은 여러 생각에 휩싸였다. 그러나 객관적으로 전해지는 상황이 어려웠다. 때에 맞춰 적절하게 물러나는 것도 중요하다는 생각이 들었다.

백선엽은 다시 움직였다. 늘 현장을 먼저 파악하는 그의 버릇은 그대로였다. 그는 일선에 있는 각 연대를 돌았다. 연대장들을 만나면서 그들로부터 현장의 분위기를 파악하기 위해서였다. 연대장들은 한결같이 "현재 상황이 너무 심각하다"고 말했다. 15연대의 상황이 심각했고, 나머지 연대도 아주 위험한 상황에 빠져 있다는 것이었다.

백선엽은 그때가 후퇴 시점이라고 판단했다. 그는 헤닉 대령에게 "지금 포탄이 얼마나 남아 있느냐"고 물었다. 헤닉은 "1만 5,000발 정도 남아 있다"고 대답했다. 백선엽은 그에게 "만약 우리가 오늘 밤 중으로 철수한다면 그 화력을 적 정면에 대거 사용할 수 있겠느냐"고 물었다. 헤닉은 "기꺼이 그렇게 하겠다"고 대답했다.

백선엽은 이어 미 1군단 사령부로 향했다. 후퇴 허락을 얻어야 했기 때문이었다. 그는 군단 사령부에 도착해 프랭크 밀번 소장에게 "오늘 중으로 철수해야 한다. 전선 상황이 너무 급박하다"고 말했다. 밀번 군단장은 심각한 표정으로 그의 말을 듣고 있었다. 그는 이어 전화기를 들어 워커 8군 사령관에게 상황을 보고했다.

밀번 소장은 이윽고 철수 명령을 내렸다. 1사단은 즉시 입석立石과 영변을 잇는 선으로 철수하라는 내용이었다. 그는 또 미 1기병사단에게 1사단 철수 때의 엄호 문제를 검토하라고 지시했다. 신의주 방향으로 진격하던 미 24사단에게도 철수 명령을 내렸다.

백선엽은 군단장의 명령이 내려지자 그 자리에서 전화를 걸어 운산의 3개 연대 연대장에게 철수 명령을 하달했다. 1사단은 모두 잘 빠져나왔다. 되너미고개의 적유령산맥 곳곳에 포진해 몸을 숨기고 있던 중공군의 그물망에 다행히 걸려들지 않았던 것이다. 그러나 일부 미군의 피해는 혹심했다. 역시 새로 나타난 적, 중공군에 대한 경계가 부족했기 때문이다.

백선엽의 1사단이 철수를 서두르고 있을 무렵 미 1기병사단 8기병 연대는 벌써 중공군의 공격을 받고 있었다. 백선엽이 군단 사령부에 함께 와 있던 미 1기병사단장과 그 사단본부에 들렀을 때였다. 철수 명령에 앞서 8기병 연대는 1사단을 초월해 북진하라는 명령을 받은 상태였다. 그들은 운산으로 향하는 두 갈래 길 가운데 서쪽 도로를 택했다. 1사단의 퇴로인 동쪽 도로와는 산 하나를 가운데 둔 길이었다.

'생사生死를 가르는 길'이었다. 밀번 군단장과의 회의를 마친 백선엽이 게이 1기병사단장과 사단 사령부에 도착한 때는 자정 무렵이었다. 들어서자마자 날카롭고 소란하기 짝이 없는 무전 소리가 귀를 때렸다. 아주 급박하게 숨이 넘어가는 듯한 미군들의 무전 통화였다.

"적병이 전차에 기어오르고 있다" 이어서 "콰! 쾅!"하면서 폭발음이 새어 나오고 있었다. "적이 진지 안으로 들어온다"

백선엽은 충격을 받았다. 미군이 중공군으로부터 기습을 받고 있는 상황이 무전을 통해 그대로 전달되고 있었다. 총성과 폭음이 무전기 스피커를 통해 끊임없이 터져나왔다. 참극이라고 해도 좋을 그런 상황이 운산에서 벌어지고 있었다.

백선엽은 바로 자신의 사단 사령부로 돌아왔다. 헤닉은 약속대로 최대한 포 사격을 가해 1사단 운산 전선 병력의 철수를 지원하고 있었다. 그날 밤 사단 전면 병력은 철수에 성공했다. 연대 병력 일부가 다치기는 했지만 전체적인 편제를 그대로 유지할 수 있는 성공적인 철수였다. 철수는 11월 1일 새벽까지 이어졌다. 헤닉은 보유한 1만 5,000발의 포탄 중 1만 3,000발을 소진했다. 짧은 시간 내에 퍼부은 포격으로 적은 주춤했다. 그 틈을 타서 3개 연대 병력과 헤닉의 고사포단 병력도 무사히 후방으로 빠져 나왔다.

하지만 국군 1사단을 초월해 수풍댐으로 진격하라는 명령을 받은 1기병사단 8연대가 문제였다. 특히 8기병연대 3대대의 상황은 절망적이었다. 중공군은 정면공격 외에 우회 전술을 구사했다. 전통적으로 중국인들이 잘 쓰는 방식이었다. 정면으로 압박하면서 잔여 병력을 측방으로 우회시킨 뒤 후방을 포위하는 전법이다. 3대대는 정면공격 외에 부대 서쪽으로 우회한 중공군 병력의 공격을 받고 있었다. 정면과 측방, 후방에서 공격하면서 범위를 좁혀드는 중공군에게 3대대는 '독안에 든 쥐'의 신세였다. 3대대의 병력 800명 가운데 이 전투에서 600여 명이 전사 또는 행방불명이 되는 처참한 결과가 빚어졌다.

미군으로서는 이 전투가 매우 수치스러울 수밖에 없었다. 게이 1기병사단장은 5기병연대를 투입해 3대대를 구출하려고 했지만 실패했다. 낮에는 산에 불을 피워 연막을 피우면서 참호 속에 숨어 지내던 중공군을 찾아내기 힘들었다. 공격 목표를 찾을 수 없던 게이 1기병사단장은 11월 2일 마침내 철수 명령을 내렸다. 미군 역사상 예하 부대가 적의 포위에 갇혀 있는 상황을 알면서도 구출을 포기한 전례는 이제껏 없었다. 미군으로서는 중공군에 의해 지울 수 없는 오점을 남긴 사건이었다.

후퇴는 패배가 아니다, 작전이다

군인으로서 백선엽이 올린 전과는 아주 다양했다. 대부분 공식적인 기록으로 잘 남아 있기도 하다. 그러나 대규모의 중공군이 참전한 상태, 그리고 그들을 얕보면서 진격만을 고집하다가 처절한 패배를 당한 국군과 미군 사이에서 프랭크 밀번 미 1군단장에게 후퇴를 건의해 한반도 서부 전선의 주력인 미 1군단 소속 미군과 국군이 병력 손실을 크게 입지 않은 채 후퇴할 수 있도록 한 지휘관은 백선엽이 유일하다.

물론 그에게 "오늘 밤 후퇴하지 않으면 전멸"이라는 충고를 건넨 헤닉 대령이 있었으나, 그는 어디까지나 국군 1사단에 배속된 고사포단장에 지나지 않았다. 그의 충고를 받고, 일선 연대를 모두 돌아다니며 상황의 심각성을 다시 체크한 뒤 군단장에게 철수를 건의한 지휘관은 바로 백선엽이었다.

서부전선의 주력이라는 것은 사실상 대한민국의 축을 형성하는 군대라는 얘기다. 앞에서 소개한 대로, 한반도는 신의주-서울-부산을 잇는 선이 전쟁의 승패가 엇갈리는 곳이다. 인구가 가장 많이 밀집해 있고, 교통로 또한 그곳을 중심으로 축선이 펼쳐진다. 이곳을 먼저 차지하는 쪽이 결국 한반도 전쟁에서 승리를 거머쥘 수 있는 것이다.

당시 미 8군 소속으로 서부와 경부의 그런 축선을 맡고 있던 군대가 프랭크 밀번의 1군단이고, 백선엽의 1사단은 그에 배속된 한국군이었다. 가장 중요한 곳에 배치된 군대가 적의 포위와 우회에 걸려 무너진다면, 중공군에 밀려 다시 후퇴를 한다고 하더라도 재기再起를 꿈꿀 수 없는 상황에 빠지게 된다.

그 점에서 백선엽의 철수 건의와 이를 민감하게 받아들여 전선에서 후퇴를 결심한 프랭크 밀번의 판단은 아주 옳았다. 나중의 이야기지만, 미 1군단이 만일 그 전장에서 중공군에게 궤멸에 가까운 타격을 받았다면 1.4후퇴 뒤 반격을 가하면서 전선을 다시 북상시키는 데에는 더욱 엄청난 대가가 따랐을 것으로 보인다.

중공군에 밀려 전체적인 전황戰況이 '후퇴'에 몰려 있었던 까닭에 그 다급한 상황에서 기민機敏하게 내린 백선엽과 프랭크 밀번의 판단이 돋보이지 않는 것이지, 그 이후 벌어진 전체적인 국면을 따져볼 때 두 사람의 판단은 매우 중요했다. 이런 점 때문에 운산 전투에서 백선엽의 시의 적절했던 후퇴 결정과 미 1군단장에게 그를 강력 건의했던 과정에서의 공적功績은 크게 평가받아야 옳다.

어쨌든 압록강을 향해 거침없이 올라가던 국군과 유엔군은 한반도에 몰래 숨어든 대규모 병력의 중공군에게 모두 밀렸다. 밀릴 때는 계속 밀리는 게 전투다. 한 번 밀리면 좀체 반격의 기회를 잡기 어려운 것이다.

더구나 수를 알 수 없을 정도로 많았던 중공군이었다. 그들은 매복과 우회를 거듭하면서 사납게 아군을 몰아쳤고, 그 기세에 따라 국군과 유엔군은 북진했던 경로를 되짚어 밀려 내려오고 있었다. 적에게 밀려 내려오는 상황은 모두 다 비슷했다. 백선엽의 1사단도 예외는 아니었다.

더글라스 맥아더 장군은 그때까지도 중공군을 얕잡아보고 있었다. 운산을 비롯해 서부와 중부 전선 곳곳에서 중공군의 노련한 공격에 당하고 있었으나 그들의 공격력을 매우 제한적으로 보고 있었다. 그에 따라 도쿄의 맥아더 유엔군 총사령관은 모든 전선의 미군과 유엔군에게 "올해의 크리스마스는 고향에 돌아가서 보내자"라는 메시지를 보낸다.

이른바 '크리스마스 대공세'였다. 그러나 적은 강했고, 그들을 살피는 아군의 눈매는 무뎠다. 중공군을 형편없는 군대로 인식한 미군의 전법은 엉성하기 짝이 없었고, 그런 미군의 허점을 활용하려는 중공군은 소리 없이 군대와 화력을 한반도에 더 깊숙이 집어넣고 있었다.

결론적으로, 아군은 서울을 다시 중공군에게 내주며 평택과 안성 근처까지 밀렸다. 미 8군 사령관 월튼 워커 장군이 갑자기 사망해 새로 부임한 매튜 리지웨이 신임 사령관이 전쟁을 이끌면서 강력한 반격을 펼친 끝에 서울을 수복하고, 38선 인근까지 중공군을 밀어낸다.

전선 지휘관으로서 백선엽은 그렇게 중공군에게 밀린 뒤 다시 서울을 수복하는 과정에서 맡은 역할을 다한다. 부대 건제를 유지하면서 후퇴했다가, 미군과의 원활한 협력을 통해 중공군에게 내줬던 서울을 다시 찾는 선두 부대 역할을 했다.

"사령부를 모래사장으로 옮겨라"

다부동 전투, 평양 진격, 운산에서의 부대 건제를 유지한 채 내려왔던 후퇴 등의 공적을 인정받아서일까. 백선엽은 1사단장에서 강릉의 1군단장으로 발령을 받았다. 1951년 4월이었다. 맥아더 유엔군 총사령관이 물러나고, 미 8군 사령관으로 중공군 공세를 막는 데 혁혁한 공을 세웠던 매튜 리지웨이가 그 자리에 대신 올랐다.

파주 인근의 사령부를 떠나 부산에 있던 임시 경무대에 가서 그는 진급 및 보직 신고를 했다. 벌써 소장이었다. 당시 백선엽의 나이는 31세였다. 바야흐로 그는 절정을 향해 힘찬 발걸음을 시작하고 있었다. 소장에 이어 중장, 대장까지 그는 여느 다른 국군 지휘관들이 넘볼 수 없는 속도로 승진을 거듭했다. 그런 운이 그에게 시작되고 있던 때였다.

그는 부산 경무대에 가서 신고식을 마친 뒤 10개월 만에 헤어진 가족과 처음 만났다. 전쟁이 발발하던 날 카키색 정복과 단화를 신고 집을 뛰어나와 전선으로 내달린 뒤 처음 상봉하는 가족이었다. 가족은 그리운 가장이 돌아왔다고 반길 테지만, 그 반가움이 지난 다음에는 깊은 원망을 받아도 좋을 판이었다.

백선엽 장군은 지금도 가족에게 할 말이 별로 없다. 특히 70년을 넘게 해로한 부인에게는 더 그렇다. 군인과 직업 외교관, 교통부 장관과 국영 화학회사 사장으로 공직에 있으면서 가족을 돌보지 못한 업보 때문이다. 특히 1950년 전쟁이 벌어진 직후의 상황을 보자면 백 장군은 가족에게 면목이 서지 않을 정도로 낮은 자세를 취해야 한다.

그날, 김일성의 군대가 성난 파도처럼 대한민국을 거센 기세로 몰아쳐 내려올 때 백선엽은 집을 뛰쳐나가 전선의 1사단장으로 적을 막기에 여념이 없었다. 자신이 떠나온 가정을 돌볼 겨를이 없었다. 가족을 먼저 챙기지도 않았다. 다른 고위급 지휘관들처럼 우선 가족을 안전한 부산 등지로 대피시킨 뒤 전선에 임할 생각도 하지 못했다.

그의 부인과 세 살 난 딸은 북한군이 점령한 서울에서 간신히 살아남았다. 국군 1사단장의 가족이라는 신분을 겨우 감추고 서울 신당동의 집에서 교외로 빠져나와 남의 눈에 띄지 않도록 조심스럽게 처신하며 살았기 때문이었다. 백 장군의 부인과 세 살짜리 딸이 만일 신분을 감추지 못해 북한군이나 이웃 사람들에게 발각됐다면 그들은 결코 살아남기 힘들었다.

그런 가족을 챙긴 것은 백선엽의 부관이었다. 그들은 1950년 말 중공군의 공세로 아군이 다시 밀리는 형국이 벌어지자 사단장 백선엽에게 "이제 가족이 어디 있는지 알아보시고, 대피를 시키시는 게 좋겠다"고 충고했다. 백선엽 장군은 "당시 전투에 골몰하느라 제대로 대답을 한 기억이 없는데, 나중에 보니까 부관과 참모들이 가족을 서울에서 찾아내 부산으로 대피시켰다"고 기억한다.

어쨌든 중공군이 공세를 시작해 대한민국 전역을 다시 압박해올 때 백선엽의 가족들은 겨우 부산으로 피난할 수 있었다. 그런 가족과 백선엽이 전쟁 발발 후 처음 만난 때가 1군단장 발령을 받은 뒤 그가 부산에 왔을 때였다. 그는 구불구불한 길을 한참 가다가 드디어 가족이 살고 있는 집에 들어섰다.

어두운 저녁이었다. 기척을 느낀 부인이 단칸방 밖으로 나와 멍하니 남편을 보고 있었고, 백선엽은 반갑고도 미안한 마음에 그런 부인을 그냥 쳐다봤다. 전쟁터의 거친 풍진風塵을 휘감고 왔지만 버젓이 살아온 남편, 자칫 신분이 드러나 죽을 고비를 넘겨야 했던 아내가 10개월 만에 다시 만나는 장면이었다.

세 살짜리 딸도 좁고 어두운 방에서 기어나와 오랜만에 나타난 아버지를 멀뚱거리면서 보다가 이내 달려들어 품에 안겼다고 했다. 백선엽은 달리 할 말이 아무것도 없었다. 불을 끄고 누운 자리에서도 아내에게 제대로 위로 한 번 못했다고 했다. 삶과 죽음이 엇갈리는 그 참혹한 전쟁을 누비고 다닌 일선의 최고 지휘관이었지만, 백선엽은 그런 대목에서조차 따뜻한 말 몇 마디로 남의 상처를 어루만져 주는 데 매우 서툰 사람이었다.

누군가 그랬다. '담담하고 꿋꿋해야 뜻을 밝힐 수 있고, 차분하고 고요해야 멀리 이를 수 있다淡泊以明志, 寧靜以致遠.' 개인적인 욕망에 초연해 제 스스로의 마음을 담백하게 가져간다면 늘 제 뜻을 밝혀 정한 목표에 집중할 수 있고, 그런 마음이 깊고 고요하게 자리를 잡으면 저 멀리 놓인 목표에 도달할 수 있다는 얘기다. 지금까지 살펴본 소년과 청소년기, 나아가 군인으로서의 백선엽이 보인 면모가 대개 그와 같을 것이다.

그러나 지금 시각에서 보면 조금 과한 면이 없지 않다. 삶과 죽음이 엇갈리는 전쟁이 벌어졌음에도 그는 줄곧 가족의 안위를 먼저 묻지 않았으며, 나아가 그들을 어떻게 챙겨야 하는 것인지 제대로 고민다운 고민을 해본 흔적이 별로 없기 때문이다. 필자는 그와의 인터뷰에서 몇 차례인가 전쟁 통의 가족에 대해 물은 적이 있다.

결론적으로 그는 '별로 할 말이 없다'는 표정을 먼저 짓는다. 그런 다음에 그가 꺼내는 말은 "전쟁 중인데 어떻게 도리가 없었다"다. 자칫하면 모두 공산주의 김일성 군대 밑에서 다 죽어야 할 판인데, 혼자 가족만을 챙기고 앉아 있을 수는 없었다는 얘기다. 그의 부인은 그런 백선엽 장군을 좋게 보고 있을까. 물론 혁혁한 전공戰功에, 한국전쟁의 영웅으로 남은 남편이 자랑스러울 것이다. 그러나 가족 문제에 관해서는 꼭 그렇지만은 않은 입장이다. 백 장군은 필자에게 "집사람이 늘 구박한다. '당신이 우리 가족들에게 한 게 뭐가 있느냐'면서 말이다. 그럼 나는 할 말이 없어진다. '그땐 다 그랬던 것 아니냐'고 말해도 절대 수긍하는 기색이 아니다"라고 말한다.

어쨌든 군인으로서의 백선엽은 만점滿點이다. 그러나 아내와 자식을 거느린 가장으로서 그가 딴 점수는 거의 없다. 아마 '제로'라고 해도 좋을 것이다. 그의 가족에게 섭섭한 이야기가 될지는 모르겠으나, 백선엽 장군이 가족의 안위를 먼저 생각한 뒤에야 총을 잡고 전선에 나서는 군인이었다면, 그는 결코 그때의 전쟁에서 한반도 상공에 가장 높이 솟은 '별'이 될 수 없었을 것이다.

그렇게 가족과 만난 뒤 또 이별이었다. 백선엽은 강릉 1군단장에 부임했다. 그는 가는 곳마다 지휘관으로서 머무는 곳에서는 한 가지 이상의 일화를 남기는 경우가 많다. 전쟁을 준비하고 다루는 나름대로의 독특한 방식 때문이다.

그가 강릉 1군단장에 막 부임했을 때 그의 눈에 먼저 띄었던 것은 다른 게 아니다. 바로 군단 사령부였다. 당시 1군단은 강릉 시내의 한 법원 건물에 들어 있었다. 전쟁 상황이었으나, 부대 단위가 워낙 높은 군단이라 그 정도의 건물에 머물고 있다고 해서 크게 문제가 될 일은 아니었다.

그러나 백선엽의 눈에는 달랐다. 그는 앞서도 이야기했듯이 '현장'을 매우 중시하는 군인이었다. 현장을 면밀히 체크하면서 전체적인 흐름까지 잡아내는 데 명수였다. 크고 작은 흐름을 놓치지 않는 그의 성격 때문에 그 앞의 전투, 향후 전개될 모든 전장에서 그는 늘 균형을 잃지 않았다. 아울러 그런 치밀한 속성으로 인해 적의 동태를 제대로 볼 수 있었고, 그에 따른 대응도 재빠르게 펼칠 수 있었다.

군단장으로 취임한 그의 일성一聲은 "군단 사령부를 주문진의 모래사장으로 옮겨라"라는 것이었다. 사령부 참모들의 불만이 이만저만이 아니었다. 서부전선에서 1사단장으로 공을 세웠다고는 하지만, 현지 실정을 제가 알면 얼마나 알겠느냐는 야유도 섞여 있었다. 그러나 백선엽은 눈 한 번 깜짝이지 않았다.

군단 사령부는 결국 주문진 바닷가 모래사장으로 옮겼다. 가자마자 불평이 쏟아져 나왔다. 밥을 지어 먹는데 모래가 씹힌다는 이유에서였다. 그러나 백선엽은 역시 그런 불만에 일언반구 대꾸도 없었다. 부하들의 불평에 굽힐 생각은 조금도 없었던 것이다.

그는 군문에 몸을 담은 뒤 줄곧 "지휘관은 전선에 바짝 붙어 있어야 한다"는 신념을 지니고 있었다. 아울러 그는 군사軍事를 다루는 사람일수록 향락과 안일安逸함이 버티고 있는 도시에서 최대한 멀리 떨어져 전선에 바짝 붙어 있어야 한다는 생각을 지니고 있다. 스스로 근면하지 않으면 전투가 벌어지는 전선에서 지휘를 제대로 할 수 없다는 생각이 강했다.

그에게 전쟁은 어쩌면 숙명宿命이다. 전생의 오랜 인연으로 쌓이고 쌓여 결국 현재의 세상에 태어났어도 결코 지울 수 없는 오래된 인연과 운명. 그런 것을 숙명이라고 부른다면, 백선엽에게는 그런 것이 분명히 존재한다. 그와 함께 전선을 누빈 지휘관은 한둘이 아니다.

그러나 6.25전쟁사에 있어서 국면局面에 영향을 미친 대형 전투 현장에 골고루 몸을 나타낸 장군은 아주 드물다. 거의 없다고 해야 옳다. 개전 초의 상황은 모든 지휘관이 함께 맞닥뜨렸다. 모든 전선에서 일거에 수많은 전투가 벌어짐으로써 전선의 모든 지휘관이 열심히 적을 맞아 싸워야 했다. 그 뒤의 지연전도 마찬가지다. 이어 벌어진 낙동강 교두보에서도 전선은 광역廣域이었고, 역시 많은 한국군 지휘관들이 피와 땀을 흘렸다.

그러나 그 뒤 벌어진 전선 상황은 다소 다르다. 백선엽은 한반도 운명이 걸린 몇 차례의 결정적인 전투에 반드시 이름을 올렸고, 전선 상황이 급히 소용돌이치는 국면 전환의 전투에서도 자신을 드러내고 있었다. 적의 주력이 몰리는 곳에는 대개 백선엽이라는 이름이 꼭 등장했다. 그렇다면, 그는 60여 년 전 한반도에서 벌어진 그때의 전투를 숙명처럼 안고 태어났다고 해도 과언이 아닐 것이다.

중공군의 '먹잇감'은 국군

그가 1군단장에 취임한 이후에도 중공군은 미군의 방어지역을 우회해 한국군만을 노린 집중 공격을 펼쳐왔다. 미군의 무기와 조직력, 전법을 상대하기에는 역부족이라는 판단에서였다. 대신 그들은 미군에 비해 전투력이 훨씬 떨어지는 국군만을 노리며 공격을 펼쳤다.

중공군이 이 땅에 뛰어들어 펼친 공세는 여러 차례였다. 그들의 1차 공세는 1950년 10월 말에 시작한 운산과 군우리 전투 등을 일컫는다. 그 직후에 동부전선의 장진호로 진출한 미 해병사단도 중공군에 밀렸다. 1차 공세는 국군과 유엔군의 북진을 결정적으로 막은 전투다. 거침없이 김일성 군대를 몰아내며 압록강과 두만강을 향해 올라가던 국군과 유엔군의 북진 대열은 이들의 1차 공세로 기세가 크게 꺾였다.

중공군 2차 공세는 그 뒤 바로 이어졌다. 국군과 유엔군이 평양을 내주고 그 이남 지역으로 밀려 내려간 게 2차 공세의 결과다. 평양과 원산을 잇는 방어선도 그때 무너졌다. 3차 공세가 바로 적에게 서울을 내주고 마는 1951년 1월 4일의 '1.4후퇴'다. 3차 공세까지 중공군의 공격력은 거셌다. 전선을 내주고 밀리면서 지연전을 펼쳐 나름대로 중공군의 진격 속도를 늦추고 있었지만 그 공세가 언제까지 이어질지 아무도 예측할 수 없는 상황이었다. 국군과 유엔군은 경기도 안성까지 밀렸다가 리지웨이 장군이 강력한 리더십을 발휘해 반격을 시도한다.

결국 그해 3월 15일 드디어 서울을 중공군의 수중에서 다시 찾는데, 그 직전에 벌어진 유명한 '지평리 전투'는 중공군의 4차 공세 속에서 이뤄낸 값진 승리였다. 경기도 양평군 지평리에서 미 2사단의 23연대 전투단RCT과 프랑스의 1개 대대가 중공군 3개 사단 이상의 병력과 맞서 싸워 물리친 전투로서, 중공군의 전투력이 처음 바닥을 드러낸 싸움이기도 했다.

그다음에 펼쳐지는 것이 중공군의 5차 1단계 공세다. 그들은 서울을 다시 빼앗기 위해 총력전을 벌인다. 그러나 밴 플리트 신임 미8군 사령관이 중앙청 앞현 광화문 광장에서 마포까지 야포 400문을 배치해 거대한 포막을 형성함으로써 경기도 송추 라인에서 그들의 진출을 저지했다.

중공군은 이때부터 미군보다 전투력이 상대적으로 약한 국군의 방어지역을 집중적으로 노렸다. 중공군은 그에 따라 주요 공격력을 동부전선으로 옮긴다. 서부전선은 미군 1군단, 춘천 쪽에는 미 9군단, 원주에는 미 10군단이 포진하고 있었다. 그 동쪽으로는 국군 방어지역이었다. 미 10군단 동쪽으로 붙어 있는 지역은 국군 3군단, 태백산맥 동쪽에서 동해안까지는 백선엽이 이끄는 1군단이 지키고 있던 상황이었다.

미 10군단의 방어지역 가운데 동쪽으로 두 곳은 그에 배속된 국군 5사단사단장 민기식 준장과 국군 7사단사단장 김형일 준장의 방어구역이었다. 동쪽으로 붙은 국군 3군단의 방어지역은 9사단사단장 최석 준장, 3사단사단장 김종오 준장이 맡았다.

중공군은 치밀했다. 국군의 방어지역을 교묘하게 치기 시작한 것이다. 국군 1군단 방어지역에는 아직 중공군이 나타나지 않았다. 북한군만이 산발적으로 싸움을 걸어 왔지만 침착한 반격에 밀려났다. 따라서 태백산맥을 중심으로 동해안까지 이어지는 전선은 동요가 없었다. 그러나 중서부전선이 문제였다. 흔들리는가 싶더니 무너지는 기색이 나타나고 있었다. 중공군은 그 틈을 정확하게 밀고 내려왔다. 먼저 춘천의 서북쪽인 사창리가 뚫렸다. 그렇게 되면서 남쪽으로 돌파구가 만들어지고 있었다.

1군단이 직접 위협을 받는 것은 아니었지만, 한 번 뚫린 전선은 그 옆의 방어지역에도 큰 영향을 미친다. 시시각각 전해지는 전황戰況에 백선엽의 1군단은 긴장할 수밖에 없었다. 6사단은 결국 그 전투에서 중공군에게 완전한 패배를 당하고 말았다. 그러나 6사단은 후에 지휘관과 모든 장병들이 머리를 깎는 '삭발 투혼'을 발휘하면서 끝내 중공군에게 치명적인 일격을 가했다.

6사단의 패배는 전주곡에 불과했다. 훨씬 많은 수의 중공군이 다시 동부전선으로 몰려들고 있었다. 1951년 5월 3일에서 7일까지 강원도 화천 지역의 야간 차량 통행량이 960대 정도로 증가했고, 8일에는 공중 정찰을 통해 춘천과 화천을 잇는 지대에 다수의 병력이 집결하고 있다는 보고도 들어왔다.

중공군은 강원도 양구 지역에도 출현했고, 소양강에 다리를 놓는 모습도 목격이 됐다. 5월 13일이 되면서 미 8군은 다양한 정보를 취합해 중공군의 주력이 동부전선으로 모여들고 있다는 판단을 내렸다.

강원도 산골에 새로운 적군이 속속 모여들고 있었기 때문이다. 인제와 홍천, 평창군 일원에 전운戰雲이 감돌기 시작했다. 그러나 어느 지점으로부터 중공군이 공격을 펼칠지 전혀 짐작할 수 없는 상황이었다.

중공군의 동태에 관한 소식은 계속 들어왔다. 여러 대의 트럭이 각종 포를 운반 중인 모습도 공중촬영을 통해 전해졌다. 한국군 1군단과 3군단이 맡고 있는 동부전선의 서쪽 지점에 있던 미 10군단 정면에 적이 모여들고 있는 분위기였다.

1951년 4월 벌어진 5차 1단계 공세에 이어지는 두 번째 공격이었다. 그들은 이미 아군의 중동부전선에 가득 몰려와 있었다. 제3병단과 9병단 예하의 18개 사단, 그 동쪽으로는 국군과 유엔군에 밀려 와해됐다가 급히 재편성된 북한군 3개 군단 병력이 포진했다.

국군 5사단과 7사단을 거느린 미 10군단, 국군 9사단과 3사단을 거느린 국군 3군단, 수도사단과 11사단을 보유한 백선엽의 국군 1군단이 이를 맞이할 때였다. 병력 수에서는 적이 월등히 앞서고 있었다. 중공군의 1개 보병사단 병력 수는 보통 1만 6,000명 가량인데, 18개 사단이면 어림잡아도 29만 명이었다. 게다가 북한군 3개 군단까지 가세했다.

1951년 5월 16일 이후 벌어진 이 공세는 중공군 5차 2단계 공세에 해당한다. 결론적으로 말하자면, 중공군의 대공세는 이번이 마지막이었다. 그 뒤로 펼쳐지는 중공군의 공세는 국지적인 고지 쟁탈전에 불과했다.

그래서 당시의 전투는 매우 중요했다. 거기에는 초반 공세에서 보인 중공군의 성공적인 전략과 전술이 숨어 있고, 뒤로 넘어갈수록 한계를 드러내는 그들의 약점도 보인다. 아울러 전선 전체를 통제하던 미군의 초기 오판과 후기의 강력한 반격 능력이 돋보이기도 한다.

그러나 가장 아팠던 것은 국군의 패퇴다. 6.25전쟁 중에 국군은 이 전장에서 씻을 수 없는 불명예를 기록한다. 전투에서 나타난 국군의 모습이 이렇게 소극적이며 무기력했던 적은 일찍이 없었다.

그 전투는 이른바 '현리 전투'다. 장소는 강원도 인제군의 현리다. 당시 국군은 여러모로 뛰어난 군대는 아니었다. 전투 경험이 매우 적었고, 무기와 장비를 동원한 현대전의 개념도 제대로 이해하지 못하고 있던 수준이었다.

전선을 지휘하는 지휘관이라고 해봐야 모두 젊은 나이에 광복군과 일본군, 만주군에서 소규모 부대를 이끌었던 군사적 경험이 대부분인 사람들이었다. 그래서 실수가 잦았다. 그 점에서는 변명의 여지가 없다.

무서운 전장에서 국군이 강한 정신력으로 맞선 것도 사실이다. 그러나 그 정신력만으로는 첨단의 무기와 시스템이 동원되는 현대전을 제대로 수행할 수 없었다. 그런 여러 가지가 한데 뭉쳐 만들어진 미숙함이 이 현리 전투에서 고스란히 드러났다.

3군단 병력은 중공군의 공격이 시작된 지 하루만인 1951년 5월 17일 심각한 상황에 빠져들었다. 전략적인 길목이었던 후방의 후퇴로 '오마치 고개'를 중공군에게 점령당했기 때문이었다. 오마치 고개는 지금 크게 넓어졌지만, 당시에는 수레 몇 대가 겨우 지나갈 수 있는 아주 좁은 곳이었다. 후방에서 전방으로 물자가 보급되는 중요한 교통선이었고, 이곳을 지켜야 물자 보급과 함께 유사시 아군의 후퇴로를 확보할 수 있었다. 그러나 하룻밤 사이에 중공군 1개 중대 병력이 전선을 뚫고 무려 25㎞를 이동해 오마치 고개를 선점해 버렸다.

중공군의 이른바 '운동전運動戰'이 최고의 기량을 발휘하면서 펼쳐진 순간이었다. 군단의 전면, 이웃한 미 10군단 지역의 국군 방어지역이 뚫렸고, 중공군 정예 1개 중대 병력은 뒤처지는 국군을 아예 돌아보지도 않고 하룻밤을 꼬박 내달아 전략 요충이었던 오마치 고개를 차지한 것이다.

이 경우 3군단이 할 수 있는 일은 두 가지였다. 오마치 고개에 대해 총력전을 펼쳐 퇴로를 확보한 뒤 신속하게 철수하는 게 한 방법이었다. 그렇지 않다면 앞으로 나가서 다가오는 적의 대규모 군대를 향해 결사적으로 항전을 해야 했다.

그러나 3군단은 둘 다 실패했다. 중공군이 빼앗은 오마치 고개를 공격했으나 이미 지휘 체계가 마비 상태였고, 병력은 그로 인해 공격을 제대로 펼치지 못했다. 3군단 예하로 작전의 핵심을 맡았던 9사단의 최석 사단장은 일선 지휘 경험이 거의 없는 군인이었다. 유일한 퇴로인 오마치 고개를 확보하는 데 필수적인 전투력이 부족했던 것이다.

군단장 유재흥 장군은 이들보다 먼저 후방인 현리로 떠났다. 현장을 떠나면서 유 군단장은 9사단과 3사단이 서로 협공해 오마치 고개를 점령하라고 지시했다. 먼저 3사단이 현리 북쪽에서 방어를 하면서 9사단이 공격에 나서도록 했다. 그 뒤 9사단의 공격이 성공할 경우 3사단은 지체 없이 빠져나오라고 명령했다.

그러나 결과는 허무했다. 18일 군단에 전해진 소식은 "오마치 고개 공격은 실시해보기도 전에 병력이 분산됐으며 일부 병력은 이미 방대산 쪽으로 빠져나오고 있다"는 것이었다.

연대장급 지휘관으로 현장에 있었던 사람의 또 다른 증언에 따르면 당시 오마치 고개를 공격하는 대열에는 사단장 등 고급 지휘관이 보이지 않았다고 했다. 그저 눈에 띄는 장면은 "후퇴하는 9사단과 3사단 병력이 이리저리 뒤섞여서 혼잡을 이루고 있었다"는 것이다.

그 회고는 이렇게 이어진다. "전 부대는 질서가 무너져 여기저기를 밀려다녔다. 냇가_{창촌강}에 당도해보니 옷을 입고 건너는 자, 벗고 건너는 자가 수없이 많았으며, 적이 대안_{對岸}에서 집중사격을 가하여 많은 장병들이 희생당했다…."

3군단의 처지는 매우 참담했다. 중공군이 점령한 오마치 고개를 피해 인접한 방대산의 험한 숲길을 헤치면서 후퇴를 거듭했다. 무기를 제대로 지니고 있는 장병도 많지 않았다고 했다.

후퇴가 아니라 전멸에 가까운 타격이었다. 3군단 병력은 뒤에서 퍼붓는 중공군 사격에 수도 없이 쓰러졌고, 군단이 보유한 수많은 장비와 무기들이 적의 수중에 넘어가야 했다.

대관령을 막아서다

현리에서의 패배는 아주 기록적이었고, 따라서 국군에게는 매우 치욕적이었다. 일거에 모든 방어지역이 뚫려, 급기야 사단이 아닌 군단 전체가 무너지는 충격적인 패배였다. 중공군은 이른바 '운동전'을 펼치면서 들어왔다. 아군의 방식대로 말하자면 기동전이었는데, 현리 전투에서 이러한 대규모 운동전이 최대의 위력을 발휘했다.

육군본부의 전사 기록에는 당시 3군단의 후퇴 양상이 잘 드러나 있다. 장병과 노무자, 위문공연단이 한데 뒤섞여 공용화기와 장비를 파괴하거나 버리면서 방대산을 넘었다. 해발 1,400m의 험준한 산악이었다.

퇴각의 대열에는 3사단장 김종오 준장, 9사단장 최석 준장, 군단 참모장 심언봉 준장과 예하 연대장들이 함께 있었다고 했다. 험준하고 높은 산악을 올라야 했던 그들은 무기를 제대로 간수할 수도 없었을 뿐만 아니라 복장도 엉망이었다. 적의 눈길을 피하기 위해 장교들은 모두 계급장까지 떼고서 움직였다고 했다.

5월 19일에 피해 상황이 집계됐다. 잔여 병력을 모두 수습한 결과 3사단은 전체 병력의 34%, 9사단은 40%가 남아 있었다. 이 정도면 기왓장이 맥없이 부서지는 와해瓦解라고 할 만큼 참담한 패배였다. 보통 각급 부대가 병력 또는 화력의 3분의 1 이상을 잃으면 전투를 지속할 수 없는 상황에 빠진다. 그런 기준에서 보면 3사단과 9사단의 병력 손실은 치명적이었다.

중공군의 기세는 거침이 없었다. 선두가 이미 오마치 고개를 넘어 창촌리와 지금의 영동고속도로 노선에 해당하는 경강京江: 서울~강원도 도로상의 속사리까지 진출했다. 그전까지 미군은 4만 1,000발의 포탄을 중공군에게 퍼붓고, 공군기를 165회 출격시키면서 중공군의 공세를 최대한 묶어두려고 노력했다. 특히 미 공군은 국군 3사단과 9사단이 버리고 후퇴한 각종 중장비에도 폭격을 가해 적군의 수중에 아군 장비가 넘어가는 것을 막았다.

전선은 포켓 형태였다. 적이 전면 중앙을 뚫고 깊숙이 내려와 전선은 아래로 처진 주머니 모양으로 형성되었다. 3군단 서쪽의 미 10군단과 백선엽이 이끄는 국군 1군단의 동·서 측방이 위험해지기 시작했다. 백선엽은 군단 사령부를 강릉에서 철수하고 오대산에서 동해안에 이르는 전선에 수도사단과 11사단을 배치했다. 국군 3군단을 밀어 내린 중공군은 이제 백선엽의 1군단을 향해 공격을 펼치려 하고 있었다.

중공군이 현리에 이어 백선엽의 1군단이 지키는 강릉을 손에 넣는다면 국면은 아주 달라진다. 당시 중공군의 문제는 보급이었다. 공격로가 길어지면서 보급로 또한 길어졌다. 가뜩이나 부족한 보급은 그런 상황에서 더 문제였다. 그러나 강릉을 손에 넣는다면 중공군은 보급의 문제를 해결하는 셈이었다. 물자가 갖춰진 강릉에서 그들은 보급력을 확보해 전투력을 강화한 뒤 더 남쪽으로 공격을 펼칠 수 있었다.

그런 긴박한 순간에 미군의 전략적인 기동機動이 있었다. 이는 초반의 패배를 만회하는 데 크게 기여한다. 경기도 광주부터 강원도 홍천. 미군 1개 사단이 이 먼 길을 따라 움직였다. 서쪽의 광주에서 미 8군 사령관 제임스 밴 플리트 장군은 군 예하의 예비였던 미 3사단을 이동시켰다. 전선에 닥친 불리한 상황에 대비하기 위한 의미 있는 부대 이동이었다.

미 3사단은 기적과 같은 기동력을 보였다. 1만 7,000명의 병력이 전차와 야포, 그리고 사단을 받쳐주는 각종 중장비를 이끌고 광주에서 홍천까지 제대로 닦이지 않은 길을 이동해 하루 반 만에 전선에 도착했다. 기적에 가까운 이동이었다.

트럭은 1,000대 정도였다. 다행히 미군은 부대원 대부분이 운전을 할 줄 알았다. 밤낮없이 운전석에 교대로 걸터앉아 트럭을 몰면서 길을 재촉했다. 그들은 아군의 전선이 전면적으로 붕괴될 때 전장에 도착했다.

그들은 두 갈래로 부대를 나눴다. 한 쪽은 홍천에 도착해 미 2사단을 지원했고, 다른 한쪽은 하진부리로 향해 무너진 3군단의 서부 지역을 방어했다. 주머니 형태로 뚫린 전선의 서쪽 가장자리를 그들이 맡았다. 뛰어난 화력과 전투력을 갖춘 미군이 주머니 서쪽을 받쳐주면서 봉합이 이뤄졌다.

이번에는 주머니 동쪽이었다. 백선엽의 1군단이 동쪽에서 아래로 내려가는 주머니 틈새를 막아야 했다. 그러나 중공군의 공세가 너무 강했다.

당시 강릉에는 K-18 비행장이 있었다. 미 해병사단이 그곳에서 병력을 운용하고 있었다. 보급품을 비롯해 탄약과 포탄 등이 산더미처럼 쌓여 있어서 중공군이 이를 차지한다면 전선 전체에 매우 파괴적인 영향을 몰고 올 수 있었다. 아울러 국군이 강릉을 내준다면 삼척이나 포항까지 밀리는 것을 감수해야 했다. 동해안에서 국군을 지원하고 있던 미함대 또한 국군과의 효과적인 협동작전을 펼칠 수 없어 북한 동부를 공략하기 힘들었다.

백선엽에게 미 8군 사령부로부터 호출 명령이 왔다. 국군 3군단의 간이 비행장으로 오라는 내용이었다. 작전회의를 연다는 내용도 덧붙였다. 대관령 서쪽에 있는 용평의 간이 비행장이었다. 백선엽은 경비행기로 용평을 향해 날아갔다. 그의 시야에는 처절하게 당한 3군단 작전지역이 눈에 들어왔다. 검은 연기가 치솟고 있어 마치 화학 공장이 폭발한 듯했다. 미 공군기들은 그쪽에 남겨진 국군 장비를 계속 폭격하고 있었다.

활주로에는 이미 미 3사단 소속 유진 라이딩스 장군이 도착해 있었다. 광주 경안리에서 먼 거리를 이동해 도착한 증원군 지휘관이었다. 그때 멀리서 L19 경비행기 두 대가 보였다. 적의 대공포화에 맞아 기체에서 가솔린이 흰 연기처럼 뿜어져 나오고 있었다. 그러나 비행기는 무사히 땅에 내렸다. 키 큰 장성이 걸어왔다. 처음 대면하는 제임스 밴 플리트 미 8군 사령관이었다.

나중에 한국군 증강 계획을 최대한 지원해 '한국 육군의 아버지'라는 이름을 얻은 밴 플리트와 최고의 파트너십을 발휘해 한국 안보의 초석을 닦은 백선엽은 그렇게 처음 만난다. 아주 위급한 전선 상황을 앞에 두고서다. 사실 이 둘의 이야기는 매우 길다. 나중에 자세히 소개할 기회가 있을 것이다. 어쨌든 두 사람의 만남은 그렇게 긴박한 전쟁터에서 이뤄진다.

밴 플리트는 지프 본닛 위에다가 작전지도를 펴도록 했다. 그가 지도를 가리키면서 "지금 상황이 너무 심각하다"며 입을 열었다. "전선에 큰 포켓주머니이 생겼다. 잘 막지 못한다면 심각해진다"고 말한 뒤 밴 플리트 장군은 백선엽과 라이딩스 소장을 번갈아 보면서 "두 사람이 협조해 이 국면을 돌파해야 한다"고 굳은 어조로 말했다.

책임이 막중했다. 그러나 백선엽은 침착하게 움직였다. 밴 플리트 사령관의 지시대로, 백선엽의 1군단은 대관령에서 서북쪽으로 움직였고, 기적 같은 기동력을 발휘해 전선에 달려온 미 3사단은 하진부리에서 동북 방향으로 공격을 시도했다. 백선엽의 1군단은 일단 대관령을 막아야 했다. 대관령은 이를테면 천혜의 요새였다. 그곳의 험준한 지형을 제대로 지키고만 있으면 중공군은 그 방어선을 뚫기 위해 상당한 희생을 치를 수밖에 없었다.

부대 전체를 서쪽으로 조금씩 이동시켰다. 송요찬 장군의 수도사단 1연대연대장 한신 대령를 먼저 대관령에 급파해 길목을 막아서고, 수도사단 정면을 서쪽으로 움직이도록 지시했다. 그 공백은 동쪽의 11사단으로 메우고, 원래 11사단이 지키고 있던 방어지역은 군단에 배속된 1101공병단에게 맡기기로 했다.

백선엽은 중공군과 교전 경험이 없는 1군단 지휘관들에게 자신의 생각을 상세히 말해줬다. 중공군은 현재 보급이 달려 작전 지속 능력에 한계를 보인다는 점, 제공권은 아군에게 있어 향후 반격에서 절대 불리하지 않다는 점을 설명했다.

그러나 이상하게도 1연대의 이동 보고가 들어오지 않고 있었다. 오후 3시경에 작전참모인 공국진 대령예비역 준장이 아주 흥분한 목소리로 백선엽에게 보고를 해왔다. "송요찬 장군이 1연대를 움직이지 못하게 하고 있습니다. 이건 정말이지, 항명입니다!"

송 사단장이 수도사단 정면 역시 위험해 자신의 1연대를 뺄 수 없다는 이유로 군단장의 명령을 이행하지 않는다는 얘기였다. 백선엽은 믿을 수 없었다. 중공군을 막기 위해서는 한시라도 급히 출동해야 할 판인데 예하 사단장이 항명을 하고 있었던 것이다.

사실 동부전선의 지휘관들에게는 그런 버릇이 있었다. 좁고 험준한 산악 지형에서만 싸워봤던 터라 인접한 부대와의 연합작전을 생각해본 적이 없었다. 국면局面을 크게 보면서 싸움을 하는 안목이 없었던 것이다.

개인적인 이유도 있었을 것으로 보인다. 송 준장은 백선엽과 나이도 비슷하며, 최근까지 같은 계급이었다. 동부전선에서는 누구 못지않게 용맹을 날리던 사람이었다. 따라서 백선엽에게 라이벌 의식이나, 혹은 군단장의 경험을 평가절하하려는 마음도 있었을 것이다.

백선엽은 일단 기다리기로 했다. 그의 스타일이 다시 드러나는 대목이다. 아주 위급한 상황에서 펼쳐야 하는 작전임에도, 부하의 항명을 대하는 그의 자세가 참 특이했다. 일단 기다려 보기로 했다는 것이다. 이유는 '큰 싸움을 준비해야 하는 입장에서는 내부 구성원들끼리 보잘것없는 감정에 휘말려 벌이는 싸움은 피해야 한다'는 생각 때문이었다.

그러나 공국진 대령이 가만히 있지를 않았다. "당장 부대를 보내야 하는 상황인데, 이렇게 연약한 지휘 방식을 쓸 수는 없다"며 "육군 소장으로 만족할 거냐, 아니면 명장으로 이름을 남길 거냐"며 강력하게 충고했다. 그러나 군단장 백선엽은 참고 있었다.

기다려도 송요찬 준장은 움직이지 않았다. 백선엽이 자리에서 일어섰다. 허리에 45구경 권총을 차고 지프에 올랐다. 로저스 미 수석군사고문도 불러오라고 했다. 그는 공 대령과 로저스를 태우고 수도사단 사령부에 들어섰다.

그는 우선 사단장의 위치를 물었다. 수도사단의 한 장병이 침대차를 가리켰다. 사단장 이상의 지휘관들이 트럭을 개조해 숙소로 쓰던 차량이었다. 그곳에 백선엽이 들어섰다. 침대에 비스듬히 누워있던 송 사단장이 얼른 몸을 일으켰다. 백선엽은 다른 말을 하지 않았다. 엄숙한 목소리로 "귀관은 내 명령에 복종할 것이냐, 아니면 불복할 것이냐"고 물었다. 그제서야 송요찬은 "각하, 죄송합니다. 명령에 복종하겠습니다"라고 했다.

그는 바로 전화기를 들어 출동 명령을 내렸다. 한신 대령이 이끄는 1연대는 마침 출동 준비를 끝내고 있었다. 한신 대령은 두 사람의 미묘한 갈등관계를 알고 있었으면서도, 만일에 대비해 준비를 서둘렀던 것이다.

"대륙적 기질의 백선엽 장군"

이 대목은 당시 공국진 대령이 나중에 낸 회고록에 자세히 언급돼 있다. 백선엽의 전선 지휘 스타일, 그의 인품을 당시에 함께 전투를 했던 참모의 묘사로 살펴보는 것은 의미가 있다. 공국진은 당시의 백선엽을 "대륙적인 기질의 사람"이라고 표현했다.

그에 앞서 대관령 길목을 지켜낸 이야기를 그의 회고록으로 정리해보면 이렇다. 백선엽이 아주 살벌한 기세로 송요찬에게 명령 이행을 확인하던 순간, 공 대령은 침대차를 빠져 나왔다. 한신 대령의 1연대가 기동하는 것을 직접 눈으로 확인하기 위해서였다. 한신 대령은 그렇게 기민했다. 그는 이미 전투태세를 모두 갖추고 이동을 위해 트럭에 올라탈 준비까지 끝냈다고 했다.

아주 다행이었다. 더 늦어졌더라면 중공군은 한신 연대가 도착하기 전에 대관령 고지를 선점했을지 모르는 일이다. 공국진 대령은 한신 대령을 계속 따라다니며 현장 전투 상황까지 점검했다고 했다. 두 사람의 치밀함이 돋보이는 대목이다.

공 대령의 기억으로는 5월 21일 밤 9시 경에 1연대 선두를 맡은 수색중대가 먼저 대관령에 도착했다. 정상에 도달하자마자 총소리가 울렸다고 했다. 고지에는 한신 연대가 먼저 올랐다. 수도사단 1연대의 출동 시간은 3시간 늦춰졌고, 중공군 본대는 1연대가 도착한 뒤 1시간가량 지나 출현하기 시작했다는 것이다.

공 대령은 "1연대가 고지에 올라선 뒤 동쪽 방향을 향해 계속 총을 갈겨대면서 '신나는 전투'를 벌였다"고 했다. 고지를 선점하는 데 1군단이 성공했고, 적은 인제 정면을 넘어선 뒤 쉬지 않고 내려와 지쳐 있었다. 게다가 그들은 보급에도 문제가 있었다. 먹고 마시지 못하면서 먼 길을 공격해온 중공군이었다.

1연대는 승리를 거듭했다. 적은 아군이 사격을 가해도 제대로 받아치지 못했다. 수도사단은 북진 때도, 그리고 이후 모든 동부 산악 지형에서의 전투에서도 오랜 경험을 쌓은 부대였다. 그들은 맹렬하게 치고 나가면서 적을 몰아붙였다. 적의 주춤한 기세를 간파한 1연대는 맹렬하게 적을 쓰러뜨리면서 앞으로 나아갔다.

오대산에서 대관령 남쪽 일대까지 포진한 수도사단은 험준한 산악을 헤치면서 적을 소탕하기 시작했다. 1연대는 이 전투에서 1,180명의 적을 사살했다. 전사자는 12명에 불과했다. 100대 1의 손실률이었다. 대관령을 넘어 강릉을 삼킨 뒤 보급 문제를 해결하고, 한편으로는 미군의 막대한 화약까지 노리면서 후방을 공략하려던 중공군은 이 전투에서 크게 꺾이고 말았다.

숨막힐 듯했던 전투의 모든 과정을 지켜본 작전참모 공국진 대령은 백선엽을 이렇게 표현했다. '대륙성 기질로 참을성이 강한 분이라서 좀체 화를 낼 줄 모르는 사람.' 그는 당시의 상황을 두고 "드디어 군단장이 화가 났다. '로저스_{미 수석군사고문}를 불러와, 함께 가자'고 군단장이 말했다" 라고 묘사했다. 백선엽은 로저스를 일부러 대동했다. 송요찬 사단장이 계속해서 움직이지 않는다면, 적법한 절차를 거쳐 그를 그 자리에서 파면할 생각 때문이었다. 그리고 백선엽이 작전을 직접 지휘할 생각이었다. 그 '적법한 절차'를 살리기 위해 미 수석고문관이 필요했던 것이다.

백선엽 장군은 그때를 회상하면서 "내가 45구경 권총을 차고 지프에 올랐던 것도 사실이다. 일선의 지휘관이 지니던 것이어서 실탄은 늘 장전돼 있는 상태였다. 그러나 총을 내가 직접 송 사단장에게 겨눌 생각은 없었다. 그것만으로도 위압적인 분위기는 충분히 연출할 수 있을 것이라고 판단해 권총을 휴대했다"고 말했다.

'대륙적인 기질'이란 표현은 많은 생각을 하게 만든다. 무엇이 '대륙적'이라는 것일까. 흔히 그 대륙은 중국과 동의어다. 아주 드넓은 대륙의 환경, 사람과 사람이 서로 만나고 헤어지면서 만들어내는 경우의 수가 아주 많은 곳이다. 대륙은 사람이 처하는 환경을 따질 때 천변만화千變萬化의 장소다.

그런 대륙의 환경에서 사람이 제 자리를 지키려면 모든 변화에 일희일비一喜一悲할 수는 없는 노릇이다. 시도 때도 없이 일어나는 변화의 와중에서 자신을 보전하며 제 목표를 수행하려면 은근과 끈기가 필요하다. 감정적 기복이 없어야 하고, 즉물적인 대응을 삼가야 한다.

변화를 더 오래 지켜보고, 생각을 다듬으면서, 더 긴 안목과 자세로 내게 닥친 환경적인 변화를 제어해야 한다. 그런 점 때문에 사람의 행동이 굼떠 보이기도 하고, 때론 자신의 뜻을 거스르는 자에 대해 우회적 태도를 보이기도 한다. 상황이 유리해졌을 때 움직여 마지막으로 자신의 뜻을 관철해내고야 마는 것이 '대륙적 기질'인 것이다.

그런 점에서 보면, 백선엽을 '대륙적 기질'로 표현한 공국진의 생각은 맞다. 굼떠 보이기 때문에, 때로는 현장에서 즉시 단안斷案을 내리지 못하는 답답함으로 비칠 수도 있다. 그러나 종국에 백선엽은 로저스 미 고문관과 작전참모 공국진 대령을 입회토록 하고, 허리에는 45구경 권총을 '연출용'으로 찬 뒤 송요찬을 찾아 나섰다.

개인적인 요소를 최대한 배제하고, 엄격한 '군법'의 칼날을 들이대면서 송요찬을 압박한 것이다. 그러나 그것이 오히려 발목을 잡았을 수도 있다. 그런 여유를 부리기에는 전선 상황이 매우 다급했기 때문이었다. 따라서 그런 백선엽의 기질에는 그늘도 따를 수 있다. 천행으로 시간을 맞췄기에 망정이지, 조금 더 늦었더라면 중공군에게 대관령을 빼앗기는 결과를 빚을 수도 있었다.

그러나 어쨌든 백선엽은 그의 대륙적인 기질을 동원해 큰 흐름을 잘 지켰다. 시간을 더 지체했더라면 아주 좋지 않은 결과에 직면할 수도 있었으나, 결국은 그 시간까지 잘 지켜 중공군을 막는 데 성공했다.

대관령을 지키고 난 뒤의 전투는 1군단의 일방적인 우세였다. 적은 맥없이 무너지고 있었다. 일방적인 아군의 공세에 적은 그대로 쫓겨갔다. 1군단은 5월 23일에는 현재의 휴전선 일대까지 진격했다. 1950년 10월 말, 험준한 적유령산맥을 넘어 한국 전선에 뛰어든 뒤 이상하고 괴이한 전법으로 늘 두려움을 심어줬던 중공군이었다. 그들은 대관령에서 결국 백선엽에게 막히고 말았다. 백선엽은 중공군과의 싸움을 통해 저들의 실력과 전법을 깊이 이해하기 시작했다.

밴 플리트와 백선엽

위급한 순간에 적의 대공 포화에 맞아 기름이 줄줄 새는 경비행기를 타고 용평의 3군단 간이 비행장에 홀연히 나타난 미 8군 신임 사령관 제임스 밴 플리트 장군, 그리고 그의 지휘 아래에서 대관령 방어에 나서야 했던 백선엽. 둘의 만남은 그렇게 시작한다.

6.25전쟁의 소용돌이 속에서 두 사람이 해낸 일은 아주 많다. 밴 플리트는 한국군 포병부대를 체계적으로 교육시켜 국군의 현대전 수행 능력을 대폭 높였고, 아울러 그 후 벌어지는 한국군 전력 증강 계획을 뿌리에서부터 줄기까지 전 영역에 걸쳐 지원한 사람이다. 오늘날의 대한민국 육군 발전사를 이야기할 때 결코 그를 빼놓을 수 없다.

그는 미군의 시스템과 정신을 이 땅에 뿌렸다. 그는 미 8군 지휘관으로서 한국군의 전쟁을 지휘하며 다른 어느 미 장성보다 열심히 한국을 후원했다. 모든 전투에서 열과 성을 다했고, 그의 그런 지휘 덕분에 한국군은 미군의 전법을 이해하고, 그들이 움직이는 시스템을 따라 배웠다. 전쟁은 모든 것의 종합이다. 그 사회가 지닌 모든 역량이 전쟁이라는 현장에서 고스란히 나타나게 마련이다.

이 땅 위의 전쟁에 뛰어든 미군은 그런 기회를 통해 자신이 지닌 모든 역량을 발휘했다. 그 안에는 미국의 모든 힘이 녹아 있었던 것이다. 밴 플리트는 그런 미국의 힘을 발휘하며 한국군이 이를 받아들이도록 유도하는 매우 사려 깊고 적극적인 안내자였다. 그런 밴 플리트의 '안내'를 받으며 미국의 힘을 인지하고, 한국 안으로 그를 끌어들인 사람이 백선엽이다.

밴 플리트 역시 2차 세계대전 당시 뛰어난 지휘관이었다. 아울러 대전이 끝난 뒤에는 그리스에 주둔하면서 공산군 게릴라를 상대로 작전을 벌여 커다란 성공을 거둔 군인이었다. 따라서 그의 경험은 한국에 매우 적합한 것이기도 했다. 나중에 벌이는 대 빨치산 작전이 특히 그랬다.

그는 그리스에 주둔하면서 그리스 왕실과 매우 두터운 친분을 쌓았다. 그리스 왕실과의 관계를 아주 원만하게 유지하면서 현지 작전을 물 흐르듯이 자연스럽게 펼쳐간 지휘관이었다. 따라서 그의 성격을 종합해 보면 사람과의 친분을 쌓아 자신에게 주어진 사명을 완수하는 스타일이었다. 이를테면, 그는 인화人和에 뛰어났던 것이다.

그런 성격의 일면을 보여주는 게 그와 이승만 대통령의 관계다. 그는 이승만 대통령이 집권하고 있던 전 기간을 통틀어 이승만 대통령과 가장 관계가 좋았던 미군 지휘관이었다. 그에 앞서 부임한 월튼 워커 사령관, 매튜 리지웨이 장군 등은 이승만과의 관계가 그렇게 원만하지 못했다.

전임자들은 전선에서 드러나는 한국군의 실력을 두고 불만이 많았다. 워커 장군은 특히 국군이 형편없이 싸움에 밀릴 때에는 이 대통령을 찾아가 "도대체 이런 군대와 어떻게 싸우라는 말이냐"면서 험악한 비판을 해댐으로써 자존심 높았던 이 대통령을 매우 불쾌하게 만들기도 했다. 매튜 리지웨이 장군 또한 이 대통령 앞에서 국군에 대한 불만을 자주 토로해 그의 심사를 꽤나 불편하게 만들었던 인물이다.

그에 비해 밴 플리트는 이승만 대통령에게 극진했다. 한국군에 대한 불만이 그 또한 적지 않았으나 그를 표현할 때에는 아주 사려 깊게 이 대통령의 심사를 배려했다. 직설적인 표현보다는 매우 우회적인 발언을 통해 그런 문제를 지적하곤 했다. 그리고 그는 매 주말마다 이 대통령 부처를 서울 동숭동 옛 서울대 자리의 미 8군 사령부로 초청해 스테이크와 칠면조 고기를 대접했다.

이 대통령은 1875년생, 밴 플리트는 1892년생이다. 부모와 자식 정도는 아니더라도, 밴 플리트는 나이로 볼 때 이 대통령의 조카뻘 정도였다. 그는 동숭동 8군 사령부에 이 대통령 부처가 방문할 때마다 스테이크와 칠면조 등을 직접 썰어다가 대통령 부처의 접시에 놓아주는 '서비스'를 즐겨 했다. 그런 밴 플리트를 보면서 이 대통령은 매우 흡족해 했다.

백선엽 장군은 밴 플리트의 품성 중에 가장 특징적인 면모를 "남에게 나눠주는 것을 즐겨했다"고 표현한다. 다시 말해 남과 나누어 가지는 것을 좋아하는 성격이라는 얘기다. 그는 강원도 현리에서 3군단이 무너지고, 이어 국군 1사단이 대관령 방어에 성공하는 것을 눈에 담았다. 전임자들로부터 얻은 백선엽에 대한 인적人的 정보도 물론 잘 알고 있었다. 밴 플리트는 곧 백선엽을 깊이 신임했다.

밴 플리트는 백선엽이 주둔하던 속초 1군단의 '단골손님'이었다. 그는 백을 자주 찾아왔다. 작전에 관한 의견도 나누고, 전반적인 한국 상황에 관한 이야기도 즐겨 나눴다. 그러면서 밴 플리트가 보인 특징이 하나있다. 그는 먹을 것을 즐겼다. 늘 주머니에 오렌지와 초콜릿 등을 지니고다녔다. 주머니에서 먹을 것을 꺼낸 뒤에는 반드시 그 반쪽을 쪼개 백선엽에게 나눠주곤 했다.

의도적인 몸짓이 아니라 같은 동료와 함께 무엇이든지 나눠야 한다는, 자신이 오래 생활하며 키운 습관이 자연스럽게 표출되는 모습이었다고 백선엽 장군은 기억하고 있다. 이승만 대통령 부처를 동숭동 8군사령부에 초대해 직접 고기를 썰어서 '서빙'하는 모습, 그리고 주머니에 늘 뭔가 먹을거리를 지니고 다니다가 불쑥 꺼내서 반쪽을 쪼개 백선엽에게 나눠주는 몸짓, 그런 밴 플리트의 품성이 백선엽 장군의 눈에는 깊이 들어왔다.

전쟁이 끝난 뒤 한참 후의 일이다. 밴 플리트 장군은 1992년에 타계했다. 100세를 채웠으니 장수를 한 셈이었다. 그가 세상을 떠나기 1년 전의 일이다. 그때는 젊은 장군 백선엽의 나이도 벌써 71세였다. 비록 노년까지 건강을 유지했던 백선엽 장군이지만, 당시 일흔 줄에 들어선 그 역시 노인임에는 분명했다.

1950년 6월 25일 아침 전선으로 뛰쳐나가 10개월 만에 부산으로 찾아온 아버지 백선엽을 처음엔 멀뚱거리면서 보다가 이내 달려들어 품에 안겼던 그의 첫째 딸 백남희가 기억하는 장면은 다음과 같다.

아버지 백선엽 장군이 1991년 어느 날 뉴욕에 사는 자신의 집을 방문했다. 아버지는 다짜고짜 딸에게 "내일 당장 플로리다로 가는 비행기 티켓을 끊어라"고 말했다. 느닷없이 플로리다 비행기 티켓을 얘기하는 아버지에게 딸은 "거기에는 무엇하러 가시려느냐"고 만류했다. 아버지는 "밴 플리트 장군이 노령에 누워계신다고 하니 한 번 찾아봬야겠다"고 했다. 딸은 한국에서 먼 거리를 이동해온 아버지의 건강을 걱정해 "꼭 뵐 필요가 있느냐"고 했다.

그러나 백선엽 장군은 "끊으라고 하면 끊어라"면서 엄하게 말했다고 한다. 딸은 그제야 아버지의 뜻을 굽힐 수 없다고 판단해 "그러면 밴 플리트 장군에게 찾아간다고 먼저 전화라도 하시라"고 권유했다. 그러나 백 장군은 "전화고 뭐고, 찾아가 뵈면 그만이다"라면서 막무가내였다.

이윽고 두 시간여를 비행해 두 사람은 밴 플리트가 만년을 보내고 있던 그의 작은 목장으로 찾아갔다. 밴 플리트 장군은 벌써 99세, 말도 제대로 못한 채 휠체어에 누워 있는 신세였다. 그러나 예고도 없이 불쑥 찾아간 백선엽을 알아봤다. 40년 전 한국의 전선에서 동고동락했던 젊은 한국군 지휘관 백선엽을 잊을 수 없었던 것이다.

딸 백남희는 이렇게 회고했다. "평소에 아버지가 우는 모습은 한 번도 보지를 못했어요. 거실에 누워 있던 밴 플리트 장군이 아버지가 들어서자 몸을 일으키려 했고, 아버지는 단숨에 그의 곁으로 다가가 밴 플리트 장군을 끌어안았어요. 그러고는 두 분이 아주 오랫동안 부둥켜안고 울기만 했어요. 제가 딸이지만, 그 장면이 너무 감동적이었어요. 하실 말씀이 서로 정말 많았을 테고, 쌓인 회포를 다 풀기에는 밴 플리트 장군의 건강이 너무 안 좋으셨고…."

밴 플리트 장군은 그의 둘째 딸이 돌보고 있었다. 밴 플리트는 애써 무슨 말인가를 하려 했으나, 백 장군은 그의 말을 알아들을 수 없었다. 백 장군은 곁에 서서 밴 플리트 장군의 딸이 통역해주는 말을 전해들을 수밖에 없었지만, 한동안 그 둘은 그런 방식으로 옛 전쟁의 추억들을 주고받았다고 했다.

백 장군이 딸 백남희와 밴 플리트 장군 집을 떠날 때였다. 휠체어에 길게 누워있던 밴 플리트 장군에게 작별 인사를 했다. 밴 플리트 장군은 그런 백선엽을 보면서 몇 마디 말을 했다. 백 장군은 역시 그 말을 알아들을 수 없었다. 둘은 전우戰友였다. 삶과 죽음이 엇갈리는 전장에서 맺은 전우의 의리는 대단한 것이다. 백 장군은 곧 세상을 떠날지도 모를 밴 플리트 장군과 헤어지는 게 영 섭섭했다. 그와 헤어질 때 밴 플리트 장군의 몇 마디가 궁금했다. 백 장군은 거실 문을 나서면서 밴 플리트 장군 딸에게 물었다. "장군께서 방금 헤어질 때 하신 말씀이 뭐냐"고 물었다.

딸은 웃으면서 "별 내용 아니다. 아버지가 '백 장군 찾아왔으니 저 사람에게 꼭 점심이라도 먹여서 보내라'고 말씀하셨다"고 했다. 그때 백 장군의 뇌리에는 자신이 주둔하던 속초의 1군단 사령부를 자주 찾아와 함께 걷다가 주머니에서 오렌지와 초콜릿 등을 꺼내 "같이 먹자"며 그 반을 잘라 건네주던 미 8군 사령관 시절의 밴 플리트 모습이 떠올랐다고 했다.

늘 남에게 베푸는 데 인색하지 않은 장군 밴 플리트, 그리고 곧 세상을 떠날지 모를 그를 아무런 기별 없이 찾아가 문안問安을 해야 직성이 풀렸던 백선엽. 둘의 만남과 헤어짐은 이렇다. 둘의 만남이 지니는 의미는 아주 크다. 밴 플리트를 만난 백선엽은 물을 만난 물고기였다. 밴 플리트 역시 자신뿐만 아니라 미군을 제대로 이해하고, 미군이 구사하는 전법을 금세 알아들으며, 미군 전투력의 배후에 깔린 역사적 배경까지 이해하는 젊은 한국군 지휘관 백선엽을 끔찍이 아꼈다.

한국이라는 전선에서 두 사람이 만나 이루는 것은 단순히 '1+1=2'가 아니었다. 그저 별을 달고 지휘하는 고위급 장성 둘이 서로 만나 전선을 관리하던 차원도 아니었다. 그 둘은 아주 넓고 깊은 화학 작용을 선보였다. 서로의 이해를 바탕으로, 그리고 서로의 신뢰를 배경으로, 함께 어깨를 걸고 공동共同의 적에 맞서 싸울 때 뜻을 함께 하는 동지同志로서의 결합이 어떤 차원의 상승上昇을 만들어낼 수 있는가를 보여준 사례다.

한국 전선에 막 부임한 신임 미 8군 사령관은 현리 전투에서 결정적인 패배를 맛봤다. 이어 계속 밀리는 전선에서 대관령을 막아낸 젊은 한국군 장수 백선엽을 눈여겨보기 시작했다. 밴 플리트 역시 강하면서 군건한 군인이었다. 그 역시 여느 미군의 고위급 지휘관들처럼 적 앞에서 후퇴하거나 밀리는 것을 치욕으로 아는 군인이었다.

자신이 막 부임한 한국 전선에서 결정적인 패배를 당하는 국군 3군단을 지켜봤고, 이어 하얀 얼굴에 날카로운 눈매, 자신의 임무완수에 최선의 노력을 기울이는 백선엽이라는 인물을 봤다. 그 이후 밴 플리트가 한국의 전선을 모두 지휘하는 미 8군 사령관으로 있으면서 벌이는 활약의 대부분은 백선엽과 깊은 관련 속에서 펼쳐진다.

서로의 임무와 사명감 속에서 상대를 살피고, 굳은 약속과 신뢰로 상대의 부담을 덜어주며, 자신이 맡은 일을 충실히 함으로써 상대를 높여주는 그런 사이가 이른바 친구다. 둘은 아버지와 아들의 나이였다. 밴 플리트는 1892년생, 백선엽은 1920년생. 그러나 둘은 서로의 나이를 잊는다. 그렇게 나이를 잊고 친구가 되는 걸 '망년지교忘年之交'라 한다.

아울러 둘은 뜻이 통했다. 짧게는 전선 너머에서 늘 꿈틀거리는 적을 섬멸하는 것이었고, 길게는 한국군의 실력을 증강시켜 장기적인 적의 위협에 공동으로 대처하는 것이었다. 그런 점에서 밴 플리트는 남에게 늘 베푸는 자신의 품성을 살리면서 한국을 도우려 했고, 대한민국의 국방을 생각해야 하는 백선엽은 그런 밴 플리트의 성정性情을 이해하며 도움의 손길을 내밀었다. 둘은 그렇듯 굳게 손을 잡고 있었다. 1951년 5월 중공군 춘계 제5차 2단계 공세 속에서 만난 두 사람의 길고 오랜 우정은 그때 싹트고 있었다.

휴전회담 대표 백선엽의 판단력

'승승장구乘勝長驅'라는 말이 있다. 적을 무찌른 승세勝勢에 올라타 적진敵陣 깊숙이 들어가 적을 마구 무찌르는 기세를 두고 이르는 말이다. 보통은 어떤 상승세를 타고서 계속 그런 흐름을 유지하는 것을 말하기도 한다.

그때의 백선엽이 바로 승승장구의 시절을 맞고 있었다. 1946년 국군 창설 멤버 60명 중 군번 54번으로 중위 계급장을 달고 부산 5연대 창설을 위해 현지의 중대장으로 부임한 뒤, 전쟁 직전 대령으로 국군 1사단을 지휘하면서 북한 김일성 군대와 싸웠던 게 불과 1년 전이었다. 그러나 백선엽은 개전 초 한강 다리가 끊기면서 맞았던 1사단의 처절한 와해, 그 뒤 유랑극단 신세처럼 이곳저곳을 떠돌면서 사단의 명맥을 겨우 이어갔던 불행과 좌절의 시기를 견뎠다.

남들이 미군의 거대한 155㎜ 야포를 구경하면서 정신을 팔고 있을 때 미군 지휘관이 지니고 있던 5만분의 1 지도에 주목하고 현대전의 흐름을 간파했던 이 젊은 지휘관은 마침내 대한민국의 운명이 걸렸던 다부동 전투에서 기적적으로 승리했다. 그 전투가 바로 일선 지휘관 백선엽이 승승장구의 기세에 들어서는 길목에 해당한다.

그는 다부동 전투에 이어 낙동강 교두보에서 전선의 적을 물리친 뒤 가장 먼저 북진을 시작하는 공적을 세웠다. 아울러 밤을 낮 삼아 걷고 또 걸어 평양에 먼저 입성함으로써 그의 이름 석 자는 세상 모두에 알려졌다. 이어 운산 전투에서 미 1군단과 함께 매복한 중공군의 공격을 피해 성공적인 후퇴 작전으로 한반도 싸움터의 주력인 서부 축선 방어부대의 건제를 유지하는 공을 세웠다.

1.4후퇴로 중공군에 내준 서울을 먼저 탈환했고, 1군단장으로 승진한 뒤에는 강원도 인제군 현리에서 국군 3군단을 와해시키면서 내려온 중공군의 공세를 대관령 방어 작전으로 돌려 세웠다. 신임 밴 플리트 미 8군 사령관과 동해에서 작전 중이던 미 7함대 5순양함대 지휘관 알레이 버크 등과는 긴밀한 관계를 유지하면서 동부전선의 위도緯度를 북쪽으로 올리고 있던 시점이었다.

만 30세의 젊은 지휘관이 보인 능력으로는 좀체 믿기 어려운 전과戰果이기도 하다. 전선 지휘관의 업적은 일시적인 과장誇張이 가능하다. 전과를 부풀려 보고해도 단기적으로는 그를 검증하기 힘들다. 그러나 시간이 오래 지나면서 부풀린 전과의 한계는 바로 드러나게 마련이다. 전투가 계속 이어지면서 부풀린 전과와 그를 위해 올렸던 허위 보고는 결국 실상을 드러내기 때문이다.

백선엽은 그 반대다. 그는 스스로 자랑하지 않는 성격 때문에 자신에게 유리하도록 전과를 조작하지 않는다. 당시의 형편으로 볼 때에도 한국군 지휘관의 옆에는 항상 미 군사고문관들이 붙어 있었다. 이들은 아주 냉정한 시각으로 전선에 선 한국군 지휘관의 능력을 체크했다. 따라서 전과 조작은 사단장을 역임한 뒤 군단장에 올라 있던 백선엽에게는 거의 불가능했다.

있는 그대로, 싸운 그대로 그는 미군에게 평가받고 있던 상황이었다. 미군은 그런 백선엽에게 어떤 생각을 품고 있었을까. 미 해군 제독의 막강한 함포 지원을 이끌어내며 전선을 북쪽으로 계속 밀어 올렸던 백선엽에게 1951년 7월 초의 어느 날 밴 플리트 미 8군 사령관이 찾아왔다.

하루 전에도 버크 제독이 백선엽을 갑자기 찾아와 "갑자기 일이 있어 도쿄로 가게 됐다"며 이임 인사를 했다. 그렇게 버크가 떠난 다음 날 밴 플리트는 "군단사령부가 아닌 간성의 해변에서 만나자"는 연락을 해왔다. 백선엽은 조금 의아했다. 군단사령부를 두고서 왜 해변에서 만나자는 것인가, 무슨 중대한 일이라도 있는 것인가라는 생각 때문이었다.

밴 플리트는 늘 그랬듯이 먹을 것을 손에 들고 있었다. 그가 가져온 휴대용 아이스박스에는 샌드위치가 담겨 있었다. 밴 플리트는 남에게 뭔가를 항상 나눠주던 버릇대로 샌드위치의 절반을 백선엽에게 건네면서 "곧 휴전회담이 열리는데 알고 있느냐"고 물었다. 백선엽은 휴전회담 관련 소식을 들어 알고 있다는 정도의 대답을 했다.

그리고 전쟁 전반과 시국에 관한 이야기를 주고받았다고 했다. 이어 밴 플리트 장군은 백선엽에게 "중국말을 할 줄 아느냐"고 물었다. 백선엽은 "베이징에서 쓰는 표준어 정도는 구사할 수 있다"고 대답했다. 밴 플리트는 별 말이 없었다. 그리고 그는 곧 돌아갔다.

밴 플리트는 당시 곧 열리는 휴전회담의 한국 측 대표로 백선엽을 천거한 상태였다. 미군의 전폭적인 신뢰를 받고 있던 백선엽 1군단장을 휴전회담에 내보내기 위해 왔던 것이다. 공산 측에서는 중공군 장성 두 명이 회담 대표로 참가할 예정이었기 때문에 중국어를 구사하는 사람이 필요했다.

그러나 백선엽이 '중국어 구사 능력'을 갖추고 있다는 점이 그가 회담 대표로 선정된 유일한 이유는 아니었다. 당시 한국군 지휘관 중에는 백선엽처럼 중국어를 구사할 수 있는 사람이 적지 않았다. 그보다는 이승만 대통령을 비롯한 대한민국 대부분의 사람들이 반대하는 휴전회담에서 미국 측이 회담 테이블에서 가장 믿을 수 있는 한국군을 찾을 때 백선엽이 눈에 띈 것으로 봐야 한다.

미군으로서는 자신들과 가장 긴밀한 협조 관계를 유지하면서 대부분의 전투를 승리로 마무리한 백선엽이 휴전회담에서도 같은 역할을 해주리라 기대했을 것이다. 백선엽은 곧 그런 명령을 받았다. 육군본부로부터 "군단장직은 그대로 유지하면서 현장 지휘를 부군단장에게 맡기고, 부산 임시 경무대로 가서 대통령께 휴전회담 대표로 부임한다는 신고를 하라"는 내용이었다.

백선엽은 곧 경비행기 편으로 부산 경무대를 찾아갔다. 신고를 받는 이승만 대통령의 심기가 영 편치 않아 보였다. 신고를 마치자 대통령은 "지금 이 땅 위에 100만 명 이상의 중공군이 와 있는데, 미국 사람들은 휴전회담을 하려고 해. 이게 말이 되는가. 우리는 통일이 목표야. 지금 휴전하는 것은 국토를 분단하자는 얘기야. 나는 절대 반대야"라고 말했다.

백선엽의 입장이 난감할 수밖에 없었다. 미 8군의 추천에 따라 정식으로 육군본부의 명령을 받고 신고를 마쳤지만, 대통령의 뜻은 '휴전회담 반대'였던 것이다. 대통령이 완강하게 반대하는 휴전회담의 대표로 나서게 된 백선엽은 어떤 자세를 취해야 할까. 미군의 뜻이 아무리 중요해도 그는 먼저 대한민국의 군인이었다.

그는 대통령의 의중을 확인해야 했다. 가라는 것인가, 아니면 회담에 불참하라는 얘긴가를 먼저 밝히는 게 중요했다. 그는 대통령에게 "저는 어디까지나 대한민국 군인입니다. 육군참모총장이 휴전회담 대표로 나가라고 연락을 해왔지만 대통령 각하의 뜻이 그러하시다면 회담에 나가지 않겠습니다"라고 말했다.

불만에 가득 찬 표정이었지만 이승만 대통령도 미국의 뜻을 완전히 무시할 수는 없었던 모양이다. 대통령은 "미국 사람들이 저렇게 나오니 가지 않을 수는 없다. 미국 사람들과 협조하는 뜻도 있으니 참석하도록 하라"고 말했다.

결론적으로 말하자면, 백선엽은 1951년 7월 열린 첫 휴전회담에 참석해 공산군 측과 길고 지루한 협상에 임하지만 결국 별다른 성과를 거두지 못한 채 자리에서 물러난다. 공산군 측의 지루한 줄다리기는 결국 2년 동안 이어져 1953년 7월 27일에야 휴전협정에 조인하는 것으로 끝을 맺는다. 따라서 휴전회담이 막 열리던 시점에서 어떤 성과를 기대하기란 당초부터 불가능했던 셈이다.

이 책에서 살펴야 할 것은 휴전회담 초반에 대표로 참석했던 백선엽이 휴전회담 자체를 반대하고 있던 대한민국 최고 권력자와, 그를 무시한 채 회담을 강행하려는 미국의 사이에서 어떻게 자신의 입장을 유지했느냐의 문제다. 경우에 따라서는 백선엽의 입장이 매우 어려워질 수도 있었기 때문이다.

스스로 정치에 관심을 두지 않고, 몸과 마음을 정치로부터 멀리 떨어진 상태에 두고자 하는 마음과 자세를 지닌 사람이 백선엽이다. 1956년에는 아예 이승만 대통령으로부터 "내무장관을 맡으라"는 제의를 받았으나, 결국 "군인으로 끝까지 남게 해달라"며 거절까지 했다. 그러나 본인이 정치를 멀리 한다고 해서 이미 두각을 나타낸 인물을 정치계가 가만두는 것은 아니다.

정치의 칼끝을 피해가기 위해서는

정치에 몸을 담지 않더라도 때에 따라서는 정치적인 판단을 내려 그쪽에서 불어오는 다양한 풍파風波에 대응해야 할 때가 있다. 정치라는 것은 시퍼렇게 살아 움직이는 맹수猛獸와 같아서, 어떤 경우에는 정치에 무관한 사람마저 아주 억울한 희생으로 삼아 세차게 물어뜯는 경우가 많기 때문이다.

그런 점에서 백선엽은 치밀했다. 회담에 들어가서도 정치적인 문제는 백선엽의 발목을 계속 잡았다. 먼저 살펴야 할 점은 백선엽이 아군 측을 대표한 5인의 회담 참석자 중에 유일한 한국인이었으며 회담의 모든 과정을 미국이 주도적으로 다뤘다는 것, 공산 측의 실질적인 주력인 중국이 회담 대표 2인을 내보내 휴전에 관한 모든 조건을 자국에 맞춰 저울질했다는 점 등이다.

실제 공산 측 대표 5인 가운데 수석대표 남일을 비롯해 이상조와 장평산 등 북한군 장성은 3명이나 됐지만, 배후에서 전체적인 흐름을 조종하던 쪽은 막대한 병력과 화력을 파견한 중국이었다. 따라서 휴전회담의 큰 분위기는 아군 측 대표 4명을 차지하고 있던 미국이 중국을 상대로 벌이는 협상으로 흘러가고 있었다.

아군 측 참석자는 수석대표 터너 조이 제독 외에 미 8군 참모부장 행크 호디스 소장, 미 극동공군 부사령관 로렌스 크레이기 소장, 미 극동해군 참모부장 알레이 버크 소장, 그리고 백선엽이었다. 공산 측에서는 수석인 인민군참모총장 남일 외에 이상조 소장과 장평산 소장, 중국 대표로는 덩화鄧華 중공군 부사령관과 셰팡解方 참모장 겸 정치위원이 참석했다.

회담장은 전쟁 발발 전에는 대한민국 땅이었다가 전쟁이 벌어진 뒤 북한군에게 내줬던 개성에 만들어졌다. 내봉장來鳳莊이라는 99칸짜리 조선시대 한옥이었다. 회담은 1951년 7월 10일 시작했다. 아군 측 대표들은 판문점 평화촌에 머물면서 개성의 '인삼관'이라는 곳에 먼저 도착한 뒤 다시 내봉장으로 가서 회담에 임했다. 대개 수석대표만 발언이 허용됐고, 나머지 참석자들은 막후에서 함께 사안을 논의했다. 회의장에서 나머지 참석 대표들은 그저 수석대표끼리의 발언을 지켜볼 수밖에 없었다.

백선엽은 그렇게 회의에 참석하면서도 한편으로는 답답했다. 이승만 대통령을 비롯한 대한민국의 정책 결정자들이 바라는 것과는 아주 다른 방향으로 회담이 흘러가고 있었기 때문이었다. 회담이 시작되기 전, 대한민국의 변영태 외무장관이 제시한 조건은 다섯 개였다. 중공군 철수와 북한 '괴뢰군' 무장해제, 북한에 대한 유엔의 원조 금지, 한국에 관한 국제회의에 한국 대표 참석, 한국의 주권과 영토 보전 등이었다.

그러나 회담에서는 대한민국이 사전에 제시한 이런 조건들이 전혀 거론되지 않고 있었다. 대한민국 땅에서 벌어진 전쟁이었지만, 사실상 전쟁을 주도하는 미국과 중국 및 북한의 뜻만이 회담에서 언급되고 있었던 것이다. 중공군이 한반도에서 아주 철수해야 한다는 대한민국의 강력한 뜻은 전혀 거론될 기미조차 없었다.

이런 상황에서 백선엽이 내린 판단은 무엇일까. 그는 화려한 전투 경력을 쌓아 당시에는 이미 한국군 지휘관 중 가장 으뜸으로 꼽히는 장군이었다. 그러나 나이로 따지자면, 아직 만 30세에 불과했다. 제 아무리 험한 전쟁을 이끌었다고 하더라도 그 정도의 나이라면 노련함과는 거리가 있었을 것이다. 더구나 지금의 기준에서 볼 때 그는 직장에 막 들어가 현장 훈련에 열중하는 젊은이 정도였을 것이다.

그러나 공자孔子가 이야기 한 '삼십이립三十而立'으로 따지자면, 서른 살의 백선엽은 궁리에 궁리를 거듭해 온 자신만의 분야에서 뭔가를 이룩해야 하는 나이였다. 커다란 성공을 향해 다가서려면 그 나이에는 이미 제 나름대로 세상을 보는 높은 안목이 있어야 한다는 게 공자의 말이기 때문이다.

스스로 자기 자리를 찾아 굳게 선다는 '공자 말 속의 서른 살'이었을까. 꼭 그 나이의 백선엽은 자신이 그런 휴전회담에 계속 눈치 없이 끼어들 경우를 고민했다. 대한민국 정부가 표방한 여러 조건 중에서 핵심에 해당하는 내용조차 제대로 거론하지 않는 회담에 한국을 대표하는 군인 자격으로 마냥 앉아 있을 경우 닥쳐올 정치적 위험을 간파했을지도 모른다.

그가 정말 '눈치 없이' 회담장에 계속 앉아 있어도 당장에 그를 나무랄 사람은 없었을 것이다. 미국은 오히려 그런 백선엽을 더욱 신임하면서 무게를 실어줬을 것이고, 대한민국 정부 또한 이 대통령의 허락을 거쳐 회담장에 갔던 백선엽을 크게 비판할 수도 없었다.

그러나 그는 대한민국의 군인이었다. 더 큰일을 이루기 위해서는 한국의 군인으로서 국가와 사회에 충성을 다해야 하는 것이고, 한반도의 운명에 결정적인 역할을 하고 있던 미군으로부터 신뢰를 잃을 수도 없는 일이다.

그는 마침내 그 자신만의 방법으로 문제를 제기했다. 남에게 자신의 의사를 강력하게 표출해 감정을 상하게 하거나, 핵심을 논의하기 전에 먼저 지엽적인 문제로 불필요한 잡음을 내지 않도록 하는 신중한 접근 방식이었다. 그는 어느 날 조용히 터너 조이 제독을 찾아갔다. 그는 아군 측 수석대표였다.

백선엽은 "미국과 우리 정부의 입장이 너무 다르니 내가 회담에 참석하기가 곤란하다. 이런 상태라면 내일부터라도 회담장에 가기가 힘들다"고 말했다. 회담장 자체가 적진敵陣에 해당하는 개성에 있다는 점도 불만이라고 말했다. 그러나 백선엽은 더 중요한 뜻을 담아 전달했다. "이런 상황에서 대한민국 회담 대표라는 신분으로 나섰지만, 임명장도 제대로 받은 적이 없다"는 점을 분명히 전달했다.

터너 조이 제독은 그의 말뜻을 알아차렸다. 그는 "도쿄의 유엔군 총사령관 매튜 리지웨이 장군의 보고와 결정을 거쳐야 한다. 그때까지 계속 회담에 참석해야 한다"고 말했다. 조이 제독은 백선엽의 뜻을 바로 도쿄의 매튜 리지웨이 총사령관에게 보고했다. 이어 존 무초 주한 미국 대사를 통해 경무대의 이승만 대통령에게도 보고됐다.

이틀쯤 지나서였다. 이기붕 당시 국방부 장관이 평화촌으로 백선엽을 찾아왔다. 진행 중이었던 회담의 이모저모를 함께 이야기하던 이 장관은 뭔가를 꺼냈다. 이 대통령의 신임장과 친서였다. 백선엽이 조이 제독에게 표명했던 의중에 대한 경무대의 반응이었다. 이 대통령은 그 신임장과 친서를 영문으로 작성했다. 내용은 이랬다.

'나는 우리나라를 분단하는 유엔군 측의 어떤 협정도 원하지 않는다.

그러나 유엔 측과 협력하여 계속 휴전회담에 참석하기 바란다.' 이로써 백선엽의 정치적인 입지는 다져졌던 셈이다. 대한민국의 조야朝野가 모두 반대하는 휴전회담에 홀로 한국을 대표해서 앉았던 백선엽이었다. 설령 이 대통령의 사전 내락內諾이 있었다고는 하지만, 정치적으로 그 자리는 매우 위험한 상황을 불러올 수도 있었다.

1년여 뒤 백선엽은 육군참모총장에 오르고, 한국군 최초의 대장이 된다. 그는 화려한 전투 지휘 경력을 바탕으로 대한민국 육군참모총장으로 대단한 일을 수행한다. 한국군을 신속하게 증강시켜 현대적인 군대로 육성하고, 이승만 대통령을 도와 휴전협정 체결의 막전막후에서 한국과 미국의 상호방위조약 체결 등에 간여한다.

그때 대통령 이승만과 물샐틈 없는 공조共助를 벌일 수 있었던 것은 모두 두 사람 사이의 신뢰 때문이다. 일선 지휘관으로서 대통령의 신임을 받으려면 전투를 잘하면 된다. 그러나 일선이 아닌 행정과 정치가 맞물리는 현장에서 대통령의 신임을 받는 과정은 아주 복잡하다.

한반도에서 벌어진 전쟁의 전반全般을 관리하는 미군과 휴전회담 자체를 반대하고 있는 이 대통령의 사이에서 백선엽은 자신의 위치를 균형감 있게 설정하고, 관리해야 했다. 좀 더 복잡한 '정치적 판단'이 뒤따라야 했던 것이다. 백선엽은 그런 문제를 대통령의 임명장과 친서로 해결한 셈이다.

그의 처신處身과 관련해서 볼 때 이는 매우 인상적인 장면이다. 그저 불평만을 내뱉을 수도 없었고, 미군에게 한국의 입장을 내세우면서 얼굴을 붉혀서도 안됐다. 휴전회담이라는 전체적인 기조基調를 거스르기에 대한민국은 힘이 없었던 상황이었다. 미국 주도의 휴전 협상을 받아들이면서도 대한민국 통치권자와의 관계를 손상하지 않는 방법. 결국 임명장과 친서를 대통령으로부터 받아든 서른 살 백선엽의 노련함과 원숙함이 매우 돋보이는 대목이다.

휴전회담 자체에 관해 백선엽이 기여한 내용은 별로 없다. 그저 대한민국 대표로 묵묵히 회담의 진행 내용을 지켜본 게 전부다. 인상적이었던 것은, 회담장에서 백선엽의 맞은편에 앉아 '기 싸움'을 벌였던 북한군 대표 이상조와의 일화다. 앞서도 언급했듯이, 회담에서 일반 대표는 말을 할 수 없었다. 모든 발언은 양측 수석대표의 입을 빌려 하기로 사전에 약정했기 때문이었다.

따라서 일반 대표들이 회담장에서 하는 일은 맞은편에 앉아 있는 상대를 계속 노려보는 것이 거의 전부였다. 백선엽과 이상조도 마찬가지였다. 특히 공산군 대표 중에서 이상조는 다혈질에 표정이 험악했던 것으로 유명했다. 그러나 백선엽은 자신의 원래 성격대로 감정적인 동요를 보이지 않았다.

하루는 이상조가 테이블 밑에 종이를 꺼내놓고 뭔가를 적었다. 이어 그는 종잇장을 들어 백선엽에게 보였다. '제국주의 주구走狗는 상갓집 개만도 못하다'는 내용이었다. 그것도 빨간색 글씨였다. 표정에 변화가 없던 백선엽을 자극하기 위해 일부러 한 행동이었다. 그러나 이상조는 결국 자신의 뜻을 이루지 못했다. 백선엽의 반응을 전혀 이끌어내지 못했던 것이다.

나중에 이상조는 김일성 체제에 반대해 소련으로 망명한 뒤 한국을 찾은 적이 있다. 그는 그때의 장면을 그대로 기억하고 있었다. 그는 1915년 부산 출생으로 백선엽에 비해 다섯 살이 많았다. 휴전회담에서 백선엽을 자극하기 위해 보였던 행동을 묻자 그는 "그 사람이 도대체 움직일 줄을 모르더라. 나이도 어린 사람이 어떤 자극에도 반응하지 않는 것을 보고 꽤 놀랐다"고 털어 놓은 적이 있다.

휴전회담을 반대하는 이승만 대통령과 대한민국 정부의 뜻을 알면
서 휴전회담 한국 대표로 참석한 백선엽이 혹시 자신에게 불어 닥칠지
도 모를 정치적 위기를 막기 위해 보였던 몇 가지 행동, 그리고 회담장에
서 그를 자극하기 위해 여러모로 노력한 이상조의 집요함에도 결국 반
응을 보이지 않은 침착함과 담연淡然함 등은 어딘가 통하는 구석이 있는
덕목들이다. 백선엽의 그런 면모는 계속 이어진다. 이번에는 대한민국
후방의 산골에 숨어서 국가의 근간을 뒤엎으려는 사람들이 대상이었다.
지리산 일대에 숨은 빨치산들을 향해 백선엽은 1951년 11월 침착하면
서도 날카롭게 공격의 칼을 겨눈다.

상승의 장군,
저 멀리 내달리다

빨치산은 백선엽의 칼끝에 무너져 내렸다.
피의 보복보다는 법과 제도의 틀을 선택했다. 이승만을 위해 해결사로 나서다.
그는 미군과의 신뢰가 돋보인 최고의 플레이어였다.

勝

낙엽 떨어지는 지리산으로

휴전회담에서 공산군 대표와 눈싸움을 하는 것은 백선엽의 생리에 맞지
않았다. 당시 유엔군 총사령관이었던 매튜 리지웨이의 눈에도 백선엽은
회담장 등에 나서는 것보다는 전투 현장이 더 어울리는 군인으로 비쳤
다. 그의 회고록에 등장하는 내용이기도 하다.

백선엽은 회담 대표로 휴전 협상에 참여한 지 약 두 달 만에 1군단장
으로 복귀했다. 동부전선에서 작전을 지휘한 뒤, 그는 육군본부로부터
걸려온 이종찬 참모총장의 전화를 받았다. "(서울 동승동) 미 8군 사령
부에서 회의가 있으니 늦지 않게 오기 바란다"는 내용이었다.

백선엽은 어떤 영문인지 모른 채 서울 미 8군 사령부로 향했다. 밴

플리트 사령관과 이종찬 총장, 8군 참모장 애덤스 소장 등이 먼저 와 있었다. 백선엽에게 새로운 명령이 내려지는 순간이었다. 지리산 공비共匪, 즉 빨치산 토벌에 관한 작전이 펼쳐지려던 시점이었고, 밴 플리트 사령관은 그 지휘를 맡을 사람으로 백선엽을 선택한 것이다.

그때의 백선엽에게는 이미 정해진 평가, 즉 정평定評이 내려져 있던 상황이었다. 다부동 전투와 평양 입성, 운산 전투와 대관령에서 중공군의 춘계 공세를 꺾은 점, 동해안 1군단 사령부에서의 전선 북상 공로, 휴전 회담 첫 한국 대표 등의 이력履歷은 그가 이미 한국군 지휘관 중에 최고봉에 올라서 있다는 점을 말해주고 있었다.

또 한 번 백선엽에게 대임大任이 내려진 셈이었다. 당시 빨치산 토벌은 매우 중요한 작전에 속했다. 대규모 정규군끼리 붙는 전투는 아니었으나, 원래 남한의 산악 지역에 숨어 활동하던 구舊 빨치산과 남침을 위해 내려왔다가 북진하는 아군에 의해 남한에 고립된 정규 북한군 병력, 중공군 참전 뒤 남쪽으로 새로 침투한 북한군 게릴라 부대의 합류로 빨치산의 규모는 크게 불어나 있었다.

이들은 넓고 깊은 지리산과 그 주변에 몸을 숨긴 채 다양한 활동을 펼치고 있었다. 기세가 결코 작지 않아 때로는 대한민국의 주요 철로망인 전라선을 끊기도 했고, 부산에 하역돼 전선 쪽으로 보급 물자를 옮기는 데 가장 중요했던 경부선 철로마저 위협하고 있는 상황이었다. 경우에 따라서는 전선에 서 있는 미군과 유엔군, 나아가 국군의 보급 시스템을 일거에 절단할 수 있는 가능성마저 보이고 있었다.

밴 플리트 사령관은 동숭동 사령부를 찾아온 백선엽에게 "귀관은 5사단장 시절 공비 토벌 경험이 많다고 들었다. 전선에서 대단한 공을 세우면서 대규모 부대를 지휘해본 적이 있는 한국군 유일의 군단장이다.

한국군 2개 사단을 빼 토벌을 할 작정이니 어느 사단을 선정할 것인지 직접 판단해 알려 달라"고 말했다.

백선엽은 산악 지역에서 작전 경험을 많이 쌓은 1군단 예하의 수도사단과 공비 토벌 작전을 해봤던 8사단을 선택했다. 작전 기간은 3개월이었다. 지리산 일대에 낙엽이 떨어지는 11월부터 이듬해 1월까지 벌이는 작전이었다. 밴 플리트는 한 걸음 더 나아가 백선엽이 이끄는 부대에 지휘관의 이름을 붙이도록 했다. '백 야전전투사령부'였다.

부대 이름에 사령관의 이름을 넣는 것은 6.25전쟁이 벌어지는 동안 전무후무한 일이기도 했다. 작전 명칭은 '쥐 잡기 작전Operation rat killer'이었다. 백선엽은 11월 16일자로 '백 야전전투사령부' 사령관에 정식 임명된 뒤 은밀하게 움직이기 시작했다.

백 야전전투사령부는 대규모로 편성됐다. 우선 정규 국군 2개 사단이 주력을 이뤘고, 예비 사단 1개와 4개 전투경찰연대 등 모두를 합치면 4개 사단 규모의 대부대였다. 밴 플리트는 이어 대전 이남의 작전지휘권을 한국 육군본부에 넘겨주는 방식으로 백선엽에게 전권을 부여했고, 정부는 대전 이남에 계엄령을 선포해 지리산 일대에서 백선엽이 계엄사령관 임무를 수행할 수 있도록 조치했다.

지리산을 중심으로 호남과 영남 일대의 산악 지대에는 이른바 '남부군 사령관' 이현상이 이끄는 빨치산 약 4만 명이 활동하고 있었다. 높은 산에 은거하면서 호남의 넓은 평원에 이어 교통 요로를 위협하는 세력으로 성장해 있었던 것이다. 독자적으로 '해방구'까지 운영하면서 휴전선과는 또 다른 제2의 전선을 형성해 대한민국의 전복을 꾀하고 있었다.

백선엽은 미 8군 참모진과 긴밀하게 협의함으로써 제2차 세계대전 직후 그리스에 주둔하며 대 게릴라 작전을 수행했던 밴 플리트 미 8군

사령관의 작전 경험을 충분히 소화했다. 또한 백선엽은 전쟁 발발 직전 광주 5사단장을 맡으면서 지휘했던 빨치산 토벌 작전의 경험을 최대한 살렸다.

작전에 임하는 백선엽의 가장 큰 주안점은 민간 피해를 최소화하면서 붙잡힌 빨치산을 감정적으로 처리하지 않고 법과 제도의 틀에서 다스리는 데 있었다. 그는 빨치산이 대한민국의 존립 자체를 위협하는 존재라는 점은 인정했지만, 모든 것을 불태우고 죽여 없애는 식의 초토화焦土化 작전으로는 피가 피를 부르는 악순환의 고리를 끊기 힘들 것이라고 판단했다.

따라서 그가 먼저 실행한 일은 빨치산을 잡아들였을 때 그들을 일단 가뒀다가 법의 심판에 맡기기 위한 작업이었고, 그에 앞서 대량의 전단지를 만들어 빨치산의 귀순을 유도했다. 그는 남원에 사령부를 설치하면서 계엄사령관의 권한을 동원해 검찰과 법원 관계자들을 모두 현장인 남원에 모이도록 했다. 대형 천막으로 포로수용소도 설치했다.

아울러 밴 플리트 사령관의 전폭적인 지원에 힘입어 빨치산 귀순을 유도하는 '삐라' 1,000만 매를 도쿄에서 공수해 왔다. 또 도쿄의 방송팀을 불러 지리산 일대의 빨치산에게 선무宣撫 방송을 하도록 조치했다. 백선엽이 선택한 수도사단은 강원도 동해안에서 LST 함정을 타고 마산과 여수로 이동해 은밀히 상륙한 뒤 지리산 남쪽으로 접근했다. 8사단은 육로를 통해 지리산 북면으로 다가갔다.

본격적인 작전 개시일은 12월 2일이었다. 작전을 벌이기 전에는 기밀 사항이 누설될 것을 우려해, 작전 지역 전체의 전화선을 한동안 끊기도 했다. 사령부 건물 창에는 모두 담요를 치도록 했고, 일반 병력의 출입도 자제토록 했다. 심지어 밤중에도 보급과 연락을 위한 출입만 허용했다.

그래도 사령관 백선엽은 마음이 놓이질 않았다. 그가 당시 가장 강조했던 것은 '군기軍紀 유지'였다. 민간에 피해를 주지 않도록 부대원들에게 철저하게 주지시켰다. 구체적으로는 작전의 필요가 있더라도 절대 마을에서 숙영宿營하지 못하도록 했고, 빨치산을 발견하더라도 최대한 생포할 것을 지시했다. 대민 작전의 성공 여부와 빨치산을 합법적으로 처리하느냐에 작전의 성패가 걸려 있다는 점을 분명히 했다.

그의 작전 개념에는 그리스에 주둔하며 대 게릴라 전을 수행했던 밴 플리트의 경험이 크게 녹아 있었다. 아울러 밴 플리트와 함께 그리스에서 작전을 벌였던 그의 참모들도 큰 기여를 했다. 백선엽은 그들의 경험을 충분히 참고했으며, 실제 작전에서도 이를 최대한 반영했다.

그러나 백선엽의 뇌리에는 다른 무엇 하나가 자리를 잡고 있었다. 그는 만주에서 군관을 지냈던 경험이 있다. 그는 당시 국민당과 공산당이 내전을 벌였던 상황을 잘 알고 있었다. 거대한 병력의 국민당 군대가 그와는 전혀 비교할 수 없이 초라했던 마오쩌둥毛澤東의 공산군 부대에 밀리고 있던 이유도 잘 알았다. 그것은 바로 민심의 향배向背였다.

백선엽은 지리산 대토벌에 나서면서 인민과 군대를 물과 물고기에 비유한 마오쩌둥의 전법을 다시 떠올렸다. 인민은 말하자면 물이었고, 군대는 그 물속에 사는 물고기라는 얘기였다. 물고기가 물을 떠나서는 살 수 없듯이, 군대가 전투력을 유지하면서 전쟁을 수행하는 가장 큰 토대는 역시 민간이었다. 민심을 얻어야 전투에서 승리할 수 있다는 마오쩌둥의 경험을 백선엽은 분명히 기억하고 있었던 것이다.

따라서 그는 부대원들에게 그런 점을 숙지시켰다. '절대 함부로 죽이지 말고, 함부로 태우지 말 것이며, 함부로 강간하지 말라'는 내용이었다. 마오쩌둥이 장제스蔣介石의 국민당 군대와 중국의 패권을 놓고 싸울 때 자신의 병사들에게 내린 지시였다. 전선에 다가와 있는 적, 중공군에게 전략적인 사고를 제공했던 적장敵將 마오쩌둥의 전법을 지리산 토벌에 나선 백선엽이 흡수해버린 셈이다.

백선엽이 그전까지 겪었던 전투는 매우 동태적動態的이었다. 개전 초의 임진강 전투와 낙동강 교두보의 다부동 전투, 북진에 이은 평양 공격전, 평북 운산에서 맞이한 중공군과의 격렬한 조우전遭遇戰, 대관령에서 맞이한 중공군의 기동전 등이 모두 그랬다. 숨 가쁘게 몰아치는 적과 이를 막아내려는 백선엽의 군대가 격렬하게 맞닥뜨리면서 혈전에 혈전을 벌인 싸움이었다.

그러나 이번에는 달랐다. 물론 빨치산의 기동력과 전투력을 얕잡아 보는 것은 아니지만, 그전의 전투에 비해서 지리산 토벌은 정태적靜態的이었다고 해야 옳다. 지리산 일대에 몰래 숨어 있는 적들을 대규모의 군대로 감싸면서 서서히 포위망을 좁히는 식의 개념이었다.

따라서 이런 전투에 나선 백선엽의 작전 개념을 이해하고 넘어가는 게 좋다. 그는 우선 확고한 '틀'을 세웠다. 3개월 동안 벌이는 단기간의 작전이지만, 성공을 거두지 못하더라도 결코 허물 수 없는 원칙적인 선을 그었다. 대민 피해를 최소화하면서 빨치산을 보복 차원이 아닌 법의 심판으로 처리해야 한다는 점이었다.

이는 그가 광주 5사단장에 있을 때 보였던 면모다. 빨치산 토벌에 나서기 전 기본적인 부분에 해당하는 장병들의 사격술을 높이려 시도했고, 빨치산 정보를 원활하게 수집하기 위해 민간 정보가 많은 경찰과의 관계를 개선하는 한편, 피해를 입은 마을을 찾아가 간곡하게 사죄하고 민심을 먼저 얻으려 했던 점 말이다.

이런 점에서 보면 백선엽은 다면체多面體의 지휘관이다. 일정한 양식과

가이드라인을 따라 단일한 방식의 대응만이 가능한 그런 지휘관이 아니다. 동태적인 전투에서는 전의戰意를 잃지 않는 부동不動의 투지로 전선으로 다가서는 적에 맞서 끊임없이 싸웠고, 강력한 기동전을 펼치는 적 앞에서는 정신을 놓지 않은 채 나아감과 물러섬의 진퇴進退를 적절히 구사했다. 국군이 제외된 평양 진격로를 두고 끝까지 미 군단장을 설득해 결국은 자신의 뜻을 이루는 뚝심도 보였고, 보이지 않는 적유령 되너미 고개의 중공군 앞에서는 자신의 역량을 겸허하게 돌아보는 허심虛心의 지혜도 갖췄던 셈이다.

그 반대의 정태적인 전투에서 그는 원칙과 틀을 강고强固하게 다지면서 시간이 주는 이점과 환경이 제공해주는 천시天時와 지리地利를 기다릴 줄 아는 사람이었다. 각 전선에서 나타나는 그런 다양한 면모는 그가 결코 단순한 무장武將에 그치지 않을 것이라는 생각을 하게 만든다.

시간을 다투는 급박한 전투에서 백선엽이 보였던 면모는 어떻게 보면 그가 태어날 때부터 지니고 나온 천부天賦의 자질이 원래 강인한 무골武骨에 가까울 것이라고 추정케 한다. 그러나 고도의 전략과 전술이 필요한 전투에서 발휘되는 강한 승부사적인 기질은 다르다. 지니고 태어난 것이 아닌, 다분히 후천적인 노력에 의해 쌓인 결과로 보인다.

그리스 주둔군 시절의 밴 플리트 사령관의 경험을 충분히 소화한 뒤 중공군의 총수인 마오쩌둥의 전법까지 끌어들이는 면모가 특히 그렇다. 그를 요약하자면 '학습學習의 힘'이다. 그는 누구에게서든지 배운다. 남의 장점과 단점을 빨리 읽으며, 상대의 장점을 아주 빨리 배워 자신에게 이식移植하는 버릇이 있다.

미 8군 밴 플리트 장군과 그 대척점에 서 있던 마오쩌둥의 전략적 사고를 모두 끌어들인 백선엽의 토벌 작전은 아주 신중하게, 그러나 매우 치밀하게 펼쳐졌다. 지리산 일대 모든 산악 지역에는 백선엽이 정교하게 펼치는 촘촘한 토벌의 그물망이 소리 없이 내려앉고 있었다.

지리산 자락에 세운 고아원

1951년 12월 2일 작전은 시작됐다. 수도사단과 8사단은 지리산 일대를 동서남북으로 포위해 서서히 올라가는 방식으로 작전을 벌였지만 작전 초기에는 별다른 성과가 없었다.

그러나 지휘관 백선엽은 부지런했다. 매일 오전과 오후에 그는 경비행기에 몸을 싣고 자신이 지휘하는 부대가 산을 오르면서 펼치는 작전을 직접 눈으로 확인했다. 부대원들은 항공기로부터 육안으로 식별이 가능한 대공포판對空布板을 등에 지니고 다녔다. 상공에서 보면 어느 부대가 어디까지 올랐는지 바로 확인할 수 있었다.

그리고 백선엽은 부지런히 지프에 올라타 작전 중인 일선 부대를 돌아다녔다. 지리산 일대 산산골골에 대한 기억이 아직도 백선엽 장군의 뇌리에 뚜렷이 남아 있는 이유는 그가 모든 현장을 직접 찾아갔기 때문이다. 속초의 1군단장 시절에 강릉의 군단사령부를 주문진의 해변으로 옮기라고 지시했던 '현장중시형' 스타일이 강하게 발휘되고 있었던 것이다.

사흘이 지나면서 작전의 효과가 나타나기 시작했다. 먼저 대규모의 선무 공작이 펼쳐져 빨치산의 귀순을 유도했고, 이어 강력한 지상군 2개 사단이 포위망을 좁히면서 산을 오르자 위기를 느낀 빨치산 일부가 투항하기 시작했다. 그전까지 벌어진 토벌은 정해진 구역을, 정해진 부대가 맡아 작전을 벌이다가 빨치산이 자신의 책임구역을 벗어나면 추격을 멈추고 되돌아오는 식이었다.

그러나 백선엽이 그해 겨울 펼쳤던 토벌 작전은 뿌리까지 제거하는 근치根治의 개념이었다. 빨치산이 더는 존재하지 못하도록 끝까지 추적해 없애는 발본색원拔本塞源의 작전이었다. 저항을 포기하고 투항하는 빨치산들은 모두 생포했다. 항복하는 사람을 사살하지 말라는 '항자불살降者不殺'의 원칙은 사전에 실시한 교육 덕분에 철저하게 지켜지고 있었다. 남원과 광주에 세운 포로수용소는 이 무렵 투항한 빨치산들로 북적거리기 시작했다.

군의 공식 기록에 따르면 경남도당 위원장 남경우와 부위원장 허동욱 및 조영래, 조직부장 강명석, 선전부장 안병화 등 14명의 경남도당 수뇌부가 토벌 작전에 걸려 모두 죽었다. 57사단 정치위원 김의장, 9연대장 오재복, 전남유격대 지리산파견대장 오신태, 구례군 당위원장 조용길 등도 작전 과정에서 사살됐다.

산골짜기를 샅샅이 뒤지는 수색 작전, 그리고 저항하는 적들을 향한 공중폭격, 나머지 잔당들에 대한 철저한 포위 작전이 벌어지면서 지리산 일대의 빨치산은 점차 소멸의 운명에 들어서고 있었던 것이다. 투항하는 자와 저항하는 자를 철저히 분리해 대응하면서 펼친 치밀한 작전의 결과였다.

빨치산은 무너지고 있었으며, 반면 그를 쫓는 국군 토벌대의 사기는 왕성했다. 따라서 덕유산 일대의 작전도 국군의 의중대로 펼쳐졌다. 크고 작은 빨치산 부대들이 속속들이 와해됐다. 투항이 꼬리를 물었고, 저항하는 부대에게는 가차 없는 공격이 가해졌다.

대대적인 토벌 작전의 결과는 곧 나타났다. 광주와 남원의 포로수용소는 투항하고 잡힌 빨치산들로 가득 찼다. 생포되거나 투항한 사람은 7,000명에 달했다. 이들은 군 수사기관과 경찰, 검찰 등으로 구성된 합동조사단 심사에 따라 엄정한 법의 심판을 받았다. 빨치산 위협에 못 이겨

입산한 사람이나 혐의가 가벼운 사람들은 즉각 풀려났다.

현장을 늘 쫓아다녔던 백선엽은 이 무렵에도 포로수용소를 자주 찾았다. 잡혀있던 빨치산들이 법적인 절차에 따라 제대로 처리되고 있는지를 자주 확인해야 했기 때문이었다. 그런 그의 눈에 수용소에 갇혀 있던 아이들의 모습이 들어왔다. 수용소 안에서 아이를 낳는 여자 빨치산도 있었다. 비참했다. 수용소 밖에도 버려진 아이들이 떠돌고 있었다.

백선엽은 그때 고아원을 세운다. 가장 친했던 부하이자, 당시 백 야전전투사령부 참모장으로 내려와 있던 김점곤 대령을 불렀다. "고아들을 어떻게 해서든지 돌봐야 한다. 우선 부지를 물색해 보라"고 했다. 마침 광주 송정리역 근처에 일본인이 남기고 간 적산가옥 한 채가 있다고 했다.

백선엽은 모금 활동을 벌였다. 사령부 간부들이 먼저 나서자, 이을식 전남도지사가 적극 협력했다. 미군 고문관들도 동참했고, 광주 교육총본부도 구호품을 보내왔다. 먼저 200명의 고아들을 그곳에 수용했다.

'백선 육아원'은 그가 당시에 세웠던 고아원의 이름이다. 그는 미군 종군기자와 선교사, 한국의 종교계 인사들로부터 후원을 이끌어내 지리산 토벌 작전 때 생겨난 고아들을 수용하고 키웠다. 전쟁 중의 일선 지휘관, 육군참모총장 등의 직책들로 바쁜 그였지만, 백선엽은 가끔씩 고아원을 돌보기 위해 광주로 향했다.

그는 지리산 토벌 작전을 성공적으로 마친 뒤 재창설된 2군단장을 역임했다가, 곧 육군참모총장으로 취임했다. 이어 그는 한국군 최초의 별 넷짜리 대장에 오른다. 그러나 그는 그럴 때에도 가끔씩 광주 송정리의 육아원을 찾아왔다. 그런 그를 볼 때마다 육아원생들은 "대장 아버지 오셨다"며 반겼다. 그래서 지금도 그 육아원 출신들은 백 장군을 '대장

아버지'라고 부른다.

백선엽은 1960년 군복을 벗은 뒤에도 육아원을 후원했다. 육아원생들이 먹을 채소가 부족하다는 얘기를 듣고는 사재를 털고 주변으로부터 후원을 얻어 인근의 밭도 사들여 제공했다. 한때는 수용할 고아가 없어져 육아원이 문을 닫기도 했다. 1988년 서울 올림픽이 끝난 뒤 그는 육아원을 수녀원에 기증했다.

그가 사들인 육아원 채소밭은 광주 송정리에 개발 붐이 불어 닥치면서 이미 수십억 원대의 토지로 변해 있었다. 백선엽은 백 야전전투사령부에서 함께 동고동락했던 전우들과 협의해 육아원을 기증키로 했다. 값비싼 토지로 변해 있던 밭도 함께 기증했다.

육아원을 기증받은 천주교 재단에 "이제는 육아원 이름에서 내 이름을 상징하는 '백선'이라는 단어를 지워달라"고 요청했다. 그러나 재단 측은 그 전통과 명예를 상징하기 위해 이름을 그대로 이어가기로 했다. 지금도 송정리에서 운영 중인 '백선 바오로의 집'이 그곳이다.

백선엽이 토벌을 끝마칠 때 수용 고아들은 300여 명으로 불어나 있었다. 광주 인근의 오갈 데 없던 고아들도 몰려들었기 때문이다. 이들은 모두 최소 고등학교까지 마칠 수 있었다. 육아원의 배려 덕분이었다. 그들과 백선엽 장군의 인연은 58년 뒤 다시 이어졌다. 2009년 봄, 이들 중 일부가 용산 사무실로 백 장군을 찾아온 것이다.

필자는 그 이듬해인 2010년 5월 18일 '어버이 날'에 백 장군을 찾아왔던 백선 육아원 출신들을 직접 볼 수 있었다. 약 30명이 백 장군의 사무실에 들어섰다. 그들은 이미 60~70대의 연령으로 변해 있었다. 그러나 세월이 아무리 흘렀어도 어린 나이에 부모를 잃고 전쟁터와 다름없던 지리산 일대에 내버려졌던 가슴 아픈 추억, 전쟁이 헤쳐 놓은 아픈 가슴에 다가와 구원의 손길을 내민 인물에 대한 그리움은 지울 수 없었던 모양이다.

사무실을 들어선 원생 출신의 한 노인이 "대장 아버지… 늦게 와서 죄송합니다"라면서 흐느끼자 모두의 눈가는 붉어졌다. 숨죽여 우는 사람도 여럿 보였다. 90세의 백 장군의 눈가도 젖어들었다. 그러나 백 장군은 곧 마음을 추스른 뒤 "이렇게 찾아와줘서 정말 고마워, 잘 왔어요", "당신들도 이제 많이 늙었구나"라며 이들을 반갑게 맞았다.

다시 돌아가 살펴야 할 대목은 전쟁 중에 고아원을 지어 어른의 싸움으로 상처 받은 아이들을 거둬 길러야겠다는 일선 전투 지휘관 백선엽의 마음가짐이다. 사실 그런 생각을 하기란 말처럼 쉽지 않다. 마음을 내는 발심發心의 단계에도 들어서기가 결코 쉽지 않다. 1950년 동족상잔의 처절한 전쟁을 맞은 대한민국의 살벌했던 환경에서는 더욱 그랬다.

그러나 백선엽은 엉뚱하게도 그런 구상을 했고, 대규모 병력의 군대를 이끌면서 처절한 싸움터를 누빈 전선 지휘관답게 바로 실행에 옮겼다. 필자는 그런 점이 늘 궁금했다. 백 장군과의 인터뷰를 진행하면서 "그때 그럴 여유가 있으셨느냐"고 물으면 "다 그런 거지. 포로수용소에 갇혀 있던 아이들이 불쌍해서 그랬어"라면서 더는 대답을 하지 않았다.

'어진 사람에게는 적이 없다'는 이른바 '인자무적仁者無敵'의 논리적 구조를 잘 이해하지는 못한다. 그러나 감으로 볼 때 어진 사람은 남과 척지는 일이 없을 테니, 적 또한 없을 것이라는 생각이 든다. 백선엽은 독실한 기독교신자인 어머니로부터 늘 들었던 사랑의 관념을 분명히 마음속으로 새기면서 자란 인물이다. 그래서 포화가 빗발치는 전장에서 적군까지 사랑으로 품을 여유는 없었겠으나, 최소한 불필요한 살생과 희생의 고리는 끊어야 한다는 마음이 강했을 것으로 보인다.

이런 점은 백선엽의 장점이자, 약점일 수 있다. 특히 권력이 칼을 세우는 정치의 마당, 음모와 모략으로 상대를 거꾸러뜨려야 하는 이권利權의 거래소에서 백선엽의 장기는 발휘되기 힘들다. 권력과 돈을 위해 발돋움해야 할 필요가 있을 때 백선엽이라는 인물은 오히려 움츠러들게 마련이다.

큰 권력을 손에 쥐고, 좀 더 큰 상상력을 발휘해 자신이 처한 세계를 크게 움켜쥐는 정략가政略家로서의 기질은 그에게 없다. 어짊과 착함, 선량함이라는 덕목은 그런 분야에서 오히려 피해야 할 가치일지도 모른다.

적의 공세로부터 나와 아군의 병력을 보존하고, 나아가 내가 살고 있는 사회가 내게 맡긴 임무를 수행할 때, 백선엽은 최고의 군인이었다. 공적인 사명감이 그를 전선에서 지칠 줄 모르는 전사戰士로 무장시켰기 때문이다. 그것은 선善이기도 하고, 정正이기도 하다.

그러나 사람 사는 사회를 거대한 조직으로 묶고, 명분과 현실의 여러 조건들을 제어하면서 큰 틀을 만들어가는 정치의 마당에 정직함과 선량함의 가치로부터 벗어날 뜻이 전혀 없던 백선엽은 아무래도 어울리지 않는 편이다. 실제 백선엽에게 그런 기회가 찾아올 때도 있었다. 기회가 스스로 찾아오지 않았더라도, 그가 능동적인 자세로 권력을 향해 조금이나마 자신의 좌표座標를 수정했다면 그는 더 큰 힘을 지닌 채 이 사회에 더 큰 영향력을 지닌 존재로 부상했을 것이다.

그러나 백선엽은 그런 '기회'들에 관심을 보이지 않았고, 아예 눈길조차 주지 않는 자세를 취했다. 정치와 권력은 그에게 늘 관심 밖에 있는 대상물에 지나지 않았으며, 나와는 무관한 세계쯤으로만 여겨졌다. 한편 지리산 일대의 빨치산 토벌에서 대성공을 거둔 전선 지휘관 백선엽은 곧 권력 정상에 있던 이승만 대통령과 아주 가깝게 대면하는 사이로 발전한다. 그 이야기는 조금 뒤에 다룰 것이다.

국군 전력 증강에 불을 댕기다

지리산 토벌 작전을 마무리한 뒤 백선엽은 다시 만들어진 국군 2군단
장에 부임한다. 그는 지리산 토벌이 한창 펼쳐지던 1952년 1월 남원 백
야전전투사령부에서 별 셋의 중장으로 진급한 상태였다. 국군 2군단은
1950년 10월 평양을 넘어 압록강을 향해 북진할 때 중공군의 매복과 포
위에 걸려 군단 자체가 없어졌다가 이때 다시 만들어졌던 것이다.

그리고 인상적인 장면이 하나 있다. 춘천 북방의 소토고미리에 천막
을 쳐놓고 세운 군단사령부에서 군단 재창설식이 열리던 1952년 4월 5
일이었다. 이승만 대통령과 신태영 국방부 장관, 이종찬 육군참모총장
등 한국 측 요인들이 대거 참석했고, 미군에서는 밴 플리트 8군 사령관
을 비롯해 무초 주한 미국대사, 파머 10군단장, 오 대니얼 1군단장 등이
참석했다.

이 대통령의 축사에 이어 밴 플리트 장군도 연설을 했다. 그러나 밴
플리트 장군의 표정이 조금 어두워 보였다. 식이 끝났다. 이어 막사 안
으로 자리를 옮긴 요인 일행 중 밴 플리트 장군은 미군 지휘관 몇 명과
백선엽을 불러모은 뒤 조용한 어조로 말을 꺼냈다. "어젯밤 내 아들이
B-26 전폭기를 몰고 군산의 옥구 비행장을 이륙해 북한 지역으로 출격
했는데, 아직 돌아오지 않고 있다…."

눈물이 비치는 듯했다고 백 장군은 기억하고 있다. 그러나 밴 플리트
는 역시 담담한 표정으로 돌아왔다. 백 장군은 "당시 나는 그런 의연한
장군의 모습을 보고 말할 수 없는 감동을 받았다"고 회고했다. 밴 플리
트의 아들 역시 공군으로 이 낯선 땅에서 벌어진 전쟁에 뛰어든 군인이

었다. 전폭기를 몰고 나갔던 그가 행방불명이 됐다는 말은 곧 전사戰死했다는 뜻이었다.

밴 플리트는 그 뒤 백선엽이 육군참모총장직에 올라 업무를 보고 있을 때 조용히 "나와 함께 군산에 가자"고 한 적이 있다. 백선엽은 그게 무슨 뜻인지 금세 알아차리고 그와 함께 길을 나섰다. 군산 옥구의 미군 비행장 막사에는 그때까지 아직 돌아오지 않은 밴 플리트 장군 아들 밴 플리트 2세의 모든 유품이 그대로 보존돼 있었다.

밴 플리트는 백선엽과 함께 아들이 쓰던 방을 한참 들여다봤다고 했다. 잠시 눈물을 흘리기도 했다. 폭격을 위해 북한으로 날아갔다가 실종돼 결국 숨졌을 것으로 보이는 아들의 체취를 조금이나마 느껴보기 위해 밴 플리트는 백선엽과 함께 군산을 찾았던 것이다. 밴 플리트 장군의 부인은 더 했다. 자식을 잃은 어미의 마음이 오죽했을까.

육군참모총장에 오른 백선엽의 원래 사무실은 대구에 있었지만 미 8군과의 협의를 위해 서울에 자주 다녔다. 대구에 있던 육군본부의 총장 사무실, 혹은 백선엽이 서울에 들를 때 애용했던 필동의 코리아하우스 옆 미군 귀빈 숙소를 자주 찾아왔던 '단골손님'은 밴 플리트 장군의 부인이었다. 그녀는 대구나 서울로 백선엽을 찾아와 이런저런 이야기를 함께 나눴다.

그러다가 그녀가 문득 말을 멈추고 핸드백에서 손수건을 꺼내들 때가 있다. 그런 경우에는 틀림없이 눈가에서 눈물부터 흘러나왔다. "백 장군, 혹시 제 아들의 시신이라도 찾을 길이 없는가요…."라면서 그녀는 흐느끼기 시작했다. 어떤 방법이라도 동원해 아들 시신을 찾았으면 좋겠다는 간곡한 호소였다. 그러나 그럴 때마다 백선엽은 할 말이 없었다. 그저 힘없는 위로의 말만을 건넸을 뿐이었다.

그런 밴 플리트였지만, 그는 백선엽이 이끄는 국군 2군단을 통해 강력한 국군 증강 계획을 추진하고 있었다. 재창설이라고는 하지만, 국군 2군단의 출범은 아주 의미가 컸다. 다시 창설한 2군단의 예하에는 그전까지 미 9군단에 배속돼 있던 국군 3사단사단장 백남권 준장과 6사단사단장 백인엽 준장, 그리고 '백 야전전투사령부'의 일원으로 지리산 일대의 빨치산 토벌에 나섰던 역전의 수도사단사단장 송요찬 준장이 왔다. 좌익에 6사단, 우익에는 3사단, 중앙에는 수도사단이 자리를 잡았다.

당시 적과 마주하고 있는 전선을 기준으로 볼 때 2군단은 동해안 1군단에 이어 둘째로 적과 대치하는 전선의 일부를 담당하는 한국군 군단이 된 것이다. 동해안의 1군단도 나름대로 중요한 부대이기는 했으나, 국군 2군단의 창설과 전선 담당은 특별한 의미를 띠고 있었다.

2군단이 담당한 전선은 약 155마일의 전선 중 가운데였다. 전략적으로 볼 때에도 이곳을 적에게 내준다면 춘천과 원주가 직접 위험에 빠질 수 있었다. 쉽게 말하자면 중동부전선의 핵심지역인 셈이었다. 더구나 전선 전면에는 중공군이 포진하고 있었다.

이 당시의 전선 상황에서 동해안과 서해안의 극히 일부를 제외하고는 아군이 상대해야 할 적의 주력은 중공군이었다. 북한군은 아군이 북진할 때 거의 다 무너져, 만주 등 지역에서 급히 재편한 소수 병력이 동해안과 서해안 일부에 배치됐을 뿐이었다. 사실상 적의 모든 힘은 중공군으로부터 나왔다.

그전까지 국군은 늘 중공군에게 당했다. 단독으로 맞붙었을 때 좀체 상대를 하기 어려웠던 대상이 중공군이었다. 그들의 병력이 압도적으로 많았을 뿐만 아니라, 국민당과 공산당 사이의 내전에 이어 대륙을 침략한 일본군을 상대로 벌인 실전 경험이 풍부했기 때문이다.

동해안의 국군 1군단 전면에 있던 적은 북한군이 주력이었다. 따라서 2군단은 중공군과 전선을 두고 직접 대적對敵하는 국군 군단으로 자리를 잡은 셈이었으니 그 의미가 작을 수 없었던 것이다.

2군단이 화천 북방을 방어하는 부대로서 자리를 잡음에 따라 당시 미 8군이 지휘하는 전선 방어 부대는 서쪽으로부터 동쪽으로 미 1군단, 미 9군단, 국군 2군단, 미 10군단, 국군 1군단이 늘어서게 됐다. 동해안의 비교적 작은 작전지역을 국군 1군단이 담당하는 것을 제외하고는 국군 2군단이 미군 군단의 중간에 끼어 전선 담당에 나선 것이다. 이를테면, 미 군단과 동등한 자격으로 전선 방어에 함께 투입된 셈이다.

그렇게 2군단은 새로운 개념의 국군 군단으로서 당당하게 전선의 한 축을 떠받치는 자리에 올랐다. 앞으로 '우리 땅은 우리 스스로 지킨다'는 원칙을 이뤄나가는 데 있어서 2군단 재창설과 전선 투입은 그 첫걸음에 해당하는 것이었다.

2군단의 출범은 따라서 국군이 자력갱생自力更生에 나선다는 의미를 지니고 있었다. 결과적으로 국군 전력 증강의 시발점이었던 셈인데, 그 모든 배경에는 제임스 밴 플리트 미 8군 사령관이 있었다. 무기와 시스템의 현대화 작업을 통해 국군이 강력한 군대로 일어설 수 있었던 데에는 그의 역할이 절대적이었고, 국군 2군단 재창설과 전선 담당은 그의 지원이 빛을 발할 수 있느냐를 가늠해보는 일종의 시금석試金石이라고 할 수 있었다. 밴 플리트는 그 자리에 그가 가장 신뢰하고 아끼는 백선엽을 세운 것이다.

밴 플리트는 그에 앞서 광주포병학교를 창설해 체계적인 한국군 포병 현대화 작업의 단초를 마련했다. 백선엽 장군은 "만약 밴 플리트 사령관이 아니었다면 그런 일련의 한국군 강화 작업은 훨씬 나중에 겨우 실현됐거나, 아예 펼쳐지지도 못한 채 끝날 수도 있었다"고 회고했다.

그를 위해 밴 플리트 장군은 국군 2군단에 120문의 155㎜ 및 105㎜를 거느린 미 제5포병단을 배속했다. 아울러 광주에서 새로 교육을 받은 한국군 포병대대를 2군단에 차례대로 배속시켜 실전 경험을 쌓게 한 뒤 각 사단으로 내보내는 계획을 세웠다. 미 5포병단의 지휘 아래에서 국군의 155㎜ 포병대대들이 체계적으로 실전 훈련을 쌓는다는 내용이었다.

2군단에서 백선엽이 치른 전투는 많지 않다. 그러나 상징적인 싸움이 하나 있다. 상대적으로 취약한 국군만을 노리고 공격하던 중공군과 맞선 전투였다. 백선엽이 2군단에 부임한 지 약 한 달이 지난 1952년 5월경 중공군은 역시 중부전선의 국군 방어지역이었던 2군단의 정면에 모여들고 있었다.

중공군과 여러 차례에 걸쳐 싸움을 벌였던 백선엽이었다. 그는 단호하게 대응하기로 했다. 전선 너머의 중공군 동향 파악을 위해 특공대를 파견해 포로를 잡아오는 방식으로 적정敵情을 탐색하던 백선엽이 마침내 중공군이 집결하는 조짐을 보고했다. 그러자 밴 플리트는 "모든 화력을 집중해 중공군을 강력하게 타격하라. 군단에서 필요한 만큼 모든 포를 가동하라"고 지시했다.

'밴 플리트 탄약량'이라는 말이 있다. 미 8군 사령관으로 한국에 부임한 밴 플리트 장군이 포탄을 무한정으로 사용하면서 적에 강력하게 대응하자, 워싱턴 정가에서 "밴 플리트가 탄약을 너무 많이 쓴다"고 지적하면서 생긴 단어였다. 그 단어가 본격적으로 등장한 때가 바로 이 시점이었다.

백선엽은 밴 플리트의 강력한 지원에 힘입어 하룻밤 사이에 포탄 2만 발을 적진에 쏟아 부었다. 백선엽이 전선 관측소에서 이튿날 아침 10시경 망원경을 통해 바라본 풍경은 적진의 모든 땅이 하얗게 뒤집어진 모습이었다. 실제 중공군이 어느 정도 피해를 입었는지 당시에는 구체적으로 집계할 수 없었다. 그러나 그 후 1년 동안 국군 2군단의 정면에서 중공군은 다시 모습을 드러내지 못했다.

백선엽은 2군단 지휘를 4개월 간 맡았다. 후임으로는 유재흥 장군이 부임해서 6개월 동안 지휘했다. 그 뒤로 다시 2군단 지휘봉을 잡은 사람은 정일권 장군이었다. 백선엽 뒤 두 장군이 2군단을 지휘하는 동안 중공군은 아무런 도발을 벌이지 못했다. 중공군은 그때 심한 타격을 받아 부대의 편제를 다시 정리해 세우는 데 상당한 시간을 소비했던 것으로 보인다.

하룻밤에 벌어진 국군 2군단의 강력한 포격이었으나 그 의미는 작지 않았다. 비록 미 5포병단의 지원과 지휘를 받았다고는 하지만, 국군에 배치되기 시작한 포병이 강력한 화력을 축적해 공격에 나섬으로써 대규모 병력의 중공군을 맞아 단독으로 싸울 힘이 생겨났다는 점을 알린 것이다. 그 의미는 매우 컸다.

현대전 능력을 갖춘 국군 2군단이 새로 만들어지고 있었던 것이다. 미 포병단의 지휘 아래에 신규 한국군 포병이 가세하고 '금성 돌출부'라는 휴전선 상의 아주 예민한 곳에서 중공군을 집중 포격해 상대의 공세를 좌절시켰다는 소식이 알려지면서 2군단을 막 이끌기 시작한 백선엽의 명성은 더 높아지고 있었다.

육군참모총장의 자리에 오르다

백선엽이 이끌던 2군단은 졸지에 '구경거리'가 됐다. 좋은 의미에서 그랬다. 불과 1년 전 전차를 앞세운 북한군에게 가을바람에 뒹구는 낙엽처럼 기를 펴지 못하고 밀렸던 국군, 아울러 중공군의 집중적인 공세에 바로 등을 보이고 달아나던 국군이었다. 그러나 그 짧은 시간 안에 국군은 성장했다.

현대전의 총아라고 불리던 강력한 포병을 운영하며 압도적인 병력과 물 흐르는 듯한 전법으로 공세를 펼치던 중공군에게 '한 방' 먹여 그들의 공세를 사전에 꺾어버리는 군대로 성장했다는 사실이 알려지면서 2군단에는 많은 손님이 모여들기 시작했다.

2군단은 이를테면, 국군 현대화의 모델을 제시해준 부대였다. 전투력이 보잘것없던 부대가 미군의 협조에 힘입어 현대전을 수행할 수 있는 부대로 급성장할 수 있다는 가능성을 보여주는 모범적 사례로 떠올랐던 것이다. 당시 밴 플리트 미 8군 사령관은 광주의 포병학교에서 한국군 포병 17개 대대를 양성하고 있었다. 그때 수준으로는 세계 최강의 155㎜ 야포를 운영하는 대대였다.

광주에서 일차적으로 훈련을 받은 모든 포병 대대들이 순차적으로 2군단에 와서 실전 훈련을 쌓은 뒤 한국군 각 사단에 배치 받는 식으로 국군은 화력을 키워가고 있었다. 전체적으로 국군의 실력이 몰라보게 성장하는 계기였다. 2군단은 그런 국군의 화력 증강과 현대전 수행 능력이 획기적으로 발전하는 토대를 이루고 있었던 것이다.

매튜 리지웨이 도쿄 유엔군 총사령관의 후임으로 온 마크 클라크 신임 유엔군 총사령관이 군단을 방문했다. 이어 로튼 콜린스 미 육군참모총장과 클라크 사령관의 친구인 영국 알렉산더 원수와 하딩 원수, 프랑스의 주앙 원수, 그리스 육군참모총장 등이 잇따라 2군단을 방문해 한국군의 급속한 전력 증강 현장을 둘러봤다.

백선엽이 바쁘게 2군단을 지휘하던 1952년 7월 22일이었다. 이종찬 육군참모총장이 갑자기 자리에서 물러났다. 이른바 '부산정치파동'의 여파였다. 이승만 대통령이 발췌개헌안을 무리하게 통과시키는 과정에서 야당 국회의원들을 회유하기 위해 군을 동원하려던 이 대통령의 뜻에 이종찬 총장이 반기를 들었다가 자리에서 물러나게 된 사건이다.

그 후임에 백선엽이 확정됐다. 백선엽은 2군단 사령부에서 "육군참모총장으로 정해졌으니 부산으로 가서 이승만 대통령에게 신고하라"는 내용의 전문電文을 받았다. 일선의 전투만을 지휘하던 백선엽이었다. 그는 그 무렵에 이미 야전전투지휘 능력이 아주 높은 수준에 와 있었다. 대한민국의 군대 지휘관 중 어느 누구도 그의 탁월한 전선 지휘 능력과 야전에서의 전투 능력을 따라갈 수 없었다.

그러나 육군참모총장은 그와는 전혀 다른 차원의 자리였다. 나중에 백선엽이 들은 바로는 이승만 대통령이 이종찬 총장을 해임할 때 옆에 함께 있던 밴 플리트 미 8군 사령관이 조심스레 "그렇다면 백선엽 장군을 기용하는 게 어떻겠느냐"고 조언을 했다고 한다. 이 대통령은 밴 플리트 사령관의 그 제안을 그대로 받아들여 백선엽을 육군참모총장으로 확정했다는 것이다.

당시 대한민국의 작전 지휘권은 미 8군이 행사하고 있었다. 그러나 대한민국 육군참모총장은 전선에 올라가는 보급 물자를 꾸준히 확보하고, 군 인사권을 행사하며, 병력 양성과 화력 증강 등 군사軍事 일반의 모든 것을 챙겨야 했다. 아울러 미군과의 원활한 협조를 통해 국군의 실력을 신속하게 증강시켜야 했다.

카리스마가 넘치는 이승만 대통령의 최고 참모로서 그를 보좌해야 함은 물론이고, 미군과의 신속하고 물샐틈 없는 협조를 통해 전선을 관리하면서 국군 증강 작업을 추진하려면 고도의 정치적 감각과 판단 능력이 있어야 했다. 따라서 육군참모총장 자리는 일선의 전투 지휘 보다는 훨씬 복잡한 능력을 요구했다.

백선엽의 당시 나이 만 31세. 아주 거대하면서 막중한 임무를 맡기에는 젊다는 인상을 지울 수는 없었으나, 그는 국가가 명령한 대임大任을 소홀히 할 수 없었다. 그러나 착잡하기도 했다. 끈기와 뚝심, 누구에게도 밀리지 않는 인내심을 지녔다고는 하지만 젊은 백선엽은 그 대임을 앞에 두고 고민에 빠지지 않을 수 없었던 것이다.

그는 부산 임시 경무대로 가기 위해 이동하면서 우선 서울의 동숭동 미 8군 사령부를 찾았다. 그가 어느덧 믿고 의지하는 미 8군 최고 사령관 밴 플리트에게 맡은 바 임무인 소임所任을 제대로 수행하기 위해 어떤 자세가 필요한지를 조언助言받기 위해서였다.

밴 플리트 사령관은 사무실에 들어선 백선엽을 아주 따뜻하게 맞아줬다. "백 장군, 정말 축하한다"라며 인사를 건넨 밴 플리트는 함께 저녁식사를 하자고 제안했다. 저녁식사 자리에서 백선엽은 이런 말을 꺼냈다. "나는 아직 젊은데, 한 나라의 육군참모총장직에 올랐다. 어떻게 하면 그 막중한 임무를 잘 수행할 수 있는지 가르침을 달라"였다.

퇴임을 1년 앞둔 59세의 밴 플리트였다. 그 많은 전장을 누비면서 전투를 거듭했던 그였다. 밴 플리트 장군은 잠시 생각에 잠기더니 "나는 귀관이 참모총장 직무를 잘 수행할 수 있을 것으로 본다. 그동안 당신이 싸워온 경력을 보면 그렇다. 굳이 내가 조언을 하자면 우선 말을 많이 하지 말라. 간단한 사안에 대해서는 '예스'와 '노'를 분명히 말해야 하지만, 어려운 문제에 대해서는 일단 답을 아껴라. 민감하고 풀기 어려운 사안은 하룻밤 정도 더 생각을 한 뒤에 결정을 내리는 게 좋다. 그리고 부하들에게는 가급적 화를 내지 않는 게 좋다"고 했다.

원칙론이었다. 밴 플리트의 충고 대부분은 백선엽이 이미 전선 지휘관으로서 보였던 여러 행동과 다를 게 없었다. 그러나 백선엽은 밴 플리트의 그 조언들을 마음속으로 다시 깊이 새겼다고 했다.

늘 신중함이 돋보이고, 오래 생각하며, 인내심이 남달랐던 백선엽은 육군참모총장직에 오르면서 어떻게 변할까. 아주 궁금한 대목이다. 결론적으로 말하자면, 그는 이승만 대통령이 보기에는 당돌한 육군참모총장이었다. 물론 이승만 대통령이 지시하는 내용을 대부분 그대로 수용하면서 빈틈없이 실행에 옮기는 데 있어서 백선엽은 전혀 게으르지 않았다. 그 점에서는 전임 육군참모총장 누구보다도 성실했다.

이승만 대통령은 그 당시 나이가 이미 78세, 백선엽의 나이는 만 32세를 바라보고 있었다. 대한민국의 당시 사정으로 볼 때에 두 사람은 엄연한 할아버지와 손자 사이다. 그러나 두 세대의 차이가 나는데도 불구하고 이승만 대통령은 백선엽을 결코 만만하게 볼 수 없었다.

대통령과 육군참모총장의 관계는 미묘하다. 당시에도 이미 해군과 공군의 참모총장이 있었다고는 하지만 실질적으로 대한민국 국군 병력의 거의 대부분을 지휘하는 육군의 참모총장 자리는 정치적 위상位相이 해군 및 공군의 참모총장과는 전혀 달랐다. 육군참모총장은 그런 대군을 이끄는 실질적인 지휘관이고, 대통령은 상징적으로 그 모두를 통솔하는 통수권자다.

그러나 다른 변수變數가 하나 더 있다. 바로 미군이었다. 당시의 대한민국은 전쟁 중이었다. 그 모든 작전은 미군이 지휘했다. 개전 초의 상황을 도저히 관리할 수 없었던 대한민국 정부가 정식으로 지휘권을 이양했기 때문이었다. 설령 지휘권을 미국에게 넘기지 않았더라도, 대한민국 정부와 군대는 한반도 중간의 전선 너머에 100만 명 이상 몰려와 있던 중공군과 김일성 군대를 막을 실질적인 힘이 없었다.

어떤 형식으로든지 미군의 힘을 빌리지 않는다면 대한민국은 자신의 땅에서 펼쳐지고 있던 전쟁을 치를 수 없었다. 그런 점에서 미군의 정치적 위상은 매우 높았고, 강력한 카리스마를 갖춘 이승만 대통령 또한 미군의 뜻을 대놓고 거스를 수 없었다. 그런 형국에서 미군의 전폭적인 신뢰와 지원을 받고 있던 젊은 장군 백선엽이 드디어 육군참모총장 자리에 올랐던 것이다.

그 역시 전임 육군참모총장들처럼 많은 일을 처리해야 했다. 일상적인 여러 가지 일들과 함께 전선에서 벌어지는 상황을 잘 관리하면서 전투에 필요한 병력과 화력, 물자 등을 보내야 했다. 그런 점에서는 백선엽과 전임 참모총장 사이에는 별다른 차이를 발견할 수 없다.

눈에 띄는 것 중의 하나는 역시 이승만 대통령과 백선엽이 어떻게 관계를 유지하면서 대한민국이 당면한 전쟁의 상황을 유리하게 이끌고 가느냐 하는 점이었다. 둘의 관계가 어떤 식으로 형성되는지를 따져보는 게 야전의 거친 전쟁터에서 참모총장이라는 새로운 영역에 들어선 백선엽의 스타일을 살피는 데 매우 중요하다.

대통령 이승만은 미국을 활용하는 데 매우 능숙했던 면모를 보였던 인물이다. 그 과정은 결코 간단치 않다. 일반적으로 이승만이 미국을 활용하면서 저자세를 보였을 것이라고 추론하는 사람이 꽤 많다. 그러나 그는 미국과의 관계를 최악의 상황까지 몰고 가면서 대한민국의 이익을 더 크게 확보하려고 노력했던 대통령이었다. 아주 험악한 상황까지 다다라 미국 행정부는 한때 이승만을 권좌에서 끌어내리려는 이른바 '상비계획Ever ready operation'까지 마련해둘 정도였다.

개인적인 면모에서 볼 때 이승만은 '슈퍼맨'이기도 했다. 특히 당시

대한민국이라는 국가를 이끌고 있는 행정부와 각계 엘리트 그룹을 통틀어 볼 때에도 그는 매우 초월적인 권위를 지닌 인물이었다. 당시로는 매우 드문 미국 박사 학위를 취득했고, 구한말의 개혁운동을 거쳐 독립운동에 몸을 담았던 경력 덕분에 정치적인 권위에 있어서도 압도적이었다. 아울러 그는 당시 이미 78세의 노령이었다.

모든 면에서 탁월했고, 연령상으로도 '큰 어른'이라는 대접을 받고 있어서 그의 위세威勢는 어느 누구라도 나서서 대항할 수 없을 만큼 컸다. 언변과 그 뒤를 받치는 논리력, 지식 등이 모두 뛰어나 그 앞에서는 감히 조리 있게 반박할 수 있는 사람이 거의 없었다. 다시 말하자면, 당시의 이승만 대통령은 그 인생의 최고 정점에 와 있었으며, 권력 정점에 서서 무한대의 카리스마를 발휘하는 중이었다.

미군의 전폭적인 지원을 받고 있는 백선엽은 이승만과의 관계를 어떻게 펼쳐갔을까. 그가 후원하는 미군의 힘만을 믿고 이승만 대통령의 권위를 깔아뭉갠다면 어느 누구도 그의 손을 들어줄 사람은 없었을 것이다. 연령의 차이, 대통령과 그를 보좌해야 하는 육군참모총장의 직무상 윤리, 그에 앞서 대한민국 군인으로서 대통령에게 충성해야 하는 직책상의 규범 등에 모두 맞지 않는 일이었기 때문이다.

그렇다고 휴전을 반대하면서 사사건건 미 행정부와 충돌했던 이 대통령의 입장만을 맹목적으로 추종한다면 대한민국은 자칫 위험에 빠질 수도 있었다. 당시의 대한민국은 다른 그 무엇보다 더 절실한 과제를 안고 있었다. 바로 전선 너머의 김일성 군대와 중공군을 막아야 하는 안보의 문제였다. 대한민국이 살아남느냐 아니면 그대로 없어지느냐의 존망存亡이 걸려 있는 사안이었으므로, 그보다 더 큰 과제는 없었다. 그 핵심적인 키는 미국이 쥐고 있었다.

한국에 주둔하고 있는 미군의 총사령관, 나아가 도쿄에서 이를 모두 관할하는 유엔군 총사령관과의 관계를 원만하게 다지지 못한다면 한국군에 대한 미군의 과감하면서도 대담한 지원은 얻어내기 힘들었다. 여기에 백선엽의 역할이 있었다. 그는 한편으로는 자신이 보좌해야 하는 이승만 대통령의 뜻을 거스르지 않으면서도, 대한민국의 가장 절실했던 과제인 국군의 전력 증강 사업을 신속하면서도 원만하게 펼쳐가야 했다.

냉정한 '플레이어' 백선엽

그런 점에서 육군참모총장 자리에 오른 백선엽은 쉽지 않은 균형을 유지해야 했다. 이승만 대통령의 뜻에 지나칠 정도로 충실할 경우 닥칠 수 있는 미군과의 불협화음을 경계해야 했고, 거꾸로 미군과의 친밀한 관계를 지나치게 믿고 의지함으로써 대한민국의 국익을 손상시켜서도 안 됐다. 새로 육군참모총장에 오른 백선엽은 국군의 발 빠른 전력 증강이 대한민국 최우선의 과제라는 점을 결코 잊지 않았으며, 이를 실행에 옮기고자 최대한의 노력을 기울였다.

따라서 그는 권위와 카리스마가 넘쳤던 이승만 대통령의 수족手足이거나, '큰 어른'의 한 말씀에 무조건 제 뜻을 굽혀 충성만을 맹서하는 '예스맨'에만 머무를 수가 없었다. 아울러 그는 미군의 동향에 신경을 쓰면서 그들과의 원활한 협조 관계를 통해 대한민국 국군 전력 증강을 신속하게 이루고자 신경을 곤두세워야 했다.

전선에서는 대규모 기동전 대신 지금의 휴전선을 중심으로 격렬한 고지전이 펼쳐지고 있었다. 육군참모총장으로서 백선엽은 그런 고지전을 지원하기 위한 후방의 병력과 화력 및 물자 보급에 최대한의 노력을 기울였다. 참모총장으로서 마땅히 해야 할 일이었고, 설령 그가 아니더라도 참모총장에 오른 인물이면 그 정도의 일은 충분히 수행할 수 있었다.

육군참모총장으로서의 백선엽이 지니는 독특한 면을 관찰할 수 있는 대목은 그가 참모총장 취임 후 첫 가을을 맞았을 때 드러난다. 전선의 고지전이 한참 벌어지고 있던 1952년 가을이었다. 당시 '서민호 사건'이 벌어졌다. 야당 국회의원 서민호 의원이 전남 순천의 어느 음식점에서 식사를 하다가 옆방의 국군 장교와 시비를 벌인 끝에 그를 권총으로 사살한 사건이다.

당시는 계엄 상태여서 군과 관련이 있는 사건은 모두 군사재판에서 다뤄지고 있었다. 재판장은 민기식 준장이었는데, 그는 재판정에서 서민호 의원에게 징역 8년을 선고했다. 서민호 의원은 거창 사건과 국민방위군 사건 등 군과 관련이 있는 사안의 진상 조사를 주도한 일 등으로 이승만 대통령의 불만을 크게 샀던 인물이었다.

그런 서민호 의원에게 군사재판정이 징역 8년을 선고하자 이승만 대통령은 매우 노여워했다. 군 장교를 사살한 서 의원에게는 더 무거운 형벌을 내려야 한다고 생각했던 것이다. 그런 대통령의 불만은 재판장이었던 민기식 준장에게 쏠리고 말았다. 이 대통령은 급기야 민기식 준장을 파면했다.

신태영 국방부 장관이 백선엽을 찾았다. "급히 부산으로 오라"는 전갈이었다. 백선엽은 대구 육군본부에서 임시정부가 있던 부산으로 향했다. 신 장관은 서류 한 장을 백선엽 앞에 꺼내 놓았다. "민기식 장군이 파면당했는데 어떻게 좋은 방법이 없느냐"고 물었다. 대통령이 결재한 민 준장 파면안에는 '민기식 준장 파면. 가可, 만晩'이라고 써 있었다. 대통령이 민 준장의 파면을 승인한다는 뜻의 '가'라는 글자 뒤에 자신의 이름을 뜻하는 '만'을 직접 써넣어 파면을 승인한 서류였다.

백선엽은 "이미 대통령의 재가가 난 사안인데 다른 방법이 있을 수 있겠느냐"고 대답했다. 그러나 신 장관은 그런 정도 사안으로 고위 장교를 파면시키는 것은 과도하다고 생각한 모양이었다. 그는 "총장이 직접 나서서 대통령을 설득해 보라"고 권유했다. 백선엽도 전쟁 중에 고위 지휘관을 파면한다는 것은 과하다고 생각했다.

백선엽은 잠시 서울 경무대에 머물고 있던 이승만 대통령을 찾아갔다. 경무대 집무실에 들어선 백선엽은 대통령에게 "각하, 민기식 준장을 아시지요?"라고 물었다. 대통령은 "민기식이, 그놈 나쁜 놈이야"라고 했다. 매우 단정적인 어투였다고 백선엽 장군은 기억하고 있다. 화가 아직 풀리지 않았던 것이다.

그럼에도 백선엽은 대통령을 설득하기로 했다. "각하, 민 장군은 전쟁이 벌어진 직후부터 전투를 지휘했던 사람입니다. 그런 지휘관을 양성하기가 결코 쉽지 않습니다. 전쟁 중이라 인재도 부족한데 용서를 해 주실 수 없습니까"라고 물었다.

대통령은 말없이 듣기만 하다가 이내 손을 오므린 뒤 입에 갖다 대고 훅훅 거리면서 입김을 불어댔다. 기분이 나쁘거나, 불만이 있을 때 대통령이 늘 하던 일종의 버릇이었다. 대통령은 이어 백선엽을 바라보면서 "그럼, 어떻게 하란 말이야?"라고 말했다. 기분이 좋지 않다는 뜻도 담겨 있었다.

백선엽은 신태영 국방부 장관이 건네줬던 민기식 준장의 파면 결재 서류를 꺼냈다. 그러고는 대통령 앞에 서류를 내밀었다. 이어 그는 대통령에게 "각하, 그냥 찢어 버리시면 됩니다"라고 말했다. 대통령은 잠시 멈칫거리더니 서류를 받아 그 자리에서 찢어 버렸다.

백선엽은 강단剛斷이 없는 듯 보이는 점이 특징이다. 평소에는 과묵하고, 남에게 먼저 말을 걸어 이런저런 이야기를 펼쳐가는 스타일이 아니다. 묵묵히 남의 말에 귀를 기울이면서, 가능한 한 상대의 이야기를 듣는 편이다. 따라서 신속한 결단을 내리지 못하면서 남의 의견에 끌려다닌다는 인상을 주기 십상이기도 하다.

그러나 그는 남의 말을 새겨들으며, 부하 참모들의 의견을 끝까지 경청한 뒤 결정을 내리면 결코 물러서는 법이 없다. 옳다는 판단이 들고, 내가 이것만은 지켜야 한다는 생각이 확실할 경우에는 그대로 자신의 의견을 밀고 나가는 스타일이다. 사안에 대해 판단을 하는 단안斷案의 시점이 다소 늦어져서 그렇지, 그는 결코 상황의 옳고 그름을 가리지 못해 쩔쩔매는 우유부단優柔不斷한 사람은 아니다.

학식이나 경력에서 대한민국의 거의 모든 사람을 압도해 '슈퍼맨'이라고 불러도 좋았던 78세의 이승만 대통령이었다. 32세인 손자뻘의 젊은 육군참모총장이 이미 대통령의 재가가 난 육군 준장의 파면안을 들고 그의 앞에 나타나 "찢어 버리시면 됩니다"라고 말하는 것은 결코 쉽지 않은 행동이었다.

그런 점에서 보면 백선엽은 야전 지휘관의 자질을 타고났다고 볼 수 있다. 사느냐 죽느냐하는 문제가 걸린 지독한 싸움터, 모든 조건이 순간적으로 변하면서 눈 깜짝할 사이에 상황이 반전反轉되기도 하는 전쟁터에서의 판단력은 기민機敏해야 한다. 적과 나의 상황을 모두 머리에 집어넣고 있는 상태에서 신속하게 판단을 내리고, 천변만화千變萬化의 상황에서도 자신의 중심重心을 결코 무너뜨리지 않는 강고한 의지력이 있어야 한다.

백선엽은 그런 천부의 자질을 바탕으로 육군참모총장의 직무를 수행했다. 민기식 준장의 파면안을 두고 벌인 이승만 대통령과의 신경전은 어떻게 보면 그의 서막序幕이었다. 누구도 넘볼 수 없는 카리스마에 최고의 권력까지 갖춘 이승만 대통령을 상대하는 일은 매우 어려웠다.

백선엽이 그의 충실한 '예스맨'으로서 행세했다면 대통령 곁을 지키기란 매우 쉬운 일이었을 것이다. 그러나 강력한 승부사 기질을 발휘하며 미국을 상대로 힘겨운 싸움을 벌였던 이승만 대통령을 보좌하면서, 미군의 막강한 힘을 끌어들여 대한민국 군대의 전력을 신속하게 육성하기 위해 미국과의 물샐틈 없는 협조 관계를 유지해야 했던 육군참모총장의 직무 수행은 아주 높은 수준의 판단력과 실행력을 함께 요구했다.

세상 살아가는 모든 과정을 싸움에 비유하자면 적敵은 도처에 있다. 전선에서 생사生死를 걸고 벌이는 싸움의 상대도 적이지만, 평범하게 사회생활을 하는 과정에서도 싸움의 상대는 늘 존재한다. 크게 보자면, 백선엽에게는 이승만 대통령도 싸움 상대였고, 미군이라는 존재도 마찬가지였다.

내가 세운 목표에 도달하기 위해 상대를 설득하는 모든 과정을 백선엽은 싸움으로 봤고, 그런 싸움에서 스스로 설정한 목표를 항상 잊지 않으면서 최선의 노력을 집중적으로 기울이는 스타일이었다. 목표의식이 매우 뚜렷했고, 그를 이루고자 하는 의지력이 어느 누구보다도 강했다. 정해진 목표를 반드시 완수하는 사람, 그래서 뜻한 바를 마침내는 이루고 마는 사람이 무서운 승부사다. 그런 면모의 백선엽 또한 아주 강력한 승부사였다.

결론적으로 말하자면, 백선엽과 이승만 대통령과의 관계는 아주 원만했다. 백선엽은 표면적으로 이 대통령의 뜻을 결코 거스르는 법이 없었다. 이 대통령의 개인적인 성격과 한반도 정세情勢를 주도하려는 정치적인 안목을 잘 이해하면서 소화했다. 이 대통령 또한 백선엽의 스타일을 잘 받아주는 편이었다.

백선엽은 그런 매끄러운 분위기 속에서 한국군 고위 영관領官급 지휘관의 대규모 진급 방안을 세워 실행에 옮겼고, 그럴 때마다 이 대통령은 백선엽의 건의를 원안 그대로 수용하는 편이었다. 아울러 백선엽은 이 대통령의 의중을 잘 받아들이면서도 그에게 맡겨진 대임인 국군 증강 계획을 잘 펼쳤다. 이 대통령과 미군, 나아가 미 행정부 사이에 흐르는 기류氣流를 섬세하게 살피면서 큰 방향을 놓치지 않은 결과였다.

목표를 상정한 뒤 그를 치밀하게 펼쳐가는 백선엽의 승부사적 기질은 여러 군데에서 드러난다. 그는 당시 각급 부대가 정부의 예산을 받아 개별적으로 집행하던 부대원의 급식給食 제도를 중앙정부가 일괄 구매해 각 부대에게 공급하는 중앙 조달 방식으로 바꿨다. 그를 착안하고 실행하는 과정에서도 백선엽 스타일이 나온다.

그는 일선 지휘관 시절부터 휘하 장병들의 급식 문제에 신경을 썼다. 그의 신념은 '잘 먹어야 잘 싸운다'였다. 그래서 전선에서 적에게 쫓길 때에도 장병들의 급양給養 문제에 상당히 주의를 기울인 사람이다. 그가 논산에 있던 포로수용소를 방문한 적이 있다. 포로들이 생각보다 아주 잘 먹었다. 유엔군이 관리하는 포로수용소는 미군의 기준에 따라 포로들에게 식사를 제공했다.

따라서 부족한 중앙정부의 예산을 받아 개별적으로 급식을 해결하는 국군의 처우에 비해 월등히 좋았다. 급양 실태를 파악해본 결과 수치적으로도 국군이 공산군 포로들에 비해 훨씬 영양이 부족하다는 사실이 드러났다. 그러나 당시 국민소득 50달러 수준이었던 대한민국의 정부는 그런 점에 신경 쓸 여력이 없었다. 그래도 주의를 환기시키는 작업이 필요했다.

그는 당시로서는 생각하기 어려운 '언론 플레이'에 나섰다. 기자들을 불러모아 회견을 하면서 그는 "대한민국 군대보다 공산군 포로들이 훨씬 잘 먹는다"고 발언했다. 그의 기자회견 내용은 외국 종군기자들에게 흘러나가 미국 성조지와 영국 신문 등에 대서특필됐다. 마크 클라크 유엔군 총사령관이 관심을 기울였고, 미 군사고문단에서도 실태 조사에 나섰다.

결국 미군은 자신들이 실행하고 있는 군대 장병들의 급식에 대한 중앙 조달 방식 채용을 정식으로 건의했고, 대한민국 정부는 가능한 한도 내에서 그런 방식을 도입하기 시작했다. 백선엽이 이끄는 육군본부는 당장 그 제도를 실행하지는 못했지만, 점차적인 도입을 목표로 체계를 잡아가는 계기를 만들 수 있었다.

천막을 쳐서 만든 막사에서 병사들을 훈련시키는 신병훈련소의 문제도 마음에 걸렸다. 제주도 모슬포의 훈련소에 이어 논산 제2훈련소를 세웠지만 막사가 문제였다. 비가 오거나 바람이 거세게 불면 천막 막사는 편한 잠자리가 되질 못했다. 백선엽은 공병들을 일본 오키나와에 보내 미군들이 숙소를 지을 때 쓰는 시멘트 블록 만드는 방법을 배워오게 했다.

이런 식이었다. 당장 급한 것부터 손을 대는데, 우선 가장 기본적인 먹고 자는 것을 해결하자는 자세가 분명했다. 그런 백선엽은 늘 철저한 승부사였다. 싸움에서 이기는 왕도王道가 반드시 있다고 볼 수는 없지만, 눈앞에 벌어진 현실의 여러 조건을 가장 정확하게 짚어내 그에 맞는 가장 현실적인 방법을 동원하는 사람이 싸움에 이긴다. 그 점에서 백선엽은 모든 싸움터의 군인 중 가장 현실적인 자세를 유지하는 사람이었다.

예를 들자면 이렇다. 당시의 군대에는 '후생厚生 사업'이라는 게 있었다. 가난한 나라, 가난한 정부의 군인 역시 가난했다. 생활을 넉넉하게 꾸려갈 만큼 월급이 나오지 않았다. 넉넉하다는 것은 어떻게 보면 사치였다. 당시의 대한민국 장교들은 근근이 살아가기에도 부족한 월급을 받았다. 따라서 각급 부대의 지휘관들은 때때로 돈 되는 것을 확보해 생활비를 마련하고, 나아가 조금 욕심을 부려 그 이상의 재화財貨를 축적하기도 했다.

부대가 있는 곳의 숲에서 나무를 벌목해 목재로 내다 파는 방법, 어선을 운영하면서 바다에 나가 생선을 잡아 파는 일 등이 그랬다. 일부에서는 군대에 보급되는 유류油類나 곡물 등을 건드려 돈을 벌어들이는 사람도 있었다. 당시로는 매우 흔한 일이었다. 육군참모총장인 백선엽은 마땅히 그를 제지해야 했다. 일종의 부조리였기 때문이었다.

그러나 백선엽의 생각은 달랐다. 당시로서는 '건드릴 사안'으로 보지 않았던 것이다. 군인도 역시 사람이다. 한반도에서 한창 진행 중인 싸움에서 언제 죽을지도 모를 군인들이 조금이나마 위안을 얻을 수 있는 사소한 부조리라면 눈을 감고 모른 척하는 게 낫다는 생각을 했던 사람이다. 그래서 그는 당시 어선을 동원해 고기를 잡아 파는 일 등 군인들이 벌이는 후생 사업에는 전혀 관심을 기울이지 않았다.

엄격한 도덕적인 잣대를 마음에 두고 상황을 보는 사람에게는 다소 이상하게 들릴지 모르지만, 해결해야 하는 일의 순차順次와 경중輕重을 냉정하게 가려 일을 처리하려는 현실주의적인 입장에서는 옳게 들리는 이야기다. 그 또한 국군 장교들에 대한 처우 개선을 이승만 대통령에게 건의했다. 그러나 대통령은 일언지하에 "군인이 돈맛을 알면 아니 되네. 군인은 봉사자야"라면서 거절했다.

돈 없는 나라의 대통령이 대의명분을 들어 하는 말에 백선엽은 아무대꾸를 하지 않았다. 대통령 자신이 매우 검소한 생활을 하는 인물이라는 점을 잘 알았기 때문이었다. 그런 상황에서 전쟁을 수행 중인 대한민국 군대의 최고 지휘관으로서 부하 장교들의 '돈벌이'를 막는 것은 아직 시기가 아니라고 그는 생각했던 것이다.

이런 점도 백선엽의 분명한 특징이다. 대의大義와 명분名分을 결코 저버리지는 않지만, 그것 또한 당장 벌어진 현실 속에서 조율해야 한다는 입장과 생각이 강하다. 그에게 '현실'이라는 것은 한반도에서 한창 불붙고 있는 전쟁이었다. 그 격렬한 싸움터를 헤쳐나가 결국 대한민국의 안전과 평안을 지키기 위해서는 명분과 현실의 아주 빈번한 교착交着을 잘 풀어가야 한다는 생각이었다. 당면한 현실 속에서 흐름을 읽어 적절한 방법을 찾아내는 백선엽은 아주 냉정한 싸움꾼이었다.

육군참모총장 백선엽의 명망

육군참모총장에 오른 백선엽은 결코 적지 않은 일을 했다. 군대의 복장을 개선하기 위해 피복被服 제조창을 만들고 전투식량의 대명사였던 건빵을 대량으로 만들 수 있는 공장도 지었다. 직접 만들지 못하는 차량이나 총포銃砲를 비롯한 병기兵器의 수리 공장도 만들었다.

이런 모든 작업이 결코 과소평가될 항목은 아니다. 피복 제조창을 만들면서 대구의 섬유 및 직물 공업이 다시 가동되기 시작해 나중의 대한민국 산업화에 기여를 했기 때문이다. 부산에 세운 차량과 병기 재생창再生廠 또한 한국의 기계공업을 일으키는 밑거름으로 작용했다.

그러나 백선엽에게 주어진 가장 큰 임무는 다른 데 있었다. 신속하게 국군의 전력을 증강시켜 단독으로 적의 재침再侵에 맞서는 일이었다. 그러나 예산과 물자가 턱없이 부족했던 대한민국에게 그런 작업이 말처럼 쉬울 리는 없었다. 백선엽은 대한민국의 가장 중요한 현안을 잊지 않았다. 어떻게 하면 신속하게 병력을 늘리고, 화력을 키워 어엿한 군대로 키울 수 있느냐를 두고 늘 절치부심했다. 그런 기회는 우연히 그에게 다가왔다.

그 내용을 언급하기에 앞서 당시의 백선엽이라는 인물이 어떤 명망을 얻고 있었는지 알려주는 일화를 하나 소개하겠다. 때는 1952년 가을이었다. 부산에서 '난리'가 났다. 전쟁터에서 목숨을 걸고 싸웠던 장병들, 그 가운데 몸을 심하게 다친 '상이傷痍용사'의 문제가 터진 것이다.

나이가 지긋한 사람들은 1970년대까지 목발을 짚고 다니면서 때론 횡포 비슷하게 거친 행동을 일삼았던 상이용사에 대한 기억이 있을 것이다. 그들의 당시 처우는 매우 열악했다. 울분이 쌓이는 게 당연했다. 그런 상이용사들이 대거 모여 부산역을 점거한 일이었다. 처우 개선을 요구하면서 대규모 시위를 벌이고 있었던 것이다.

대구의 육군본부로 신태영 국방부 장관이 전화를 걸었다. "지금 상이군인들이 부산역을 점거한 채 난리를 치고 있으니 어서 와서 수습을 하라"는 것이었다. 경찰력을 동원해도 소용이 없다고 했다. 전쟁터에서 몸을 다친 사람들은 심리적으로 커다란 좌절감에 젖어 있게 마련이어서 행동이 극단적이었다. 부산역의 열차들이 운행을 못해 수만 명의 발이 묶여 있다고도 했다.

백선엽은 L-19 경비행기에 올라타고 급히 부산으로 갔다. 역 광장은 수만 명의 상이군인이 점거하고 있었다. 인근의 초량역도 마찬가지였다. 문봉제 당시 치안국장이 나와 대규모 경찰력을 동원해 수습해보려 했으나 허사였다. 경북 왜관에서 상이군인과 경찰이 충돌해 상이용사들이 다쳤다는 소식을 듣고 일대의 모든 상이군인들이 흥분한 채 모였던 것이다.

역 광장은 대단했다고 한다. 그때까지 억눌렸던 상이군인들의 모든 불만이 터져 나오고 있었다. 식사에 대한 것, 입원해있는 병실의 환경 문제 등을 제기하다가 "나라를 위해 싸운 우리가 이 정도 대우밖에 받지 못하는 것이냐"면서 울분을 토로해 분위기가 아주 과격해져 있었던 것이다.

그런 상이군인들 앞으로 육군참모총장 백선엽이 나섰다. 마이크를 잡고 단상에 올라선 백선엽은 "육군참모총장 백선엽입니다. 행인지 불행인지 나는 살아남아 목숨을 부지해 여기 서게 됐습니다. 여러분이 이런 처지가 된 것이 다 나라 사랑의 결과라는 것을 압니다. 그러나 나라 형편이 어렵고 게다가 지금은 전쟁 중이기 때문에 여러분이 바라는 것을 다 들어주기는 힘듭니다. 그러나 내가 최대한 노력을 기울여 문제를 해결하겠으니, 대표자를 뽑아 나와 이야기합시다." 이런 내용으로 그는 일장 연설을 했다.

울분이 쌓일 대로 쌓인 상이군인들, 그 앞에 나타난 백선엽. 광장은 그의 연설이 끝나자 갑자기 조용해지고 말았다. 잠시 대열이 웅성거리는가 싶더니, 각 수용소와 병원의 대표 30여 명이 앞으로 나왔다. 백선엽은 그들과 일일이 악수했다. 그중에 아는 얼굴 하나가 있었다.

"자네, 나 알지?"

"넷! 각하. 어느 고지에선가 각하 담배를 한 대 얻어 피운 일이 있습니다."

"내 담배 얻어 피운 사람이 이러면 되나!"

"넷, 각하. 알겠습니다. 당장 해산하겠습니다."

그렇게 주고받은 대화 뒤 백선엽과 '담배' 인연으로 묶였던 상이용사는 대열을 해산시켰다. 그는 간부급인 모양이었다. 그의 위상이 높았던 것인지는 확실히 모르겠으나, 부산역을 새카맣게 점거하면서 불만을 터뜨리던 상이군인들은 바로 해산했다.

그때의 백선엽은 광장에 모였던 상이군인들에게 어떻게 비쳤을까. 지금의 경우로 따져 본다면, 그것은 결코 쉬운 일이 아니다. 몸을 다쳐 불구가 된 전쟁터의 상이군인들은 매우 과격하다. 육군참모총장이 아니라, 그 할아버지쯤 되는 직급의 사람이 나와도 전쟁터에서 몸을 망쳐버린 상이군인들을 달래기란 절대 쉽지 않다.

그러나 백선엽은 달랐다. 당시 그가 지닌 명망에서 볼 때 몸을 다친 상이군인들에게는 전쟁터를 함께 누볐던 동료이자 상관이었기 때문이다. 백선엽이 만약 전선에서 멀리 떨어진 후방의 사령부에만 머무른 장군이었다면, 그래서 그 또한 다른 지휘관들처럼 일반 병사들에게 높지만 어딘가 거리가 느껴지는 '경원敬遠'의 대상에 불과했다면 상황은 달랐을 것이다.

전쟁의 국면局面을 전환시킨 매우 중요한 전투에서 승리한 지휘관, 현장성을 중시하며 일선의 중대까지 찾아다녔던 부지런한 지휘관, 그래서 김일성 군대와 중공군에 맞서 싸우면서 일어난 대한민국 군대의 가장 자랑스러운 지휘관. 백선엽이라는 이름 석 자에 이런 의미가 뒤따르지 않았다면 부산역에 모였던 상이군인들은 쉽게 대열을 거두지 않았을지도 모르는 일이다.

백선엽은 그 당시에 함께 나라를 지켰던 군인들, 나아가 그 뒤 1960년대까지 병영을 거쳤던 모든 대한민국 군인들에게는 하나의 '전설'이었다. '전쟁을 맞아 젊은 나이에 별을 달고 출세한 사람'쯤으로 여기는 쪽은 그 후에 군대 생활을 한 사람들이다. 다시 그 뒤로는 백선엽의 이름 석자가 그냥 묻혀버리고 만다. 전쟁을 기억하고, 전쟁을 연구하며, 전쟁의 교훈을 되새기려는 진지한 노력이 사라져버린 정치와 사회적인 환경 때문이라고 필자는 생각한다.

그러나 그와 같은 시대에 태어나 조국의 전선을 함께 지켰던 사람들과 그 주변의 가족, 친지들에게 백선엽의 명망은 아주 높았다. 거친 몸싸움으로 국가와 사회를 지키는 데 이바지한 젊은 지휘관의 명성이 하늘을 찌르고 있었던 것이다. 부산역과 초량역에 가슴 가득 불만을 품고 시위를 벌이던 상이용사들에게도 백선엽의 명성은 그대로 받아들여졌던 것이다. 그들은 그렇게 백선엽의 중재로 흩어졌다.

백선엽에게 어느 날 아주 은밀한 연락이 왔다. 밴 플리트 미 8군 사령관이 "서울의 8군 사령부로 어서 와 달라"고 했다. 1952년 11월이었다. 백선엽은 급히 서울로 향했다. 동숭동의 8군 사령부의 사령관 집무실에 들어서자 함께 대구에 머물던 미 군사고문단장 라이언 소장도 와 있었다.

밴 플리트 장군은 "이제 한국군을 20개 사단으로 증강하는 계획을 세워보자"고 말했다. 백선엽의 귀가 번쩍 뜨이는 발언이었다. 전쟁 전의 10개 사단을 20개 사단으로 늘려보자는 얘기는 한국군을 본격적으로 증강하겠다는 말과 같았다. 백선엽은 서울 필동의 미군 게스트 하우스에서 2주일 동안 머물면서 밴 플리트가 말한 한국군 증강 계획을 마련했다. 미 군사고문단장 라이언 장군과 긴밀하게 협의했다. 그렇게 마련한 계획안은 새로 미국 대통령에 뽑힌 드와이트 아이젠하워 당선자가 방한했을 때 브리핑하기로 했다. 그러나 아이젠하워가 언제 방한하는지는 제대로 알려주지 않았다.

12월 2일이었다. 백선엽은 저녁 무렵 보고를 위해 미군 숙소를 나와 경무대를 향하고 있었다. 지금의 광화문 광장 앞의 교통이 통제되고 있었다. 미군 헌병이 탄 지프 여러 대가 헤드라이트를 켠 채 긴 대열을 호위하고 있었다. 그 속으로 카키색의 커다란 세단이 보였다. 백선엽 장군은 그 순간에 '아이젠하워 대통령 당선자가 드디어 서울에 왔다'는 생각이 들었다고 했다. 그 대열은 동숭동 미 8군 사령부로 멀리 사라졌다.

이튿날이었다. 아침 7시경에 8군 사령부로부터 연락이 왔다. "8시에 회의가 있으니 참석하라"는 내용이었다. 백선엽은 사령부 건물에 도착해 현관에 들어서다가 아침식사를 막 마친 아이젠하워 일행과 마주쳤다. 제2차 세계대전의 막을 내렸던 노르망디 상륙작전의 최고 영웅 아이젠하워와 백선엽의 만남은 그렇게 시작한다.

두 사람이 만난 빈도가 높아서 그 의미를 덧붙이는 것은 아니다. 백선엽은 이듬해 다시 미국을 방문해 예정에 없이 아이젠하워 대통령을 면담했다. 그러나 1952년의 첫 만남, 그리고 이듬해의 두 번째 만남은 대한민국 현대사와 매우 밀접한 관련이 있다. 전쟁의 국면을 전환시킨 매우 중요한 전투 못지않게 두 차례에 걸친 이들의 만남은 아주 큰 의미를 지닌다.

백선엽은 처음 보는 아이젠하워 미 대통령 당선자에게 인사를 건넸고, 아이젠하워는 그런 백선엽과 아침식사를 함께 마친 일행을 번갈아 보면서 "굿모닝! 이렇게 만나니 노르망디 상륙작전 디-데이가 떠오릅니다"라고 인사했다. 백선엽은 그 가운데 섞인 유일한 한국인이었고, 유일한 한국군 장군이었다.

백선엽은 일행들을 따라 사령부 2층 건물로 올라갔다. 밴 플리트 사령관의 집무실에 모두 앉았다. 밴 플리트가 사전에 백선엽에게 작성토록 한 한국군 증강 계획을 브리핑하는 자리였다. 아이젠하워 당선자와 함께 오마 브래들리 합참의장, 마크 클라크 도쿄 주재 유엔군 총사령관, 아서 래드포드 미 태평양함대 사령관, 밴 플리트 미 8군 사령관, 라이언 미 군사고문단장, 그리고 백선엽이 방에 앉았다.

몇 마디 대화를 주고받은 뒤 밴 플리트의 소개에 따라 백선엽은 한국군 증강 계획에 관한 브리핑을 시작했다. 그런 상황에 충분한 준비를 한 백선엽이었다. 그는 영어로 직접 아이젠하워에게 브리핑했다. 백선엽은 몇 가지 요점을 강조했다.

한국 전선에 투입된 미군과 유엔군의 부담을 줄이기 위해서는 한국군을 10개 사단에서 반드시 20개 사단으로 늘려야 한다는 점, 미군 1개 사단을 만드는 비용으로 한국군 2~3개 사단을 만들 수 있다는 점, 아울러 기간도 2년 안에 마칠 수 있다는 점 등이었다. 약 20분 정도 걸렸다.

브리핑이 끝나자 아이젠하워는 밝은 표정을 띠며 "원칙적으로 동의한다"고 말했다. 백선엽은 그 이듬해 미국을 방문해 공식적으로 대통령에 취임한 아이젠하워를 면담했을 때에도 같은 말을 들었다. '원칙적으로in principle'라는 말이었다. 그 말에는 큰 틀에서 한국군 증강 계획을 지원하겠다는 뜻이 담겨 있다고 해석해도 좋았다. 그러나 어딘가 모르게 여운을 남기는 말이었다.

백 장군은 아이젠하워의 첫 인상이 "매우 커다란 눈에 따뜻한 마음을 지닌 사람이라는 느낌을 줬다"고 말했다. 그러나 다른 한편으로는 매우 신중하다는 인상도 함께 받았다고 했다. '원칙적으로'라는 표현에서 아이젠하워의 그런 신중함이 느껴졌다고 했다. 어쨌든 미 대통령 당선자 앞에서 한 브리핑은 성공적이었고, 한국 현지 주둔 사령관인 밴 플리트도 만족한 표정을 지었다고 했다.

경무대의 초조감, 그리고 백선엽의 활약

아이젠하워 미 대통령 당선자가 방한했을 때 해프닝이 벌어졌다. 눈이 크고 사려가 깊어 보이며, 말과 행동에서 신중함이 묻어나는 아이젠하워였다. 그는 1952년 방한 당시 자신의 신분을 '대통령 당선자'에 국한시켰다. 스스로 "아직 대통령이 아니라 공식적인 활동을 할 수 없다"는 점을 분명히 했다.

그 점 때문에 벌어진 해프닝이었다. 이승만 대통령이 아이젠하워를 보는 시각은 그와는 아주 달랐다. 세계 최고의 권좌에 오른 아이젠하워가 대통령 취임 전에 한국을 방문한 만큼 대한민국과 자신의 정치적 위상을 높여주기 바랐던 것이다.

아이젠하워는 방한 이틀째 경기도 광릉에 있는 한국군 사단을 방문했다. 그 자리에는 이승만 대통령도 함께 참석했다. 아이젠하워는 그 정도 선에서 이 대통령과 접촉하는 것으로 공식 일정을 마치고 싶어 했다. 그러나 이 대통령의 생각은 달랐다. 아이젠하워의 공식 환영행사 참여, 경무대 방문을 기다렸던 것이다.

이 대통령은 아이젠하워를 열렬히 환영한다는 제스처로 지금의 광화문 광장에 시민 수만 명을 모이도록 했다. 광릉에 있던 한국군 수도사단을 방문한 뒤에는 광화문 광장에 나와 환영 대회에 참석하도록 요청했다. 그러나 아이젠하워의 입장은 완고했다. 그는 이 대통령의 기대와는 달리 미 9군단과 미 3사단, 유엔군 부대를 계속 시찰했다.

광화문 광장에 10만에 가까운 군중이 몰려들었고, 한국의 정부 요인이 모두 나와서 기다렸지만 아이젠하워는 결국 나타나지 않았다. 이 대통령은 군중을 해산하기 전 연설을 했다. 늘 강조하던 '북진北進 통일'의 주장을 펼친 뒤 "미국에 아이젠하워라는 2차 세계대전의 위대한 영웅이 있듯이, 지금 한국에도 영웅이 있습니다. 한국전쟁의 영웅 백선엽이 그 사람입니다"라면서 연단 뒤에 선 백선엽을 군중 앞에 소개했다. 백 장군은 그때 "몸 둘 바를 모를 정도였다"고 회고했다.

백선엽의 진가眞價를 이 대통령이 정말 인정한 것인지는 잘 모른다. 그러나 바로 그 뒤에 백선엽이 대한민국과 미국 사이에서 어떤 역할을 했고, 그 뒤로도 어떤 역할을 할 수 있는 인물이었는지를 보여주는 대목이 펼쳐진다. 아이젠하워를 한없이 기다린 군중대회가 끝난 뒤였다.

이승만 대통령은 아이젠하워에 대한 미련을 버리지 않았다. 군중대회에는 나타나지 않았지만, 경무대는 방문할 것으로 기대했던 것이다. 이 대통령과 대회에 참석한 정부 요인, 각 군 참모총장 등 군 관계자들이 모두 경무대에서 대기했다. 언제 나타날지 모를 아이젠하워를 기다리기 위해서였다.

그러나 '역시나'였다. 오전부터 경무대 대형 응접실에서 한국의 요인 전부가 목을 빼고 기다렸지만 아이젠하워가 경무대를 방문할 기미는 좀체 보이지 않았다. 외무부 관계자들이 나서서 한국 주재 미국 대사관을 통해 부지런히 분위기를 탐색했지만, 역시 좋은 소식은 전해지지 않고 있었다. 점심때가 지나고, 오후에 접어들었으나 역시 마찬가지였다. 한국의 모든 요인들이 아이젠하워를 만나기 위해 반나절 이상을 기다렸던 것이다.

답답한 마음을 누를 수 없던 이 대통령은 미국 유학을 다녀와 '미국통'으로 불렸던 김태선 서울시장을 미 8군 사령부에 보냈다. 이 대통령의 뜻을 분명히 전해 늦더라도 아이젠하워가 경무대를 방문하도록 주선하라는 지시였다. 그러나 김태선 시장은 풀이 죽은 채로 돌아왔다. 동승동 미 8군 사령부의 정문에서 미 헌병에게 제지당해 사령부 안에 들어

가지도 못하고 돌아온 것이다. 경무대 응접실의 분위기는 무겁게 가라 앉고 있었다.

소파에 깊이 몸을 파묻고 앉아 있던 이승만 대통령이 백선엽을 바라보면서 "자네, 이리 좀 오게"라고 말했다. 이 대통령 역시 강하면서도 틀이 큰 승부사였다. 그 표정이 전혀 지치거나 피로에 젖어 있지 않았다고 백 장군은 기억하고 있다. 이 대통령은 다가선 백선엽에게 "자네가 한번 다녀오지 않겠나?"라고 물었다.

백선엽은 경무대를 나서서 곧장 동숭동 미 8군 사령부로 향했다. 그가 탄 지프는 사령부 정문을 아무런 제지 없이 들어섰다. 그가 늘 출입하던 곳이었다. 단골 손님처럼 사령부를 들락거리던 대한민국 육군참모총장 백선엽의 차량을 미 헌병들이 제지할 아무런 이유가 없었다. 백선엽은 사령부 본부 건물에 들어선 뒤 바로 밴 플리트 장군을 찾았다. 미안한 표정의 밴 플리트 장군은 옆방에 있던 마크 클라크 유엔군 총사령관 쪽을 가리키면서 "설득해 보라"고 말했다.

백선엽은 마크 클라크 사령관 방에 들어가 이승만 대통령의 뜻을 전달했다. 그러나 그 역시 다른 방법이 없었다. 대통령 당선자의 경호를 맡은 사람들이 사전에 예정된 곳이 아니면 스케줄을 잡을 수 없다는 입장이라고 했다. 막다른 길이었다. 그러나 목표를 상정한 뒤에는 결코 물러서지 않는 승부사 백선엽은 굽힐 생각이 없었다. 강하게 마크 클라크를 설득하기로 했다.

우선 '명분'을 걸었다. 명분이란 것은 때로 현실적인 힘이 없어 보일 때도 있지만, 어느 상황에서는 현실의 모든 것을 아우르는 토대일 수 있다. 그런 명분을 잘 활용한다면, 현실에서 나타나는 여러 가지 세부細部적인 조건들을 한꺼번에 건너 뛸 수 있는 묘약妙藥이기도 하다.

백선엽은 여러 말을 하지 않았다. 딱 한 가지를 분명히 했다고 한다. 백선엽 장군이 기억하는 내용은 이렇다. "아이젠하워 대통령 당선자께서 결국 경무대에서 기다리고 있는 이승만 대통령을 만나지 않고 귀국길에 오른다면 한국인 모두에게 결례를 끼치는 것이다. 그런 상황이 벌어진다면 한국 전선에서 싸우고 있는 미군은 한국군의 협조를 기대하기 어려워진다"는 내용이었다.

클라크의 얼굴이 발개졌다. 백선엽이 들이댄 명분을 생각지 않을 수 없었고, 결국은 그런 백선엽의 말이 옳다고 생각했던 것이다. 그래도 자신이 감추고 있던 약점이 남의 지적에 의해 드러난다면 기분은 편할 리 없었던 것이다. 발개진 얼굴로 마크 클라크 유엔군 총사령관이 자리에서 일어나 아이젠하워 대통령 당선자가 쉬고 있던 방으로 걸어 들어갔다.

잠시 있다가 클라크는 백선엽이 앉아 있던 방으로 돌아왔다. 기분이 한결 편해진 표정이었다. 그는 백선엽에게 "조금 있다가 오후 6시에 경무대에서 만납시다"라고 말했다. 백선엽의 설득이 주효했던 것이다. 아주 짧지만 강한 메시지였다. 아이젠하워는 사실 곧장 여의도 비행장으로 직행해 한국을 떠날 계획이었다. 경무대의 메시지를 들고 급히 찾아온 백선엽의 강력한 설득, 그를 바탕으로 여러 가지 정황을 따져 본 아이젠하워가 이한離韓 직전에 마음을 돌렸던 것이다.

백선엽은 급히 지프에 올라타 경무대로 향해 이승만 대통령과 한국의 모든 요인들이 간절히 기다리고 있던 '아이젠하워 경무대 방문' 소식을 알렸다. 이 대통령 등이 기다리고 있던 경무대의 분위기는 갑자기 활발해졌다. 이어 오후 6시 무렵에 아이젠하워 일행이 경무대 정문을 들어섰다.

분위기는 아주 좋았다. 아이젠하워는 참전 중이었던 아들 존 아이젠하워 소령도 대동하고 왔다. 이승만 대통령과 아이젠하워는 매우 우호적인 분위기에서 환담을 나눴다. 아이젠하워 일행은 약 한 시간 정도 경무대에서 머물렀다.

아주 다행이었다. 아이젠하워 일행이 만일 경무대를 방문하지 않고 한국을 떠났다면, 강인한 기질의 이승만 대통령에게는 아주 불쾌한 기억으로만 남았을 것이다. 이듬해인 1953년 봄부터 한국과 미국의 관계는 매우 험악한 상태로 접어든다. 이승만은 '북진 통일'을 내세우며 휴전을 속히 이루려는 미국의 입장에 공공연하게 반기를 들었다. 그런 과정에서 아이젠하워에 대한 기억이 이승만의 머릿속에서 나쁜 인상으로만 일관했다면 양국 관계는 더 험악해졌을 것이다.

여기에서 드러나는 백선엽의 면목이 아주 이채異彩롭다. 그리고 그에 덧붙여 생각해볼 대목도 있다. 미 차기 대통령으로 뽑힌 아이젠하워 당선자가 선거공약으로 내세운 '한국 전쟁 조기 종결'의 상황을 시찰하기 위해 한국을 방문했고, 출범한 지 4년이 되는 대한민국 정부는 그의 방한을 부각하기 위해 공식적으로 경무대 방문을 요청했다. 그러나 신중하고 사려 깊었던 아이젠하워는 이를 거절했다.

한국 정부는 외교부와 심지어는 '미국통'인 서울시장까지 내세워 아이젠하워가 경무대를 방문하도록 힘썼지만, 끝내 뜻을 이루지 못할 뻔했다. 지금의 대한민국이라면 이런 일은 없었을 것이다. 외교적인 교섭력 자체와 그를 뒷받침하는 국력國力이 그때의 대한민국과는 비교를 할수 없는 수준이기 때문이다.

그러나 1950년대 초반의 대한민국 수준은 그 정도에 불과했다. 미국의 대통령 당선자가 방한했을 때 그의 모든 일정을 미국이 짜놓은 대로 받아들여야 했다. 그저 하늘에서 내리는 비만 바라보며 농사를 지어야 하는 천둥지기, 천수답天水畓의 신세였던 것이다. 지금 생각해보면 당시의 대한민국 처지는 서글프기 짝이 없을 정도다. 78세의 노老 대통령과 정부의 모든 요인, 군과 경찰의 핵심 관계자들이 아침부터 광화문 광장에 모였다가 경무대로 자리를 옮겨 한나절 동안 꼬박 미국의 대통령 당선자를 기다리는 신세였으니 말이다.

그럼에도 아이젠하워는 요지부동이었다. 신중하고 사려 깊은 사람이 부리는 고집은 세게 마련이다. 그때 아이젠하워가 그랬다. 백선엽이 등장한 대목이 그래서 매우 눈길을 끈다. 이승만 대통령은 '마지막 타자打者'로 백선엽을 찾았고, 그는 동숭동으로 가서 멋진 '뒤집기 한판'을 이끌어낸 셈이다.

백선엽은 그만큼 미군이 대표하는 미국으로부터 각별한 신뢰를 얻고 있었고, 그런 관계를 통해 백선엽 또한 자신의 의지와 대한민국 정부의 생각을 충분하고 설득력 있게 전달할 능력을 지닌 상태였다. 아이젠하워의 방한, 그리고 그 뒤 벌어진 해프닝과 그 수습 과정에서 가장 분명하게 눈에 드러나는 점은 백선엽의 비중과 위상位相이다. 그는 양국 사이의 현안과 교섭이 오가는, 굳이 표현하자면 일종의 '가교架橋'이자 가장 커다란 '접점接點'이었다고 볼 수 있다.

어떤 이를
명장이라 부르는가

한미 상호방위조약의 첫 언급을 아이젠하워 대통령으로부터 이끌어 내다.
휴전 앞두고 터진 중공군의 대규모 공세를 강력한 지휘력으로 꺾다.
그리고 휴전을 맞다.

번역과 해석의 차이, '완벽한 군인' 백선엽

이런 일이 가능했던 이유는 그렇게 복잡하지 않다. 당시 미국의 힘은 한
반도에 올라와 있던 미군을 통해 펼쳐지고 있었다. 연延 인원 150만 명
이상의 미군이 이 땅에 상륙해 전쟁을 치렀고, 그를 뒷받침하는 막대한
무기와 장비 등이 함께 올라왔다. 미국의 대표는 미군이었고, 그 미국이
지닌 모든 힘은 미군이라는 '운영 체계'를 통해 한국에 점차 뿌리 내리고
있었다.

　미군이 행사하는 모든 힘을 직접적으로 받아들여 전투력과 행정력
등으로 '번역翻譯'해내고 있던 존재는 대한민국 군대였다. 한반도에서
싸움이 벌어졌던 모든 전선, 그 막전幕前과 막후幕後의 모든 과정에서 대한

민국 군대는 미군이 지니고 온 힘의 양식을 먼저 접하고 먼저 풀어내며 먼저 소화해야 했던, 이를테면 일종의 '번역기'에 해당했다.

그런 대한민국 군대에서 미군과의 가장 첨예한 접점接點을 형성했던 사람이 백선엽이다. 물론 백선엽에 앞서 미군과 모든 전선 상황을 관리했던 전임 육군참모총장은 여럿이다. 그러나 그들 모두 미군과의 원만한 관계 설정에 성공했던 것은 아니다. 일부는 미군과의 소통에는 뛰어났으나, 미군이 깊이 신뢰하지 않았다. 또 일부는 미군과의 언어적인 소통과 문화적인 소통에 모두 실패해 미군의 힘을 제대로 '번역'하는 데 애초부터 실패한 사람도 있다.

미군은 자신들과 협조 관계를 유지해야 하는 한국의 모든 고위 지휘관을 면밀하게 조사했으며, 때로는 치밀한 정보 공작을 통해 그들의 사생활까지 체크하는 면모를 보였다. 어떤 고위 지휘관은 문란한 사생활이 미군의 체크리스트에 올랐고, 어떤 이는 청렴도에서 걸려들기도 했다. 미군은 그런 결점을 지닌 한국군 최고위 지휘관을 깊이 신뢰하지 않았다.

미군은 어떤 면에서 보면 철저한 계산력이 돋보이는 존재다. 세계 최강의 군대답게 그들이 지닌 모든 물자와 장비, 무기를 상대에 건네기 전 그 사람이 믿을 수 있는가를 면밀하게 체크했다. 그들은 한국군 고위 장성들의 일선 전투 지휘 능력도 늘 눈여겨봤다. 사생활도 결코 빼놓지 않는 항목이었다.

백선엽이라는 인물 자체가 무결점無缺點이라고 할 수는 없다. 그는 정치적인 상상력이 부족했고, 좀 더 큰 세계를 스스로 차지해 자신이 품은 뜻을 더 크게 펼치려는 진취적인 욕망이 약했다. 그러나 최소한, 당시의 미군이 보기에는 결점이 없는 인물이었다. 그에게 나중에 내려진 미군의 평가는 '완벽Perfect'이었다. 후일 비밀 해제 문건으로 분류돼 공개된 미군의 한국 요인들에 대한 평가 서류에서 드러난 내용이다.

일선의 아주 평범한 한국군 장교를 미군들이 상세하게 파악할 방법은 없다. 또 미군이 평범한 한국군 장교를 평가할 일도 없다. 그러나 전쟁이 한창 벌어지고 있던 1950년대 초반의 대한민국에서 사단장급 이상의 한국군 지휘관은 미군의 눈길에서 벗어날 방도가 없었다. 미 군사고문단이 늘 곁을 지키면서 한국군 고위 지휘관들의 전투 지휘 능력과 부대 통솔 능력을 살폈기 때문이다.

그들의 모든 전투 능력과 부대 지휘력은 아주 상세하게 미군 최고위층에 전달됐다. 전투에서의 승패 여부, 작전을 지휘할 때의 능력, 사적인 생활에서의 문제점 등도 고스란히 미군의 감시망에 올라 있었다. 백선엽 정도의 인물일 경우에는 훨씬 정도가 심했다. 거의 일거수일투족까지 지켜보고 있었다고 해도 좋을 정도다.

백선엽에 대한 미군의 시각은 위에서 소개한 대로다. 1951년 이후 한국의 전선을 이끌었던 매튜 리지웨이와 제임스 밴 플리트 미 8군 사령관의 표현을 덧붙이자면 "전투란 리더십을 검증하는 가장 가혹한 시험장이다. 백선엽은 이미 검증받고 또 검증받고 또 다시 검증받아 이미 더 바라거나 나무랄 데가 없는 군인"이다.

미국의 힘을 대표하는 미군, 그리고 그 미군이 지닌 모든 힘을 받아들이고 소화해야 했던 대한민국 군대에서 백선엽이 왜 미군과 가장 첨예하면서도 광범위한 접점을 형성할 수 있었는지 설명할 수 있는 대목이다. 미군은 백선엽을 머리부터 발끝까지 검토했고, 그런 철저한 검증절차에서 백선엽은 한국군 고위 장성 가운데 유일하게 무결점의 '완벽성'을 인정받았던 것이다.

1952년 7월 '부산정치파동'으로 이종찬 육군참모총장이 이승만 대통령에 의해 해임되는 순간 밴 플리트 미 8군 사령관은 강력하면서도 자신 있게 백선엽을 후임자로 추천했고, 이 대통령은 그런 미군의 제안을 즉석에서 수락했다. 백선엽이 미군과 이루고 있는 접점의 비중을 가늠할 수 있는 장면이다.

아이젠하워의 방한과 경무대의 초조한 기다림, 그리고 마침내 '마지막 타자'로 나선 백선엽이 종국에는 그냥 한국을 떠나려던 아이젠하워의 발길을 돌려세운 장면은 미군과 백선엽 사이에 형성된 접점의 실질적인 효용성이 어느 정도인지를 고스란히 보여주는 대목이기도 하다. 미군은 오랜 검증을 거쳐 신뢰가 쌓인 백선엽에게 아주 많은 힘을 보태주고 있었던 것이다. 이승만 대통령을 포함한 대한민국 모든 요인들이 전혀 따라오기 힘든, 흉내조차 내기 어려운 수준의 힘이었다.

백선엽을 상찬賞讚할 항목은 더 있다. 당시의 대한민국 고위 장성들이 미국이 지닌 모든 역량의 총체적인 실행자인 미군을 '번역'하는 데 머물렀다면, 백선엽은 그런 미군을 '해석解釋'하는 수준이었다. 번역과 해석은 차원이 다르다. 모두 중요한 작업이기는 하지만, 번역은 텍스트에 대한 1차적 접근이다. 해석은 말로 옮겨진 번역을 두고 그 안팎의 뜻을 정밀하게 풀어가는 2차적이면서도 심층적인 접근이다.

백선엽이 미군을 해석하는 수준까지 오른 데에는 그의 피나는 노력이 숨어 있다. 앞에서도 자주 언급한 내용이다. 1946년 국군 창설 멤버로 부산 5연대에 부임했을 때 그가 집어든 책은 미군이 제2차 세계대전에서 벌인 모든 전투 내용을 담은 수천 쪽짜리 교범이었다. 그는 그 책을 열심히 읽고 연구했다. 당시 대구에 주둔 중이던 올랜도 우즈 소장의 미 6사단과는 한국과 미국 역사상 첫 합동 군사훈련을 펼쳤고, 부대 편제를 그대로 지니고 있던 6사단의 부대 운용 방법과 그 안에 담긴 시스템을 연구했다.

전투가 벌어지는 모든 현장에서 그는 늘 미 군사고문단의 장교, 그에게 배속된 미군 지휘관과의 소통에 적극적이었고, 가능한 한 그들이 구사하는 전법戰法의 바탕을 이해하려고 절치부심했다. 평양의 외톨이로 초등학교 시절부터 도서관에 파묻혀 무엇인가를 끊임없이 읽고 사색하던 유년의 백선엽 기질은 그런 모든 전선과 지휘관 장막 속에서 늘 꿈틀거렸던 것이다.

미군은 그런 백선엽을 일찌감치 식별識別했다. 그가 부산 5연대 시절 옆에서 지켜봤던 올랜도 우즈 소장, 다부동 전선에서 기적적인 승리를 거둔 뒤 그를 찾았던 프랭크 밀번 미 1군단장, 중공군의 거센 공세를 함께 막아낸 매튜 리지웨이와 그 후임자 제임스 밴 플리트 미 8군 사령관 등이 모두 그렇다. 그들은 면밀한 검증 절차와 치밀한 정보 능력으로 작성한 보고서, 전선에서 올라오는 미 군사고문단 등이 백선엽에게 내린 평가를 모두 살핀 지휘관들이다. 아울러 그들 또한 직접적으로 백선엽과 대화를 나누면서 그가 어떤 지휘관인지를 세심하게 살폈던 인물들이다.

번역에 이어 해석 능력까지 갖추고, 아울러 미군과의 관계 설정에서 신뢰를 교감交感의 바탕으로 만들어 갈 줄 알았던 한국군 지휘관 백선엽은 미군이 가장 선호하는 인물임에 틀림이 없었다. 아울러 그가 6.25전쟁의 중요한 국면을 바꾸는 전투에서 모두 승리를 이끌어낸 인물이라는 점, 미군의 지원을 바탕으로 끝까지 적에 맞서 싸우는 투지를 보인 점, 미군과의 합동 작전에서 다른 어느 국군 부대에 비해 원활한 협조 관계를 유지했다는 점 등도 고려됐다.

그렇게 백선엽은 미군과 최상의 접점을 형성했다. 마침 그의 파트너는 백선엽을 끔찍이도 아끼고 믿었던 밴 플리트 미 8군 사령관이었고 도쿄에서는 마크 클라크 유엔군 총사령관이 백선엽을 전폭적으로 지원하고 있었다. 백선엽이 날개를 단 형국이었다. 그는 미군의 지원을 아주 큰 차원에서 이끌어낼 만한 역량을 갖춰가고 있었으며, 밴 플리트와 마크 클라크 등 그를 후원하는 미군 고위층의 인적人的 구성도 최상의 여건으로 만들어지고 있었다. 그는 한차례 더 도약할 위치에 도달하고 있었던 것이다.

전선에서는 고지전이 한창이었다. 가장 격렬한 고지전으로 꼽히는 백마고지 전투가 그때 벌어졌고, 이어서 중서부 전선 등에서도 그에 못지않은 혈전이 벌어졌다. 대구 육군본부에 머물던 백선엽의 일상은 그런 고지전의 현황을 챙기고, 부족해진 병력과 화력을 지속적으로 전선으로 올려 보내는 일에 맞춰져 있었다.

그에게도 새해가 찾아왔다. 그러나 전선의 상황이 격화하고 있는 시점이어서 새해의 기분을 느낄 수 없었다. 1953년 1월 5일 그는 이승만 대통령을 수행해 일본을 방문했다. 마크 클라크 유엔군 총사령관의 주재로 해방 뒤 처음 열리는 양국 간 정상회담을 위해서였다.

한국군 최초의 별 넷 대장에 오르다

백선엽은 이승만 대통령을 수행해 일본을 방문하고 돌아왔다. 마크 클라크 도쿄 주재 유엔군 총사령관의 알선으로 한국과 일본의 정상회담이 열렸지만, 냉철한 전략가 이승만 대통령은 일본과의 관계 정상화 시기가 아직 이르다는 점을 잘 알고 있었다. 따라서 별다른 성과 없이 회담은 끝났고 백선엽은 이 대통령과 함께 귀국해 일상적인 업무에 매달리고 있었다.

1953년 1월 말에 접어들면서 추운 날씨 때문에 전선의 고지전도 소강상태에 접어들었다. 백선엽은 대구의 육군본부 집무실에 앉아서 문밖을 내다보고 있었다. 참모총장 비서실장이었던 박진석 장군이 부산하게 복도를 들락날락거렸다. 거동이 평소와는 달라 유심히 보고 있자니, 박 장군이 별 넷의 대장 계급장을 손에 들고 있는 것이 눈에 띄었다.

백선엽은 그러나 그에 관심을 두지 않았다. 자신과 관련이 있는 일에는 매우 진지한 관심을 두는 편이지만, 그렇지 않은 일에는 조금도 신경을 쓰지 않는 게 그의 스타일이었다. 그러나 그 계급장은 백선엽을 위해 마련한 것이었다. 1월 31일이었다. 부산의 임시 경무대에서 "급히 들어오라"는 전갈이 왔다.

당시 경남지사의 관사에 있던 임시 경무대에 그가 들어섰다. 응접실에 서 있는데, 이 대통령의 비서진들이 부산하게 오갔다. 그렇게 잠시 서 있던 백선엽의 앞으로 이승만 대통령과 곧 퇴임하는 제임스 밴 플리트 미 8군 사령관이 나타났다. 비서진 중 한 사람이 이어 "지금부터 백선엽 육군참모총장의 진급식을 거행하겠습니다"라고 말했다.

비서 한 사람이 쟁반에 별 넷의 대장 계급장을 들고 옆에 섰다. 박진석 비서실장이 준비하던 그 계급장이었다. 이어 이승만 대통령이 백선엽의 오른쪽, 밴 플리트 장군이 왼쪽에 섰다. 그리고 둘은 백선엽의 어깨에 별 넷의 계급장을 달아줬다.

이승만 대통령은 "옛날에는 임금만 되는 자리야. 하지만 지금은 리퍼블릭共和國이지 않은가. 축하하네"라고 말했다. 밴 플리트 장군 역시 따뜻한 미소와 함께 백선엽에게 축하의 뜻을 건넸다.

평양의 외톨이, 초라했던 월남, 부산 5연대에서의 길고 지루했던 학습의 여정, 개전 초에 한강 인도교가 끊기면서 유랑하는 극단의 신세를 면치 못했던 국군 1사단의 지휘관을 거쳐 다부동 전투와 평양 진격으로 이름을 떨치기 시작한 이후 승승장구하던 백선엽이 마침내 한국군 최초의 별 넷 대장 계급을 얻은 것이다.

국군 창설 멤버 중에서 어느 누구 한 사람도 주목하지 않던 평안남도 강서군 출신의 백선엽이 불과 7년 만에 대한민국 군대의 가장 높은 위치에 도달했다. 나중에 사람들은 이런 백선엽을 "전쟁 중이니까 30대에 별을 달고, 출세의 가도를 달려 대장이 됐다"고 말하기도 한다. 그러나 세상에 '공짜'는 없는 법이다.

아무리 전쟁 중이었다고 하더라도, 백선엽의 앞에는 광복군 출신과 일제 강점기 때 한국인이 갈 수 있는 최고 엘리트 과정의 하나인 일본 육사 출신들이 적지 않았다. 백선엽과 같은 만주 군관 출신자 중에서도 국군이 창설되면서 먼저 엘리트 코스에서 순항順航했던 인물들이 많았다.

그가 평양 진격 때 보였던 밤낮을 가리지 않는 행군의 기세처럼, 백선엽은 대한민국 군문에 들어선 뒤 불철주야不撤晝夜로 자신을 연마하며 깊이를 헤아릴 수 없는 내공內功을 쌓았고, 결국은 김일성 군대의 남침으로 느닷없이 다가온 동족상잔의 전쟁터에서 그 실력을 드러내기 시작했다.

전쟁이 벌어진 뒤 그 흐름이 바뀌는 전투에서 항상 주인공의 자리를 차지한 이는 백선엽이었다. 그는 그런 여러 번의 전투에서 혁혁한 전공戰功을 세움으로써 뛰어난 한국군 지휘관을 애타게 찾던 미군의 눈에 띄었고 이후 중요한 전투 때마다 그들의 결정에 의해 전선에 바로 투입됐다. 그리고 그런 전투에서도 그의 이름은 늘 빛났다.

그저 '전쟁 중에 운 좋게 별을 빨리 단 사람'으로 치부하기에는 너무 부족하다. 백선엽이 지휘관으로서 겪은 전쟁과 그 결과를 보면 이 점은 아주 확연하다. 대한민국 군대는 북한군에 밀리며, 중공군에게는 쉽게 등을 돌려 도망치는 군대에 불과했다. 미군의 강력한 지원이 없었다면 국군은 대한민국의 산하山河를 지킬 수 없었다.

그런 초기의 국군이 발 빠르게 성장해 김일성 군대를 넘어, 막대한 병력으로 밀고 내려오는 중공군을 맞아 단독으로 작전을 펼칠 수 있는 수준에 도달하기까지에는 미군의 막대한 투입과 함께 이를 신속하게 받아들여 국군의 힘으로 전환시킬 수 있는 한국군 지휘관의 능력이 절실히 필요했다.

백선엽은 그가 지휘한 전투뿐 아니라, 미군의 힘을 활용해 국군의 전력을 키우는 데 다른 어느 누구보다 탁월한 능력을 보였다. 대한민국 정부와 군대는 그 점을 잘 알았고, 막대한 병력과 화력을 투입하며 한국 전선을 이끌었던 미군 또한 백선엽이 지닌 가치를 분명히 인식했다.

그는 그렇게 한국군 최초의 대장에 오른 것이다. 그의 나이 만 32세였고, 손에 단돈 500원을 쥐고 월남한 지 8년이 채 안 되는 시점이었다. 전쟁이라는 특수한 상황이 '32세의 대장'을 출현시킨 점은 분명하다. 그러나 다른 한편으로 보자면, 삶과 죽음을 두고 벌이는 처절한 전쟁은 용기와 지혜가 있는 지휘관을 남기고, 겁약하며 우둔한 장수를 물리친다.

제가 쌓은 노력으로 전쟁에서 승리를 거둔 사람은 그래서 참다운 빛을 발하는 법이다. 백선엽의 대장 진급은 그런 점에서 어느 누구도 축하할 만한 경사였다. 그의 연령이 만 32세에 불과했지만 그의 진급을 두고 논란이 벌어지거나, 시비를 따지려는 현상은 없었다. 그만큼 백선엽은 대장 자리에 맞는 전과와 공적을 높이 쌓아 올렸던 것이다.

그의 계급장이 거저 얻어진 것이 아니라는 점은 이후에도 분명히 드러난다. 그는 노련한 야전의 지휘관이었고, 대세大勢의 큰 흐름을 지켜보면서 현실을 적절하게 조율할 줄 아는 지략智略의 군인이었다. 북진해서 통일을 이룩해야 한다는 이승만 대통령, 그와는 아랑곳하지 않고 휴전 협상을 하루 빨리 마무리 지으려는 드와이트 아이젠하워 미 대통령의 사이는 1953년 들어서 더욱 험악해지고 만다.

그런 어두운 국제정치의 기류 속에서 이승만 대통령을 보좌하며 한 편으로는 미군의 협조를 이끌어내 국군의 전력을 더욱 증강시켜야 했던 백선엽의 역할은 더욱 중요해지고 있었다. 별 넷을 달고 대장이 된 그의 어깨는 그만큼 더 무거워진 셈이다.

밴 플리트 장군은 백선엽이 대장에 오른 직후 퇴임했다. 백선엽으로서는 매우 아쉬운 일이었다. 그의 가장 든든한 미군 후견인이 없어지는 셈이었기 때문이었다. 그 후임자는 맥스웰 테일러 장군이었다. 밴 플리트와는 아주 다른 스타일의 군인이었다. 대한민국의 절실한 과제였던 국군 전력 증강 사업을 펼치는 데 있어서 매우 중요한 키를 쥔 미 8군 사령관의 교체였다.

제2차 세계대전 때 공수사단장을 역임한 맥스웰 테일러 신임 미 8군 사령관은 성격이 깐깐하며 냉정했다. 노르망디 상륙작전과 룩셈부르크 작전을 두루 경험한 제2차 세계대전의 용장勇將이다. 모두 7개국어를 구사하는 명민明敏한 인물이었다. 특히 그는 일본과 일본사람들을 좋아했다.

그는 일본에서 근무했었기 때문에 일본에 대해 강한 호감好感을 품었다고 했다. 그런 성향 때문에 그는 부임 뒤에 한국군 장성 리스트를 일일이 훑어보다가 일본 육군사관학교 출신인 이형근 장군에게 상당한 관심을 뒀다고 한다.

새로 부임한 미 8군의 최고 사령관이 자신과 일할 한국군 최고 파트

너를 새롭게 물색하기 시작한 것이다. 일본을 선호했던 테일러의 눈에는 백선엽보다 일본의 엘리트 양성소였던 육군사관학교 출신 이형근 장군이 더 좋게 비쳤을 수도 있었던 것이다.

테일러가 부임한 직후 백선엽과의 관계를 살피는 일은 중요하다. 백선엽으로서는 자신을 전폭적으로 신뢰하던 밴 플리트 장군이 떠나가고, 전혀 새로운 스타일의 테일러가 후임으로 오면서 자칫 잘못하면 그전까지 유지해왔던 미 8군과의 긴밀한 협조 관계가 흐트러질 수 있었기 때문이다.

테일러의 스타일은 독특했다. 단순한 군인이 아니었다. 일본에서 무관武官으로 근무를 하는 등 전선 지휘관 외의 경력이 다채로운 편이었다. 그가 일본어를 비롯해 7개국어를 구사하는 능력도 그런 다양한 경력으로 인해 생긴 측면도 있었다. 따라서 그는 단순한 야전 지휘관이 아닌, 일종의 군정軍政 전문가이기도 했다.

그래서 그런 경력의 테일러가 부임하는 과정을 지켜보면서 미국이 한국전쟁의 휴전을 앞당기기 위해 그에 알맞은 미 8군 사령관을 선임한 것 아니냐는 추측도 나왔다. 전체적인 흐름으로 보면, 그런 추정은 충분히 가능했다. 미 행정부의 휴전 의지가 강해지면서, 한반도의 전쟁을 하루 빨리 휴전으로 돌리는 데 가장 필요한 적임자로 군정가 성격이 농후한 테일러가 뽑힌 것으로 볼 수 있었다.

신임 미 8군 사령관과의 기 싸움

냉정한 성격의 테일러였다. 그는 전임 밴 플리트 사령관과는 여러모로 달랐다. 모든 것을 면밀하게 따져본 뒤 행동으로 옮기는 스타일이었다. 그리고 그는 휴전을 기정사실화하면서 그 뒤의 한국 상황을 이리저리 따져보는 사람이었다.

신임 테일러 사령관은 지휘관으로서 이런 철학이 있는 사람이었다. "지휘관은 놀라는 일이 없어야 한다Commanders never surprise." 그는 늘 이런 말을 하곤 했다. 지휘관으로서 오랫동안 쌓은 전투 경험을 한 마디로 요약한 말이다. 곰곰이 뜯어보면 그런 소신을 지닌 테일러 장군이 어떤 사람인지를 알 수 있다.

지휘관은 놀라는 일이 없어야 한다는 그 말은 '철저한 준비'의 중요성을 강조하는 내용이다. 눈앞에서 벌어질 수 있는 모든 상황에 대비해야 한다는 게 그의 철학인 셈이다. 철저한 준비를 위해서는 철저한 점검이 있어야 할 것이고, 철저한 점검을 위해서는 아주 엄격하면서도 냉정한 기준을 지녀야 한다. 그 점에서 테일러는 아주 치밀하면서도 차가운 사람이었다.

따라서 테일러는 상대하기가 쉬운 사람이 아니었다. 그는 자신의 소신에 입각해 대한민국과 그 정부, 나아가 자신이 직접적으로 상대해야 하는 국군을 보고 있었다. 한국에 대해 전폭적인 지원을 펼쳤던 밴 플리트 사령관과는 아주 판이한 사람이기도 했다. 그런 그가 한국 전선에 부임한 지 얼마 안 돼 한반도를 감싸고 흐르던 기류에 변화가 생겼다.

휴전이 급물살을 타기 시작했던 것이다. 그때까지 휴전에 관한 큰 변수는 공산 측의 입장에 있었다. 미국은 새로 뽑힌 아이젠하워 대통령의 선거공약대로 한국전의 조기 종결을 추진하려는 의지가 강했고, 전쟁에서 승산勝算이 보이지 않았던 공산 측 또한 휴전을 대세로 보고 있었으나 그 시기를 결정하지 못하고 있었던 것이다.

그러나 공산 측이 저울질하던 그 시기는 곧 다가왔다. 백선엽은 3월 5일 동해 원산 앞바다에 가 있었다. 미 7함대 사령관인 조셉 클라크 제독이 그를 자신의 함대 전함인 미주리 호로 초청했기 때문이었다. 백선엽은 미 7함대가 원산 앞바다까지 진출해 북한 지역을 함포로 사격하는 장면을 시찰하기 위해 배에 올랐다. 라이언 미 군사고문단장이 함께 승선했다. 백선엽은 1952년 가을에도 미 7함대의 전함 뉴저지 호에 승선해 원산까지 올라간 일이 있었다. 당시 미군은 원산 앞바다의 여도麗島라는 섬에 상륙해 해병 진지를 구축할 정도로 북한을 옥죄고 있었다. 그는 여도에 올라 미 전함이 원산을 함포로 때리는 장면을 봤다.

1953년 3월에도 그런 시찰이었다. 백선엽이 미주리 호에 올라타 원산 앞바다에 막 도착했을 때였다. 함포 사격을 설명하던 클라크 함대 사령관이 어떤 쪽지인가를 받아들더니 이렇게 말했다. "막 도착한 최신 뉴스입니다. 오늘 소련의 독재자 스탈린이 죽었습니다." 한국에서 전쟁을 도발한 막후 최고 지휘자 스탈린의 죽음. 휴전 협상이 막바지로 치닫는 계기는 그렇게 느닷없이 다가왔다.

이제 휴전은 한반도에서 곧 현실로 나타날 상황이었다. 당시의 이승만 대통령은 '북진 통일'을 늘 주장하고 있었지만 한국군을 지휘하고 있던 백선엽은 매우 회의적이었다. 현실성이 없다고 봤던 것이다. 겉으로야 이 대통령의 북진 통일에 반대 의사를 표시할 수는 없었으나, 백선엽은 미군의 지원 없이 국군의 전투력만으로 북으로 치고 올라가 100만 명이 넘는 중공군과 북한군을 몰아낼 수는 없다고 봤다.

백선엽은 이 대통령의 주장은 주장대로만 받아들이면서, 자신이 모든 역량을 집중해 벌여야 하는 국군 증강 작업에 더욱 관심을 쏟고 있었다. 당시에 국군의 화력을 획기적으로 증강시키기 위해서는 우선 포병의 양성에 더욱 박차를 가해야 했다. 밴 플리트 전임 미 8군 사령관 때 시작한 국군 포병 양성 사업은 점차 궤도를 잡아가고 있었다.

그러나 한 가지 문제가 있었다. 사단에 속한 포병의 지휘관 계급이 너무 낮다는 점이었다. 사단장은 소장이나 준장이 맡고 있었으나 그 예하의 포병 지휘관 계급은 대개가 중령급이었다. 현대전에 반드시 필요한 포병에 관한 이해가 당시의 국군 지휘관들에게는 매우 부족했다. 그런 이유로 국군 사단장은 자신의 휘하에 있는 포병을 잘못 활용하는 경우가 많았다.

일부 사단장들이 포병 지휘관을 불러 "여기서 쏴라", "부대에 가까운 곳으로 와서 사격하라"는 식의 지시를 하는 사례가 대표적이다. 정해진 포진지에서 사각射角 조정을 통해 발사 거리와 좌표를 조정할 수 있는 포병의 사격 원리를 이해하지 못했기 때문에 생기는 일이었다.

어떤 포병 지휘관은 그런 지시에 "포진지에서도 얼마든지 사격 목표 지점을 조정할 수 있다"고 설명하다가 심한 구타를 당하는 경우도 일어났다. 그런 상황이었으니 사단에 1개 대대씩 배치한 포병이 제대로 작동하지 못하는 일도 벌어지기 일쑤였다. 따라서 사단에 포병을 더 증강 배치하면서 그 지휘관의 계급을 올리는 일이 중요했다. 포병 지휘관이 최소한 부사단장 정도의 계급을 지니고 있어야 사단장과 의사소통을 제대로 하면서 업무를 수행할 수 있었던 것이다.

미군 사단도 포병사령관의 계급은 준장이었다. 부사단장과 같은 계급의 포병사령관을 두고 보병과 포병의 보포步砲 협동작전을 펼치고 있었던 것이다. 백선엽은 그와 비슷한 편제를 만들어 가기로 했다. 그는 밴 플리트 사령관 시절이었던 1952년 10월에 육군본부 참모의 건의에 따라 보병 병과의 대령 16명과 중령급 장교까지 포함해 30명을 선발한 뒤 광주의 포병학교에 입교시킨 적이 있다.

그들은 모두 9주 동안의 훈련을 받았다. 이어 소토고미에 있던 국군

2군단에 보내 미 제5포병단의 지휘 아래에서 실전 훈련을 받게 한 뒤 각 사단에 배치했다. 백선엽은 이들을 한꺼번에 준장으로 진급시키는 방안을 만들어 추진했다. 그렇게 해야 사단에 배치된 포병대대가 무리 없이 제 기능을 발휘할 수 있다는 판단에서였다.

그러나 문제가 터지고 말았다. 신임 미 8군 사령관 테일러 장군이 한국군 포병 지휘관의 승진 방안에 반대를 표명하고 나섰기 때문이다. 냉정하면서도 면밀한 테일러와 백선엽이 어떻게 보면 첫 '겨루기'에 나선 것이다. 백선엽의 포병 지휘관 승진 방안 추진과 그에 반대하고 나선 테일러. 한국에서 벌어지는 모든 작전을 실질적으로 지휘하는 테일러의 입장과 판단은 결코 무시할 수 없었다. 그렇다고 그냥 물러서기에는 백선엽이 추진해야 했던 포병 육성 방안은 대한민국에 아주 절실한 과제였다.

테일러는 부임한 지 얼마 지나지 않아 백선엽에게 전화를 걸어왔다. "상의할 일이 있으니 만나자"고 했다. 백선엽은 서울의 동숭동 미 8군 사령부를 찾아갔다. 테일러는 사무실에 들어선 백선엽에게 "한국군 포병 지휘관을 한꺼번에 준장으로 진급시키는 방안에 동의할 수 없다"고 잘라 말했다.

그는 자신의 경험담이라며 이런 이야기도 했다. "포병은 단기간에 양성할 수 있는 부대가 아니다. 지금 귀측이 추진하는 것처럼 포병 지휘관들을 일거에 승진시킬 수는 없다. 포병은 평생을 두고 배워도 다 배우지 못하는 특수한 병과兵科다. 그 계획을 포기하는 게 좋겠다"고 했다.

이 대목에서 백선엽의 반응이 눈에 띈다. 미 8군 사령관은 한국의 모든 전선에서 벌어지는 전투를 직접 지휘하는 사람이었다. 대한민국 정부가 6.25 개전 초에 공식적으로 작전지휘권을 미군에 넘겼기 때문이었다.

그러나 인사권마저 미 8군이 쥐고 있지는 않았다. 따라서 백선엽이 포병 장군 진급에 대한 테일러의 생각을 무시할 수도 있었다. 그럼에도 모든 작전을 이끄는 테일러의 무게감은 대단했다. 따라서 백선엽으로서는 그런 테일러의 생각을 정면으로 반박하기 힘든 상황이었다.

백선엽은 우회했다. 막 부임한 테일러의 성향性向을 제대로 가늠하기 어려운 상황이기도 했다. 그렇다고 그대로 물러선다면 한국군 전력 증강 사업의 핵심인 포병 양성 계획을 순조롭게 펼쳐갈 수 없었다. 그냥 밀고 나갈 수도 포기할 수도 없는 상황이었다. 그렇다면 돌아가는 방법을 생각해야 했다.

백선엽은 우선 한국군에 대한 인사권은 대한민국 육군참모총장인 자신에게 있다는 점을 설명했다. 완곡한 표현으로 말했다고 한다. 그러면서 백선엽은 "이미 선발한 포병 장교들은 한결같이 우수한 사람들이다. 면담이라도 한 번 해본 뒤에 결정을 하는 게 어떻겠느냐"고 제안했다. 일종의 타협안이었던 셈이다.

테일러 또한 그냥 물러서지 않고 타협안을 내미는 백선엽을 무시하기도 힘들었다. 그는 잠시 생각에 잠기는 듯했다. 테일러는 이윽고 배석했던 미 군사고문단장 라이언 소장을 바라보면서 "귀관이 나를 대신해서 백 장군과 함께 포병 장교들을 면담한 뒤 그 결과를 보고해 달라"고 말했다.

백선엽의 평소 스타일은 다소 굼떠 보이기도 한다. 그러나 이미 내려진 결정을 집행하는 데에는 다른 어느 누구보다도 과감하며 신속하다. 그때의 그도 그랬다. 쇠뿔은 단김에 빼라고 하지 않았던가. 그는 테일러가 타협안을 받아들이자마자 행동에 나섰다. 동숭동 미 8군 사령부를 빠져나온 그는 라이언 미 군사고문단장을 대동하고 바로 한국군 2군단이 주둔하고 있는 소토고미로 향했다.

진급 대상자인 한국군 포병들이 모인 곳이었다. 백선엽은 소토고미의 2군단에서 한국군 포병을 교육하고 있던 리처드 메이요 미 제5포병단장에게 한국군 예비 장성 진급자 명단을 달라고 요청했다. 그리고 리스트에 올라 있는 한국군 포병 장교들을 모두 모이도록 했다.

라이언 소장은 그들 진급 대상자 16명을 한 사람씩 면담했다. 통역은 백선엽이 직접 맡았다. 대한민국 육군참모총장이 통역을 맡은 한국군 포병장교 진급 심사가 즉석에서 열렸던 것이다.

미 군사고문단장 라이언 소장은 한국군 실정을 다른 어느 미군보다 잘 이해하는 사람이었다. 아울러 백선엽과는 육군본부가 있던 대구에서 함께 지내던 사이라서 백선엽의 생각을 아주 잘 헤아리던 사람이었다. 심사를 마친 라이언 소장은 "이 정도면 모두 훌륭하다. 이런 장교들을 어디에서 구할 수 있겠느냐"며 만족스러운 표정을 지어 보였다. 진급 대상자 16명 모두 '합격' 판정을 받은 것이다.

그중에는 나중에 대통령에 오르는 박정희 대령도 섞여 있었다. 그는 특히 라이언 소장에게 강한 인상을 줬다고 한다. 포병 지휘관으로서 지녀야 할 치밀한 계산력과 냉정하면서도 침착한 성격이 눈에 띄었다는 것이다. 라이언 소장의 판단은 테일러가 그대로 받아들였다. 그런 과정을 거쳐 한국군 포병 장교 16명이 한꺼번에 '별'을 달았다.

당시로서는 매우 파격적인 인사였다. 짧은 국군 역사에서는 당연히 전례가 없는 것이었고, 지금 보더라도 포병 병과의 장교 16명을 일거에 준장으로 승진시키는 것은 찾아보기 힘든 일이다. 정해진 목표에 따라 흔들리지 않고 나아가 마침내 제 뜻을 이루는 '승부사' 백선엽의 면모를 제대로 살필 수 있는 대목이기도 하다.

미 8군 사령관의 부정적인 생각을 정면으로 통박하지 않고, 우회하면서 타협안을 제시한 백선엽은 자신의 뜻을 관철하고 말았다. 전임 미 8군 사령관과는 매우 다른 성격의 소유자인 테일러에 대해 백선엽이 보인 신중함, 타협안을 제시한 뒤 이를 받아들이자마자 행동으로 옮겨가는 과감성과 신속성, 포병 전력 증강이라는 큰 단위單位의 목표를 이루기 위해 세부적인 절차를 밟아가는 치밀함, 대령 16명을 한꺼번에 장군으로 진급시키는 과단성果斷性이 엿보인다.

특기할 대목이 하나 더 있다. 바로 박정희의 문제였다. 전술한 대로, 그는 한때 남로당의 군사책을 맡았다가 1948년 군대 내의 좌익을 척결하려 했던 숙군肅軍 작업에 걸리고 말았다. 군사재판에서 사형까지 받았다가, 숙군 작업을 지휘했던 백선엽에 의해 사형 집행 10여 일 전에 극적으로 살아났다. 그 전력前歷이 또 문제였다. 공교롭게도 숙군 작업의 지휘자도 백선엽이었고, 박정희를 대령에서 포병 병과의 준장으로 진급시키려 했던 사람도 백선엽이었다. 박정희는 진급 심사를 무사히 통과했지만, 최종 인사 결정 과정에서는 문제로 떠올랐다.

포병장교 장군 진급안을 확정한 백선엽은 어느 날 군대 보안保安 관계자로부터 이런 전화를 받았다. "박정희 대령은 남로당 전력이 있어서 장군으로 진급시키는 게 곤란하다"는 내용이었다. 그 관계자는 백선엽에게 "박정희의 진급안은 아예 취소하는 게 좋겠다"고까지 했다. 백선엽 장군은 "당시에는 내가 박정희를 사형 집행 직전에 살려준 일이나, 그가 남로당 군사책이었다는 사실을 기억하지 못했다"고 회고했다.

백선엽은 그 전화를 받은 뒤 박정희에 대한 기억이 떠올랐다. 그러나 그는 '이미 다 지난 일'이라고 생각했다. 백 장군은 "게다가 당시는 전시 중이어서 많은 인재가 필요하다는 생각이 들었다. 박정희 대령은 포병 진급 심사에서도 라이언 미 군사고문단장에게 가장 강한 인상을 남긴 장교이기도 해서, 그런 우수한 장교를 과거의 경력 때문에 진급에서 제외할 수는 더욱 없었다"고 말했다.

백선엽은 박정희의 진급안을 고수했다. 스스로 숙군 작업을 이끌면서 박정희를 풀어준 인연도 작용했다. 혐의가 확고하지 않아 풀어준 사람을 다시 '전력'이라는 올가미에 가둬둘 수는 없다는 생각이었다. 백선엽은 그 관계자에게 "박정희 대령의 인사안을 건드리지 마라. 이미 확정한 방안대로 인사를 하겠다"고 말했다.

나중의 일이지만, 박정희의 전력은 계속 문제로 떠오른다. 포병 병과에서 준장으로 진급한 박정희가 다시 소장으로 진급할 때다. 그때는 경무대로부터 직접 백선엽에게 전화가 걸려왔다. 그러나 육군참모총장으로서 박정희의 소장 진급을 '보증'한 사람도 역시 백선엽이었다.

박정희와 백선엽의 인연, 대통령에 오르기 전까지의 박정희가 맞는 고비는 백선엽의 '의도하지 않은 선심善心'으로 모두 그냥 넘어간다. 대한민국 발전사에서 결코 빼놓을 수 없는 박정희의 역사 속 발자취에는 이렇게 백선엽의 그림자가 크게 어른거린다.

휴전을 둘러싼 한미 간 마찰

1951년 7월에 시작한 휴전회담은 아주 지루하게 이어졌다. 그러나 소련의 지도자 이오시프 스탈린이 사망하면서 휴전은 점차 가시권에 접어들고 있었다. 백선엽은 육군참모총장으로서 그렇게 조금씩 눈앞의 현실로 다가오는 휴전을 바라보고 있어야 했다.

휴전협정이 완전히 타결 지어지기 전까지 그가 해야 할 가장 큰 일은 국군의 전력 증강 사업이었다. 발 빠르게 새 사단을 창설하면서, 실질적으로 싸움을 수행할 수 있도록 국군의 화력과 조직력을 키워야 했다. 아주 큰일이었지만, 휴전을 기정사실화하고 한국 전선에서 언젠가는 떠나야 할 미군으로부터 막대한 지원을 이끌어냄으로써 국군의 사단들을 꾸준히 늘릴 수 있었다.

문제는 한국과 미국의 사이가 험악해지고 있었다는 점이다. 그 나빠지는 정도는 매우 심각했다. 이승만 대통령은 분단된 상태에서 휴전을 받아들여야 한다는 점을 수긍하려 들지 않았다. 그는 한반도에서 공산주의 김일성 군대와 100만 명 이상의 중공군을 몰아내고, 통일을 이룬 뒤 전쟁을 끝내야 한다는 점을 집요할 정도로 강조했다.

그러나 태평양 건너의 미국 행정부 생각은 달랐다. 1952년 미국 대통령에 당선된 드와이트 아이젠하워는 이미 대통령 선거공약으로 '한국에서의 전쟁 조기 종결'을 내세웠던 사람이다. 따라서 그가 정식으로 대통령에 오른 뒤에는 이를 가시화하기 위해 상당한 힘을 기울이고 있었다. 마침 소련 지도자 스탈린의 사망으로 휴전회담은 큰 전기를 맞아 적잖은 진전을 보이고 있던 시점이었다.

따라서 휴전에 반대하는 이승만 대통령과, 그에 아랑곳하지 않고 휴전을 조기에 성사시키려는 아이젠하워의 행정부는 점차 대립각對立角을 첨예하게 세워가고 있었다. 이 대통령은 어느 누구와의 싸움에서도 결코 쉽게 물러서지 않는 강력한 승부사였다. 아이젠하워 역시 세계 최강 미국의 대통령으로서 치밀하면서도 집요한 휴전 의지를 키우고 있던 터였다.

따라서 서울과 워싱턴의 싸움은 아주 매섭게 벌어지고 있었다. 서울의 이 대통령은 때로는 매우 과격한 발언도 서슴지 않았다. 자칫 잘못하면 양국 관계를 돌이킬 수 없는 상황에까지 몰고 가는 발언도 했다. 미국은 그런 이승만을 바라보면서 깊은 고민에 빠져들고 있었다. 이승만이 휴전의 걸림돌로 작용해 공산 측과의 휴전 협상을 완전한 파국으로 몰고 갈 경우가 있다면 이를 어떻게 처리해야 할 것이냐는 고민이었다.

서울과 워싱턴의 갈등이 정점으로 향하기 시작했던 때는 1953년 4월이었다. 서울에서는 이승만 대통령을 지지하는 군중 시위가 잇따라 벌어졌다. 휴전을 반대하면서, "북진 통일을 이루자"는 구호가 서울 하늘에 가득 울려 퍼지고 있었다. 그럼에도 불구하고 워싱턴은 휴전을 조기에 성사시키려는 움직임을 가속화하고 있었다.

4월 24일에는 워싱턴 주재 한국 대사관의 양유찬 대사가 직접 아이젠하워 대통령을 찾아가 휴전 협상에 반대한다는 한국 정부의 의사를 공식적으로 전달했다. 그 안에는 아주 휘발성이 높은 메시지가 담겨 있었다. 백악산 깊숙한 곳에 자리 잡은 서울의 경무대에서 워싱턴의 백악관으로 전해진 이승만 대통령의 뜻은 '대한민국 군대의 단독 북진'이었다.

이승만 대통령이 전한 메시지는 '압록강 이남에 중공군의 잔류를 허용하는 조건에서 휴전협정이 이뤄진다면 한국군을 유엔군 사령부의 휘하에서 철수시키겠다'는 내용이었다. 쉽게 풀어서 말한다면, 6.25 개전 초기에 국군 자력으로 공산군을 막을 수 없어 미군에게 넘겼던 대한민국 군대의 작전지휘권을 회수하겠다는 얘기였다. 메시지는 따라서 '휴전에 상관없이 대한민국 군대는 단독으로라도 북진하겠다'는 내용을 담고 있었다.

아이젠하워 행정부의 입장에서 보자면 이는 매우 위험한 내용이었다. 휴전을 이루려다 오히려 상황을 확전擴戰으로 번질 수 있게끔 만드는 일이었다. 유엔군 지휘를 거부한 한국군이 단독으로 북진한다면 김일성 군대와 중공군은 이를 두고 볼 수 없는 일이다. 그 경우 미국은 한국을 아예 포기하든지, 아니면 다시 전쟁에 뛰어들어 공산 측과 대회전을 벌여야 했다.

미국으로서는 아주 난감할 수밖에 없었다. 이승만 대통령은 공공연히 '북진 통일'과 함께 '국군의 단독 북진 불사'를 외치고 있었다. 이 대통령에 호응하는 서울 시민과 대한민국 대도시의 주민들은 연일 거리로 나와 '북진 통일'을 외치고 다녔다. 미국으로서는 관리하기 힘든 매우 어려운 상황이 연일 번지고 있었던 것이다.

또 다른 아주 민감한 문제도 양국 사이의 긴장감을 더욱 고조시키고 있었다. 반공反共 성향의 포로들을 어떻게 처리할 것이냐는 문제였다. 전쟁이 벌어지면서 유엔군과 한국군에게 붙잡혀 있던 공산군 포로들은 대개 두 가지 성향의 사람이었다. 하나는 휴전과 동시에 자국으로 돌아가려는 사람, 다른 하나는 자국으로 돌아가기를 거부하며 자유 진영에 남고자 하는 사람들이었다. 공산주의를 거부하고 한국이나 자유 진영의 다른 국가에 가고자 했던 사람들이 이른바 '반공포로'였다.

문제는 그 수가 매우 많았다는 점이다. 수만 명의 북한 또는 중국인 포로들이 자국으로 송환되는 것을 거부하며 자유 진영에 남겠다는 것은 공산주의 북한이나 중국에게는 체면이 매우 깎이는 일이었다. 따라서 북한과 중국은 결사코 이들을 모두 자국으로 송환하자는 주장을 펼치고 있었고, 휴전을 조기에 성사시키려는 미국 또한 공산 측의 이런 입장에 비교적 관대한 편이었다.

이승만 대통령은 절대 받아들일 수 없는 조건의 하나로, 이 반공포로 문제를 들고 나왔다. 처음에는 직접적인 언급을 삼가다가, 상황이 계속 일방적인 휴전으로 치달을 때에는 아예 '반공 포로 석방'의 카드를 꺼내기도 했다. 유엔군이나 미군의 입장에 개의치 않고 한국 땅에 갇혀 있는 반공 성향의 공산군 포로들을 모두 풀어줄 수도 있다는 내용이었다.

1953년 4월과 5월은 이런 문제로 인해 한국과 미국, 나아가 유엔 참전국이 크게 술렁이기도 했다. 특히 한국과 미국의 관계는 6.25전쟁이 벌어진 뒤 최악의 상황으로까지 치달을 가능성도 보이고 있었다. 휴전을 코앞에 두고 사사건건 미국 행정부의 정책 의지를 꺾어버리고 나서는 이승만 대통령이 아이젠하워 대통령의 눈에 곱게 보일 리 없었다.

이 즈음에 등장한 것이 이른바 '에버레디 오퍼레이션Ever ready operation' 이라고 불렀던 '이승만 대통령 제거 계획'이다. 미국은 상황을 그 정도로 아주 심각하게 보고 있었다. 이승만 대통령이 끝까지 미국에 협조하지 않으면서 휴전을 가로 막을 경우 그를 제거할 수도 있다는 내용이었다. 한국에 주둔하는 미 8군 사령관 맥스웰 테일러, 그리고 그를 후방에서 지휘하는 도쿄 주둔 유엔군 총사령부의 마크 클라크 대장은 1953년 4월경에 이 계획을 입안했던 것으로 알려졌다.

물론 그 배후에는 워싱턴의 재가가 있었을 것이다. 어쨌든 미국은 한국 전선을 지휘하는 자국 군대 지휘관을 통해 이 계획을 입안한 상태였고, 실행할 것인지의 여부를 두고 상당히 심각한 저울질을 하고 있었다. 미국이 이승만 대통령 제거 계획을 실행에 옮긴다면 후속 시나리오도 있어야 했다. 이 대통령 대신 다른 사람 하나를 대한민국 최고의 권력 자리에 올려놓아야 했던 사안이다.

이 대통령을 대신할 카드는 누구였을까. 물론 공개적으로 알려져 있지는 않다. 그러나 학계에서는 신익희나 장면, 또는 조병옥 박사 등이 물망에 올랐던 것으로 파악하고 있다. 그리고 그 안에는 한 사람이 더 있다는 전언도 있다. 군부에서는 백선엽이 그 카드의 하나였다는 내용이다.

백선엽 장군은 "나는 그런 계획이 있었다는 것을 풍문으로 들어 알고 있었지만, 관심을 두지 않고 있었다"고 회고했다. 그는 또 "미국과의 관계가 휴전을 앞두고 크게 나빠지고 있다는 점은 분명히 알고 있었다. 그러나 이 대통령을 제거한다는 계획은 나름대로 비상 상황을 대비해 세운 계획일 뿐이지 결코 실행에 옮기기는 힘들었을 것"이라고 말했다.

자신이 이 대통령의 대안 중 하나였다는 사실에 대해서는 "그저 유사시에 대비해 만든 계획이라는 생각만을 했기 때문에 그런 내용에 대해서는 전혀 아는 바 없다"고 말했다. 그러나 미군이 그런 계획을 실행에 옮겼을 경우 성공 가능성은 매우 컸다는 점을 지적했다. 그는 "당시 미군 통제선은 서울 북방 의정부에 그어져 있었다. 이 선 안으로는 국군의 이동이 매우 제한적이었다. 당시 군사적인 실력으로 볼 때 미 8군이 의정부 통제선을 활용해 국군의 이동을 막은 뒤 이 대통령을 연금시키는 등의 조치를 취한다면 상황은 미군의 의도대로 됐을 것"이라고 말했다.

아무튼 1953년 대한민국이 맞은 그해의 봄은 그렇게 살풍경殺風景이었고, 다른 한편으로 보면 이승만 대통령이 이끌던 대한민국은 살얼음 위의 고독한 사람 모습을 닮아가고 있었다. 민족의 최대 과업인 통일을 이루지 못한 채 맞아야 하는 분단 상태의 휴전, 북한 지역에 아직 주둔하면서 대한민국의 존속을 위협하는 100만 명의 중공군, 어떻게 해서든지 통일을 이루려고 해도 이를 무시하려는 미국과 유엔….

그런 와중에서 백선엽은 어떤 생각을 키웠을까. 그는 대한민국이 드러내놓고 자랑할만한 6.25전쟁의 가장 빛나는 별이었고, 아주 다채로운 경력과 전과戰果를 등에 업고 대한민국 최초의 별 넷 대장으로서 국군의 전력 증강 사업을 왕성하게 추진하던 중이었다. 그런 그는 매우 냉정했다. 이승만 대통령이 유엔군에서 국군을 탈퇴시켜 단독으로라도 '북진'을 감행해 통일을 이룬다는 생각, 백선엽은 그의 한계를 아주 냉정하게 바라보고 있었다. 심지어, 그는 이 대통령이 그것을 절대 실행에 옮길 수 없을 것이라고 판단했다.

그는 미군과 한국군의 실력을 발끝부터 머리끝까지 잘 아는 사람이었다. 그 많은 전선을 지휘하면서 각 군대가 지니는 전투력의 수준, 그것이 전선에서 펼쳐질 때 나타나는 현격한 차이 등을 다른 어느 누구보다 냉정하면서도 철저하게 이해하고 있었던 인물이다.

따라서 그는 이 대통령의 분위기에 휩쓸리지 않았다. 국군의 단독 북진, 유엔군으로부터의 탈퇴 등이 지니는 한계를 절감했기 때문에 그는 아예 신경조차 기울이지 않았다고 했다. 그것은 당시의 백선엽이 보기에는 적어도 '현실'이 아니었다. '이상'이었고, 따라서 실현으로 옮겨지기에는 아직 넘을 수 없는 한계가 있다고 본 것이다. 그래서 그는 제자리를 그대로 지키고 있었다. 정치적인 판단을 일절 삼가고, 본연의 임무인 '국군 전력 증강'에만 몰두하고 있었다. 그런 그를 미국이 불렀다. 미 군부가 "미국을 방문해달라"는 전갈을 보내온 것이다.

미국에 간 대한민국 육군참모총장

아주 어수선했던 1953년 5월의 서울 모습을 뒤로 하고 백선엽은 C-54 군용기에 몸을 실었다. 그는 우선 도쿄로 갔다. 그곳에서 미 항공사인 팬암 여객기를 타고 웨이크 섬과 하와이 호놀룰루를 거쳐 샌프란시스코에 닿는 여정이었다. 그리고 그는 다시 국내선으로 갈아타고 워싱턴으로 향해야 했다.

백선엽이 방미 길에 오를 때 태평양을 사이에 두고 한국과 미국의 권부權府 사이에 형성되고 있던 기류氣流는 아주 불안했다. 미국은 '에버레디 오퍼레이션'이라고 불렸던 이승만 대통령 제거 계획을 만지작거리고 있었으며, 이승만 대통령은 그런 미국의 의중을 아는지 모르는지 여전히 '북진 통일', '한국군 단독 북진', '반공포로 석방' 등의 카드를 꺼내들며 미국과 매우 과격한 신경전에 나서고 있었다.

민감한 시점이었다. 한국 군부의 최고 지도자인 백선엽이 미국 군부의 초청을 받아 미국 방문 길에 나섰다는 점은 그런 상황에서는 아주 묘한 상상력을 자극하기에 충분했다. 그러나 백선엽 본인은 그런 분위기에 전혀 신경을 쓰지 않았다. 미국 군부가 명목상으로 "미국에서 최고 지휘관 교육을 받으라"고 한 것을 액면 그대로 받아들인 상태였다. 그 이상, 또는 그 이하를 생각지 않는 백선엽이었다.

'묘한 상상력'이라고 표현한 이유는 당시의 미국이 '에버레디 오퍼레이션'이라는 '이승만 제거 계획'을 염두에 두고 있던 상황이었기 때문이다. 미국이 그 계획을 실행에 옮긴다면 현지의 실행 주체는 한국에 주둔 중인 미군이었을 것이다. 따라서 미군이 이승만 대통령 제거에 나선다면 한국군 지휘부가 걸림돌이었을 것이다. 그 지휘부의 최고 지휘관은 백선엽이었다.

백선엽의 방미는 그런 점에서 주목을 받기에 충분했다. 미군은 이승만 제거를 위해 한국군 최고 지도자 백선엽을 미국으로 오게 한 것일까. 정말 미국은 그때에 이승만 제거 계획을 실행에 옮길 생각이었을까. '그렇다', '아니다'는 이 책에서 결론을 내지 못할 사안이다.

그 점에 대한 충분한 취재를 하지 못했기 때문이다. 단지 학계의 힘을 빌리자면, 미 군부는 그런 가능성을 검토한 상태에서 백선엽을 미국에 초청했을 가능성이 있다. 그러나 이것 역시 추론에 불과하다. 문서상으로 그런 흔적을 미국이 남겨 놓았을 까닭이 없기 때문이다. 그만큼 이승만은 미국과 무한정의 대립각을 세운 상태였다. 이 대통령의 태도는 아주 단호했고, 미 행정부는 그만큼 노골적인 불만을 품고 있었던 때였다.

'백선엽은 단순하다.' 이 명제에 대해 그를 1년 6개월여 인터뷰한 필자의 결론은 '맞다'이다. 그는 제 할 일만 하는 스타일이다. 자신과 상관이 없는 일에는 아주 냉정할 정도로 관심을 두지 않는다. 그가 전선 지휘관으로서 맹위猛威를 떨쳤던 이유도, 따지고 보면 그런 아주 높은 단순성에 있다고 할 수 있다. 제 할 일만 다 하는 스타일, 아주 무서울 정도로 자신의 임무에 집착해 결국 목표를 완수하고야 마는 단순성이다.

백 장군은 스스로 "정치는 내가 할 일이 아니다"라고 말한다. 매우 오래 전에 그었던 스스로의 경계境界다. 고단위 단순성은 예서 나온 것으로 보인다. 스스로 선을 긋고, 그 선을 어떤 유혹이 닥쳐도 지켜내는 성격이다. 그래서 그는 방미 길에 나서면서도 아주 단순했고, 자신의 임무에만 극도로 집중했다. 그가 이루고자 하는 목표는 역시 '한국군 전력 증강'이었고, 그는 그 목표만 보고 있었다.

'에버레디 오퍼레이션'이라든가, 이 대통령과 미국의 불화라든가, 미국이 자신을 초청하는 속내가 무엇인가 등을 전혀 염두에 두지 않고 있었다. 그런 고도의 단순성은 좋게 보면 무서운 집념이고, 달리 보면 어리숙함일 수도 있다. 육군참모총장 자격으로는 대한민국 최초로 방미 길에 오른 그는 그렇게 단순했다.

먼저 로튼 콜린스 미 육군참모총장의 환영 파티가 있었고, 그 자리에서 백선엽은 전쟁을 함께 치렀던 많은 옛 미군 동료들과 반갑게 해후했다. 다부동에서 격전을 치른 뒤 평양을 향해 공격할 때 그를 보좌했던 헤이즐레트는 대령 계급장을 달고 나타났다. 그는 백선엽이 묵는 호텔까지 동행했다. 첫 방미 길에 나선 백선엽의 바지가 구겨져 있었다.

헤이즐레트는 "내가 가지고 가서 다려 오겠다"며 백선엽의 바지를 몇 벌 들고 나갔다. 그리고 그 이튿날 새벽 "아내와 함께 모두 다리느라고 땀 좀 났다"며 들고 왔다. 몇 사람은 아예 백선엽의 호텔 방에 진을 쳤다. 밤늦게까지 술을 마시며 백선엽과 삶과 죽음을 가르던 전장戰場 이야기를 나눴다.

밤 11시 전에 그들은 돌아갔다. 다른 한 사람이 찾아왔다. 백선엽이 강릉과 속초의 1군단장을 지낼 때 동해상에 떠서 작전을 벌이던 미 제7함대 5순양함대 제독 알레이 버크였다. 그는 귀국해 미 해군본부 전략작전국장을 맡고 있었다. 그는 백선엽과 아주 친밀한 사이였다. 함께 휴전회담 첫 아군 대표를 맡아 판문점에서 시간을 보내기도 한 사이였다. 오랜만에 푸는 회포였다. 시간 가는 줄을 모를 정도로 정담이 이어졌다.

버크는 백선엽의 평생 지기知己였다. 속초 1군단장 시절 만났을 때 백선엽에게 값비싼 전함의 함포 사격을 무한정으로 지원해주던 버크였다. 그리고 이어 휴전회담에 함께 나섰고, 워싱턴에서 이렇게 다시 만났다. 뒷날의 이야기지만, 버크는 뛰어난 능력을 인정받아 아이젠하워 대통령에게 발탁된 뒤 6년 동안 미 해군참모총장을 맡았다. 그런 그가 아내를 데리고 한국을 찾아오면 백선엽의 집에 들러 하루를 묵을 정도로 사이가 친밀했다.

새벽 4시가 다 됐을 때였다. 버크가 어렵사리 말을 꺼냈다. "백 장군, 한국이 곧 휴전을 맞이할 텐데, 뭔가 중요한 조치를 취해야 하는 것 아니냐"고 했다. 백선엽은 버크가 달리 할 말이 있다고 생각했다. 그래서 그는 버크의 다음 말을 기다렸다.

버크는 "한국으로서는 가장 중요한 게 안보다. 미군이 철수한다면 그 다음 상황에서는 한국 스스로 지켜야 한다. 그러기 위해서는 미국으로부터 개런티를 받는 게 중요하다. 미국과 상호방위조약을 맺도록 해야 한다"고 말했다. 백선엽은 "어떻게 하면 되느냐"고 물었다. 버크는 "이번 일정에는 없지만, 아이젠하워 대통령을 만나서 한국과 미국의 상호방위조약을 요청해라. 군사적으로나, 경제적으로 미국의 보장이 없으면 한국은 위험해진다"고 했다.

버크는 곧 돌아갔다. 그의 말이 백선엽의 뇌리에서 지워지지 않았다. 한국의 전선을 지키면서 자신과 만나 모든 지원을 아끼지 않았던 버크의 말에는 충심이 담겨져 있는 것으로 보였다. 공산군의 침략을 맞이한 한국의 사정을 이해했고, 개인적으로는 아주 가까워진 친구 사이였다. 그런 그가 새벽까지 자신의 방에 머물며 해준 이야기였다. 곰곰이 생각하지 않을 수 없는 주제였다. 그는 잠을 자는 둥 마는 둥 했다. 아침에 일어나 헤이즐레트 대령이 다려 온 바지를 받아들고 그는 로튼 콜린스 미 육군참모총장을 찾아갔다.

마음속으로 한 번 상정한 목표를 위해 끝까지 밀고 나가는 백선엽의 스타일이 나타나고 있었다. 그는 다짜고짜 콜린스 총장을 찾아가 "아이젠하워 대통령을 만나야겠다"고 '우겼다'. 그런 백선엽이 어이가 없었던지, 콜린스는 "당신 말고 1년에 찾아오는 각국 참모총장이 도대체 몇 명이나 되는 줄 알긴 아느냐"고 물었다. 아울러 "미국 대통령은 누구나 함부로 만날 수 있는 대상이 아니다"라고 덧붙였다. 얼토당토 않다는 표정도 지어 보였다.

그러나 물러설 백선엽이 아니었다. 그는 "어려운 사정은 알겠지만 아이젠하워 대통령을 반드시 만나고 가야 한다"고 버텼다. 백선엽 특유의 '배짱'도 선보였다. 그는 콜린스에게 "다른 나라 참모총장과 나는 다르다. 지금도 매일 수많은 미군 희생자가 속출하고 있는 한국 전선의 참모총장은 귀국의 대통령을 만날 자격이 충분하다고 본다"고 했다. 설득에는 명분이 있고 논리가 있어야 한다. 백선엽이 보인 배짱에는 그런 명분과 논리 모두 들어 있었다. 드디어 콜린스가 물러섰다.

그는 백선엽에게 "기다려보라"고 말했다. 콜린스는 참모차장 존 헐 대장을 부르더니 "백악관에 연락해 백선엽 한국 육군참모총장의 방문 시간을 잡도록 주선하라"고 했다. 그리고 백악관으로부터 연락이 왔다. 이튿날 아침에 들어오라는 내용이었다.

방미 길에 올랐던 백선엽은 상황이 이렇게 번질 줄 짐작조차 못했다. 고도의 단순성, 제 목표에만 충실한 백선엽이었다. 이승만 대통령을 제거할지도 모른다는 미국의 계획이 풍문에 실려와도 '현실성이 없는 내용'이라는 생각으로 관심조차 기울이지 않았던 비非 정치성, 그와 연관 지어 생각해볼 대목인 자신의 미국 방문에도 의미를 부여할 줄 몰랐던 담담함이 눈에 띈다.

그런 상태에서 호텔에 찾아온 버크의 충고 한마디에 미국 대통령을 만나겠다고 나선 백선엽을 어떻게 봐야 할까. 아침 일찍 찾아간 콜린스 미 육군참모총장에게 거의 떼를 쓰다시피 해서 미국 대통령과의 면담 약속을 받아낸 대목은 또 어떻게 읽어야 할까. 전선에서 결코 물러서지 않는 불퇴전不退轉 전사戰士라고 거창하게 말해야 옳을까. 아니면 단순함이 강도 높게 뭉친 순백純白의 인간이라고 해야 좋을까.

사실은 그런 면모가 골고루 다 있다. 적 앞에서 물러서지 않는 불퇴전의 용사 같은 기질도 있고, 단순함이 굳게 뭉쳐 담박淡泊이라는 형용을 자연스레 떠올리게 만드는 면모도 있다. 해야 할 것과 하지 말아야 할 것에 대한 스스로의 경계가 분명하고, 그런 자신의 선線을 넘어서지 않는 극기克己의 힘이 남과 크게 다르다. 그런 면모가 뭉쳐 목표를 향해 달려나가는 힘은 '전일專一'이다. 단순함이 한 곳에 모여 아무나 넘볼 수 없는 고도高度의 집중력으로 나타나는 경우다.

그가 이튿날인 5월 13일 오전 10시에 백악관을 찾았다. 그는 유명한 한국통이자 정보장교였던 하우스만 중령과 통역장교로서 당시 미국에 유학 중이던 남성인 대위 등 두 명과 함께 사전에 통보를 받은 대로 백악관 직원들이 출입하는 '통용문'을 통해 백악관에 들어섰다. 아이젠하워와의 면담 장소는 대통령 집무실인 오벌룸이었다. 그러나 그 문 앞에서 경호원들은 하우스만과 남성인 대위를 제지했다. 백선엽 혼자 들어가라는 얘기였다.

오벌룸에 들어서자 집무실 책상을 앞에 두고 앉아 있던 아이젠하워가 반갑게 맞이했다. "어서 오시오, 백 장군. 오랜만입니다. 이승만 대통령도 안녕하십니까?"라고 그가 물었다. 백선엽도 의례적인 인사를 했다. 이승만 대통령이 안부의 말씀을 전하라는 얘기도 했다. 인사가 끝나자 아이젠하워가 먼저 말을 꺼냈다.

"우리는 한국에서 전쟁을 끝내는 휴전에 들어갈 것입니다. 이승만 대통령과 한국의 국민들이 휴전에 반대하고 있다는 점은 잘 알고 있습니다. 그러나 한국전쟁의 휴전은 내가 선거공약으로 내걸었던 사안입니다. 함께 참전해 싸웠던 동맹국들 또한 휴전을 하도록 권하고 있습니다."

밤새도록 백선엽이 생각한 말이 있었다. 아이젠하워 대통령을 만날 경우에 무슨 말을 할 것인가를 곰곰이 생각한 뒤 정리한 내용이었다. 그가 입을 열었다. "각하, 그런 사정은 잘 알고 있습니다. 그러나 이 상태에서 휴전한다면 한국의 통일은 매우 어려워집니다. 통일을 간절히 바라는 한국인들의 심정을 잘 헤아리셔야 합니다."

백선엽은 말을 이어갔다. "이승만 대통령께서도 북진 통일을 원하고 있지만, 일반 한국인의 통일 열망을 결코 과소평가할 수는 없습니다.

통일은 우리 국민 모두가 바라는 사안입니다." 간곡한 설득이었다. 북진 통일을 바라는 사람은 이승만 대통령을 포함해 대한민국 사람 모두라는 점을 강조한 내용이었다.

백선엽의 말을 주의 깊게 듣던 아이젠하워는 "그렇다면, 우리가 어떻게 해야 하느냐"고 물었다. 백선엽은 하고 싶었던 말을 했다. 그는 "휴전에 앞서 한국에게 무엇인가 보장을 해줘야 한다"고 했다. 이어 그는 "전쟁을 겪은 대한민국은 지금 폐허廢墟와 다름없는 나라여서 북쪽에 공산군을 그대로 두고 휴전을 한다면 아주 위험하다"고 강조했다.

자세히 듣던 아이젠하워가 다시 물었다. 그는 "당신이 말하는 보장이란 게 뭐냐"고 했다. 백선엽은 주저 없이 "상호방위조약이 필요하다"고 말했다. 아이젠하워는 그 말을 듣자 어색하다는 표정으로 웃었다. 그는 "상호방위조약은 유럽 국가들과 체결한 선례가 있지만, 아시아 국가에서는 매우 매우 드문 사례very, very rare case"라고 말했다.

아이젠하워의 약속

지금까지도 한국이 국가 안보를 위해 기대고 있는 축軸은 미국이다. 그런 미국의 축은 양국 사이에 맺어진 상호방위조약이 토대를 이룬다. 이승만 대통령이 이끌던 대한민국 정부 또한 일찌감치 미국과의 상호방위조약에 관심을 드러냈다. 그러나 미국은 그런 대한민국 정부의 요구에 전혀 응하지 않았다. 휴전을 앞두고 있던 1953년 5월까지의 상황이 그랬다.

백선엽이 아이젠하워 미국 대통령과 만나 양국 간 상호방위조약을 거론한 것은 그런 점에서 아주 중요한 의미를 띠고 있다. 미국의 최고 권력자인 아이젠하워 대통령이 대한민국의 육군참모총장을 만난 자리에서 상호방위조약을 처음 언급했기 때문이다. 그것도 상당히 긍정적인 답변이었다.

아이젠하워는 백선엽을 그의 집무실인 백악관 오벌룸에서 만나 백선엽이 상호방위조약을 언급하자 이런 대답을 했다. "나도 원칙적으로 in principle 그에 동의한다"는 내용이었다. 그리고 그는 "그 문제는 상원의 인준을 거쳐야 한다"며 토를 달았다. 그러나 어쨌든 미국의 대통령이 한국과 미국의 상호방위조약에 관해 "원칙적으로 동의한다"라고 한 말은 매우 큰 의미를 지닌 것으로 봐야 한다.

전향적으로 검토할 입장이라는 뜻일 수도 있었고, 이미 그를 검토 중이라는 이야기일 수도 있었다. 물론 공식적으로 대한민국 육군참모총장을 초청해 면담한 자리는 아니었더라도, 일국의 대통령이 다른 나라와 맺는 중요한 안보 조약을 언급한 것은 매우 이례적이라고 할 수 있었다.

백선엽은 그 전해에 대통령 당선자 자격으로 한국을 방문했던 아이젠하워 앞에서 한국군 증강 계획을 브리핑한 적이 있다. 앞에서 소개한 대로다. 그때에도 아이젠하워는 백선엽의 한국군 전력 증강 브리핑을 듣고 난 뒤 "원칙적으로in principle 동의한다"고 발언했다. 그의 신중함이 드러나는 발언이었고, 백선엽은 귀담아 들었다. 5개월 뒤 그는 아이젠하워와 다시 만난 자리에서 한미 상호방위조약 이야기를 꺼냈다가 '원칙적으로 동의한다'는 말을 또 들은 것이다.

아이젠하워는 이어 백선엽에게 "며칠 더 체류할 계획이냐"고 물은 뒤 "내일 아침 국무부로 가서 월터 스미스 차관보를 만나 자세한 이야기를 나누라"고 했다. 한미 상호방위조약과 백선엽이 추가로 언급한 미국의 대한對韓 경제원조 문제 등을 자세히 협의해보라는 권유였다.

백선엽의 방미, 그리고 일정에 없던 아이젠하워 미 대통령과의 면담,

아울러 그 자리에서 백선엽이 언급한 미국과의 상호방위조약 체결 문제, 미 대통령이 그에 "원칙적으로 동의한다"고 했던 약속, 이어 백선엽이 미 국무부의 월터 스미스 차관보를 찾아가 추가로 이야기한 내용 등의 성과는 곧 나타났다.

백선엽이 미국에 체류하고 있던 1953년 5월 말, 일본 도쿄에 주재하고 있던 한국 전선의 총 지휘관 마크 클라크 유엔군 총사령관은 워싱턴으로부터 한 통의 전문을 받아든다. 그때까지 한국 정부와의 각종 교섭에서 전혀 언급하지 않았던 한국과 미국의 상호방위조약을 협상 테이블위에 꺼내놓고 한국과 본격적으로 협의를 벌여도 좋다는 내용이었다.

휴전을 기정사실화한 미국이 그 마무리의 한 과정으로 마침내 한국과의 상호방위조약 체결을 논의키로 한 것이다. 당시의 미 행정부 안에서는 더 구체적이면서도 세밀한 논의가 있었겠지만, 백선엽이 그해 5월 방미 때 아이젠하워를 만나 조약 체결 문제를 언급한 것이 효과를 거둔 것으로도 짐작할 수 있다. 백선엽과 아이젠하워의 면담 뒤 국무부의 논의를 거쳐 마크 클라크 도쿄 유엔군 총사령관에게 전문이 전달된 시점을 보면 그런 추정이 충분히 가능한 것이다.

그전까지 미국은 상호방위조약을 한국과 체결할 생각이 없었다. 미 국무부와 군부가 이를 두고 심각하게 논의한 흔적도 나타나지 않는다. 특히 아이젠하워의 언급대로 상호방위조약 체결은 유럽의 동맹국, 나아가 아시아에서는 호주와 유사한 수준의 조약은 체결했지만 한국은 검토 대상에도 오르지 못한 상태였다. 그런 상호방위조약의 체결 문제를 아이젠하워가 백선엽을 접견했을 때 처음 꺼냈던 것이다.

아이젠하워의 약속은 어쨌든 그해 5월 말 마크 클라크 유엔군 총사령관에게 전해져 본격적으로 한국과 미국 사이의 중요 현안으로 부상했다. 한국 역시 휴전이 불가피해진 마당에 미군 철수 후의 휴전 상황을 관리해야 했다. 따라서 미국과의 상호방위조약에 관한 논의를 차분하게 준비해야 했다. 백선엽이 아이젠하워 미 대통령을 만나 언급한 상호방위조약은 그렇게 수면 위로 떠올랐다.

백선엽은 천성天性이 군인일지 모른다. 그는 자신을 둘러싼 주변의 환경에 결코 둔감한 편이 아니다. 어떤 기류가 자신의 주변으로 흘러 다니며, 어느 곳에 뭉쳤다가 어느 곳에서 펴지는가를 잘 알아차리는 인물이다. 자신의 목숨을 노리는 적들과 수도 없이 부딪히고 싸우면서 성장한 일선 지휘관으로서 피아彼我의 동태를 정확하게 구분하는 것은 필수적이었기 때문이다. 나를 위협하는 적의 동향이 어떻게 펼쳐지고 있는지에 대해서도 아주 민감하다.

그러나 자신과 상관이 없는 것이면 전혀 신경을 쓰지 않는 편이다. 그런 환경이 정치적인 것이든, 아니면 경제적인 것이든 내가 해야 할 것이 아니면 손을 대거나 발을 들여놓지 않는다. 싸워야 할 대상이 아니라면, 그는 그 상대에게 철저하게 무관심으로 일관한다. 그런 점은 그의 일생을 흐르는 큰 맥락이다.

대신 자신이 해야 할 것이면서, 목표로 떠올라 '내가 반드시 완수할 임무'라는 생각이 들면 앞뒤 가리지 않고 달려드는 성격이다. 자질구레한 여러 가지를 따지지 않고, 자신이 상정한 목표를 이루기 위해 매진하는 스타일이다. 그런 점에서 우직愚直함이 돋보인다. 주변에 형성되는 분위기의 정치적 맥락이나, 유불리有不利함을 따지지 않고 그저 제가 생각한 대로, 제가 맞다고 여기는 대로 달려 나가는 모양새가 우직하다고 하지 않을 수 없는 것이다. 그런 점에서 그는 단순하면서도 곧은 군인이다.

방미 길에 올랐던 그의 주변에는 민감한 기류가 흐르고 있던 상태였다. 이승만 제거 계획이 여기저기서 흘러 나와 자신의 귀에까지 들렸고, 그 제거 계획의 주체였을지도 모를 미군이 느닷없이 자신을 미국으로 초청했으며, 늦은 밤에 찾아온 알레이 버크는 "아이젠하워를 꼭 만나라"고 주문했다. 그런 상황에서도 그는 주변의 기류와 자신의 정치적인 입장을 따져보지 않았다. 아예 따져볼 생각도 품지 않았다고 해야 맞다.

그는 아이젠하워를 만난 뒤 다시 뉴욕으로 이동했다. 그곳에서 퇴임한 전쟁 영웅 더글라스 맥아더를 만났다. 맥아더가 초청한 것도 아니고, 누가 가보라고 한 것도 아니었다. 그저 백선엽이 먼저 그를 찾아가 안부를 물었던 것이다. 6.25가 벌어진 뒤 두 사람이 만난 것은 두어 차례에 불과했다. 맥아더는 백선엽을 기억하고 있지도 않았다. 백선엽은 그저 한국을 위해 과감하게 미군 투입을 주장한 맥아더가 고마웠고, 그런 그가 퇴임한 뒤 지내는 생활이 어떤지를 묻고자 했던 것이다.

이어 그는 한국군 장교들이 유학 와 있던 미 보병학교 등을 시찰한 뒤 캔자스 주에 있던 지휘참모대학에 갔다. 미군이 그를 방미토록 초청한 배경 중의 하나였다. 백선엽은 그곳에서 고급 지휘관 교육을 받을 예정이었다. 지휘참모대학은 백선엽을 위해 교관 30명을 배치했다. 다수의 교관들이 집중적으로 백선엽 한 사람만을 가르치는 강도 높은 지휘관 교육과정이었다.

그러나 백선엽은 지휘참모대학에서 예정된 일정을 소화할 수 없었다. 도중에 서울의 이승만 대통령으로부터 급한 전화 한 통을 받았기 때문이다. 태평양을 건너온 이 대통령의 목소리는 왠지 차분하게 가라앉아 있었다. 대통령은 전화를 받아든 백선엽에게 "자네, 바로 들어오도록 하게"라는 말만 전했다.

당시의 미국 신문에는 한국과 미국의 관계를 엿볼 수 있는 기사가 실렸다. 이승만 대통령이 미국에 유학 중인 한국군 고위 장교들을 모두 소환할지도 모른다는 내용의 기사였다. 한국과 미국의 불안한 관계를 짐작해볼 수 있는 일종의 '예고편'이었다. 휴전을 앞두고 벌였던 서울과 워싱턴의 갈등과 알력이 점차 도를 더해가는 분위기였다. 이승만 대통령이 미국에 체류 중인 한국군 장교를 모두 불러들이는 것은 장차 다가올 풍파風波를 예고하는 것이기도 했다.

그러나 다행이었던 것은, 이 대통령이 미국에 체류 중인 모든 한국군 장교를 불러들이지 않았다는 점이다. 상징적으로 한국 육군참모총장인 백선엽만을 불러들였던 것이다. 백선엽은 지체 없이 바로 귀국 길에 올랐다. 워싱턴에서 샌프란시스코, 그곳에서 다시 팬암 여객기에 올라 태평양을 건너 일본 도쿄로 향했다. 그리고 미군이 제공한 대형 수송기를 타고 서울에 도착했다. 1953년 6월 초였다.

백선엽은 귀국 즉시 경무대로 향했다. 지프에 올라탄 그가 도착한 중앙청 앞 광장은 휴전을 반대하는 군중들이 가득 메우고 있었다. 초여름의 뜨거운 열기처럼 광장은 휴전 반대와 북진 통일을 외치는 군중들의 열정으로 달아오른 상태였다. 길이 없었다. 백선엽이 탄 지프가 군중들을 뚫고 나갈 수 없을 정도였다.

백선엽이 지프의 보닛 위에 올라섰다. "여러분, 저는 육군참모총장 백선엽입니다. 지금 대통령을 뵈러 경무대로 가야 하니 길을 열어주시기 바랍니다." 그가 외치자 처음에는 한두 사람이 바라봤다. 그러더니 갑자기 군중들이 박수를 치기 시작했다. 이윽고 광장에 모인 대부분의 사람들로부터 우레와 같은 박수가 쏟아졌다. 그리고 그들은 길을 열어 줬다. 몇 사람은 아예 백선엽의 지프 앞에 바짝 붙어서 군중들에게 길을 비키라고 소리쳤다.

백선엽이 경무대에 들어섰다. 대통령은 어두운 얼굴이었다. 막 미국에서 돌아온 백선엽은 대통령께 보고할 중대 사안이 하나 있었다. 아이젠하워 미 대통령을 만나 언급했던 한미 상호방위조약에 관한 내용이었다. 이를 먼저 간단하게 보고했다. 대통령은 아무런 표정 변화 없이 듣기만 했다. 이윽고 대통령은 "그래, 잘 알았네. 이제 그만 가보게"라고 짧게 말했다.

백선엽의 보고 전에 이승만 대통령은 마크 클라크 유엔군 총사령관으로부터 상호방위조약에 관해 벌써 들었던 것이다. 이 대통령의 분위기는 결코 밝지 않았다. 무엇인가를 마음 속으로 결심하고 있을 때 나타나는 표정이었다고 백 장군은 회고했다. 백선엽은 자신을 갑자기 불러들인 이 대통령의 머릿속에는 무엇인가 다른 생각이 담겨 있을 것이라고 짐작만 했다.

경무대의 이상한 침묵

승부사 이승만. 그는 분명히 강력한 승부사였다. 어쩌면 외로운 승부사라고 해야 옳았다. 1948년 출범한 대한민국을 이끌다가 2년 만에 맞은 김일성 군대의 남침으로 작전지휘권을 미국에 넘겨준 대통령이었다. 자국의 땅에서 벌어지는 전쟁이었으나, 국군을 대신해 미군이 공산군의 침략을 저지하는 상황이었다.

어떻게 보면 굴욕이라고 해도 좋았다. 미국은 세계 최강의 나라, 미군은 그런 나라에서 온 세계 최강의 군대였다. 그런 막강한 나라와 군대에게 작전지휘권을 넘겨준 대한민국의 대통령이라면 일단 주눅이 들어 있어야 정상이었다. 그러나 이승만은 달랐다. 주눅이 들기는커녕, 1953년 들어 휴전이 코앞에 닥치자 '북진 통일'과 '유엔군에서 한국군 탈퇴' 등의 초강수를 두면서 미국과 심각한 대결까지 벌이고 있었다.

뛰어난 학식, 자유민주주의에 대한 확고한 신념, 빼어난 영어 실력, 미국을 포함한 세계 각국의 정세를 꿰뚫는 높은 식견 등으로 그는 미국을 설득하거나 가르치려는 자세를 보였다. 전쟁을 맞아 존망의 위기에 몰린 대한민국의 불안한 상황 속에서도 그는 국가와 민족의 권익을 위해 '나 홀로'의 자세로 미국과 집요한 줄다리기에 나선 상황이었다.

미국은 그런 이승만을 제거할 계획까지 세웠다. 한반도의 공산화를 막기 위해 막대한 물자와 병력, 장비 등을 쏟아붓고 있던 미국으로서는 자국의 전략적 의도를 따라주지 않으며 사안마다 제동을 걸고 나서는 이 대통령에게 심각한 불만을 품어 결국 제거 계획까지 입안했던 것이다. 따라서 그때의 이승만은 아주 외로우면서도 불안한 싸움을 미국과 벌이고 있었다.

1953년 6월에 접어들면서 휴전의 분위기는 더욱 농후해졌다. 한국의 입장은 아랑곳하지 않은 채 미국과 유엔 참전국은 휴전 협상에 속도를 내고 있었고, 이 대통령은 비록 아이젠하워 미 행정부가 상호방위조약 체결 등 휴전의 전제로 한국의 안전보장까지 약속하고 나섰으나 여전히 그들에게 불만을 품고 있었다.

휴전 협상의 큰 걸림돌로 반공포로 문제가 떠오른 상황이었다. 유엔 측과 공산 측은 협상을 통해 휴전협정이 맺어진 뒤 일정 기간 각자 잡은 포로를 교환하자는 선에서 합의를 이룬 상태였다. 1953년 6월 8일 이뤄진 협의 내용이었다. 이로써 휴전 협상에 관한 모든 현안이 타결됐다. 곧 조인식만 치르면 휴전은 이뤄지려던 시점이었다.

공산 측은 그때 유엔이 낸 '자유의사에 따른 포로의 거취 결정 제안'을 받아들였다. 유엔이 휴전회담 초기부터 줄곧 주장한 내용이었다. 처음에 공산 측은 이에 반대했다. 그러나 소련의 지도자이자 6.25전쟁의 실질적인 막후 조종자 이오시프 스탈린이 사망한 뒤 휴전 협상에 속도가 붙기 시작하면서 태도에 변화를 보였던 것이다. 이로써 마지막으로 남은 큰 걸림돌이 없어진 형국이었다.

그러나 양측 타협안은 자국으로 송환되기를 원하는 포로 외의 반공포로 등을 우선 '송환 거부 포로 위원회'에 넘겨 처리키로 합의했다. 이승만 대통령은 이 점에 강한 불만을 품고 있었다. 이 대통령의 입장은 송환을 거부하는 반공포로는 무조건 자유의 품으로 안아야 한다는 것이었다. 위원회에서 이런 포로들을 처리하기로 했지만, 공산 측이 온갖 감언이설과 협박으로 반공포로들을 압박하고 회유할 수 있다는 위험성을 간파했던 것이다.

판문점에서 유엔과 공산 측이 포로 교환 타협안을 내놓자 대한민국 정부는 즉각 반대 성명을 발표했다. "합의 내용을 받아들일 수 없으며, 송환을 원치 않는 포로들은 즉각 석방해야 한다"는 내용이었다. 이 대통령은 이어 휴전회담에 참석한 한국 대표 최덕신 소장을 철수시키는 강수強手도 두었다.

이승만 대통령은 더 먼 곳을 보고 있었다. 그 또한 휴전이 피할 수 없는 '현실'이라는 점을 잘 알고 있는 듯 했다. 최소한 그를 옆에서 지켜보고 있던 백선엽의 눈에는 그렇게 보였다. 백선엽 장군은 "당시 미국이 한미 상호방위조약을 언급했으나, 구체적인 결실이 없는 상태였다. 아울러 이 대통령은 스스로가 원치 않았던 휴전을 유엔과 공산 측이 이끄는 대로 맞이할 생각도 없었다. 뭔가 형세를 뒤집는 결정을 내려 대한민국의 이익을 극대화하려는 생각이 있었던 것으로 보였다"고 회고했다.

결론부터 말하자면, 이승만 대통령은 이때 대형 '사고'를 쳤다. 전 세계가 놀랄 만한 아주 쇼킹한 뉴스를 만들고 만 것이다. 1953년 6월 18일, 이 대통령은 결코 돌이킬 수 없는 극단적인 조치를 취한다. 유엔군과 미군, 나아가 공산군마저 기절초풍할 일이었다. 거제도와 제주도, 논산 등에 수용돼 있던 공산군 포로 중 자유의 품에 남고자 하는 반공포로들을 모두 일거에 석방해버렸던 것이다.

그에 앞서 대통령의 지시로 이상한 기구가 하나 만들어졌다. '헌병총사령부'였다. 원용덕 장군이 사령관을 맡았다. 육군본부에서는 불만이 적지 않았다. 육본 안에 헌병감이 버젓이 버티고 있는데, 왜 군더더기에 해당하는 헌병총사령부를 하나 더 만드느냐는 것이었다. 그러나 대통령의 명령이었다. 백선엽 역시 의아함 속에서 헌병총사령부를 지켜볼 수밖에 없었다.

이어 이 대통령은 어느 날 전군의 주요 지휘관을 모두 경무대로 불렀다. 대통령은 이들을 모아놓고 경무대 뜰에서 다과회를 열었다. 그러나 별다른 내용이 없었다. 이 대통령은 뜰 가운데의 의자에 앉아 있다가 "백 총장, 어디 있는가? 이리 와보게"라며 백선엽을 찾았다. 다가간 백선엽에게 이 대통령은 "총장, 자네 원용덕이 알지? 내가 원용덕에게 일을 하나 맡겼으니 그리 알고 있게"라고 말했다.

어떤 일이 벌어질 것인가. 백선엽은 생각하지 않을 수 없었다. 대통령의 행동에서는 평소와는 다른 무언가가 읽혀졌다. 전군의 주요 지휘관을 한자리에 모이게 한 점도 심상치 않았다. 대통령은 결국 6월 18일 헌병총사령부의 원용덕 장군에게 지시해 헌병들이 각 포로수용소를 돌아다니며 철조망과 전기를 끊는 방식으로 반공 포로들을 대거 석방해버렸다.

6월 19일 새벽 1시경이었다. 대구의 육군본부 참모총장 관사에서 잠을 자던 백선엽은 다급한 전화벨 소리에 깼다. 백 장군은 그때 '드디어 일이 벌어졌구나'라는 생각이 들었다고 했다. 세 통이 잇따라 걸려왔다. 첫 전화는 미 군사고문단장 라이언 소장, 두번째 전화는 미 8군 사령관 맥스웰 테일러 장군, 세번째 전화는 도쿄의 마크 클라크 유엔군 총사령관이었다.

그들은 한결같이 다급한 목소리로 "백 장군, 도대체 어떻게 된 일이냐"라면서 극도의 흥분상태를 보였다고 했다. 이 대통령이 석방한 반공 포로는 첫 단계 2만 5,000명, 두번째 단계 2,000명 선이었다. 이 전격적인 포로 석방이 몰고 올 후유증은 클 수밖에 없었다. 그때까지 협의한 휴전 관련 협상이 모두 수포로 돌아갈 수 있기 때문이었다. 가까스로 도달한 안정적인 국면이 모두 깨지는 '파국破局'의 상황으로 몰릴 수 있었던 것이다.

더 상황이 나빠질 경우 휴전은 없던 일로, 전선은 다시 치열한 격전장으로 변할 수 있었다. 세계 각국이 모두 주요 뉴스로 취급할 만한 엄청난 사건이 벌어졌던 것이다. 그러니 전선을 담당하고 있던 미 8군 사령관과 유엔군 총사령관이 먼저 백선엽을 찾아 강력한 항의에 나섰던 것이다.

백선엽은 난감할 수밖에 없었다. 그러나 예상한 일이기도 했다. 그러나 미군 지휘관들에게 대답할 말이 달리 없었다. "이승만 대통령이 벌인 일"이라고 하는 것은 대통령에게 먼저 책임을 돌려 자신은 그에서 빠지려는 모양새였다. 따라서 대통령의 입장을 먼저 묻는 게 순서라고 생각했다. 백선엽은 직통전화를 들어 경무대를 찾았다.

그러나 당직이었던 비서관은 "대통령을 깨울 수 없다"는 말만 반복했다. 전화를 세 번 걸었으나 경무대 비서관은 그런 입장만을 고집했다.

백선엽은 마지막으로 비서관에게 경고와 같은 말을 했다. "지금 대한민국으로서는 매우 중대한 일이 벌어졌다. 각하를 깨우지 않으면 감당할 수 없는 일이 벌어진다"고 강력하게 말했다.

비서관은 그때서야 대통령을 깨우는 눈치였다. 이윽고 이 대통령이 전화를 받았다. 자초지종을 설명했더니, 이 대통령은 "그래, 알았네. 모두 내가 한 일이라고 해. 내일 프레스 릴리스press release, 언론 발표 할 거야"라면서 끊었다.

그날 미국은 비상 상태에 들어갔다. 국가안전보장회의가 급히 소집됐다. 대통령이 직접 주재했다. 아이젠하워는 한국의 이승만 대통령이 전격적으로 반공포로를 석방하는 사건이 벌어진 뒤 열린 이날 회의에서 이승만 대통령 제거 계획을 실행에 옮기는 방안을 검토하라는 발언을 했다. 한국 현대 정치사 연구 분야에서 권위를 인정받고 있는 연세대 박명림 교수가 직접 찾아낸 내용이다.

그러나 미국은 아이젠하워의 '이승만 제거 계획 실행'이라는 언급에도 불구하고 결국 이를 실천에 옮기지는 못했다. 이승만 대통령의 기습적인 반공포로 석방에 대해 공산 측이 표면적으로는 매우 강력하게 반발하는 모양새를 취했으면서도 결국 휴전 자체를 거부하지 않았기 때문인 것으로 보인다. 또한 휴전이 바로 닥친 상황에서 대한민국의 대통령을 제거한다는 것은 여러 가지로 쉽지 않았다.

따라서 휴전 막바지 협상은 그대로 진행됐다. 전체적으로 따져보면, 미국의 아이젠하워 행정부는 이승만 대통령에게 말려들었고, 이승만은 공산주의 국가의 행태를 꿰뚫어 봤다는 점에서 미국의 다른 어느 정치인들보다 한 수 위였다는 사실이 드러났다. 이승만의 대단함은 다른 면에서도 읽혀진다.

백선엽이 전화를 들어 그를 깨운 뒤 "미군들에게 어떻게 답변을 해야 옳으냐"고 물었을 때 잠시 생각에 잠긴 이 대통령은 "내가 했다고 그래"라고 말했다. 이는 백선엽에게 일종의 '피난처'를 만들어준 것이었다. 이승만은 대한민국을 대표하는 대통령이기는 했지만, 전쟁을 이끄는 미군의 직접적인 교섭 창구는 아니었다. 백선엽이 미군과의 접점을 형성한 실질적인 교섭자였다.

한국에서 미국을 대표했던 존재는 미군이었다. 전시 중이었기 때문에 미 8군과 도쿄의 유엔군 총사령부가 한국 전선에 힘을 쏟아붓고 있던 미국의 실질적인 대표라고 해도 좋았다. 그런 미군과 협력 관계를 잘 유지하면서 대한민국이 지향해야 했던 국군 전력 증강 사업과 다른 개발 프로그램 등을 펼쳐가기 위해서는 백선엽이 필요했다. 따라서 '반공 포로 석방'이라는 큰 사건의 전개 과정에서 일단 백선엽을 뒤로 돌려두는 게 바람직했다.

백선엽이 반공포로 석방의 주역으로 지목될 경우 미군과의 관계는 최악의 상황으로 치달아 간절히 희망했던 국군의 전력 증강 사업은 좌초할 수 있었던 것이다. 그런 상황에서 이승만은 자신이 책임을 지겠다고 나서면서 백선엽을 안전지대에 남게 조치했던 것이다.

당시의 상황으로 볼 때 대한민국이 지향하는 자유와 민주, 법치法治 등의 틀은 이승만이 지탱했다고 할 수 있다. 그러나 그 이면에서 미군과의 실질적인 접촉을 통해 미국의 힘을 끌어들였던 사람은 백선엽이었다. 그가 유일한 사람은 아니었다고 하더라도, 백선엽은 미국이 가장 신뢰했던 한국군 지도자이자, 가장 원활하게 협조가 이뤄지고 있는 최고의 파트너였던 것이다.

이승만은 백선엽의 그런 존재감을 잘 알고 있었다. 따라서 반공포로 석방 사건으로 그 후유증이 일파만파—波萬波로 번져가기 직전 백선엽을 안전한 장소로 대피시켰던 셈이다. 대한민국의 틀을 유지하면서 리드하는 이는 이승만이었으며, 백선엽은 세계 최강 미국의 힘을 한반도로 이끌어 대한민국의 힘으로 전환시키는 '실행자'였다. 명분과 틀을 만들거나 유지하면서 대한민국의 기반을 다져간 사람이 이승만이었다면, 그 밑에서 실질적으로 힘을 만들어내는 사람은 '플레이어player' 백선엽이었다.

둘의 관계는 이후에도 적절하게 맞물려 대한민국 건국과 발전사에서 중요한 자리를 차지한다. 휴전 뒤 한국의 재건 작업 역시 미군과 백선엽의 존재를 빼놓고서는 이야기할 수 없는 사안이다. 이승만은 그 위에서 틀을 이끌었으나, 미군과의 면밀한 교섭과 협력을 통해 그들의 힘을 한국의 토양으로 끌어들인 사람은 백선엽이다.

반공포로 석방과 그 뒤에 벌어진 긴급했던 상황 속에서 이승만과 백선엽은 그렇게 자신이 맡은 위치에서 제 역할을 충분히 수행했다. 이승만은 휴전 협상과는 상관없이 대한민국이 상황 전반에 커다란 영향력을 행사할 수 있는 힘의 보유자라는 점을 국내외에 알렸으며, 백선엽은 닥쳐올 풍파에서 살짝 비켜선 뒤 미군과의 협조를 종전처럼 깔끔하게 이어갔다. 휴전을 코앞에 둔 대한민국은 그렇게 또 한고비를 넘기고 있었다.

중공군과 다시 맞서다

반공포로 석방으로 급박한 상황이 펼쳐지던 시점에 전선은 다시 요동치기 시작했다. 중공군이 다시 움직였던 것이다. 1950년 10월 평북과 함경도 산골로 숨어든 뒤 매복과 우회를 펼치면서 끈질기게 싸움을 벌여오던 중공군이었다.

당시까지 국군은 그들에게 일종의 콤플렉스에 젖어 있었다. 한반도 참전 직후 중공군은 국군과 미군을 가리지 않고 공격해왔다. 그러나 미군의 방어지역에서 저들이 당한 피해는 아주 컸다. 때로는 처참한 희생을 감수해야 했다. 강력한 화력을 갖추고, 제2차 세계대전에서의 풍부한 실전 경험이 있던 미군에게는 결코 쉽게 승리를 거둘 수 없었다. 오히려 중공군은 미군의 막강한 야포와 공중폭격으로 엄청난 병력 피해에 직면했다.

따라서 전투가 거듭될수록 중공군은 미군의 정면을 피했다. 대신 그들이 공격 대상으로 선택한 쪽은 국군이었다. 국군은 1951년 1.4후퇴 이후 각 전선에서 벌어졌던 대부분의 전투에서 중공군의 집요한 공격에 시달렸다. 중공군은 풍부한 국공國共 내전 경험, 항일抗日 전쟁에서 쌓은 전투력이 돋보였다. 단순히 막대한 병력만을 마구잡이로 쏟아붓는 군대가 아니었다.

국군은 1950년 10월 북진해 올라갔던 압록강 근처에서 중공군에게 당해 2군단 자체가 없어졌고, 1951년 5월 중공군 춘계 5단계 2차 공세에서 3군단 전체가 궤멸된 경험이 있다. 그 중간에, 또는 그 이후에도 여러 차례에 걸쳐 국군은 중공군에게 당했다. 한때 국군은 밥을 먹다가도 "중공군이 온다"는 말만 들으면 쥐었던 숟가락을 던지고 등을 보인 채 달아난다는 얘기까지 들었다.

중공군은 국군을 '먹잇감'으로 여겼고, 국군은 전쟁 기간 내내 대형 전투에서 중공군을 제대로 이겨본 적이 없었다. 따라서 국군은 중공군에게 일종의 심리적인 부담이 있었다. 그랬던 중공군이 다시 전선에서 움직였다. 휴전을 코앞에 뒀던 1953년 6월 중순 중공군은 춘천 북방의 '금성 돌출부'라는 곳에서 공세를 펼쳤다. 그들은 역시 자신들이 해온 대로 대병력을 움직였다.

1차 공세는 6월 14일 정점을 향했다. 금성 돌출부라는 곳은 지금의 휴전선 중동부 지역으로, 동서로 이어지는 전선이 북쪽을 향해 솟아 있어서 그런 이름이 붙여진 곳이다. 그 남쪽으로는 화천 저수지가 있었고, 저수지에는 남한 유일의 수력댐이 있어서 전략적으로 중요했다. 아울러 전선 자체가 북으로 돌출한 모양이어서 적들이 볼 때에는 돌출부 양쪽이 아군에 의해 감제職制당할 수 있었다.

따라서 저들은 이곳을 공격해 들어옴으로써 자신들에게 불리했던 돌출부를 제거할 생각이었다. 중공군은 또 다른 의도를 지니고 있었다. 저들 또한 휴전을 바라고 있었다. 만약 한반도의 전쟁이 휴전 아닌 확전으로 치달을 경우 매우 위험하다는 생각을 하고 있었다. 한반도에서 확전된 전쟁은 중국 자체를 향할 수 있었고, 미국은 그 경우 핵무기를 중국에 퍼부을 가능성이 있었다. 중국이 가장 두려워했던 상황이다.

따라서 중국은 북한 못지않게 전쟁을 휴전으로 마무리할 생각이 강했다. 그러나 한국의 이승만 대통령은 미국의 의도와는 전혀 상관없이 '북진 통일', '한국군 단독 북진' 등을 외치고 있었다. 중국이 보기에 대한민국의 이승만은 그런 점에서 대단히 위험했다. 그냥 상황을 방치해 이승만의 의도대로 국군이 단독으로 북진한다면 상황은 걷잡을 수 없이 나빠질 수 있었다.

따라서 중국은 그런 대한민국 이승만의 군대에게 결정적인 '한 방'을 날릴 필요를 느끼고 있었다. 국군의 방어지역을 철저하게 유린함으로써 이승만이 주장하는 '국군 단독 북진'이 얼마나 비현실적인 꿈인가를 알려주고자 했던 것이다. 그로써 한국에 의한 확전 가능성을 미연에 방지한다는 의도였다. 아울러 중국은 휴전선 중동부 전선의 취약한 국군 방어지역에 대규모 공세를 펼쳐 휴전을 맞은 뒤 "이 전쟁에서 결국은 우리가 승리했다"는 선전 공세를 펼 생각도 있었다.

중공군은 이런 종합적인 전략 목표에 따라 움직였던 것이다. 백선엽은 대구의 육군본부에서 작전 상황판을 들여다보고 있었다. 아군과 적의 공방攻防 상황을 알려주는 표지물들이 부산히 자리를 옮겨 다녔다. 북쪽에서 다가서는 중공군 표지물이 점차 남쪽의 아군 요로要路를 차지했다. 국군이 적에게 다시 밀리고 있었던 것이다.

과거와 달랐던 것은 국군이 한 번 밀린 뒤에도 침착하게 반격을 가하고 있다는 점이었다. 중공군에게 한 번 등을 보인 뒤에는 큰 물길에 쓸리는 작은 둑처럼 정신없이 달아나던 국군이었다. 그러나 거듭된 훈련, 꾸준한 전력 증강 사업 덕분에 국군은 막대한 병력의 중공군에게 일단 밀리면서도 반격했다.

그러나 아직 역부족이기도 했다. 전선 일부는 중공군 공세에 맥없이 밀려나고 있었다. 그런 정황은 속속 대구 육군본부 작전 상황판에 그려졌다. 금성 돌출부를 지키는 국군 2군단의 상황이 급박해졌다. 그러나 전선에 잔뜩 몰려들었던 구름이 걷히면서 미군의 공중폭격이 이어지고 상황은 호전되기 시작했다. 미 5공군과 미 해군 77특별기동부대가 전 항공력을 동원해 중공군을 폭격했다. 아군 공군기 출격 횟수는 2,143회를 기록해 최고치를 경신했다.

미 8군의 예비로 있던 국군 3사단이 전선에 새로 투입되자 상황은 더 좋아졌다. 16일이 지나면서 전선은 더 이상 출렁거리지 않았다. 중공군은 공세를 시작한 11일 하루에만 6만 발의 포탄을 쏟아붓는 등 전력全力으로 공격에 나섰으나 아군의 끈질긴 반격과 미군의 공중폭격 등으로 일단 공세를 접을 수밖에 없었다.

국군의 사상자는 7,300여 명, 중공군은 거의 두 배에 달하는 1만 3,000여 명의 병력 손실을 입은 것으로 집계됐다. 그러나 국군은 중공군의 22배에 달하는 장비와 무기를 잃었다. 중공군의 공세에 당황하며 후퇴하다가 무기와 장비를 대거 잃었기 때문이었다. 백선엽은 중공군이 벌인 이 공세를 자세히 지켜볼 수는 없었다. 이승만 대통령이 전격적으로 벌인 사건, '반공포로 석방'의 충격파에 직면해 그것을 수습하느라 정신이 없었기 때문이었다.

문제는 그 다음의 공세였다. '방귀 뀐 놈이 성을 낸다'는 속담이 있다. 먼저 공세를 펼쳐 전선을 뒤흔들었던 중공군이 오히려 더 성을 냈다. 이승만 대통령이 반공포로를 기습적으로 석방했던 사건이 빌미가 됐다. 중공군은 자국 포로까지 포함된 반공포로 석방에 대단히 민감하게 반응했다. 한국 전선에 투입됐다가 아군에게 붙잡힌 중공군 포로의 상당수가 자국 송환보다는 당시 '자유중국'으로 불렸던 대만으로 가기를 원했기 때문이었다.

이들 중공군이 대만으로 간다는 것은 중국에게 직접적인 위협이었다. 모두 현역으로 활동한 군인들이 고스란히 대만으로 옮겨가 다시 무장한다면 자신을 위협하는 적군 2개 사단이 바로 만들어진다는 점 때문이었다. 아울러 체제의 우위를 선전하는 데에 있어서도 자국 포로가 대만으로 향한다는 것은 치명적인 결과를 초래할 수 있었다.

백선엽은 당시 전선에서 붙잡힌 중공군 포로들을 통해 중공군 지도부가 이승만 대통령의 반공포로 석방에 대해 격분하고 있다는 점을 알았다. 1차 6월 공세에서 저들은 전략적 목표를 달성하지 못한 상태였다. 게다가 반공포로 석방으로 격앙돼 있던 중공군 지도부였다. 따라서 다시 공세를 벌일 가능성은 매우 농후했다.

금성 돌출부의 전면은 동서 31㎞였다. 서쪽에서 동쪽으로 미 9군단 소속 국군 9사단과 수도사단, 국군 2군단 소속 6사단과 8사단, 3사단이 방어를 맡고 있었다. 예비로 빠진 국군 5사단을 포함한다면 모두 6개의 국군 사단이 방어에 나선 형국이었다. 중공군은 6월 1차 공세에서 4㎞를 밀고 내려오는 데 그쳤다. 제거하려던 돌출부의 절반에도 미치지 못했다.

1953년 7월이 되자 이 지역으로 다시 중공군이 새카맣게 모여들고 있었다. 중공군 병력은 모두 5개 군軍이었다. 아군 편제식으로 말하면, 모두 5개 군단의 규모였다. 전쟁 당시 중공군 1개 사단의 병력은 평균 1만 6,000여 명이었다. 따라서 중공군 5개 군이면 15개 사단, 병력으로는 24만 명에 달했다. 국군의 3.5배에 달하는 수였다.

금성 돌출부에 전운戰雲이 가득 끼었다. 마침 장마철이기도 했다. 구름이 두터운 하늘에는 비행기를 띄울 수 없었다. 미군의 공중폭격 지원이 불가능한 상태였다. 31㎞ 전선에 모여든 24만 명의 중공군, 게다가 휴전 협상의 진행으로 오랫 동안 이어져 온 전투 소강 국면에서 보급력과 화력을 충분히 쌓았던 중공군이었다. 밀려드는 중공군으로 인해 전선에는 불안감이 가득 쌓이고 있었다.

"당신이 전선에 나가주시오"

7월 13일 오후 9시, 늘 밤의 유령처럼 움직이던 중공군이 드디어 행동을 개시했다. 중공군은 대규모 공세를 펼치기에 앞서 항상 벌였던 '공격 준비 사격'을 시작했다. 아주 강렬한 포격이었다. 상대편을 향해 거세게 포격을 가한 후 개미떼처럼 달려드는 중공군이었다.

이들은 기습과 우회의 군대답게, 어느 일정한 지점에 포격을 집중한 뒤 실제 공세는 다른 국군 방어지역을 기습하는 식으로 덤벼왔다. 과거에 펼쳤던 고지전의 경험을 되살려 국군이 방어하기 어려운 지역만을 선택해 밀고 들어왔다. 이번에는 고지를 점령하려는 척 하다가, 고지 밑으로 병력을 우회시키는 기만 술책도 구사했다.

서쪽으로는 수도사단이 집중 공격을 받았고, 동쪽으로는 국군 3사단이 타깃이었다. 이 두 사단은 금성 돌출부의 왼쪽 어깨, 즉 좌견부左肩部와 오른쪽 어깨인 우견부右肩部였다. 중공군은 두 어깨에 구멍을 뚫은 뒤 포켓 형태로 진입해 중간에 있던 국군 사단을 포위하려고 했다. 중공군의 강렬한 '공격 준비 사격'으로 후방 통신선이 끊기고, 전선에는 대규모의 중공군 병력이 몰아닥치면서 아군은 혼란 상태에 빠져들었다.

거대한 병력이 몰려들어 격전이 예상되던 금성 돌출부의 상황을 백선엽은 주의 깊게 살피고 있었다. 대구의 육군본부 작전 상황판은 다시 어지러워지고 있었다. 적의 공세는 뚜렷했고, 아군이 밀리는 흐름도 분명해졌다. '다시 큰일 나는 것 아닐까'라는 조바심이 백선엽의 가슴을 가득 채우고 있었다.

중공군은 7월 13일 야음을 틈타 공세를 벌인 뒤 이튿날에는 금성 돌출부의 상당 부분을 치고 내려왔다. 하루 사이에 아군은 돌출부 전면을 모두 내주고 후퇴했다. 전선의 대부분을 내주는 궤멸적인 후퇴였다. 그러나 14일 오후까지는 그래도 '좀 더 기다려보자'는 분위기가 강했던 모양이다. 이날 대구 육군본부에서 상황을 초조하게 지켜보던 백선엽은 서울 동숭동의 미 8군 사령관 테일러 장군에게 전화를 걸었다. "상황이 심각한데 내가 도울 일은 없느냐"고 물었다. 테일러는 그러나 "아직 더 두고 보자"고만 말했다.

백선엽은 그런 상황을 머리에 담은 뒤 관사로 돌아와 잠을 청했다.

새벽 1시쯤이었다. 돌연 응접실의 비상전화가 울렸다. 컴컴한 거실로 나간 백선엽이 전화를 들자 테일러 장군의 다급한 목소리가 울렸다. "백장군, 당신이 아무래도 전선에 가줘야겠소."

테일러는 "내 전용기를 보낼 테니 당장 전선으로 가주기 바란다"고 했다. 백선엽은 상황이 보통 심각한 게 아니라는 점을 알아차렸다. 창밖에는 한여름의 거센 장맛비가 퍼붓고 있었다. 이런 날씨라면 대구와 서울을 오가는 경비행기는 날 수 없었다. 그래서 테일러 장군은 자신의 전용기인 대형 수송기 C-47을 보낸다고 한 것이다.

백선엽은 곧장 서울로 갔다. 새벽 3시에 대구 비행장을 이륙해 동이 틀 무렵 여의도에 도착했다. 그는 지체 없이 지프에 올라탄 채 경춘 가도를 달려 2군단 본부가 있던 춘천 북방의 소토고미에 도착했다. 대한민국 육군참모총장이 직접 전선에 뛰어들어 지휘를 해야 하는 형국이었다.

그가 온다는 소식이 알려졌는지 아침 8시경에 도착한 소토고미 2군단 사령부 정문에는 군단장 정일권 중장과 참모들이 모두 나와 있었다. 정일권 중장은 백선엽의 선배이자, 전쟁 초기에 벌써 육군참모총장을 역임했었다. 그러나 당시에는 한국군 첫 대장으로 진급한 백선엽의 지휘를 받고 있었다. 그는 병색이 역력했다. 열병을 앓고 있다고 했다. 게다가 예하의 각 사단이 중공군에게 밀려 전선을 지탱하지 못한 현장 지휘관이었다. 기색이 좋을 리 없었다.

백선엽은 정일권에게 "막사에 들어가 쉬시라"고 권유한 뒤 지휘봉을 잡았다. 적이 밀려오는 최전선에 한국 육군의 최고 지휘관이 지휘봉을 잡은, 보통의 상황에서는 전혀 상상하기 힘든 일이 벌어진 셈이었다.

백선엽은 현장을 잘 아는 지휘관이었다. 밀려오는 적을 앞두고서 가장 마음이 안정적일 때가 언제냐고 물으면 "내 눈으로 직접 각급 부대의 현장을 찾아가 태세를 확인할 때"라고 대답하는 장군이다. 제 눈으로 직접 대비 태세를 확인할 수 있어야 마음이 편해진다는 뜻은 현장을 늘 돌아다녔다는 얘기다. 아울러 그는 6.25전쟁 동안 대형 전투를 대부분 직접 지휘했던 야전의 지휘관이다.

그렇다고 그는 현미경을 들이대고 부대의 작은 부분까지 관찰하는 미시微視적인 지휘관도 아니다. 먼저 전체적인 흐름을 파악하고, 그런 틀 안에서 세부細部의 조건들을 조정하는 스타일이다. 1950년 10월 운산에서 적유령 산맥에 매복한 중공군의 실체를 조심스럽게 예상한 뒤 미군 포병단이 지닌 야포 화력을 북쪽으로 퍼부어 퇴로를 확보하고 국군 1사단을 희생 없이 후퇴시킨 점이 그렇다.

그의 평양 진격도 마찬가지다. 미 1군단이 제외시킨 평양 공격로를 "국군이 고향을 찾아가는 길"이라고 설득해 작전계획을 변경시킨 것은 큰 흐름, 미군에 비해 절대적으로 부족했던 수송 능력을 불철주야의 행군으로 메운 점은 세부적인 조건이다.

백선엽의 특징은 그런 크고 작은 여러 조건들을 정밀하게 관찰하고 단단하게 장악한다는 점이다. 둘 다 놓치지 않으면서 전장을 관리하는 버릇인 셈이다. 지리산 빨치산 토벌에 나섰던 '백 야전전투사령부' 작전에서도 그는 큰 흐름인 빨치산 토벌 작전 중 대민 피해 근절을 지켰고, 세부적으로는 예하 장병들에 대한 군기軍紀를 확립해 빨치산 근거지들을 철저하게 수색하고 토벌했다.

중공군의 7월 대공세를 맞은 금성 돌출부에서 백선엽이 본 큰 흐름은 무엇이고, 세부적으로 다진 것은 무엇일까. 그는 당시 한국 전선에 뛰어들었던 중공군의 실체를 잘 알고 있었다. 전선에서 다양한 전법을 선보이는 그들이었다. 야밤에 공격을 개시하고, 우회와 매복, 포위와 기습을 선호한다. 모습을 제대로 드러내지 않아 언뜻 두려움으로 다가오지만, 그들의 명백한 한계는 보급에 있었다.

막대한 병력으로 상대의 전선을 타고 넘어오는 데 특별한 장기가 있으나, 그 뒤에 벌어지는 상황을 제대로 관리하지 못한다는 점을 백선엽은 잘 알고 있었던 것이다. 1951년 5월 국군 3군단을 와해시킨 춘계 공세 때의 중공군이 특히 그랬고, 그 외의 모든 전선에서도 늘 같은 패턴의 공격 형태를 보였다. 모두 보급의 문제였다. 물자가 풍부하지 않은 중공군 지도부가 보급선을 끝까지 유지하지 못해 전선의 장병들에게 제때에 식량과 무기, 화약 등을 보내지 못했던 경우가 많았던 것이다.

금성 돌출부 전선에 선 대한민국 육군참모총장 백선엽은 우선 대구의 참모차장 유재흥 중장에게 전화를 걸었다. "지금부터 모든 창고를 개방해 춘천으로 보내라"고 했다. 아울러 미 군사고문단장 라이언 소장에게도 "미군의 창고도 열어 금성 돌출부 전선에 보내라"고 부탁했다.

백선엽은 이어 최후 저지선과 주저항선을 다시 설정했다. 직접 일선의 연대와 대대까지 나가 현장 지휘관들에게 전황을 듣기도 했다. 수색대를 보내 적정을 파악한 결과 백선엽의 예상은 맞아 떨어졌다. 돌출부를 넘어 남쪽으로 금성천까지 내려온 적은 장맛비로 불어난 하천 때문에 보급 문제가 더 심각해졌다. 따라서 금성천 남쪽에는 중공군의 모습이 별로 눈에 띄지 않는다는 보고가 올라왔다.

백선엽은 전선 현장을 돌아다니면서 "이제 우리가 공격할 때"라고 강조했다. 최후 저지선을 다시 설정하고, 그 북쪽으로 주저항선을 단단히 다진 뒤, 백선엽의 지휘 아래 국군은 반격을 개시했다.

결론은 백선엽의 승리였다. 중공군은 이 전투에서 소기의 성과를 거두지 못했다. 당초의 금성 돌출부 일부를 잠식한 데서 만족해야 했다. 중공군은 6만 6,000여 명의 사상자를 냈고, 국군에선 1만 4,000여 명의 사상자가 나왔다. 중공군의 피해가 더 막심했던 것이다.

그러나 이 전투의 의미를 대한민국은 결코 제대로 다룬 적이 없다. 중공군이 쳐들어왔고, 국군은 이를 잘 막았다는 정도의 서술만이 있다. 그 점이 문제다. 역사적인 상상력을 동원하자면, 금성 돌출부 전투는 고구려 이후 펼쳐졌던 한반도 군대와 대륙 군대가 다시 맞붙은 싸움이었다. 역사 속 한반도와 대륙의 직접적인 무력 충돌이었다. 6.25전쟁 기간 국군과 중공군이 맞붙은 싸움은 여러 차례지만, 이런 식으로 대규모의 군대가 접전을 벌인 것은 처음이다.

미군의 깊은 개입 없이 국군이 단독으로 중공군과 맞붙어 싸운 이 전투는 어떻게 보면 6.25전쟁 3년을 정리하는 핵심 장면일 수도 있다. 늘 국군만을 먹잇감으로 노리고 쳐들어오던 중공군에게 국군이 단독으로 맞서 물리친 싸움, 장병들의 투지 못지않게 중요한 물자 보급력과 화력 및 병력 지원 등의 국군 자체 시스템이 민첩하게 가동된 점이 눈에 띈 전투였다.

개전 초기 허약하기 짝이 없던 국군이 자체적으로 시스템을 가동해 30만에 가까운 대륙의 군대, 중공군의 공세를 꺾은 것은 큰 의미를 부여할 만했다. 전쟁을 통해 힘을 키워온 대한민국 군대의 성장을 극적으로 보여주는 장면이었던 셈이다. 지금까지도 국방부 등의 공식 간행물에 적힌 전쟁사에서는 이 대목을 상세하게 다루지 않고 있다. 백선엽의 이름 석 자는 눈에 띄지 않는다. 금성 돌출부를 끝까지 막은 사람도 2군단장으로 적고 있다.

물론 금성 돌출부의 방어 주역은 그곳을 지켰던 수많은 장병들이지만, 그들을 실질적으로 이끌며 대한민국 군대의 자부심을 일으켜 세웠던 지휘관은 백선엽이었다. 그는 미 8군 사령관 테일러의 급한 요청으로 전선에 달려나가 계속 밀리기만 했던 전선을 방어하고 마침내 반격에 성공했다. 중공군의 약점을 잘 알았고, 현대전에서 어떻게 시스템을 가동해야 하는지를 잘 이해하면서 싸움을 이끌었기 때문이다.

이 전투는 향후 국군의 전력 증강 사업에도 큰 영향을 미쳤다. 미군은 이 전투를 매우 주의 깊게 관찰하고 있었다. 국군이 만약 중공군에게 맥없이 무너져 금성 돌출부를 내주고, 나아가 남쪽의 화천 저수지까지 빼앗겼다면 미군의 한국군 증강 계획은 차질을 빚을 가능성이 컸다.

그전까지 추진했던 한국군 증강 작업에 대해 미군이 '별로 큰 성과가 없었다'고 판단할 수 있었고, 그럴 경우에 미군은 증강 작업을 아예 원점으로 돌릴 수 있었다. 적 앞에서 무력하게 물러서는 국군에게 막대한 경비를 들이면서 장비와 화력, 물자를 지원할 필요가 없다고 판단할 수 있었다.

로튼 콜린스 당시 미 육군참모총장은 회고록에서 금성 돌출부를 막아선 국군을 두고 "한국군이 그처럼 성장했을 줄은 몰랐다"고 했다. 아울러 미 8군 사령관 테일러 장군은 이 전투를 이끈 백선엽에게 아주 큰 믿음을 갖게 된다. 냉정하고 깐깐하며, 철저하게 타산적이었던 테일러 장군은 이를 계기로 백선엽의 절대적인 지원자로 변신한다. 7월 27일 휴전은 결국 조인됐다. 전선의 총성은 일단 멎는다.

이듬해 미국은 한국군 제1야전군을 창설한다. 휴전선 전체를 국군 단독으로 방어하게끔 하는 조치의 일환으로 병력 40만을 지휘하는 대부대를 만든 것이다. 테일러 미 8군 사령관은 그 1야전군 사령관에 백선엽을 천거했다.

병력 40만 명. 국군이 신속하게 병력을 키웠다고는 하지만 전체의

3분의 2에 해당하는 병력을 지휘하는 자리가 야전군 사령관이었다. 정치적으로는 매우 위험한 인사일 수도 있었다. 한 사람이 그 많은 병력을 지휘한다는 것은 대한민국에서 가장 힘이 센 '권력자'를 만드는 것과 같았다. 백선엽에 대한 테일러의 무한 신뢰가 그를 가능케 했고, 자칫 권력의 마당에서 그를 우려의 시각으로 볼 수 있었던 이승만 대통령 또한 백선엽의 1야전군 사령관 취임을 자연스레 수용했기 때문에 가능했다.

왜 그를 명장이라 부를까

그는 자신이 누구와 싸워야 하는지를 정확히 알았던 군인이었다. 아울러 그는 어떻게 싸워야 할 것인가에 대해서도 다른 어느 국군 지휘관보다 많은 고민과 고뇌를 했던 사람이다. 또 언제 적과 힘을 겨뤄야 하는 것이며, 때로는 적으로부터 언제 물러날 것인가에 대해서도 치밀한 사색 끝에 적절한 시점을 찾아내던 최고의 야전 지휘관이기도 했다.

그러나 전선을 누볐던 젊은 지휘관 백선엽의 가장 끈질기면서도 집요했던 상대는 바로 '백선엽 자신'이었다. 그는 자신과의 싸움에서 승리했으며, 모질고 끈질긴 그런 싸움에서 늘 이기기 위해 절치부심했다. 스스로를 이기지 못하면 전선의 너머로 다가오는 적에게도 이길 수 없다는 소신을 그는 항상 지녔다.

이런 점에서 보면 그는 매우 뛰어난 승부사다. 자신을 이길 수 있다는 것은 결국 어떤 상황에서도 스스로 지닌 불안감과 공포를 극복할 수 있다는 얘기다. 따라서 전선을 누볐던 그에게서 일관되게 보이는 것은 마음이 크게 흔들리지 않는 '부동심不動心'이다. 평양 유년 시절의 엄격한 생활 습성, 외톨이로 혼자의 정신세계를 파고들어 구축한 폭넓은 이해력과 사고력, 스스로에게 매우 가혹한 수행자修行者와도 같았던 평소의 생활 태도 등이 겹쳐서 만들어진 마음의 경계境界였다.

1950년 벌어진 동족상잔의 전쟁에서 그는 일어나기 시작해 불과 2년 만에 대한민국 최고 지휘관의 명성을 쌓았다. 별 넷의 한국군 최초 대장에 오른 그의 기록이 전선 지휘관으로서 백선엽이 도달한 경지를 잘 말해주고 있다. 그러나 그가 전선을 떠나 육군참모총장으로 활동한 1953년의 상황은 예전과 달랐다.

승부사로서의 백선엽이 그저 전선 너머에 나타난 적과 무력으로 일합을 겨루는 단순한 무장武將이 아니라는 점을 설명해주는 장면들이다. 전선의 적과 맞서 싸워 물리쳐야 한다는 군인의 정신을 바탕으로 그는 정치와는 명확하게 선을 그으면서 행동했다.

KBS 취재팀이 2011년 5월 워싱턴까지 찾아가 발굴한 1954년의 미군 문서를 보면 백선엽이 당시 미국으로부터 정치와 관련해 어떤 입장에 서 있었는지를 알 수 있다. 미군은 1954년에 대한민국 정치판에 변동이 생겨 이승만 대통령이 권좌에서 물러날 경우 군부가 어떤 행동을 보일 것인가를 묻고 있었다.

당시 한국군 사령탑이었던 한 유력 지휘관에 대해서 그들은 "정치판으로 움직일 가능성이 크다"라고 전망했다. 그러나 육군참모총장에서 물러나 병력 40만 명의 1군 사령관을 이끌고 있던 백선엽에 대해서 미군은 "정치에 전혀 마음을 두고 있지 않아 변동 상황이 닥치더라도 움직이지 않을 사람"이라고 평가했다.

미군의 이런 평가는 매우 중요하다. 미군은 항상 정치판에 몸을 내밀 수 있는 한국군 지휘관을 그다지 미덥게 보지 않았다. 철저한 군인을 선호했으며, 그런 인물을 바탕으로 한국군 전력 증강 사업을 추진하고자 했다.

백선엽에 대한 미군의 이 평가는 1954년에 이뤄진 것이다. 그전에 드러난 미군의 여러 보고, 정보 계통에서 작성한 내부평가에서도 백선엽은 '정치에 관심을 두지 않는 군인', '야전에 충실한 군인' 등으로 나온다. 미군은 백선엽이 1946년 국군 창설 멤버로서 군문에 들어선 뒤 보인 모든 행적을 정밀하게 들여다보고 있었다.

이런 배경을 이해하면, 백선엽이 아이젠하워 미 대통령 당선자의 방한 때 보인 '눈부신' 활약이 왜 가능했는지를 알 수 있다. 백선엽은 거의 무한대에 가까운 미군의 신뢰를 얻고 있었던 것이다.

이런 점이 백선엽을 명장으로 기록할 수 있는 이유다. 그는 미군의 힘을 정확하게 이해했고, 미국을 대표하는 미군이 김일성 군대의 남침으로 크게 기우뚱거렸던 한반도 남쪽의 대한민국에 어떤 실력을 행사할 수 있는지를 정확하게 봤다. 주변을 감싸고 있는 기류, 즉 대세를 정확하게 읽을 수 있는 안목이 있었던 것이다.

이런 형세形勢를 예리하게 읽는 사람은 싸움에서 승리할 수 있다. 모든 싸움은 그런 형세가 지닌 틀 속에서 펼쳐지기 때문이다. 흐름을 읽고 자신의 힘을 키우는 자만이 싸움에서 이길 수 있는 것이다.

그는 스스로 치러낸 다부동 전투, 낙동강 교두보로부터의 북진 감행, 평양 진격, 중공군과의 조우전, 현리에 이어 벌어진 대관령 전투에서의 중공군 격퇴, 지리산 빨치산 토벌 등 대단위 야전에서만 성공을 거둔 것이 아니었다. 미군의 힘을 정확하게 읽고 이를 대한민국 토양 속으로 깊이 끌어들이면서 국가의 안보 초석을 크게 다지는 데 성공했던 것이다.

1953년 이후의 상황도 마찬가지다. 그는 첫 출범한 병력 40만 명의 1야전군을 이끌며 휴전선 국군 단독 방어에 나섰으며, 철수하는 미군의 물자와 장비를 끌어들여 대한민국 부흥의 발판으로 삼았다.

백선엽이 아니라 다른 인물이 그 자리를 대체했다면 그 속도가 훨씬 늦춰지거나, 시작을 했다고 하더라도 원만한 협조의 부재로 성공을 보장할 수 없었다. 따라서 미군의 백선엽에 대한 신뢰는 아주 중요했다. 믿고 의지하는 한국군 지휘관을 통해 미군은 막대한 전후 물자와 장비를 한국에 남겼다. 한국군은 그를 바탕으로 발 빠르게 군대 규모와 실력을 키우면서 휴전선을 스스로 지탱할 수 있는 현대화된 군대로 성장할 수 있었던 것이다.

백선엽을 다루는 이유는 간단하다. 70년 전 벌어진 이 땅 위의 전쟁에서 그는 가장 두드러진 야전의 전사였고, 모든 유무형의 싸움에서도 승리한 최고의 승부사였기 때문이다. 하찮은 싸움에는 아예 관심조차 두지 않으며, 꼭 내가 나서야 할 싸움에서는 전력을 기울일 줄 알았던 승부사로서의 백선엽은 한국 사회의 커다란 연구 대상이다.

대한민국이라는 국가는 70년 전 헐벗은 채로 전장에 서서 동족상잔의 참화를 겪었으나 그 전쟁을 통해 발 빠르게 자신의 힘을 키워 이제는 세계적인 강국으로 성장했다. 따라서 대한민국 건국과 발전사의 초석이 닦여진 70년 전의 전쟁과 그 과정 속의 분투 과정을 살피는 것은 매우 중요한 작업이다.

그 가운데 가장 빛나는 야전 지휘관과 군정가軍政家로서의 기질을 발휘해 전쟁 중에 소나기처럼 쏟아졌던 미국과 미군의 총체적인 역량을 이 땅 위로 인입引入한 인물이 바로 백선엽이었다. 이승만이 민주와 법치의 가치적인 틀을 만들고 유지했다면, 그 내용을 채우는 데 결정적인 역할을 했던 인물은 백선엽이다. 이는 모두 그가 미군과 최고 접점接點을 형성했기 때문에 가능했던 일이다.

이제까지 그의 생애에서 가장 빛났던 군인 시절을 기록하고 평가해 보았다. 아주 작은 걸음에 지나지 않지만, 백선엽의 위대한 리더십과 승부사로서의 분투가 앞으로도 빛을 발할수 있길 바란다.

그는 전후에도 늘 승부사로서의 기질을 발휘하며 한국의 발전에 많은 업적을 남겼다. 그 과정에서도 그는 끝까지 정치에 발을 들여놓지 않았으며, 자신이 은혜를 베푼 권력자에게조차 찾아가 청탁을 하지 않은 것으로도 유명했다. 그는 1960년 자랑스러운 군복을 벗었지만, 끝내 군인의 정신을 잃지 않았다. 늘 꼿꼿하고 침착한 자세로 자신이 이룰 사명이 무엇인지를 파악해 목표에 다가섰다.

그의 업적은 군복을 벗은 뒤로도 이어진다. 이 책에서는 그를 다 기록하지 못했다. 한국 현대사의 전개에서 그의 품성과 인격, 사람으로서 지닌 능력은 매우 깊은 자취를 남긴다. 정치인으로 더 화려하고 대단한 이름은 남기지 않았으나 전쟁 중에 드러나 이런 여러 요소를 우리는 자세히 들여다 볼 필요가 있다.

사느냐 죽느냐가 걸린 전쟁 중에 드러난 요소는 그 나라가 경험할수 있는 '최대치'에 해당한다. 전쟁의 와중에서 지휘관으로 가장 높이 솟은 별은 바로 백선엽이다. 그는 전후에 무엇을 이루려고 또 절치부심했을까. 한 개인으로서는 또 어떻게 삶을 영위했을까. 그의 전쟁 뒤 후반기 삶은 다음 권에서 또 조명키로 한다.